PIEMME **BESTSELLER**

Jacqueline Pascarl

# La principessa schiava

*Traduzione di*
Annalisa Carena

PIEMME **BESTSELLER**

Titolo originale dell'opera: *Once I Was a Princess*


I Edizione Piemme Bestseller, febbraio 2009


15033 Casale Monferrato (AL) - Via Galeotto del Carretto, 10
info@edizpiemme.it - www.edizpiemme.it

Stampa: Mondadori Printing S.p.A. - Stabilimento NSM - Cles (Trento)

*Ai miei figli Iddin e Shahirah.*
*Vi amo un milione, un miliardo, un'infinità di volte*
*e vi amerò sempre.*

*«Viviamo nella speranza...»*

*Qui si racconta come la religione islamica mi è stata insegnata e spiegata da una famiglia reale particolare, in un paese particolare e in un periodo particolare: non vuole essere un'accusa generalizzata all'Islam, né si può estendere alla totalità dei musulmani. Credo che tutte le religioni siano intrinsecamente buone. Il male deriva dalle interpretazioni e dai pregiudizi confezionati da individui capaci di manipolazioni politiche e sociologiche.*

# Prefazione

La prima volta che mi fu suggerito di scrivere un libro sulle traversie della mia vita dopo il rapimento dei miei figli, nel 1992, ero convinta di non esserne capace e la sola idea mi terrorizzava. Ma a poco a poco mi resi conto che un giorno Iddin e Shahirah avrebbero avuto bisogno di conoscere la verità su ciò che era loro accaduto, e sulla logica che ha ispirato le decisioni della mia vita.

Confortata dalla necessità che i miei figli sapessero, ma pur sempre con molta trepidazione, mi misi di fronte al computer e cominciai a comporre i frammenti della mia vita in una sorta di racconto coerente. Scrivere la propria autobiografia all'età di trent'anni sembra una cosa buffa persino a me, ma non avevo altra scelta che farlo per loro.

A volte continuare a scrivere diventava troppo doloroso. In quei giorni me ne restavo a letto e prendevo le distanze dal mondo; in altri mi cadeva addosso la classica tegola e dovevo mettere da parte il libro per ricominciare a lottare per Iddin e Shahirah.

Tuttavia da questa confusione ho tratto la convinzione che era un bene anche per me liberarmi finalmente di tutto quel cumulo di sofferenze e scoprire che donna ero diventata in seguito alle strane esperienze che mi erano capitate.

Ho imparato che una delle cose più importanti nella vita è trasformare il negativo in positivo, e spero che i miei figli ne saranno capaci anche se io non potrò essere lì a spiegare loro come fare.

# Prologo

Le urla sono agghiaccianti, mi riempiono la testa, mi travolgono con ondate di panico, mi soffocano con la loro disperazione. Sento delle braccia intorno a me e delle parole, una voce. Ma continuo a udire quelle grida, provo ancora quel terrore, anche se qualcuno mi sveglia scrollandomi e mi rendo conto che sono io a gridare: è un incubo, il mio incubo, quello che ho quasi tutte le notti, quello che mi spaventa troppo per andare a letto la sera e mi paralizza troppo per chiudere gli occhi di giorno.

I miei figli, i miei bambini, con le loro fragorose risate, i loro fragili corpi e le loro gambette ossute, non sorridono mai nel sogno, ma fissano con sguardo vuoto le pareti a specchio che hanno di fronte. Rinchiusi in stanze separate prive di porte o finestre, sono seduti sul letto e li vedo formare con le labbra la parola "mamma". Ma le parole che sento non sono sincronizzate con la bocca, mentre non cessano di chiamarmi con voci angosciate e smarrite. Cerco di abbattere le pareti di vetro, di urlare che sto arrivando, che li amo, che andrà tutto bene, ma loro non mi sentono. Continuano solo a invocare il mio nome.

Poi cominciano le risa: sprezzanti, crudeli e così familiari. So a chi appartengono: al mio ex marito, Yang Amat Mulia (sua altezza il principe) Raja Kamarul Bahrin Shah ibni Yang

Amat Mulia (sua altezza il principe) Raja Ahmad Baharuddin Shah. O, più semplicemente, Bahrin.

I miei sogni sono come film dell'orrore a ciclo continuo. Sempre uguali e sempre così reali. Mentre riprendo coscienza fra le braccia del mio salvatore, balbetto parole incoerenti, tentando di descrivere il mio terrore in dettaglio per trascinare anche lui nella follia. Ma il mio consolatore mi abbraccia e mi culla mentre singhiozzo e tremo, e mi rassicura a mano a mano che la parte conscia e inconscia della mia mente si riconciliano nelle brevi ore del primo mattino. In fondo non è altro che un sogno... un incubo... il mio incubo a occhi aperti... il prezzo che pago per le scelte che ho fatto quando avevo diciassette anni. Il prezzo che paghiamo io e i miei figli, Iddin e Shah, perché un tempo sono stata una principessa.

# 1

Mi è stato detto con discreta sicurezza che il mio primo ricordo risale all'età di sette mesi. Rammento le ombre sulle pareti della stanza di mia madre al crepuscolo e le inconfondibili serate estive australiane in cui i vicini annaffiavano il giardino e il profumo penetrava dalle finestre e le veneziane aperte. Il fulcro della camera di mia madre era la massiccia toilette bianca sormontata da uno specchio rotondo molato, sulla quale erano posati portagioie di porcellana, i suoi rosari e la sua preziosa radio a transistor. La mamma dormiva in uno dei due letti singoli disposti ai lati della stanza, con copriletti di ciniglia color prugna chiaro la cui vista mi intristiva sempre quand'ero piccola: sembravano logori e sbiaditi come la mamma.

Ricordo distintamente che mi avevano messo sul letto di fronte alla finestra, e ricordo il volto di mia madre chino sul mio mentre cercava nervosamente di cambiarmi il pannolino. Era un volto che avrei finito per legare alla distanza e alla malattia nella mia prima infanzia: capelli biondo scuro raccolti in alto, occhi azzurri e un naso alla francese che di rado avevo abbastanza vicino da poterlo toccare o esplorare con le mie dita paffute. Quella particolare sera mi è spesso tornata in mente quando, nel corso degli anni, ho visto delle spille da balia, e fortunatamente mi ha convertito all'utilizzo dei pannolini usa e getta con bande adesive. Infatti durante l'operazione di sostituzione del pannolino mia madre riuscì a infilzarmi da parte a parte con una grossa spilla da balia, fissando saldamente l'indumento alla carne mentre io cacciavo un urlo bestiale. Ciò a sua volta gettò nel panico la mia giovane mamma che mi lasciò per correre a cercare aiuto, abbandonandomi sul suo letto con quell'arnese aguzzo ancora agganciato alla pancia. In quel momento di agitazione ricordo che smisi di strillare per un tempo sufficiente a rendermi conto che il dolore non era poi così tremendo, ma non ero certo intenzionata a sopportarlo a lungo, e così, preso un respiro profondo, ricominciai a gridare. Stavo ancora urlando quando entrò in scena mia nonna a liberarmi dal "lavoro di cucito" di mia madre. In realtà, posso affermare con certezza che dopo il famigerato episodio della spilla da balia, il mio rapporto con la mamma non fece che peggiorare.

Ero nata all'ospedale Jessie MacPherson di Melbourne, Australia, il 5 luglio 1963, esattamente alle 8.48 di mattina. Mia madre era lì, ovviamente, ma non so dire chi altri fosse presente ad accogliermi. Credo che tutte le illusioni di mia madre sull'aspetto di sua figlia crollarono nell'attimo stesso in cui mi vide. Da australiana di origine anglosassone bionda e con gli occhi azzurri, si aspettava – erroneamente – che somigliassi a lei. Era molto improbabile, considerato che mio padre era cinese. Invece si ritrovò una neonata urlante con capelli scuri e occhi scuri, completamente diversa da tutti gli altri bambini della nursery dell'ospedale, una bambina che difficilmente in futuro sarebbe stata scelta per fare pubblicità alle saponette.

Mia madre aveva conosciuto mio padre, Chuan Huat, quando lui era uno studente originario di quella che allora si chiamava Malaya. Vestiva in modo appariscente, come un incrocio fra Charlie Chan (abiti e scarpe bianchi) e un Marlon Brando asiatico, e sembra che guidasse persino una motocicletta in una certa fase del corteggiamento. Dopo un anno di fidanzamento, i miei genitori decisero di sposarsi nel settembre del 1962. Secondo i miei calcoli, io fui concepita durante la luna di miele. In famiglia si racconta che mio padre si sposò senza chiedere il consenso o comunicare la notizia ai suoi genitori a Penang, in Malaya, i quali furono tutt'altro che contenti quando scoprirono che ero in arrivo. Entrai nella vita di mio padre alla data stabilita, e lui uscì puntualmente dalla mia cinque giorni dopo la mia nascita.

Purtroppo so molto poco della personalità o delle peculiarità di mio padre, dato che partì in tutta fretta e non tornò mai più in Australia. Il pretesto per il viaggio fu che suo fratello era in fin di vita, e devo aggiungere che effettivamente mio zio morì poco dopo il rientro di mio padre in patria. Sospetto però che lui non sopportasse più le scenate della mamma e avesse deciso di limitare i danni. Rimase a Melbourne appena il tempo sufficiente a posare gli occhi su di me e a darmi un nome. Negli anni mi sono interrogata sul legame tra il mio sesso e la decisione di mio padre di "tagliare la corda". Mi sono sempre chiesta se fu la mancanza di "ciliegine" sotto il mio pannolino a precipitare le cose, ovvero, a farlo salire su un aereo.

La povera mamma ebbe un tracollo che probabilmente segnò l'inizio della sua lunga dipendenza dai farmaci. In quel vuoto si inserì mia nonna: Irene Rosaleen Pascarl. Con la sua irriducibile tenacia ci tenne insieme come meglio poteva e probabilmente, con il senno di poi, così facendo soffocò gli istinti e le prerogative di mia madre nei miei confronti.

L'infanzia e la formazione di mia nonna sono un caso esemplare di ciò che era la vita in Australia negli anni dopo la nascita della Federazione Australiana nel 1901. Era una dei quattro figli di Phoebe Ann Clarissa e del marito irlandese. I miei bisnonni si conobbero quando il giovane signor Stafford, appena sbarcato da una nave proveniente da Galway in Irlanda (una copia del loro certificato di matrimonio attesta che era nato a Warnambool, ma era solo uno stratagemma per nascondere il fatto che non aveva documenti in regola come cittadino della colonia), trovò lavoro come "carpentiere a cottimo" nella tenuta dei genitori di Phoebe. A quindici anni la mia futura bisnonna era una signorina ribelle e viziata, unica figlia femmina. La sua famiglia non aveva nulla a che fare con la deportazione dei detenuti che aveva popolato l'Australia ai primi dell'Ottocento, ma discendeva dall'aristocrazia inglese e francese e aveva almeno un duca e un maresciallo di Francia nel suo albero genealogico. I suoi antenati (seguendo la tradizione dei figli cadetti) avevano scelto di entrare nei ranghi dell'amministrazione della più recente colonia inglese. Lo scandalo delle precoci smanie amorose di Phoebe all'età di quindici anni, e il successivo allontanamento dalla casa dei genitori in compagnia del signor Stafford, un semplice impiegato di età e origini ignote, ebbe enormi ripercussioni all'interno della famiglia, ma rimase un segreto gelosamente conservato per decenni.

Il successo del matrimonio di Phoebe con il suo amante irlandese fu gravemente compromesso dalla mancanza del consenso e della dote dei genitori. Quando l'unione si sfaldò, mia nonna Irene fu data in adozione insieme ai suoi fratelli, Gordon e Lionel, e alla sorellina Eileen. La madre, Phoebe, tornò nella casa dei ricchi genitori da cui era fuggita. Finì per contrarre un secondo matrimonio bigamo e non ebbe più alcun contatto con sua figlia, mia nonna, finché quest'ultima non ebbe superato i vent'anni. Il secondo marito di Phoebe non seppe mai di quel primo "fecondo" matrimonio o dei figli che aveva generato. Lo scandalo fu efficacemente sepolto sotto il peso dei soldi e del potere.

Le cose sono cambiate enormemente dai tempi in cui la nonna e i suoi fratelli furono dati in adozione, prima della Grande Guerra. Allora la famiglia fu divisa, con la nonna e zio Gordon affidati a una famiglia cattolica e zio Lionel a un'altra. Le autorità stabilirono che la piccola Eileen sarebbe stata allevata da una ricca coppia anglicana, il che, dati i pregiudizi religiosi di allora, fece sì che restasse completamente separata da mia nonna fin dopo i vent'anni. Il divario creato dalla struttura sociale dell'epoca rimase sempre troppo ampio perché le sorelle sviluppassero una vera intimità. Per ironia della sorte, fu la religione a giocare un ruolo cruciale nella formazione di bambini che avevano ascendenti ebraici, francesi, ugonotti, inglesi e irlandesi.

L'infanzia della nonna non si può che definire brutale. Da ragazzina fu semplicemente una serva non pagata per la sua famiglia adottiva: puliva i pavimenti alle cinque di mattina, lavava, cucinava e si occupava dei cavalli e degli animali allevati in giardino, oltre ad andare a scuola e badare ai bambini più piccoli del clan. Era spesso picchiata e raramente trattata come un membro della famiglia. A quattordici anni fu mandata a lavorare in una fabbrica di scatole in cambio di un magro stipendio incassato dalla madre adottiva.

Verso i vent'anni, passata dalla fabbrica di scatole al mestiere di modista, la nonna incontrò il nonno a una serata di ballo con partita di football organizzata dalla parrocchia. I due si innamorarono e ci fu un lungo, lunghissimo fidanzamento. I parenti mi dicono che nel frattempo il nonno correva la cavallina. È incredibile il numero di letti in cui riusciva a infilarsi senza che mia nonna se ne accorgesse. Quando finalmente si sposarono, poco prima della Seconda guerra mondiale, "uscivano insieme" da più di un decennio. Avevano deciso che il nonno avrebbe cercato di costruire la casa dei loro sogni, mentre la nonna si preoccupava di riempire il baule del corredo. Io la prendevo in giro dicendo che dopo dieci anni quel baule doveva avere le dimensioni di un magazzino. La mamma fu l'unica figlia dei miei nonni; si separarono quando lei aveva quindici anni e non si rividero mai più tranne che per il matrimonio dei miei genitori.

A detta di tutti, mia madre e mia nonna avevano un rapporto inquieto e difficile: oggi, alla luce delle terapie dei traumi psicologici e della diffusa conoscenza dei danni provocati dai maltrattamenti infantili e dalla mancanza di cure dei genitori, appare evidente che la nonna, ossessionata dai suoi demoni, non era in condizione di allevare ed educare a sua volta un figlio.

La nonna aveva sempre nutrito delle “ambizioni” per la sua unica figlia. Mandò mia madre a esibirsi alla radio in tenera età, le fece prendere lezioni di canto, seguire corsi di dizione, indossare abiti di pizzo a volant e arricciare i capelli, e le fece frequentare un collegio femminile cattolico, sia pur decaduto.

Per decisione della nonna, mia madre lasciò la scuola abbastanza presto e iniziò a lavorare come segretaria e dattilografa per una piccola industria chimica della città, dove rimase finché non sposò mio padre all’età di ventun anni. Pur avendo vissuto per un paio d’anni in un “istituto per signorine” a Footscray, non aveva mai preparato un pasto o mandato avanti una casa, e sembra che fosse ancora vergine quando affrontò la vita matrimoniale con mio padre. Lui era sempre stato accudito dalla madre o dai servi prima di venire in Australia a studiare, e pare che non fosse vergine.

I miei genitori non avevano mai trascorso molto tempo insieme prima di sposarsi, e di sicuro non avevano mai diviso il letto. I problemi domestici si affacciarono sin dal primo giorno di matrimonio, ma i due rimediarono alle incomprensioni reciproche passando da una festa all’altra e facendo in modo di essere sempre fuori casa o circondati da amici. Questo schema di felicità familiare incontrò un ostacolo fondamentale quando i soldi che mio padre aveva ricevuto dalla sua famiglia, proprietaria di petroliere, si esaurirono, e i miei genitori scoprirono che uno più uno fa immancabilmente tre se non si usano mezzi di contraccezione.

Così quel giovane elegantissimo e fino ad allora facoltoso dovette lasciare l’università e mettersi a lavorare in una fabbrica di vernici per mantenere la moglie incinta e lo stile di vita al quale si erano abituati. Le realtà della vita matrimoniale e la pressione delle differenze culturali alimentarono litigi e recriminazioni. Quando nacqui io, il loro matrimonio aveva già i giorni contati, cinque, per la precisione.

# 2

Con l'improvvisa partenza di mio padre dall'Australia, fu mia nonna a prendersi carico della mia esistenza. Il mio primo compleanno fu festeggiato con una magnifica torta glassata con un anatroccolo preparata dalla mia madrina, zia Connie, che insieme a zio Kevin, mio padrino, sarebbe rimasta il mio unico legame con la normalità, e una fonte di allegria, per tutta la mia infanzia.

Il mio secondo compleanno fu segnato dalla "morte" di mia madre. La mamma assumeva grandi quantità di farmaci da quando papà se n'era andato, ma quella volta uno di essi non ebbe un buon effetto. In quel particolare giorno aveva deciso di far visita al suo ex datore di lavoro ed era seduta a bere il caffè e a chiacchierare quando di colpo si afflosciò su una scrivania. Il suo cuore si era fermato, e dato che non respirava, i suoi amici la caricarono in macchina e la portarono di corsa al vicino St. Vincent's Hospital. Ci vollero più di sette minuti per rianimarla, un lasso di tempo in cui fu dichiarata clinicamente morta.

La mamma aveva avuto un embolo, una situazione in cui un grumo di sangue e una bolla d'aria raggiungono il cervello (o i polmoni) con effetti letali. Nel caso di mia madre, la sua "morte" e la successiva rianimazione causarono una lesione al lobo temporale sinistro del cervello che la privò della parola e di altre funzioni cerebrali superiori, oltre a provocarle l'epilessia. Durante la convalescenza dovette imparare di nuovo a scrivere e a usare coltello e forchetta, e si scoprì che aveva perso anche alcune parti di memoria. Quando tornò a casa, si scatenò la prima crisi di "grande male". Gli attacchi si verificavano senza preavviso. La mamma crollava a terra in preda a convulsioni incontrollabili, rovesciando gli occhi. Stringeva i denti e a volte si mordeva la lingua. La nonna dovette imparare ad affrontare le sue crisi oltre a badare a me.

Da quando si manifestarono l'epilessia e l'instabilità mentale di mia madre, cominciai a trascorrere lunghi periodi di tempo e la maggior parte delle mie vacanze nella fattoria dei miei padrini, annidata in una valle circondata dalle montagne del Gippsland e punteggiata da pochi spettrali eucalipti la cui corteccia bianca rifletteva la luce cruda del mezzogiorno. L'abitazione più vicina era a chilometri di distanza e la posta, che arrivava una volta alla settimana, veniva infilata in un vecchio recipiente per il latte che fungeva da cassetta, appeso al cancello d'ingresso a mezz'ora di cammino da casa. Trascorrevo allegramente le mie giornate mungendo le mucche e pulendo le stalle, raccogliendo il fieno e seguendo zio Kevin con le mie gambette grassocce su per ripide colline e lungo le mulattiere in cerca di capi di bestiame smarriti. Arrampicandomi e giocando a nascondino fra i meli e i susini del frutteto con il cane che avevo adottato, Tuppence, anche lui uno strano ibrido come me – mezzo levriero e mezzo fox terrier – mi tenevo occupata e isolata dal torpore che i farmaci inducevano in mia madre.

Crescendo cominciai a capire che probabilmente la mamma sarebbe sempre stata diversa dalle madri che vedevo in televisione. Non avremmo mai preparato una torta insieme, né potevo sperare che giocasse con me. Potevo solo sognare a occhi aperti un mondo in cui le mamme pettinavano le figlie e leggevano loro le fiabe all'ora della nanna.

Quando compii quattro anni, la mamma per me esisteva solo in un mondo nebuloso di perenne malattia in cui passavano giorni, o persino settimane, senza che la vedessi. La porta della sua stanza con l'alta maniglia cromata restava rigorosamente chiusa, aprendosi solo per accogliere la nonna che andava avanti e indietro curando la malata.

Io stavo insieme con la nonna nella nostra stanza, accanto a quella di mia madre. Era una cameretta rettangolare grande come una scatola da scarpe, con una sola finestra, l'unica fonte di luce naturale, che dava su una palizzata di legno. Il letto di mia nonna era proprio sotto la finestra, che lei si rifiutava di aprire fra le quattro di pomeriggio e le otto di mattina nei mesi invernali nel timore che l'aria notturna mi prendesse al petto causandomi un'infreddatura. Era fermamente convinta del pericolo di un'"infreddatura". Una delle sue frasi preferite era: «Sta' attenta a non prenderti un'infreddatura», dopo di che mi ammoniva sulle terribili conseguenze di un colpo di freddo ai reni. Io stessa mi sono ritrovata con orrore a scuotere la testa con aria grave e ammonire i miei figli sui rischi di un'"infreddatura", provando sempre un segreto senso di colpa nel riprendere le convinzioni della nonna senza crederci fino in fondo.

Ai piedi dei nostri letti, addossati alla parete, c'erano due enormi armadi intagliati in cui erano conservati tutti i tesori della nonna. Da quei depositi era in grado di estrarre le cose più incredibili per tenermi occupata nelle giornate di pioggia. Il suo assortimento di articoli di merceria, residuo dei tempi in cui aveva un negozio, mi procurava infinite distrazioni. C'erano scatole e vassoi di bottoni fatti di madreperla, cuoio, legno e filigrana d'oro, alcuni modellati artisticamente in forma di fiore, altri di tipo comune. Io li riordinavo per lei secondo le dimensioni, la forma e il colore, talvolta fissandoli a pezzi di cartoncino che lei aveva tenuto da parte a questo scopo; altre volte inanellavo i bottoni su un filo per fabbricarmi effimeri gioielli. Probabilmente classificavo e riclassificavo decine di volte gli stessi bottoni senza rendermi conto che la nonna li aveva mescolati apposta per tenermi occupata in un pomeriggio noioso.

Poi c'erano le pelli di volpe, eredità dei "tempi d'oro" della nonna negli anni Trenta e Quaranta, con il loro acuto odore di naftalina e di muffa. Mi permetteva di drappeggiarmele addosso e di passeggiare ancheggiando per la casa sentendomi molto affascinante. Avevano una curiosa allacciatura: bocche e teste erano state modificate con una sorta di molletta per attaccarsi saldamente alla coda, permettendo alla signora alla moda di appendere l'intera carcassa attorno alle spalle con le zampe penzolanti sulle braccia e sul petto della proprietaria. La nonna mi assicurava che quello era il massimo dell'eleganza "ai suoi tempi". Spesso mi chiedevo come facesse la signora alla moda a non intingere nella minestra le zampe dell'animale defunto, o a non rigare il burro con gli artigli servendosi al tavolo del buffet.

Quand'ero piccola, quegli stessi armadi che ospitavano i tesori della nonna comparivano anche nei miei incubi più terrificanti, con le ante che si aprivano e incombevano su di me pronte a ingoiarmi nei loro interni tenebrosi affamati di bambine (così almeno credevo allora). Mi svegliavo tremante di paura e saltavo nel letto della nonna, rannicchiandomi accanto a lei in cerca di calore e conforto. Mi rifiutavo sempre di dirle cosa mi aveva terrorizzato: pensavo vagamente che gli armadi potessero udirmi e diventare ancor più arrabbiati e decisi a catturarmi se gliel'avessi confessato. Ancora oggi ho una forte resistenza ad aprire le ante degli armadi.

Fra le testate dei nostri letti c'era la toilette della nonna. Era ingombra di un eclettico miscuglio di ninnoli e articoli religiosi: immagini del Sacro Cuore e della Vergine Maria, rosari, piatti di porcellana, ciotole di cristallo e centrini di pizzo. Dallo specchio pendevano sgargianti puntaspilli di broccato che ospitavano la collezione di spille della nonna, un incredibile portalettere ricavato da un vecchio contenitore di gelato tenuto insieme con la rafia, e un crocifisso dall'aria sofferente.

Questo era dunque il mio mondo all'età di quattro anni. A una bambina di quell'età appariva immenso; il nostro frutteto sul retro era il mio terreno di esplorazione e di avventura, e il giardino davanti faceva da zona cuscinetto contro "il mondo". E all'età di quattro anni avevo davvero bisogno di una zona cuscinetto contro le dure realtà della vita.

Sono nata negli anni Sessanta, un'epoca che da adulta riconosco come una fase di enormi cambiamenti e rivoluzioni sociali: il controllo delle nascite, la guerra in Vietnam, i Beatles e le rivolte giovanili. Ma per me tutto questo significò ben poco. La mentalità libertaria degli anni Sessanta e dei primi anni Settanta non si diffuse nel nostro ghetto di periferia, almeno non in modo così tangibile da influire su di me o sulla mia famiglia.

# 3

Prima di cominciare la scuola a quattro anni, non avevo praticamente mai giocato con altri bambini né fatto parte di gruppi numerosi. A causa dell'epilessia di mia madre, la nostra famiglia rimase quasi completamente isolata da quella che a un osservatore esterno sarebbe sembrata una comunità molto cordiale e ricca di interscambi. E forse era proprio così, a suo modo, un insieme di persone dalla stessa mentalità che preparavano torte e badavano ciascuna ai figli dell'altra, ma per le quali gli effetti degli eventi internazionali e dei cambiamenti sociali passavano quasi inosservati.

Nei dieci anni in cui abitammo in Blyth Street, a Murrumbeena, mia nonna non si rivolse mai ai suoi vicini chiamandoli in modo diverso da "signora Taldeitali" o "Signor Taldeitali", e a sua volta rimase per tutti la signora Pascarl. Le nostre vicine esibivano la loro condizione di donne sposate come una medaglia al valore; nessuna di loro lavorava fuori casa e sembravano tutte soddisfatte dei loro tavoli di formica e delle cene con carne più tre contorni. Non avrei mai scoperto se avessero personalità e opinioni individuali, o qualche aspetto interessante. Si accontentavano di scomparire dietro i capifamiglia, tenere puliti i figli e andare a messa tutte le domeniche. Ma in qualche modo rappresentavano per me un traguardo sociale, una zona di sicurezza che il matrimonio sembrava rendere possibile, una sorta di anonimato dietro quel titolo di "signora" che le faceva sentire accettate.

E l'anonimato e l'accettazione da parte della società erano beni destinati ad assumere un grande valore per me fin dalla più tenera età. Andando a scuola mi resi conto con orrore che ero "diversa". Diversa: quella terribile, minacciosa sentenza che per tanti bambini può significare la differenza tra ricevere il desiderato invito a una festa di compleanno o avere qualcuno con cui giocare nel cortile della scuola all'ora di pranzo, e passare quell'ora seduto su una panca da solo e senza amici, guardando con invidia gli altri che si divertono.

Per quanto la nonna mi applicasse diligentemente ogni notte i fastidiosi bigodini per farmi venire i riccioli alla Shirley Temple o mi portasse in chiesa tutte le domeniche, agli occhi della nostra comunità in maggioranza bianca e anglosassone io rimanevo diversa. La loro ignoranza li portava a considerare la mia presenza, il mio aspetto e il matrimonio di mia madre un affronto personale che minacciava gli angusti confini della loro esistenza. Erano gli anni della guerra in Vietnam, e io avevo un'evidente, anche se nebulosa, somiglianza con il nemico "giallo" che vedevano uccidere i nostri soldati australiani ogni sera al telegiornale delle sei. Era facile per loro presumere che mia madre fosse una specie di radicale rinnegata che aveva sposato mio padre per violare la purezza della razza locale. E che io, a mia volta, volessi infiltrarmi nei giochi dei loro figli per contaminarli in qualche modo.

Come potevano sapere, o capire, che il bersaglio del loro odio razziale veniva da una famiglia i cui membri avevano servito nell'esercito australiano e combattuto in entrambe le guerre mondiali; che la mia famiglia era arrivata in Australia nel 1801, a seguito di una missione di esplorazione, ed era sempre stata fiera di essere all'avanguardia, contribuendo alla costruzione di una giovane nazione; o che io ero l'unica della famiglia ad avere sangue asiatico? E uno qualsiasi di questi argomenti avrebbe fatto qualche differenza? Il mio sangue e i miei antenati contavano così tanto che a mia difesa avrei dovuto andare in giro con l'albero genealogico e appuntarmi le medaglie di zio Gordon sul petto quando andavo a scuola? Credo di no.

Inevitabilmente i figli portano nella scuola l'ignoranza, il pregiudizio e l'odio dei loro genitori; posso confermarlo per esperienza diretta. Quasi tutti i bambini sono oggetto di prese in giro in qualche fase della loro carriera scolastica, magari perché sono goffi o hanno un dente storto, o a causa del loro nome; di solito le persecuzioni fanno il loro corso e si smorzano nel giro di poco tempo. Non fu così per me.

Dalla scuola materna fino alla quarta elementare fui sistematicamente e ripetutamente derisa e perseguitata. Quasi ogni sera, quando tornando imboccavo la salita che portava a casa nostra, avevo dietro di me un corteo di scolari. A una prima occhiata potevamo sembrare impegnati in un gioco collettivo, ma non era così; i bambini del vicinato mi seguivano come una folla inferocita che sfoga la sua sete di sangue su un simbolo, anziché sulla causa, delle sue vessazioni. D'estate era normale che mi bersagliassero con prugne marce, sputi e insulti. Un simpaticone compose un ritornello intercambiabile su di me che cantavano all'unisono in continuazione: *Cinese, giapponese, brutto arnese, torna al tuo Paese*, oppure *Cina, giallina, puzzo di urina, beccati 'sta medicina*, accompagnati da gesti osceni, spintoni, schiaffi e parolacce.

D'inverno la canzone era la stessa, ma invece di frutta marcia e acqua mi tiravano fango, sassi e rifiuti raccolti dai canali di scolo. Nulla di quel che facevo li dissuadeva dal deridermi e umiliarmi. L'intervento della nonna a scuola non fece che peggiorare il loro atteggiamento verso di me: mi etichettarono come una spia e le persecuzioni aumentarono. A un certo punto un genitore mandò addirittura una lettera per chiedere che il banco della figlia fosse allontanato da quello della ragazza "di colore".

Così mi rifugiai in un mondo in cui ero uguale agli altri, in luoghi e tempi che solo io controllavo. Trovai rifugio nei libri e nella danza.

# 4

I libri mi mostravano il mondo. Mi mettevano in comunicazione con la vita e mi fornivano conoscenza e obiettivi, oltre che una pratica via di fuga. La parola scritta mi portava nel regno della fantasia e mi spiegava come usare l'immaginazione e come contemperare la finzione con i fatti. Mi dava un terreno comune per comunicare con i miei insegnanti, ma mi allontanava ulteriormente dai miei compagni, che mi bollavano come la "cocca dei professori".

Non avevo alcuna intenzione di essere una "cocca": volevo semplicemente conoscere. La lettura mi ha sempre fatto sentire una spugna; già a otto o nove anni mi sembrava di non essere in grado di leggere e assorbire a un ritmo abbastanza veloce tutto ciò che un libro aveva da offrire. I libri scacciavano la mia solitudine; è sempre stato così e lo sarà sempre. I libri sono oggetti preziosi da amare e preservare. Riflettono la storia della nostra società e il passaggio del tempo in modo duraturo e più vero di altri sistemi di rilevazione. Ma provate a spiegarlo a un coetaneo di nove anni.

E poi c'era la mia via di fuga più importante: la danza. Danzavo quand'ero felice e quand'ero triste; il movimento mi dava la possibilità di ritrovare me stessa e di ignorare i bambini che mi definivano brutta e straniera. Quando danzavo, ero "io". Crescendo scoprii che danzare per me stessa, da sola, era più gratificante che danzare per gli altri. La musica vorticava intorno a me e dentro di me, e non aveva importanza che i passi fossero quelli del balletto classico, del jazz, o combinazioni di swahili e tip-tap, contavano solo l'intimità e l'appagamento che trovavo nella musica e nel ballo. È ancora così adesso per me: ascolto un pezzo di musica e immediatamente immagino dei passi di danza.

Ma questa consapevolezza l'avrei raggiunta solo molti anni dopo le scuole elementari. Ero felice quando danzavo, e la mia analisi non andava molto più in là. Incoraggiata dalla nonna, imparavo ogni forma di ballo disponibile, memorizzavo i numeri di vecchi musical visti alla televisione e mi scatenavo in un pessimo charleston sotto la guida della nonna.

Di questo non parlavo con nessuno, durante la mia infanzia; c'era la danza, c'ero io, e immagino che fossimo semplicemente in sintonia. Per prudenza decisi di nascondere quanto più potevo di me stessa agli altri bambini della scuola: temevo che il mio interesse per la danza potesse diventare argomento di ulteriori persecuzioni. Oltretutto non avevo un amico particolare, anzi, non avevo alcun amico. In tutti e sette gli anni di scuola elementare, fui invitata solo a cinque feste di compleanno. Ricordo ancora i nomi dei bambini: Leonie, Maryanne, Kevin, Cathy e Katrina.

Avrei tanto voluto essere ammessa nell'"infanzia dorata" – far parte della gente giusta, eccellere nello sport e ricevere complimenti per aver dato lustro alla scuola – ma era una speranza totalmente irrealistica: non avevo alcuna predisposizione a maneggiare mazze e palle. Ero sempre l'ultima bambina a essere scelta per comporre una squadra. Quando tutti gli altri si mettevano in fila per la selezione, i capitani discutevano fra loro dei punti di svantaggio da assegnare a chi avesse la sfortuna di avermi in squadra.

Un giorno di primavera mite e soleggiato ebbi l'occasione di giocare davvero una partita di baseball. Non ricordo come accadde; di solito tutti i componenti della mia squadra facevano bene attenzione che mi accostassi al campo da gioco solo nell'intervallo, per distribuire le arance. La pressione su di me perché colpissi la palla era enorme: l'aria era satura di trepidazione e disprezzo da parte degli spettatori: con la coda dell'occhio vidi una suora che di nascosto si faceva il segno della croce; per un attimo pensai di simulare un conato di vomito, come via di fuga.

Mi tremavano le gambe e avevo lo stomaco rivoltato mentre i compagni di squadra mi lanciavano istruzioni e raccomandazioni da bordo campo. Dalle loro grida compresi che non solo avrei dovuto colpire la palla, il che mi sembrava assolutamente improbabile data la sua ridotta dimensione, ma anche mollare la mazza e correre alla base. Nella mia mente il lancio della mazza assunse l'importanza di una medaglia olimpica. A tutta evidenza i miei compagni di squadra prendevano la cosa molto sul serio, e così, con questo pensiero in testa, salii sulla pedana. Ruotai la mazza e colpii la palla. La colpii davvero; non ero mai riuscita in quell'impresa prima di allora. Poi lanciai la mazza come mi era stato indicato... proprio in mezzo alla folla di giocatori alle mie spalle.

Qualche giorno dopo, quando furono tutti guariti dai lividi, le suore decisero che in futuro era meglio che mi limitassi a distribuire le arance.

# 5

Suore. La mia scuola era affidata alle Suore della Presentazione, spose di Cristo, ma senza doveri coniugali e biancheria sporca sul pavimento. Nere d'abito e d'umore, più che camminare scivolavano lungo i corridoi della scuola come pie apparizioni senza gambe. Con il soggolo, il velo e il rosario tintinnante, avevano il compito di controllare le nostre menti e le nostre anime. Le suore erano sacre, non sbagliavano mai, e in teoria incarnavano tutta la bontà della Vergine Maria e tutte le soluzioni e i rimedi per combattere la tentazione al peccato in bambine docili e prive di volontà.

Fu un giorno fuori dal comune quando la superiora, sorella Philomena, ci annunciò che da quel momento in poi avremmo dovuto chiamarla sorella Rosemary e che anche le altre suore avrebbero cambiato nome. Nuove sorprese arrivarono il lunedì successivo, quando si scoprì che le sorelle avevano le gambe ed emersero tracce visibili del fatto che avevano i capelli. Ma la rivelazione della loro anatomia non rallentò affatto il ritmo del nostro indottrinamento; le lezioni proseguirono come al solito in vista della prima confessione e prima comunione. Passavo le mie notti in preda a una grande agitazione, cercando di mettere insieme una bella messe di peccati da offrire al prete della parrocchia in quella straordinaria occasione. Ma nonostante i miei sforzi non riuscivo a trovare niente di succoso, e così, come ogni buon cattolico, decisi che il modo più rapido di togliermi d'impaccio era raccontare qualche grossa bugia in confessionale e far contenti tutti. Padre Murphy, però, mangiò la foglia e mi mandò da sorella Philomena; ero convinta che lei mi avrebbe spedito dritta all'inferno con un marchio sulla fronte che mi bollava come una delle più grandi peccatrici di tutti i tempi. Invece mi beccai una paternale sui malefici effetti del sangue che avevo nelle vene e una solenne sculacciata. La nonna, mortificata, pregò per la mia redenzione. Io pregai per la mia liberazione.

Fu un'illuminazione: per una bambina senza amici, fu come una rivelazione divina. Per quell'unica gloriosa giornata di peccato fui considerata una bimba normale dalle mie compagne di classe. Se il peccato poteva farmi accettare dalla società (stile Maria Maddalena, secondo il mio ragionamento), cos'avrei mai potuto ottenere con una intenzionale cattiveria? Mi incaricai di scoprirlo.

Per prima cosa pensai che bisbigliare in chiesa sarebbe stato un peccato abbastanza corposo. L'impresa, tuttavia, era un po' difficile, visto che non avevo amiche con cui chiacchierare. Allora cercai di cantare in modo strambo durante le prove del coro, ma nemmeno questo migliorò la mia vita sociale, così decisi di fare domande. Domande tipo cos'era una vergine, e come facevamo a sapere che il pane e il vino diventavano il corpo e il sangue di Cristo. Poi mi lanciai nel mio pezzo forte: polemizzai con le suore sulle fotografie di neonati abortiti appese alle porte della chiesa. Il risultato fu che il prete, con un'espressione cupa, venne a trovare la nonna per parlare del mio futuro in quella scuola.

Padre Murphy spiegò che la mia sete di conoscenza e i miei sforzi per migliorare la mia capacità di ragionamento erano accettabili, ma le dispute teologiche, le polemiche e gli atteggiamenti da capopopolo a nove anni erano comportamenti che pregiudicavano il proseguimento della mia carriera scolastica nella loro scuola.

Fu così che mi venne proibito di fare congetture sui misteri e, cosa che mi parve il massimo dell'ipocrisia, sul cattolicesimo, e scoprii che ero tenuta a rispettare acriticamente la mistica e i dogmi insegnati a scuola.

La mia campagna per guadagnare popolarità non aveva funzionato, ma almeno aveva raggiunto uno scopo: la mia cieca accettazione dell'autorità, e della parola di un insegnante, svanì per sempre. Ero diventata curiosa e diffidente, con la vocazione della rompiscatole.

# 6

Per pura necessità, fui una bambina precoce. Negli anni successivi risultò evidente che mia nonna non era in grado di far fronte ad alcune situazioni derivanti dalla malattia di mia madre. Tendeva a farsi prendere dal panico nei momenti sbagliati. Durante un attacco di convulsioni infilò un cucchiaio in bocca alla mamma per impedirle di mordersi la lingua, e così facendo le spezzò i denti davanti. Dovetti imparare, e in fretta, a fornire alla nonna l'assistenza pratica necessaria durante le crisi epilettiche: raddrizzare le membra della mamma, inserirle un panno bagnato fra i denti o semplicemente rovesciarla e trascinarla in un punto più sicuro del pavimento quando stava male. Poi uscivo per andare a scuola.

Con il passare del tempo, le medicine stabilizzarono in qualche misura le condizioni di mia madre, che decise di recuperare un po' di attività sociale. Su suggerimento della sua amica Lily, si dedicò al volontariato presso il circolo "cattolico" Stella Maris al porto di Melbourne. Ne nacque una serie di amicizie epistolari con dei marinai: Anton, Felix, Carl e Ashley. Nessuno di loro mi piaceva, non perché fossi gelosa, ma perché mia madre pretendeva che mi sedessi sulle ginocchia di tutti gli amici speciali che mi presentava. Mi sentivo un fenomeno da baraccone, un giocattolo per quegli strani uomini che avevano addosso l'odore del mare e una capacità di controllo quasi inesistente.

L'attività scelta dalla mamma finì con il diventare motivo di disputa fra le donne della mia famiglia; esacerbava i litigi e le discussioni, che a volte degeneravano in violente baruffe alimentando le lunghe e frequenti assenze di mia madre da Blyth Street.

Ricordo che l'approssimarsi del mio decimo compleanno creò in me una certa aspettativa. Mi sembrava che l'avvento di un'età a due cifre avrebbe significato l'inizio della fine della mia infanzia. L'elezione del governo laburista nel dicembre del 1972 aveva diffuso in Australia una sensazione di ottimismo e cambiamento, e quella sensazione penetrò anche in casa nostra. La nonna mi disse che con la vittoria di Gough Whitlam e la sua nomina a primo ministro, quell'inverno saremmo state molto più al caldo. Io non capii cosa volesse dire finché non mi rimboccò le nuove coperte di lana acquistate con il bonus di pensione che aveva ricevuto dal nuovo governo. Con l'ingenuità della gioventù, continuai a venerare Whitlam come un eroe per molti anni. Anche se non approvavo la sua politica, per me si librava su tutti come un campione del popolo per via di quelle coperte. Solo anni dopo mi resi conto che si librava perché era un pallone gonfiato.

La nonna somigliava molto a quelle coperte: calda, rassicurante e avvolgente, mi proteggeva dalle realtà della vita, risparmiando su ogni centesimo per nutrirci e vestirci. Ma c'erano cose da cui nemmeno la nonna poteva proteggermi, e una di queste era mia madre.

Anche nelle migliori condizioni, un terremoto familiare può creare grosse difficoltà a un bambino; e ciò che avvenne nel mio decimo anno fu più un'eruzione che un terremoto. Di colpo la mamma fu internata in un ospedale psichiatrico. Senza preavviso, senza segni premonitori, niente. Per mesi mi sentii dire che doveva disintossicarsi dalle medicine che le stavano danneggiando il fegato. Ma io sapevo che c'era sotto qualcos'altro. Non avevo idea di cosa fosse questa "terapia di gruppo" di cui lei continuava a parlarmi, ero semplicemente infelice e perplessa perché una volta alla settimana dovevo fare conversazione con una donna che ora mi era ancora più estranea di prima. Era anche evidente che nutriva un'estrema ostilità nei confronti della nonna. Le visite in ospedale mi terrorizzavano. Odiavo dover affrontare gli altri pazienti che si trascinavano per i corridoi o mi lanciavano sguardi furtivi mentre ero seduta al bar con mia madre. Sembravano anime in pena, con le labbra serrate e un'aria tragica, oppresse da un'angoscia palese persino per una bambina. In qualche modo quell'ospedale per persone con "problemi" o "malattie mentali", come lo definiva mia madre, era per i suoi ospiti sia un rifugio sia una prigione.

La mamma entrò in ospedale con i tacchi alti e senza un capello fuori posto; quando ne uscì, sembrava reduce da Woodstock: scalza, con i lunghi capelli che ricadevano sul caffettano d'ordinanza. Aveva deciso che era giunto il momento di giocare alla famiglia felice, ma per questo c'era bisogno di un "papà". E lei se n'era portato dietro uno.

Roger Barrantes entrava e usciva dagli ospedali psichiatrici da anni. Era sulla quarantina, aveva un fisico alto e dinoccolato, un grosso naso adunco e i capelli sporchi. Il suo sguardo incrociò quello della mamma durante un'affollata seduta di terapia di gruppo e fu fatta. Quando arrivarono a casa nostra annunciarono subito alla nonna che non faceva più parte della "nostra" famiglia e doveva trovarsi una sistemazione nel giro di ventiquattr'ore. Mia madre sembrava ipnotizzata da Roger e accettava ogni sua decisione. Poi lanciarono la seconda bomba: io li avrei seguiti nel loro nuovo nido d'amore.

La nonna si trovò un appartamentino a Carnegie, un sobborgo vicino a Murrumbeena, mentre la mamma si trasferì in un piccolo bilocale con un cucinotto e un minuscolo bagno che dava sulla ferrovia, con conseguente frastuono di treni che sferragliavano a intervalli regolari. Per me fu un trauma. Di colpo l'unica costante della mia vita mi era stata preclusa. Mi fu proibito di vedere o anche solo parlare con mia nonna; la mamma mi spiegò che era responsabile di tutto quel che era andato storto nella sua vita.

Chiaramente mia madre considerava questo improvviso terremoto domestico un passo decisivo verso l'indipendenza. Era pura follia, persino io me ne rendevo conto. Stava semplicemente barattando una forma di dipendenza con un'altra. Conoscevo appena mia madre e non avevo alcun desiderio di conoscere Roger più di quanto già lo conoscessi. Incolpavo lui e gli psichiatri del comportamento illogico della mamma. Lei sembrava cercare continuamente con lo sguardo la sua approvazione e la sua conferma, ed era incapace di prendere una decisione ferma e indipendente su qualunque cosa se lui non c'era.

La prima notte nel nuovo appartamento fu una delle più sconcertanti, infelici e terrorizzanti della mia vita. Mi rendevo conto che Natale era alle porte e non avrei potuto vedere la nonna. Non avevo mai trascorso un Natale senza di lei, che sarebbe rimasta da sola. Non capivo perché ci fosse bisogno di me per completare l'assurdo piano di mia madre, e perché Roger avesse voluto a tutti i costi portarmi con loro. Tutto mi sembrava senza senso mentre giacevo raggomitolata sotto il lenzuolo a fiori che la nonna aveva cucito un paio di mesi prima. Non facevo che singhiozzare. Evidentemente piangevo così forte che non sentii Roger aprire la porta ed entrare.

Si sedette sul lato destro del letto e posò la mano sul mio polpaccio. Disse che avevano concordato che fosse lui a calmarmi e rilassarmi. Disse che ero stata molto poco collaborativa e che stavo rendendo le cose più difficili del dovuto per la mamma. Disse che dovevo seguire le sue indicazioni, che era lì perché la mamma lo voleva e che dovevo collaborare con lui. Spiegò che era un microbiologo e un fisico, praticamente un medico, gli mancava solo l'esame finale, e che dovevo fare esattamente quel che mi si diceva.

Roger avrebbe ripetuto questa affermazione sui suoi titoli di studio e sulle sue qualifiche a molte altre persone negli anni a venire, ma erano tutte bugie. La verità, a quanto ne so, è che una volta faceva le pulizie nel laboratorio di una

grossa fabbrica di gelati, e che quello era l'unico lavoro stabile che fosse mai riuscito a conservare.

Mentre io seguitavo a singhiozzare, mi disse che la nonna era malata di mente e che sarei stata meglio senza di lei. Disse che sapeva cos'era meglio per me, e che la mamma si fidava del suo giudizio e voleva che mi aiutasse a dormire. Poi mi ordinò di stendermi supina in modo che lui potesse rilassarmi adeguatamente. Visto che non lo assecondavo, ripeté che non stavo collaborando e che quella ora era la mia casa e dovevo obbedire. Quando alla fine mi girai sulla schiena, lui mi impose di tenere gli occhi chiusi e di non muovere alcuna parte del corpo mentre lui mi "massaggiava". Poi cominciò a toccarmi. Partì dai piedi, e mentre le sue mani salivano lungo le gambe seguitò a parlare, dicendo che finalmente stavo collaborando.

Rimasi rigida come una tavola con le lacrime agli occhi mentre lui mi accarezzava. La mia mente viaggiava a mille chilometri al secondo; la testa mi girava al punto da avere le vertigini. Una voce dentro di me gli urlava di smettere. Perché mi faceva questo? Perché mia madre se ne stava seduta nella stanza accanto e gli permetteva di farlo? Il giramento di testa peggiorò e mi resi conto che dovevo andare in bagno a vomitare. Lo respinsi con tutta la forza che avevo e corsi verso la porta del bagno, chiudendomela alle spalle. Mentre vomitavo nella tazza del gabinetto, udii la sua voce che diceva: «Non preoccuparti, ti abituerai alle mie tecniche di rilassamento. Tua madre si è già abituata». Quando finalmente uscii dal bagno, la camera da letto era vuota. Solo il mio letto sembrava incongruo e fuori posto. Malgrado l'orsacchiotto, il panda e l'agnellino appoggiati al cuscino, capii che non era più il porto sicuro che era sempre stato. Capii anche lo schema della mia nuova vita: ero stata oggetto di uno scambio; mia madre mi aveva venduto per avere un compagno.

Avevo ragione sul mio decimo compleanno: era l'inizio della fine della mia infanzia.

# 7

Questa nuova sistemazione domestica andò avanti per un paio di mesi: la mamma e Roger dividevano il divano letto in sala, mentre io mi rintanavo "al sicuro" nella stanza accanto. Roger veniva a "trovarmi" per darmi la buonanotte un paio di volte alla settimana, seguitando a ripetere che dovevo imparare a uniformarmi alle nuove regole familiari. Mia madre si teneva ai margini della scena, annuendo e sorridendo vagamente nella mia direzione. Assorbita dalla "ricerca di se stessa", vedeva solo gli aspetti piacevoli della vita che la circondava e delegava tutte le sue responsabilità a Roger, affidando continuamente a lui la soluzione di qualunque problema.

A metà estate questa situazione familiare aveva evidentemente perso un po' del suo fascino per Roger, che all'improvviso decise di andare a Mooroopna, nel nord dello stato di Victoria, a cercare lavoro come raccoglitore di frutta. Via lui, mia madre si sgretolò completamente. L'angoscia per la sua partenza la rese incapace di occuparsi anche delle cose più semplici. Passava ore a letto gemendo e singhiozzando, preoccupata del benessere di Roger, della sua salute mentale e soprattutto della sua evidente incapacità di gestire le proprie finanze. Mi spiegò che Roger nella sua vita aveva sempre letteralmente bruciato il denaro, che si trattasse di asse-

gni di sussidio o di contanti. Questo, più un odio radicato per la sua famiglia e qualche piccola turba sessuale, erano solo alcuni dei problemi per i quali aveva ricevuto cure psichiatriche nel corso degli anni. Io non morivo dalla voglia di ricevere questi brandelli di informazioni, che certamente non generavano un senso di fiducia nel partner scelto da mia madre. Decisi che erano rivelazioni troppo complicate perché potessi comprenderle. In fondo, avevo solo dieci anni e mezzo e non potevo capire perché, fra tutti gli uomini della terra, la mamma ne avesse scelto proprio uno che si divertiva a dare alle fiamme il denaro.

Durante quel periodo la mamma mi trattò più come un'amica della sua età che come una figlia; nei giorni peggiori io diventavo la madre e lei la bambina. Probabilmente fu una buona cosa che fossi in vacanza e potessi restare con lei ventiquattr'ore al giorno. Pensavo io ad andare in banca e a fare la spesa, sfrecciando verso il centro commerciale della zona sul mio monopattino, cucinando come meglio potevo (costolette d'agnello alla griglia e purè di patate erano la mia specialità) e pagando le bollette. In un paio di occasioni, quando le crisi isteriche di mia madre diventarono troppo violente perché potessi gestirle da sola, dovetti telefonare al medico perché venisse a calmarla. Altre volte bastava un ceffone.

Fu in questa fase che mia madre fece un tuffo nel passato, quando uno dei marinai con cui era stata in corrispondenza tornò a farsi vivo. Ashley, un omone gigantesco che dichiarava origini birmane, inglesi e di qualche altra etnia esotica, passò un paio di notti pigiato nel letto di mia madre, spiando nella mia camera da letto nel cuore della notte quando andava in bagno. Ma non durò a lungo. La storia si concluse clamorosamente un pomeriggio tardi con la polizia che sloggiava l'amante passeggero, mentre io giocavo da una vicina al piano di sotto e mia madre strillava a tutti quanti che Ashley aveva cercato di strangolarla. Non dissi nulla, ma avevo qualche dubbio: mia madre era solita accusare di strangolamento anche la mia fragile nonnina.

La mamma restò fedele all'immagine di Roger come suo cavaliere dall'armatura scintillante, sperando ogni giorno nel suo ritorno e aspettando ansiosamente che il postino le portasse notizie del suo raccoglitore errante. E un giorno, all'improvviso com'era partito, lui tornò. Il tran tran della nostra bizzarra esistenza riprese immediatamente. Per Roger io continuavo a "non collaborare" e a guastare la meravigliosa vita domestica che avremmo potuto avere tutti insieme. Ora sbeffeggiava apertamente le opinioni o i desideri della mamma e la accusava di stupidità, il che sembrava renderla ancora più sicura che lui fosse il dio in terra. Non tollerava critiche a Roger da parte mia o delle sue amiche, convinta che fosse l'unica persona al mondo ad avere la risposta a tutto.

Quando terminai il ciclo di scuola dell'obbligo venne il momento di andare alle superiori. Roger decise di non mandarmi al liceo con i miei coetanei, ma di iscrivermi a un collegio femminile piuttosto lontano dal nostro appartamento. Tenni duro per un trimestre e mezzo, rifiutandomi di dissezionare animali nell'ora di scienze e marinando la scuola per andare a trovare la nonna di nascosto. Ero terribilmente infelice, ma non volevo e non potevo confidarmi nemmeno con lei: non potevo accrescere ulteriormente le sue preoccupazioni. Odiava già Roger, e il fatto che la mamma l'avesse respinta l'aveva sconvolta. Così mi limitavo a posare la testa sul suo grembo caldo in cerca di conforto e a consolarmi con le carezze delle sue mani sulla mia fronte. Quel che succedeva a casa era troppo assurdo e umiliante per raccontarlo alla nonna: d'istinto capivo di dover serbare intatto un legame con la mia infanzia, una via di fuga praticabile.

Presto mi resi conto che se mi fossi ammalata, Roger mi avrebbe lasciato in pace e inoltre non sarei stata costretta ad andare a scuola. Cominciai a consumare lassativi al cioccolato a ritmo serrato. Mia madre non riusciva a capire come mai fossi affetta da una diarrea cronica, e non si chiedeva perché Roger fosse così di cattivo umore quando stavo male. Purtroppo una volta buttai giù un'intera scatola di lassativi e stetti male un po' troppo, cosa che portò alla scoperta della scatola vuota fra i miei vestiti. Roger disse immediatamente a mia madre che avevo tentato di suicidarmi. Non ero così stupida: se avessi voluto uccidermi, certo non avrei scelto la diarrea per lasciare questo mondo.

Il risultato della sua dichiarazione fu che mia madre si convinse che dovevo andare da uno psichiatra. Si fece fare un'impegnativa per consultare uno specialista che riceveva nei sobborghi di South Yarra e Richmond. Il giorno della prima seduta, Roger e mia madre mi piazzarono sul piccolo sgabello della toilette e dalle otto di mattina alle tre di pomeriggio mi illustrarono quali sarebbero state le conseguenze se avessi divulgato anche solo una parte di ciò che mi stavano facendo nel piccolo appartamento di cui dividevamo l'ossigeno. Mi prospettarono prigioni per bambine bugiarde e ospedali psichiatrici, mi dissero che qualunque adulto sarebbe rimasto sconvolto dalla mia ingratitudine, finché si convinsero che ero pronta per il mio primo appuntamento.

Più o meno una volta alla settimana, per circa diciotto mesi, entrai con la mamma nello studio poco illuminato dello psichiatra per vederla sciogliersi in lacrime e maledire la sorte di avere una figlia che "non collaborava". Questa espressione era il tormentone della nostra "famiglia", usata per descrivere la mia ritrosia alle carezze di Roger, ma mai e poi mai definita verbalmente da mia madre. Ogni tanto il medico gettava uno sguardo ottuso verso di me per vedere come reagivo alla disperazione della mamma per il mio comportamento non collaborativo. Di solito rispondevo a monosillabi. Come lui potesse pensare che mi sfogassi in presenza della mamma, va al di là della mia comprensione. Ancora adesso mi stupisce la sua mancanza di empatia come medico;

sembrava più interessato a punire che a scoprire la verità. Tutti i segni e gli indizi di un abuso sessuale ed emotivo erano palesi nel mio comportamento e nella mia reticenza, ma lui non mostrò mai, nemmeno una volta, un minimo di sospetto o preoccupazione per la palese stranezza del mio rapporto con i genitori. Ancora più bizzarra era la sua insistenza perché contribuissi con un dollaro e mezzo al costo di ogni seduta, in cui mia madre non faceva altro che lamentarsi di me. Nel frattempo a casa gli abusi continuavano. Quel dottore ha tradito me e la sua professione. Mi chiedo quanti altri bambini lo abbiano visto abbassare il capo con aria saggia, mentre restava cieco e sordo alle loro grida di aiuto.

# 8

Inevitabilmente cercai rifugio nell'indipendenza, lavorando dopo la scuola come modella e commessa presso la catena di grandi magazzini Myer. Ogni tanto sfilavo anche fuori, per gioielli e costumi da bagno: a tredici anni potevo ragionevolmente passare per una quindicenne o sedicenne. Lavorare mi piaceva e fare la modella era divertente, ma a differenza dei miei colleghi di lavoro part-time il denaro che guadagnavo non serviva a soddisfare fantasie e capricci: era una necessità. Grazie al mio lavoro diventai quasi indipendente dal punto di vista economico; ben presto i miei pretesero che provvedessi non solo a tutto il mio abbigliamento ma anche al mio cibo, oltre a contribuire con parte del mio denaro al pagamento dell'elettricità e dell'affitto. Roger e la mamma finirono per chiedere un compenso anche per il loro ruolo di genitori. Nel periodo precedente, per rappresaglia contro la mia "mancata collaborazione", Roger aveva soppresso ogni mio privilegio in materia di cibo, televisione e telefono, e aveva sospeso la mia paghetta. Di regola non consegnavo il denaro direttamente a loro, nella maggior parte dei casi mi ordinavano di depositare la somma sul conto telefonico di Roger presso l'agenzia nazionale di scommesse sportive. Il paradosso della situazione era che pur essendo troppo giovane secondo la legge per puntare su un cavallo, potevo versare dei fondi in un conto presso un'agenzia di scommesse.

Da adolescente non avevo un ardente desiderio di completare gli studi. Ero molto più interessata a procurarmi un'istruzione. Trovavo soffocante il sistema scolastico, e l'ingenuità dei miei coetanei mi irritava. Anche solo tentare di spiegare a uno di loro la mia situazione familiare sarebbe stato per me impossibile e insensato. Come potevano dei ragazzi di famiglie "normali" comprendere il circo che io chiamavo casa? Sarebbe stato come spiegare loro le abitudini alimentari e i rituali degli abitanti del Settimo Settore Interplanetario della Cintura del Buco Nero di Venere: mancava semplicemente un punto di riferimento o un terreno comune. Ero un'aliena per loro, come loro lo erano per me. Ciononostante, invidiavo le loro vite apparentemente sicure, strutturate e semplificate. Così, dopo dieci anni di scuola, accantonai i libri di testo per sempre. Per conquistare la libertà dalla mamma e da Roger, sembrava non esserci altro modo che cavarmela da sola.

La danza restava per me una passione del tutto privata, che tenevo accuratamente nascosta a mia madre sapendo cosa pensava delle influenze occidentali su di me. Per tutta la mia vita la mamma aveva cercato di indirizzarmi verso le mie radici asiatiche. Non contenta di farmi crescere così com'ero, coglieva ogni occasione per dirmi che non ero adatta alla società australiana, che non mi confondevo con il resto della popolazione, e che di sicuro sarei stata pienamente a mio agio mescolandomi agli studenti provenienti dall'Asia. Non discusse né accettò o incoraggiò mai il mio amore per il balletto. Anzi, si diede da fare per limitare le mie attività, vietandomi di socializzare con le altre adolescenti australiane per privilegiare varie associazioni di famiglie asiatico-australiane. Gli unici corsi di danza che mi incoraggiò a frequentare regolarmente, facendosi coinvolgere al punto di essere nominata nel comitato dei genitori, furono quelli di danza classica balinese e giavanese organizzati in collaborazione con l'Associazione Australiana-Indonesiana. Questo scambio con gli indonesiani le forniva l'occasione di fare una cosa che le riusciva a meraviglia: reinventare le mie origini etniche e familiari. La mamma aveva la sconcertante abitudine di assimilarmi a qualsiasi gruppo di asiatici si trovasse nella stanza in quel momento. Di colpo scoprivo che, secondo lei, ero per metà indonesiana, cinese, thailandese o malese, a seconda dei presenti. Analogamente creava per me dei parenti fittizi a Sumatra, Pechino o in qualunque altro posto; era davvero stressante avere un'identità interrazziale.

Come molte adolescenti, anch'io idolatravo alcune attrici cinematografiche e speravo di somigliare a loro da adulta. Audrey Hepburn, Vivien Leigh e Katharine Hepburn erano le mie preferite. Belle, eleganti e vivaci, avevano anche un nucleo di intelligenza e passione. Che colpo fu per me quando dovetti finalmente accettare il fatto che non sarei mai stata simile ai miei idoli! Fu anche uno shock. Io mi sentivo australiana, di sicuro pensavo come un'australiana, ero australiana, ma fuori avevo una confezione differente. È duro da accettare per una ragazzina. L'adolescenza è già abbastanza difficile, ma una deviazione dai canoni fisici standard della società può essere straziante. E in mancanza di genitori che mi incoraggiassero a essere semplicemente me stessa, la mia autostima e la mia sicurezza crollarono ancora più in basso.

Conobbi mio padre nel 1977. Sarebbe rimasto il nostro primo e unico incontro. Afflitto da un cancro alla gola e al naso, era condannato. Per giorni fantasticai che mi salvasse da Roger e dalla mamma, che mi stringesse fra le braccia e mi facesse sentire a casa. La sua figura senza volto popolava i miei sogni, offrendomi una chiave per il mio vero io, promettendomi un pezzo della mia identità a lungo negata dalla mamma. Il mio cuore si apriva per accogliere quella parte di me stessa che mi era sempre mancata. Non vedevo l'ora di interrogarlo; speravo di riuscire finalmente a capire perché ero quel che ero, e perché ero al mondo. Speravo che mi dicesse che aveva voluto la mia nascita. Non lo fece mai.

Arrivai a Singapore con la mamma al seguito. Non mi aveva concesso di partire con una cugina, insistendo che non era opportuno che incontrassi mio padre da sola. (Il prezzo che pagai per quel viaggio fu molto alto per una quattordicenne. La notte prima della nostra partenza, Roger e la mamma abusarono di me a tal punto che finii in ospedale, operata in anestesia generale per rimuovere un corpo estraneo che loro mi avevano inserito in corpo con la forza tenendomi ferma. Mentre questo accadeva, Roger cantava una strana canzoncina; la mamma mi avvertì che se l'avessi detto al dottore, non avrei mai incontrato mio padre.) Fu il giorno in cui morì Elvis Presley.

Mentre attraversavo la pista nel caldo soffocante di Singapore, mi chiesi come si potesse vivere lì. L'umidità era opprimente e mi ritrovai a boccheggiare prima di arrivare al terminal. I miei parenti vennero a prenderci in aeroporto e ci depositarono a casa di mio zio, dove mio padre mi stava aspettando.

Si alzò in piedi quando entrai nella stanza. Aveva in braccio due enormi panda di peluche, chiaramente destinati a me. Feci per andargli incontro, ma la mamma mi precedette e avanzò a lunghi passi verso di lui, salutandolo con voce stridula. Credo che la sua presenza lo colse di sorpresa. Oltretutto, era certamente diversa dalla giovane donna slanciata di tanti anni prima. Ora pesava quasi novanta chili e aveva un viso duro e sciupato. Quando lui si voltò verso di me, il mio cuore si fermò. Speravo in una dichiarazione d'affetto da parte sua, mi aspettavo che si manifestasse qualche forma di intimo e immediato legame, ma non fu così. Era chiaro invece che si era immaginato una bambina piccola, per questo aveva i peluche, ma purtroppo per lui ero alta più di un metro e mezzo ed ero già entrata nella pubertà. Le nostre prime parole furono imbarazzate e artificiose, in fondo eravamo dei completi estranei.

L'intera visita fu un fallimento, un'opportunità per mia madre di esibire le sue terribili capacità di manipolazione. Fece di tutto per non lasciarmi sola con mio padre. Si rifiutò ostinatamente anche solo di farmi sedere accanto a lui mentre andavamo in macchina a fare spese, reclamando per sé quel diritto, chiacchierando inutilmente con grande naturalezza, come se papà fosse una guida turistica. Lui fece capire varie volte che avrebbe desiderato passare un po' di tempo solo con me, ma la mamma lo rese impossibile. Mi sembrava di essere finita in un ritratto surrealista della famiglia smembrata, tenuta insieme da una madre che minacciava di risucchiarci tutti nella sua bocca.

Papà cercò di trovare un terreno comune fra noi attraverso lo shopping, comprandomi montagne di vestiti, gioielli e ninnoli per la mia camera da letto a casa. Fummo entrambi felici di scoprire che ci piacevano gli stessi cibi e avevamo i piedi fatti allo stesso modo (a zampa d'anatra). Inoltre mio padre scelse e fece confezionare il mio primo abito da sera, chiedendomi di tenerlo da parte e di ricordarmi di lui quando avessi avuto l'età per metterlo, e facendosi promettere che l'avrei indossato con delle gardenie bianche fra i capelli. Disse che il loro profumo sarebbe stato inebriante come la mia bellezza, di cui era certo. Papà riuscì a dirmi questo in uno dei pochi momenti rubati in cui mia madre non era con noi. Resterà sempre il mio ricordo più prezioso di lui. Venne dal profondo del suo cuore, da un estraneo a un'estranea, che tuttavia furono padre e figlia per lo spazio di un attimo.

Poi lui sparì di nuovo dalla mia vita. Non ebbi il tempo di fargli tutte le domande che avevo formulato e tenuto dentro di me. Mia madre mise fine alla nostra visita a Singapore con tale fretta paranoica che finii per chiedermi se fossi mai stata veramente là. Il motivo? Era convinta che mio padre intendesse vendermi alla “tratta delle bianche”, e poi Roger voleva che tornassimo a casa immediatamente. Fece le valigie e se ne andò alla chetichella, obbligandomi a salire sul taxi travestita nel caso che papà ci avesse fatto seguire. Quando arrivammo in aeroporto, telefonò ai miei parenti per dare notizia della nostra partenza. Non ci fu tempo per i saluti e non ebbi la possibilità di dire addio a mio padre.

Non lo rividi mai più. Sei mesi dopo la mia partenza da Singapore ricevetti una telefonata che mi informava della sua morte. Era praticamente un estraneo per me, ma quando seppi che non c’era più, sentii che una piccola speranza sbocciata dentro di me era appassita per sempre.

# 9

Nei mesi che seguirono la morte di mio padre passai da un'occupazione all'altra, studiando poco o niente e frequentando persone più grandi di me. Mi mescolai a un gruppo di studenti universitari che mi trattavano come la loro mascotte, pur ignorando che avevo solo quindici anni. A pensarci, stavo disperatamente cercando una collocazione, tentando di trovare un'identità per me o per l'immagine di me che volevo mostrare al mondo. Pensavo che sarebbe stato più facile attribuendomi qualche anno in più. Mia madre non sembrava contraria alle mie attività sociali, anzi, se non altro mi incoraggiava attivamente a uscire con studenti asiatici più che ventenni, sostenendo che il mio posto era con loro e non con i "puri australiani". Per fortuna nessuno approfittò della mia pseudo-maturità e riuscii a rimanere saldamente vergine, per scelta, in molti campi.

L'eccezione al "mandato asiatico" era Peter Wallace, uno studente di medicina che sarebbe diventato il mio primo vero amico maschio ed è ancora una delle persone che mi sono più vicine e fedeli. Negli anni Peter è stato una spalla su cui piangere e a volte la mia coscienza, quando pensava che me ne servisse una. Era praticamente l'unico di cui mi fidassi abbastanza da portarlo a casa mia; negli anni passati la situazione era degenerata a tal punto che sarebbe stato dif-

ficile mascherare la realtà delle cose. Peter non faceva mai domande sulle stranezze di Roger e della mamma, astenendosi dal fare commenti persino sul fatto che il bagno era senza porta. Roger l'aveva smontata poco dopo il trasferimento in quella casa, con il pretesto che il cane aveva bisogno di un posto per dormire. In pratica non aveva altro scopo che rendergli più facile spiarmi nei momenti in cui abbiamo tutti bisogno di intimità. Era una situazione in cui mi sentivo più umiliata e violata che mai.

A questo punto della mia vita, la danza era probabilmente l'unica cosa che mi impediva di impazzire. Adottai un motto: «Nel dubbio, balla», e di fatto ballavo, tutti i tipi di ballo. Finché mi muovevo, riuscivo a cancellare dalla mia mente qualunque cosa. Frequentavo corsi di danza greca, croata, giavanese, tip-tap, jazz, flamenco, balinese, cinese, malese, contemporanea e classica. Ma era il balletto che mi faceva sentire l'anima pulita. La sua purezza e la sua disciplina mi rassicuravano, e la musica era assoluta fantasia e incanto. Trovavo ogni pretesto per uscire di casa e andare a lezione. La mamma ripeteva che il balletto non era per me: non avevo il fisico adatto ed ero di aspetto troppo asiatico per fare la giusta figura sul palcoscenico. «Limitati a ciò che fa per te» diceva, «la danza balinese.» Seguire le lezioni diventò una pratica clandestina di cui, tanto per cambiare, evitavo di parlare nel timore che venisse ridicolizzata o vietata.

Per integrare ulteriormente il mio reddito cominciai a fare promozione e pubblicità a varie compagnie aeree e fiere campionarie, oltre a smerciare bigiotteria d'importazione per una ditta di Singapore. Mi fu facile sfruttare la mia componente asiatica per entrare nel mondo delle promozioni, e ne trassi vantaggio quando in seguito decisi di cercarmi un posto a tempo pieno.

Cominciai a lavorare per la sede di Melbourne della Malaysian Airlines nel 1979, quando il responsabile dell'ufficio mi offrì un posto alla reception con l'incarico aggiuntivo di

dare informazioni turistiche e curare le pubbliche relazioni nelle fiere specializzate. (Ancora oggi ringrazio la nonna di avermi mandato a sue spese al corso estivo da segretaria dove imparai a scrivere a macchina, cosa che mi è stata utile per molti anni e mi ha permesso di mantenere la mia famiglia.) Al momento di riempire il modulo del personale, diedi come data di nascita il 1961, invecchiandomi di due anni. Per ironia della sorte, fu l'unica volta che qualcuno contestò la mia età: erano convinti che avessi molti più anni di quelli che avevo falsamente dichiarato!

Il giorno del mio sedicesimo compleanno ebbi finalmente l'età legale per andare via di casa, cosa che feci con grande rapidità e soddisfazione trovando rifugio a casa di tre amiche nel dignitoso sobborgo di Armadale. Non le ringrazierò mai abbastanza per avermi accolta senza far domande e con una notevole tolleranza.

Circa una settimana prima, la situazione con Roger era giunta a un punto di non ritorno. Si era fatto più invadente e insistente nelle sue pretese, e in piena notte, mentre la mamma dormiva, si presentò nella mia stanza in mutande e canottiera, tentando di riprendere il vecchio trucco del "rilassamento". Ero disgustata. Ormai ne avevo abbastanza. «Basta! Mai più!» ringhiai, reagendo alle sue parole dure e alle sue minacce. Questa volta qualcosa scattò dentro di me. Lo respinsi, lottando per mettermi in piedi sul letto. Come se mi vedessi agire dall'altro capo della stanza, istintivamente unii i pugni come un bastone e li calai sul suo cranio con tutta la forza che avevo, strillandogli di uscire. Fu meraviglioso riuscire finalmente a reagire, e provai una grande soddisfazione nel sentirlo mugolare e uscire dalla mia stanza per l'ultima volta. Sapevo che Roger non avrebbe più osato toccarmi. Era finita.

# 10

Fiori, fiori e ancora fiori. Bahrin era entrato nella mia vita. Avevo un lavoro sicuro anche se monotono, un ragazzo premuroso e il centro della mia vita segreta – la danza – quando di colpo mi ritrovai presa d'assedio da un maestro del corteggiamento, estremamente abile e provvisto della determinazione e della concentrazione di un maratoneta olimpico. Bahrin (o Shah Ahmad, come si faceva chiamare quand'era studente a Melbourne) aveva deciso che mi avrebbe avuto, per amore o per forza. A quanto pareva avevo suscitato la sua curiosità, oltre che il suo interesse, quando mi aveva visto ballare in uno dei concerti all'aperto organizzati dalla televisione pubblica australiana alla National Gallery. Riuscì a scoprire che avevamo delle conoscenze in comune, alle quali chiese con noncuranza informazioni su di me. Una volta saputo dove lavoravo, lanciò la sua campagna.

La sua prima mossa fu organizzare un incontro apparentemente casuale nei pressi del mio ufficio, dopo il lavoro. Bahrin fece il nome di alcune persone che conoscevo e disse che mi aveva visto danzare e che ci eravamo conosciuti di sfuggita un paio d'anni prima. Mi raccontò che studiava architettura all'università di Melbourne e che era al quarto anno. Dopo una breve chiacchierata e una presentazione formale, ciascuno andò per la sua strada. Per quanto fossi un po' lusingata, non detti molto peso all'incontro e allungai il passo verso la mia lezione di danza. Non immaginavo che, per Bahrin, quello era soltanto l'inizio.

L'indomani a mezzogiorno comparve accanto alla mia scrivania con le braccia cariche di rose rosa, e mi propose di pranzare insieme. Fui molto sorpresa di vederlo. Era più attraente di quanto ricordassi, snello, scuro di pelle e piuttosto alto, con capelli neri incredibilmente folti e occhi neri enormi, seppur leggermente sporgenti, che attendevano ansiosamente la mia risposta. Declinai cortesemente il suo invito. Lui la prese con disinvoltura. Porgendomi i fiori, disse: «D'accordo, ma tornerò finché non mi dirai di sì». Girò sui tacchi e se ne andò, lasciandomi di stucco.

Presto scoprii che non stava scherzando. Per buona parte del mese di settembre del 1980, Bahrin si presentò nel mio ufficio puntuale come un orologio, armato di rose e di un invito a pranzo, che io regolarmente rifiutavo. Ma la mia fermezza cominciava a vacillare. A diciassette anni, questo tipo di attenzione assidua era travolgente. Ricordo che mi sentivo la ragazza più irresistibile del mondo. Così alla fine capitolai e gli concessi di invitarmi a pranzo.

Per il nostro primo appuntamento, Bahrin scelse la Hopetoun Tea Rooms, nella Block Arcade. Il "Block" – una vera istituzione a Melbourne, con la sua grandeur vittoriana, i raffinati mosaici dei pavimenti, le volte affrescate e l'orologio che batteva le ore – era un posto che conoscevo bene: ero stata molte volte con la nonna in quella galleria e sapevo che era stata il principale luogo di passeggio nei ruggenti anni Venti. Mentre conversavamo in modo casuale davanti ai nostri raffinatissimi sandwich, mi resi conto con una certa soddisfazione, ma anche con una certa sorpresa, che Bahrin sapeva già molte cose su di me, avendo diligentemente condotto le sue indagini fra i miei amici. Sapeva tra l'altro che avevo pochissimi legami familiari e che vivevo con altre persone ad Armadale, un sobborgo di Melbourne non molto diverso da Notting Hill. Mi disse che gli piacevo molto, che ero bella e che avrebbe voluto portarmi a cena e poi in discoteca. Io gli spiegai che uscivo già con qualcuno e che non sarei andata a cena con lui. Bahrin lasciò cadere l'argomento e cominciò invece a raccontarmi qualcosa di sé.

Aveva ventisei anni, era figlio unico ed era stato allevato dal nonno materno a Terengganu, in Malesia. Data l'influenza dei rispettivi nonni sulle nostre vite, stabilì subito un parallelo tra di noi e parlò a lungo della saggezza di suo nonno. Proseguì dicendo che aveva studiato alla prestigiosa Grammar School di Geelong – la stessa che aveva frequentato il principe Carlo – prima di iscriversi ad architettura all'università di Melbourne. Per tutto quel tempo rimasi ad ascoltarlo, ipnotizzata dai suoi occhi neri che fissavano i miei e dal tono basso e dolce della sua voce. Di tanto in tanto facevo un'osservazione, ma per lo più mi accontentavo di osservare le sue dita affusolate che giocavano distrattamente con l'orlo della tovaglia di pizzo. Quando ci separammo sotto l'orologio dell'Ufficio Postale ero quasi euforica, e conservai quella strana sensazione di benessere per tutto il resto della giornata, chiedendomi cosa sarebbe successo dopo.

Non ci misi molto a scoprirlo. Ben presto imparai che Bahrin non faceva niente a metà.

La volta successiva che Bahrin (o Shah, come lo conoscevo allora) si presentò nel mio ufficio all'ora di pranzo, dette per scontato che l'avrei seguito, e non sbagliava. Era come se stare con lui fosse lo sviluppo naturale della mia vita. Continuammo a incontrarci ogni giorno per un altro mese all'Hopetoun Tea Rooms, chiacchierando e parlando di cose banali. Lui mostrò un educato interesse per la mia attività di ballerina, probabilmente per pura cortesia, ma abbastanza per tenere desta la mia attenzione. Durante i nostri pranzi insieme parlava apertamente del suo amore per l'architettura e dei progetti che sperava di realizzare un giorno, il tutto fissandomi negli occhi in modo tale da darmi la sensazione che fossimo completamente soli e non in mezzo a un caffè affollato. Poi, un giorno, lanciò la bomba. Mi disse che era divorziato. Raccontò in modo perfettamente plausibile e credibile che era stato trascinato all'altare da una ragazza di nome Fauziah, figlia adottiva di Tun Fuad Stephens, ex primo ministro dello stato di Sabah (Borneo) in Malesia; che il matrimonio era durato solo un anno e che durante quel periodo lei lo aveva tradito e infine lasciato per il suo amante, un giardiniere australiano. Bahrin disse che aveva provato una profonda umiliazione e delusione, perché si era sposato contro la volontà dei suoi genitori e la scelta si era rivelata sbagliata agli occhi di tutti.

Avrei dovuto capire che a diciassette anni non ero in grado di valutare quell'informazione. Avrei dovuto alzarmi e uscire dalla sua vita allora, quando ne avevo ancora l'opportunità, o per lo meno avrei dovuto chiedermi perché sua moglie avesse sentito il bisogno di tradirlo così presto dopo il matrimonio. Ma non lo feci. Guardai i suoi occhi imploranti e mi sentii indignata e offesa per lui. Una vocina dentro di me giurò di non ferirlo né umiliarlo mai come aveva fatto Fauziah; sapevo cosa volesse dire sentirsi abbandonati. Leggendo dentro di me come in un libro aperto, lui segnò un punto a suo favore convincendomi a revocare il bando agli incontri serali. Nell'attimo in cui accettai, il mio destino fu segnato.

Lui continuò a essere assolutamente affascinante, corteggiandomi in maniera educata, quasi britannica, con una meravigliosa intensità ma anche un'estrema sensibilità ai miei sentimenti e ai miei bisogni, e senza dare il minimo segno di appetito sessuale. Mangiavamo in ristoranti intimi, facevamo passeggiate all'orto botanico, andavamo a vedere i film appena usciti, frequentavamo le discoteche più alla moda e facevamo shopping insieme, comprare abiti firmati era una delle sue passioni. Di fatto, pur essendo terribilmente romantico, Bahrin sembrava quasi asessuato nel resto del suo comportamento. Era un tratto che all'epoca trovavo confortante e rassicurante, perché pur non essendo più innocente, in passato avevo sempre incontrato difficoltà a controllare la fisicità dei miei rapporti sessuali con altri ragazzi. Il suo comportamento da gentiluomo e la sua mancanza di pretese erano un sollievo e mi davano la convinzione che quella relazione potesse diventare una cosa seria.

Più o meno nello stesso periodo, la carriera di ballerina diventò più di un semplice sogno per me, materializzandosi in una piccola opportunità. Durante una delle esibizioni alla National Gallery ero stata scelta per partecipare a un'audizione di un'importante compagnia di balletto. Era il culmine di un'ambizione inconfessata. La mia vita segreta si stava mescolando alla mia vita quotidiana; si profilava la possibilità di realizzare tutto ciò che avevo sempre sognato.

Annunciai di sfuggita la notizia a Bahrin. Lui non parve dar peso alla cosa, e io decisi di non insistere. Era sempre più chiaro che considerava la mia passione per la danza un capriccio, un hobby singolare e grazioso ma nulla di importante. Io comunque presi ad allenarmi sul serio, inserendo lezioni aggiuntive ogni volta che potevo, mantenendo una dieta rigorosa e preoccupandomi parecchio.

# 11

Era una dolce serata di primavera, ben prima del tramonto, e io ero uscita di corsa dall'ufficio con la sacca sportiva in spalla. Stavo andando a una lezione extra di *pas de deux*, una disciplina su cui ritenevo di dover lavorare ancora se davvero volevo cogliere l'opportunità dell'audizione; Bahrin sarebbe venuto a prendermi alla fine per portarmi a cena. La palestra era molto affollata e dalle finestre vedevo la gente aggirarsi nel cortile esterno, cercando di tanto in tanto di spiarci attraverso i vetri mentre facevamo il riscaldamento alla sbarra. Con l'accompagnamento musicale proveniente da un registratore a cassette appoggiato sul pianoforte, l'insegnante (non il nostro consueto istruttore, bensì un "supplente") cominciò a farci ripassare le combinazioni principali. Il mio partner abituale era in attesa di fare coppia con me. Stavamo lavorando a una serie di sollevamenti che avevamo provato nelle lezioni precedenti. Il primo richiedeva che il mio compagno mi sollevasse ben al di sopra della testa e poi mi abbassasse a tempo con la musica in una posa a "volo d'angelo". Con un breve lancio, avrei dovuto finire con le gambe rivolte verso l'alto, le mani e la faccia quasi a contatto con il pavimento, sostenuta dal mio partner.

Dopo le prime sette battute di musica, il mio compagno mi sollevò e poi mi lanciò verso il basso, ma invece di afferrarmi l'interno della coscia per reggermi saldamente, per un errore di calcolo mi prese all'inguine, e la cosa lo scombussolò a tal punto che mi lasciò cadere come una patata bollente proprio sul ginocchio destro. Cercai di non strillare anche se il dolore fu terribile, ma dato che riuscivo ancora a flettere la gamba e a camminare, pensai che non fosse nulla di grave. Ero convinta che si trattasse di una semplice slogatura e che sarebbe tornata a posto rapidamente. A quei tempi in Australia i ballerini non si preoccupavano molto degli infortuni. Era normale, e lo è ancora, continuare a esibirsi con stiramenti e lesioni muscolari. Pensai che fosse uno di quei casi. Non me la presi con il mio partner, era solo sfortuna.

Bahrin parve perplesso quando venne a prendermi e si accorse che zoppicavo e che il mio ginocchio cominciava a gonfiarsi. Era chiaro che una serata in città era improponibile. Invece di andare al ristorante mi portò a casa sua a Carlton, una bella villetta a schiera color crema su due piani, con decorazioni in terracotta e una recinzione di ferro battuto. Tra impacchi di ghiaccio sul ginocchio e la musica di Randy Crawford in sottofondo, consumammo la cena ordinata a un take-away cinese immersi nell'alone dorato di una lampada, chiacchierando di cose casuali. E poi accadde. Bahrin si protese e mi baciò profondamente per la prima volta. Fino a quel momento i suoi baci erano stati quasi frettolosi e certamente privi di abbandono, ma qualcosa era cambiato quella sera e ben presto ci ritrovammo nella sua camera da letto al piano di sopra.

La nostra prima volta fu piacevole ma non particolarmente appassionata, cosa che collegai più al mio ginocchio malandato che alle mie aspettative. In ogni caso, per me le sensazioni di intimità e di affetto scatenate dal sesso contavano più di un piacere sessuale selvaggio. Non tornai a casa quella sera; lui si rifiutò di farmi andare via.

Al mattino, quando mi svegliai, il mio ginocchio era gonfio come un pallone, e mi trascinai in ufficio zoppicando vistosamente. Cominciai a temere che quella lesione al ginocchio potesse essere più grave di quel che pensassi. Dopo una radiografia e un consulto medico quel pomeriggio, le mie peggiori paure trovarono conferma: mi ero fratturata la rotula destra. Capii immediatamente che la potenziale carriera di ballerina che avevo avuto solo ventiquattr'ore prima era sfumata.

Non potevo permettermi di rimandare. Audizioni come quelle non aspettavano, e sospettavo che l'interesse nei miei confronti sarebbe scemato immediatamente alla notizia che avevo un ginocchio fuori uso. La guarigione da quel tipo di lesioni era terribilmente lunga e complicata, e non c'era garanzia che potessi recuperare a pieno la mobilità e la forza.

Nei giorni seguenti mi rassegnai senza difficoltà al dissolversi dei miei sogni. Se c'era una conseguenza positiva del modo in cui ero cresciuta, era il fatto che avevo imparato a non dare nulla per scontato e a prendere le cose come venivano. La mia profonda depressione fu in qualche modo alleviata dall'avvento di una nuova e romantica storia d'amore. Bahrin fu tenero e premuroso in quel periodo, e io cominciai a credere di essere innamorata di lui. Con l'evolversi della nostra relazione, decidemmo – o piuttosto Bahrin decise – che mi trasferissi a vivere con lui a Carlton. All'epoca l'idea di "giocare a fare gli adulti" mi attirava, e così, con l'incoscienza della gioventù, feci armi e bagagli e abbandonai la casa di Armadale senza dare molte spiegazioni alle mie coinquiline.

Sapevo poco o niente di come doveva essere una relazione domestica coniugale; le mie uniche fonti erano a dir poco approssimative. Confesso con imbarazzo che gli esempi di vita casalinga cui aspiravo erano *La famiglia Brady*, *Vita da strega*, *Io e i miei tre figli* e *I Sullivan*, prodotti di fantasia e ben poco realistici. In tutte quelle famiglie televisive l'uomo di casa era l'astro intorno al quale ruotavano tutti gli altri, un atteggiamento ben poco femminista per gli anni Ottanta, lo ammetto, ma era tutto quello di cui disponevo. In ogni caso, si dimostrarono dei modelli ideali per me. Qualunque altro tipo di comportamento sarebbe stato giudicato aberrante da Bahrin. Così mi disposi a far concorrenza a Doris Day nel "far felice il mio uomo".

Fu straordinariamente semplice tuffarsi a testa bassa nella relazione con Bahrin. Quando tutti i miei sogni di ballerina sfumarono, sostituiti dall'incertezza e dall'assenza di uno scopo, lui mi parve l'unico mezzo a disposizione per rimanere in vita. Lo guardavo e vedevo solo quel che volevo vedere. Ingannavo me stessa e ingannavo Bahrin, ma soprattutto mi ingannavo nel credere di essere innamorata, mentre non avevo alcuna idea di cosa fosse l'amore.

# 12

Innamorata dell'idea di essere innamorata. Non vi evoca un'immagine dolorosa, una descrizione sommaria e generica dell'amore adolescenziale e di tante cotte giovanili? Be', questa è la definizione che più si adatta al mio rapporto con Bahrin negli ultimi mesi del 1980. Nella mia vita nulla sembrava contare quanto lui; il domani e il futuro erano espressioni come "c'era una volta", parole che esistevano solo nel vocabolario, ma che io non sapevo definire. La realtà era lì e ora, non in qualche punto del percorso.

Bahrin doveva tornare a casa in Malesia per la pausa estiva a metà di novembre, poche settimane dopo che mi ero trasferita da lui. Decidemmo che avrei trascorso anch'io le ferie di Natale laggiù, così avremmo fatto una magnifica vacanza insieme e lui mi avrebbe mostrato la "sua" Malesia. Non mi venne in mente che potesse essere un termine da prendere alla lettera.

Ma c'era un ostacolo a quel piano; anche se il lavoro per la compagnia aerea mi permetteva di viaggiare gratis sulle tratte internazionali, non avevo un passaporto valido. Essendo minorenne, per ottenere il passaporto avevo bisogno della firma di mia madre sulla domanda e questo era di per sé un problema. La mamma si rifiutò recisamente di firmare, citando la vecchia "tratta delle bianche" per sostenere la sua tesi. In quel periodo era già furiosa con me. Di recente avevo smesso di pagarle una tassa settimanale per la "custodia" dei miei vecchi libri e giocattoli, lasciati a casa sua quando mesi prima avevo scelto la libertà. Avrei voluto recuperare le mie cose e portarle nella nuova casa, ma lei e Roger pretendevano che pagassi per riprenderle. Alla fine dovetti assumere un avvocato che facesse da intermediario fra mia madre e me. Era diventato impossibile fare una conversazione lucida e civile con lei su qualunque argomento, e solo la minaccia di un'azione legale e la promessa di una compensazione finanziaria la convinsero a firmare la mia domanda di passaporto. Queste macchinazioni umilianti e avvilenti all'interno della mia famiglia mi indussero a fantasticare ancor di più su quella che definivo una vita domestica "normale". Per me diventò un traguardo fondamentale: aspiravo a una nicchia di rispettabilità e sicurezza che non avesse un prezzo in denaro, e probabilmente cominciai a vedere in Bahrin la chiave per realizzare quel desiderio.

Lui sembrò prendere con grande calma tutti i miei contrasti familiari; senza battere ciglio, mi disse semplicemente che dovevo ottenere il passaporto a qualunque costo, in modo che potessimo stare insieme. Quando una volta tentai di spiegargli il comportamento di mia madre, lui affermò che non gli interessava il mio passato e voleva che facessimo la nostra vita.

Che strana coppia eravamo, fin dal principio! Venivamo entrambi da famiglie disfunzionali, ma nessuno dei due era disposto a confessare o quantomeno a riconoscere che mancavamo delle capacità relazionali minime da cui partire. Di rado le nostre conversazioni erano caratterizzate dalla franchezza; la nostra norma sottintesa era un linguaggio educato e cortese. Non dissi mai a Bahrin degli abusi di Roger. Mi vergognavo troppo e mi sentivo troppo sporca anche solo per pensare a quel che era successo durante la mia adolescenza, figuriamoci per raccontarlo a qualcuno. Mi limitai

a confinare tutta la sofferenza e il disgusto in un angolo nascosto di me, e cercai di dimenticare e andare avanti.

In quelle prime settimane di vita insieme, Bahrin lasciava trapelare occasionalmente la sua stessa vulnerabilità quando, quasi di punto in bianco, cambiava argomento per descrivere il tipo di cure che aveva ricevuto dai suoi genitori crescendo. Non che criticasse sua madre, suo padre o suo nonno; diceva semplicemente che avrebbe voluto avere una famiglia sua un giorno, spiegando che tipo di madre desiderava per i suoi figli e quanto fosse importante per lui che i genitori si occupassero personalmente di un bambino. Voleva la compattezza di un clan australiano; voleva la famiglia "ideale" che si vedeva al cinema. È incredibile che io trovassi perfettamente normale che Bahrin volesse una vita di fantasia basata su personaggi inventati.

Anch'io davo molta importanza al modo in cui volevo crescere i miei eventuali figli. Un marito e una famiglia erano l'impegno più importante che potessi mai immaginare di assumere. Quando Bahrin domandò con noncuranza cosa pensassi dei figli e del matrimonio, risposi sinceramente, anche se un po' idealisticamente, che per me il matrimonio era per sempre e che non avrei mai affidato i miei figli a qualcun altro. Bahrin si mostrò piuttosto compiaciuto della mia risposta, evidentemente avevo superato una sorta di esame.

Un pomeriggio – casualmente era il giorno della Melbourne Cup, quando tutta l'Australia è in vacanza e l'intera nazione si ferma per una gara ippica – andammo a fare un giro in macchina sotto la pioggia. Accostando sul ciglio della strada e parcheggiando ai margini di un parco, di colpo Bahrin si mise a parlare senza interruzione. Cominciò a raccontarmi, in tono piatto, della sua infanzia. A mano a mano che descriveva gli eventi seguiti alla sua nascita, si infervorò. Spiegò che lui era il primo nipote maschio della sua famiglia, il prodotto di un matrimonio com-

binato fra due famiglie entrambe di sangue reale da cinque o sei generazioni. Sua madre, Tengku Zaleha, principessa di Terengganu e una delle figlie predilette del sultano, era stata data in moglie all'età di quindici anni a un completo sconosciuto, suo padre, Raja Ahmad. Lui, un principe minore del casato di Perak, ventitré anni, aveva studiato in un collegio militare ed era un raffinato uomo di mondo. (In seguito mia suocera mi confidò che era assolutamente terrorizzata la prima notte di nozze, che ignorava tutto del sesso, e che persino ad anni di distanza non era mai riuscita a dare più di una sbirciatina inorridita al corpo del marito, una situazione che si era trascinata fino al loro divorzio.) La nascita di Bahrin era attesa con impazienza dal sultano, suo nonno, che un tempo era stato re della Malesia. Da quando il Paese aveva ottenuto l'indipendenza dalla Gran Bretagna negli anni Cinquanta, i capi di Stato della Malesia sceglievano il re fra di loro a rotazione per un periodo di cinque anni.

Nel vecchio palazzo presso la foce del fiume Terengganu, l'Istana Maziah, erano stati fatti i preparativi per i tradizionali cento giorni di isolamento di sua madre, ed era stato contattato un medico inglese appositamente per il parto. Il nipote tanto atteso aveva fatto la sua comparsa proprio quando il sole era allo zenit e l'appello musulmano alla preghiera echeggiava in tutto il paese. Era un venerdì, il giorno sacro della settimana islamica, considerato di buon auspicio per la nascita di un figlio. Bahrin mi raccontò tutto questo in tono serio.

Mentre lui mi narrava le circostanze della sua nascita nella piccola Honda Civic, con la pioggia che scorreva sui vetri, a poco a poco cominciai a rendermi conto delle implicazioni del suo discorso. Non era, come mi aveva fatto credere, un semplice studente straniero di nome Shah Ahmad. Forse non era così comune, o almeno la sua famiglia non era così comune, come pensavo. Ciò spiegava anche la grande foto-

grafia di un anziano gentiluomo e della sua consorte, assisi sul trono, che avevo scoperto pulendo la mensola del camino nel suo studio. Erano i suoi nonni.

Bahrin proseguì dicendo che al momento della sua nascita il nonno aveva deciso di far crescere il neonato entro i confini del suo palazzo, separato dai genitori. Spiegò che sua madre non si era mai occupata fisicamente di lui, non lo aveva allattato al seno né gli aveva mai cambiato un pannolino; di tutto questo si era occupata la sua balia, Zainab, nell'ala del palazzo del sultano riservata alla nursery. Qui, negli anni successivi, lo avevano raggiunto i suoi cugini maschi più piccoli, Zainol e Ihsan, più o meno con la stessa situazione familiare: i genitori vivevano in un edificio separato all'interno della tenuta e le decisioni e le cure parentali erano affidate al sultano. A quanto pareva, nessuno dei neogenitori aveva avuto da ridire su tali disposizioni; nessuno aveva mai contestato suo nonno. Bahrin descrisse la sua infanzia come solitaria e viziata, con occasionali manifestazioni di ribellione subito stroncate dalla balia o dal sultano in persona.

Mentre Bahrin mi illustrava le sue dinamiche familiari, frugai nella mia memoria in cerca di informazioni sulla famiglia reale malese, ma non mi venne in mente nulla. Sapevo che in India i princìpi reali non avevano un gran peso, che la dignità regale era praticamente priva di contenuto ai giorni nostri, e non corrispondeva necessariamente a uno stile di vita o a un patrimonio; ma per quanto riguardava la Malesia ero ignorante. Appassionata di storia europea, associavo quella che consideravo la "vera" dignità regale a quel continente: diplomazia, trattati, scienza, architettura, arte, balletto, cultura, diritto, leggende, mitologia, grandi battaglie, il Rinascimento e gli intrighi internazionali, tutte queste cose appartenevano e si identificavano con l'Europa, non con l'Asia. Non riuscivo a collocare quelle rivelazioni nella giusta prospettiva, in quell'auto umida: tutto ciò avrebbe cambiato le cose tra noi? Era un modo per dirmi che avrei dovuto inchinarmi? Non riuscivo assolutamente a comprendere il significato di quel che mi aveva detto; avevo bisogno di tempo per elaborarlo. E poi, durante quella conversazione era emerso chiaramente che Bahrin aveva avuto un'infanzia molto triste e solitaria, senza le tenerezze e l'amore che io avevo avuto la fortuna di ricevere dalla nonna. Per me questo era un problema più immediato e significativo delle altre nuove informazioni che avevo ricevuto.

Per fortuna nel giro di pochi giorni, prima che mi fosse chiesta esplicitamente una qualsiasi reazione, il mio corteggiatore di stirpe reale partì per le sue vacanze in Malesia senza che l'argomento venisse sollevato di nuovo.

# 13

Libera. O almeno così credevo mentre l'aereo decollava dall'aeroporto di Melbourne per la prima tappa del mio viaggio verso la Malesia. Guardando sotto di me il familiare profilo della città che si allontanava, corsi con il pensiero alla destinazione esotica stampata sul mio biglietto.

Era la vigilia di Natale e io ero pigiata in un jumbo Alitalia con altri trecento passeggeri, per lo più diretti a Roma dalla loro famiglia. Non io, però; conoscevo a memoria il mio itinerario. Io sarei scesa a Singapore, dove avrei preso la coincidenza per Kuala Lumpur, capitale della Malesia. Questa tappa del viaggio resterà per sempre unica nella mia memoria per via dello strano comportamento del personale di bordo italiano. Subito dopo il decollo, i poveri passeggeri si videro piombare addosso i pasti in un batter d'occhio, e i vassoi furono recuperati altrettanto rapidamente. Le luci dell'abitacolo si spensero e l'equipaggio si eclissò. Malgrado le richieste di assistenza da parte dei viaggiatori, nessuno si materializzava per rispondere ai loro appelli. Dopo un paio d'ore, la maggior parte dei miei compagni di viaggio rinunciò a tentare di attirare l'attenzione degli assistenti di volo e si addormentò. Ma io avevo ancora sete ed ero un po' incuriosita. Mi chiedevo dove fosse finito tutto l'equipaggio e decisi di investigare. Risalendo il corridoio oltre le sagome addormentate ai loro posti, arrivai alla sezione di prima classe del velivolo, protetta da una tendina, da cui sembravano provenire musica ed espressioni di allegria. Spiando fra le tende, scoprii che tutto l'equipaggio era coinvolto in una festa scatenata. Uno steward sorridente si accorse di me e mi attirò attraverso l'apertura nel bel mezzo del trattenimento. Paolo, così diceva la sua targhetta, mi chiese dove fossi diretta e che lavoro facessi. Quando appresero che anch'io lavoravo in una compagnia aerea, lui e i suoi amici vollero a tutti i costi che rimanessi e mi unissi al loro veglione di Natale. Mi divertii un mondo, cantando canzoni natalizie in italiano e bevendo champagne per tutto il tragitto fino a Singapore. Gli altri poveri passeggeri non seppero mai quale magnifica festa si fossero persi.

Ho un vago ricordo del momento in cui scesi barcollante sulla pista dell'aeroporto Changi, salutando i miei nuovi amici con un risolino da ubriaca e cantando *Jingle Bells*, appena in tempo per prendere la coincidenza per Kuala Lumpur.

Al momento dell'atterraggio in Malesia, ero perfettamente sobria e molto nervosa. E se Bahrin avesse cambiato idea e non fosse venuto a prendermi? Se quel viaggio fosse stato solo un grosso errore? Avrei dovuto andare in Francia e in Scozia, come avevo preventivato all'inizio. Se, se. Di colpo fu troppo tardi per i se. Prima che avessi il tempo di riflettere, passai la dogana e il controllo immigrazione senza alcuna formalità, e attraversata la sala arrivi scoperta vidi Bahrin e mi lanciai fra le sue braccia. Non mi accorsi che non ricambiava l'abbraccio, ma vidi il suo sorriso felice e la mia ansia scomparve. Era l'una del mattino del giorno di Natale in un Paese straniero. Tutti parlavano una lingua incomprensibile e persino a quell'ora della notte il caldo e l'umidità erano pesanti. Ma qualcuno mi aveva aspettato e accolto, tutto il resto non contava.

Durante il tragitto in macchina a casa di suo padre nell'aria umida e pungente della notte, una delle prime cose che mi disse Bahrin fu che non dovevo mai più toccarlo in pubblico, almeno finché fossimo stati in Malesia. Dolcemente ma con fermezza, mi spiegò che il mio comportamento era stato scandaloso per gli standard musulmani e che dovevo fare attenzione a non ripetere quell'errore. Decisi tra me e me di non parlare della mia festa natalizia in aereo o dei miei nuovi amici. Ancora non lo sapevo, ma sottilmente il mio indottrinamento era già iniziato.

Per raggiungere l'abitazione del padre di Bahrin attraversammo Kuala Lumpur, che mi parve un misto di baracche e grattacieli moderni, talvolta fianco a fianco. Alla luce dei lampioni lo splendore coloniale di un'epoca passata – facciate intonacate, balaustre e minareti, echi del tempo del *Raj* – filtrava a fatica tra le strade trafficate, messo in ombra dai palazzi immacolati e insulsi dell'Hilton e dell'Holiday Inn, testimonianza di una fiorente attività turistica. L'illuminazione stradale si fece più rada a mano a mano che ci inoltravamo nel labirinto di strade dei sobborghi, e diventò difficile distinguere qualcosa in dettaglio. Di tanto in tanto l'aroma stuzzicante del cibo offerto da un venditore ambulante penetrava dal finestrino, rimpiazzato qualche attimo dopo dal tanfo di una fogna a cielo aperto o di un cumulo di immondizia che marciva sul ciglio della strada. Poi, di colpo, cominciammo a salire e fu come se stessimo entrando in una giungla. Ci ritrovammo a viaggiare sotto una volta creata dalla vegetazione rigogliosa e dalle rampicanti, che ci lasciava intravedere solo qualche frammento di luna.

Proseguendo lungo la stretta strada tortuosa, Bahrin cominciò a spiegarmi, con una certa indifferenza, la situazione familiare di suo padre. Raja Ahmad era uno "scapolo" che viveva con la sua amante cinese Lina, un'infermiera. Era una sistemazione ideale che funzionava bene, mi assicurò. Lina non si mostrava in società con il suo uomo, né ci si aspettava che lo facesse, e non era ufficialmente riconosciuta da alcun membro della famiglia; in questo modo, però, suo padre aveva qualcuno che puliva la casa e faceva il bucato, e Lina, da parte sua, poteva vivere con poca spesa in una zona migliore della città. Mi trattenni dal fargli domande sul mutuo rispetto e sull'amore; eravamo nel territorio di Bahrin, e i costumi, evidentemente, erano diversi. Lo capivo, ma da quella notte avrei dovuto mordermi la lingua molto spesso.

Mentre riflettevo su questa informazione, di colpo ci fermammo davanti alla nostra destinazione, a Federal Hill. La casa di Raja Ahmad aveva un'aria vecchia e un po' fatiscente. La residenza a due piani fornita dal governo sorgeva in posizione arretrata sulla collina e sembrava sul punto di essere ingoiata dalla vegetazione circostante. Ispezionandola superficialmente alla luce dei lampioni mentre Bahrin armeggiava con lucchetti e chiavi, non potei fare a meno di chiedermi se le sbarre e le grate alle finestre e alle porte servissero a tenere fuori gli intrusi o a tenere dentro gli abitanti.

All'interno la casa aveva un'aria umida, ammuffita e poco usata. Bahrin accese le luci nelle stanze a mano a mano che le attraversavamo. Sembrava la casa di un appassionato di caccia grossa; le credenze erano ornate di aquile impagliate e il pavimento era tappezzato da pelli di tigre con la testa ancora attaccata. Un cobra, con il corpo paralizzato in posizione d'attacco, testimoniava l'abilità del tassidermista e il cattivo gusto del proprietario. Bahrin ebbe appena il tempo di mostrarmi la mia stanza e spiegarmi che non potevamo dividere ufficialmente il letto quando uno scalpiccio sulla ghiaia all'esterno segnalò il ritorno di suo padre.

Raja Ahmad mi parve subito gioviale e decisamente brillo quando entrò barcollando in casa sostenuto dalla sua amichetta Lina. Sulla cinquantina, aveva l'aspetto di un militare in pensione e la pancia di un forte bevitore di birra. Il volto barbuto era sormontato da una fitta chioma di capelli neri e ricci che spiccava appena sulla sua intensa abbronzatura, frutto di ore e ore di pratica sul campo da golf. Il padre di Bahrin mi salutò cordialmente con il suo brusco accento un po' britannico e andò subito a letto con Lina, lasciandoci soli fra carcasse impagliate e il ronzio dei ventilatori a pala sul soffitto.

# 14

Il nostro soggiorno a Kuala Lumpur trascorse in un turbinio di night-club, giri turistici e incontri con i cugini di Bahrin, alcuni dei quali avevo già conosciuto a Melbourne. Di colpo entrai a far parte della gente "in" quando con Bahrin mi unii ai suoi cugini e ai loro amici; erano i gaudenti della Malesia, i giovani di stirpe reale che battevano i night-club per ballare e si spostavano da una discoteca all'altra bevendo, con l'aria perennemente annoiata. Arrivavamo in massa con un corteo di auto di lusso, vestiti all'ultima moda e pretendendo il trattamento da VIP, che era sempre garantito. Al sicuro da un possibile mescolamento con i plebei, i giovani principi accettavano il servilismo e la gratitudine come qualcosa di naturale.

Ma i cugini di Bahrin sembravano felici di accogliermi nella loro setta. Erano ospiti perfetti: affascinanti, sofisticati, ansiosi di farmi sentire a mio agio e rapidi nell'esaudire ogni mio desiderio di vedere o comprare qualcosa. Le ragazze mi sconcertavano un po'; avevano una frenesia e una determinazione particolari quando si trattava di divertirsi. Parlavano sempre di Kuala Lumpur, di Singapore o di Londra come se il tempo trascorso in quelle città fosse tempo rubato e proibito. Più tardi, vedendole camminare placidamente dietro i loro genitori nei confini dei loro palazzi, avrei finito per comprendere il loro atteggiamento. Niente più minigonne, abiti senza spalline e gel sui capelli, sostituiti da lunghe vesti svolazzanti e sguardi debitamente abbassati.

Terengganu. È una parola che rotola sulla lingua in modo sensuale, una promessa di panorami lussureggianti e spiagge bianco perla. I volantini turistici annunciavano tartarughe liuto giganti, palme da cocco, coste sabbiose senza fine, mari azzurri e una ricchezza culturale tramandata per molte generazioni.

Ed era lì che eravamo diretti. Bahrin aveva deciso che il modo migliore per mostrarmi la "sua" Malesia era andare nel suo stato di origine in macchina; così avrei visto la campagna e avremmo potuto spezzare le sei ore di viaggio fermandoci qualche giorno all'Hyatt Hotel nella località turistica di Kuantan, nello Stato di Pahang. Il periodo a Kuantan fu meraviglioso. Quella sosta era destinata a rimanere l'unica vacanza romantica che avremmo mai trascorso insieme. Bahrin sospese temporaneamente il suo divieto di contatti fisici in pubblico e passeggiammo sulla spiaggia mano nella mano, rubandoci baci fra le dune e sguazzando e rotolandoci in mare insieme. Mi stupii che Bahrin fosse restio ad avanzare oltre il punto in cui il mare gli arrivava al ginocchio; non aveva mai imparato a nuotare e l'acqua alta lo terrorizzava. Malgrado le rigide posizioni islamiche che avrebbe assunto in seguito, allora Bahrin non aveva nulla da ridire sul fatto che portassi il costume da bagno in pubblico. Ho decine di fotografie che mi scattò sulla spiaggia con la sua amatissima Pentax; gli piaceva particolarmente farmi posare con le spalle nude e i capelli al vento, mentre lui consumava un intero rollino.

Al tramonto ci sedevamo sulla terrazza dell'hotel affacciata sull'oceano a sorseggiare un drink (Bacardi e Coca con una fettina di lime per Bahrin – «non troppo ghiaccio» diceva – e per me qualunque cocktail colorato mi avesse scelto per quella sera). Guardandoci negli occhi, discorrevamo pigramente della giornata e facevamo piani distratti per la successiva, mai nulla di troppo faticoso e mai nulla che ci portasse lontano dal nostro idilliaco rifugio tra la sabbia e le palme. Di rado le nostre conversazioni riguardavano la seconda parte del viaggio fino a Terengganu. Era come se nessuno dei due volesse porre fine a quel periodo di limbo. Ma di notte, accanto a Bahrin, mentre ascoltavo le onde che si frangevano sulla spiaggia, mi preoccupavo dell'inevitabile incontro con sua madre.

E poi un giorno venne il momento di rimboccarsi le maniche e partire per incontrare Tengku Zaleha, figlia di un sultano e re, devota musulmana, divorziata e pellegrina alla città santa della Mecca. Durante quella vacanza avevo ballato con un paio di principi ereditari, conversato con i cugini di Bahrin e incontrato un paio di zie e zii, ma fino a quel momento nulla mi era sembrato preoccupante come la prospettiva del mio primo contatto con Yang Amat Mulia Tengku Hajjah Zaleha Puteri binti Almarhum Duli Yang Maha Mulia Sultan Ismail Nasiruddin Shah, la madre del mio ragazzo.

Bahrin mi suggerì di indossare qualcosa di molto pudico per la seconda parte del nostro viaggio. Su sua indicazione mi ero cucita due imitazioni di costumi tradizionali malesi e li avevo portati con me da Melbourne. Fu deciso che l'abito viola era quello giusto per sua madre, il semplice *baju kurung*. Tradotto letteralmente significa "abito gabbia" e consisteva, in questo caso, di una gonna viola lunga fino ai piedi e di una tunica svasata che arrivava al ginocchio, in soffice voile a disegni geometrici bianchi e viola, con maniche lunghe e una scollatura alta e rotonda.

Con i capelli spartiti in mezzo e sciolti sulla schiena su ordine di Bahrin, vestita nel modo "opportuno" e con poca voglia di partire, osservai dalla scalinata dell'albergo i fattorini che caricavano in macchina le nostre valigie. Gettai un ultimo sguardo intorno a me, fino alla spiaggia bordata di palme, pensando che sarebbe stato meraviglioso rimanere semplicemente distesi sulla sabbia ancora per giorni e giorni. Mentre mi immaginavo a oziare sulla spiaggia, pianificavo con ottimismo una seconda visita alla splendida Kuantan. Non capivo allora che non si può mai recuperare e far rivivere il passato, che tutto cambia e noi passiamo ad altri piaceri e speranze. A volte il passato è addolcito dal passaggio del tempo, ma quella dolcezza può marcire come un dente cariato, guastando i ricordi e rimproverandoci la nostra ingenuità. Entrai in macchina e, con un ultimo sguardo alle mie spalle, mi disposi ad affrontare il futuro che non sapevo ancora di avere.

# 15

Ci volle un'ora e mezza per raggiungere il confine di Stato fra Pahang e Terengganu, lungo una caotica arteria fiancheggiata da un lato da squallidi villaggi, giungla e risaie, e dall'altro dallo scintillante Mar della Cina Meridionale. Dividevamo la strada con una varietà di veicoli: camion traballanti, autotreni che trasportavano enormi tronchi tagliati dalle foreste pluviali, auto di lusso che facevano a gara con motorini – spesso occupati da una famiglia di cinque persone in precario equilibrio dal manubrio fino al sedile posteriore, come una specie di numero da circo – capre e biciclette. Varcando il confine di Terengganu, notai che c'era meno gente per le strade e che la giungla era più abbondante e lussureggiante di quella che avevo visto in precedenza. Faticavo ad abituarmi al rigoglio della zona; infinite sfumature di verde, macchie di vivaci fiori tropicali, liane e rampicanti sembravano cozzare con le mie aspettative di spazi aperti. La giungla tropicale era bella ma incongrua per me, come un fondale dipinto srotolato a mio beneficio. Ero abituata alle nostre estati australiane: l'arida terra bruna del Gippsland e le piccole orchidee selvatiche che spiccavano su di essa in un violento contrasto di colore; l'ampiezza delle nostre dolci colline punteggiate di eucalipti con le foglie di un ruggine opaco e le cortecce bianco-grigie, e il ricco, straordinario profumo del bush australiano.

A poco a poco cominciammo a incontrare villaggi a distanze più ravvicinate, mentre la strada si allargava in una doppia carreggiata alla periferia dell'abitato di Kuala Terengganu. Durante il tragitto Bahrin e io avevamo parlato poco, ascoltando invece la musica delle cassette che si era portato dietro; tuttavia giungendo nei pressi di una grossa costruzione sulla sinistra, quasi impercettibilmente lui raddrizzò la schiena, sollevò il mento e rallentò a passo d'uomo, lanciandosi in una spiegazione del muro di cinta in cemento alto tre metri e lungo un chilometro e mezzo che stavamo costeggiando. Si trattava dell'Istana Badariah, il palazzo Badariah, casa di suo zio il sultano: Duli Yang Maha Mulia Sultan Mahmud ibni Almarhum Sultan Ismail Nasiruddin Shah. Passando, notai di sfuggita un grande edificio grigio chiaro. L'ingresso principale era sorvegliato da sentinelle armate e una bandiera sventolava sulla sua asta, come le tante che costeggiavano il viale d'accesso. Bahrin spiegò che la tenuta del palazzo era molto estesa e comprendeva un campo da golf, un circolo ricreativo, campi da tennis e da volano. Aggiunse inoltre che lui era cresciuto dietro quelle possenti mura. Lo disse in tono piatto, senza alcuna nostalgia, come se fosse un dettaglio casuale. Forse, come membro della famiglia reale, era stato educato all'idea che un nuovo regno dovesse prevalere sul vecchio. Oppure soffriva per non avere più diritti sulla sua vecchia casa? Mi interrogai, ma non chiesi nulla; non stava a me indagare. Riconoscevo di non essere all'altezza. In quel momento mi imposi mentalmente di lasciarmi portare dagli eventi, di non offendere nessuno e di farmi guidare da Bahrin in tutto; mi sembrava la cosa più intelligente e logica da fare, ed era probabilmente l'unico sistema per sopravvivere sul terreno minato del galateo culturale e dell'etichetta di corte che stavo per affrontare. Oltre, naturalmente, a tenere le dita incrociate.

Bahrin mi strinse la mano affettuosamente prima di infilare un vialetto che si dipartiva dalla strada per il palazzo. Eravamo giunti a destinazione: per motivi di decoro avrei alloggiato nella casa dei suoi zii accanto a quella di sua madre.

Procedemmo fino a giungere a una stretta curva. Di fronte a me non vidi altro che una massa di vegetazione che nascondeva quasi interamente l'edificio. Dal poco che riuscii a scorgere ebbi l'impressione che il profilo del tetto fosse un misto di tutti gli stili architettonici conosciuti, e che i proprietari tenessero molto alla loro privacy.

La casa di Yang Amat Mulia Tengku Seri Paduka Raja Tengku Ibrahim – zio materno di Bahrin e fratello minore del sultano – e della moglie cinese Rosita era ornata nello stile delle ville di *Dynasty*. Le porte d'ingresso erano intarsiate a mano e l'architrave era sormontata dall'immancabile citazione dal Corano, il libro sacro dell'Islam, anch'essa intagliata e sottolineata da una filigrana d'oro. I versetti del Corano servivano a proteggere gli abitanti di una casa dagli spiriti maligni e a mostrare la devozione della famiglia ad Allah.

All'interno, i lucenti parquet e i pavimenti di marmo erano disseminati di preziosi tappeti cinesi e persiani. Alcune stanze dotate di aria condizionata erano dominate da copie di lampadari di cristallo, mentre in altre i ventilatori a pala ruotavano sopra antichi paraventi laccati e pareti a specchio che replicavano all'infinito l'immagine di una persona. L'arredamento era uno sconcertante miscuglio di volgarità e di lusso. Alcune zone della casa erano ispirate a un tema: stile moderno italiano, con palme dorate e tavoli di cristallo dappertutto, o giapponese, con antichi kimono appesi alle pareti e un giardino acquatico. La casa era sfarzosa ma non proprio di ottimo gusto. A differenza di tante altre che avrei visto durante il mio soggiorno a Terengganu, l'alloggio di zia Rosita era molto europeo sia nella mobilia sia nell'atmosfera: grandi divani morbidi e piante in vaso riempivano le tre sale di ricevimento principali, e i bagni erano all'occidentale. Anche se non tutti avevano l'acqua calda, si concedevano il lusso di un water, sia pure senza carta igienica.

Da allora la casa è stata ristrutturata e ampliata ulteriormente, con l'aggiunta di nuove ali e piani superiori e di una piscina interrata in vetroresina spedita in monoblocco dall'Australia.

Fui accolta con calore dalla zia di Bahrin, che avevo già conosciuto a Kuala Lumpur, e dai cugini Nasiruddin e Alina, che studiavano entrambi a Melbourne. Zia Rosita era vestita di un lungo caffettano di batik rosa shocking a grandi fiori, che come scoprii in seguito era la divisa "casalinga" di molte donne della famiglia reale. Una bella differenza rispetto agli abiti corti firmati, i tacchi alti e le acconciature perfette che le avevo visto indossare nella capitale. I suoi figliastri e sua figlia Suzi portavano tutti i jeans e un walkman appeso al collo, e sfoggiavano una profusione di gioielli d'oro e diamanti.

Imparai subito che il galateo imponeva di togliersi le scarpe prima di entrare in casa di qualcuno; era un vero spettacolo vedere un gruppo di visitatori frugare davanti alla porta d'ingresso in cerca di un sandalo mancante.

Il mio bagaglio fu prelevato da un anziano servitore e io fui introdotta nella sala da pranzo per il tè pomeridiano. Ero intimidita e a disagio fra quelle persone semisconosciute, ma per fortuna Bahrin non andò via subito come aveva preventivato. Vedendo la mia espressione implorante, si trattenne il tempo sufficiente a fare due chiacchiere e bere qualcosa. Ma sua madre lo aspettava per salutarlo e così, in un batter d'occhio e prendendo congedo da tutti, si eclissò, mentre io lo seguivo con lo stesso sguardo di Dorothy ne *Il mago di Oz* di fronte alla strada di mattoni gialli divelta e ricoperta di catrame.

# 16

Con tutta la servitù che viveva in casa di zia Rosita e di Tengku Ibrahim – la cuoca, due governanti, un vecchio domestico/maggiordomo, un inserviente e due autisti – mi stupii che Bahrin riuscisse nella sua impresa. Si trattava di farmi visita la notte del nostro arrivo nella stanza degli ospiti che occupavo al pianterreno. Bahrin aveva fatto in modo che suo cugino Nasiruddin gli aprisse una delle porte al momento stabilito e la richiudesse dopo la sua partenza. In tal modo riuscì a infilarsi nel mio letto senza che la famiglia se ne accorgesse. Le apparenze, come avrei capito ben presto, per la famiglia reale contavano molto più della realtà.

Finalmente arrivò il giorno fatidico. Di nuovo abbigliata nel modo più "consono", attraversai insieme a Bahrin il giardino che separava le due residenze, diretta alla casa di sua madre.

Negli anni Sessanta il nonno di Bahrin aveva deciso di costruire delle case per i suoi figli prediletti. Suddivise una vasta porzione della tenuta, tracciando vie private di collegamento fra le abitazioni e realizzando le fognature e gli impianti elettrici. Ognuno dei suoi figli e nipoti ebbe in regalo una casa identica: un edificio standard con tre camere da letto e quartieri per la servitù, costruito su mezzo ettaro di terra e fatto di mattoni e pareti intonacate. Ciascun edificio era dipinto di bianco secondo l'influenza coloniale inglese ed era dotato di veranda per via delle torrenziali piogge monsoniche.

A mano a mano che le esigenze abitative dei figli prediletti crescevano grazie agli introiti finanziari derivanti dalle preziose concessioni sul legname delle foreste pluviali e ai ritrovamenti di gas e petrolio nello Stato, crebbero anche le case. In qualche caso quella che era nata come una modesta abitazione decentrata si trasformò in un palazzo con dieci camere da letto.

Mentre coprivamo i duecento metri che ci separavano dalla casa di Tengku Zaleha, Bahrin mi spiegò che l'area in cui viveva la famiglia era definita comunemente *Kampung Istana*, ossia "il villaggio del palazzo". Ma da quel che potevo vedere, era tutt'altro che un villaggio.

La casa di Tengku Zaleha, una semplice costruzione in mattoni piuttosto recente con verande su due lati, dipinta di un bianco su cui spiccavano le cornici verde mela delle finestre, era molto più modesta e meno sgradevole di quella del fratello. A un cenno di Bahrin mi levai le scarpe con tutta la grazia possibile ed entrai nell'abitazione, che era poco illuminata e decisamente austera.

La madre di Bahrin, seduta in posa compassata sull'orlo di un divano del soggiorno, mi sorrise serbando lo sguardo serio e tese la mano per salutarmi senza alzarsi. Quella delle donne malesi non è una vera e propria stretta di mano; si limitano a toccare le palme dell'altro, cingendo leggermente le sue dita. Per fortuna ero stata istruita da Bahrin e subito presi la sua mano destra, sfiorandone il dorso con il naso e le labbra in segno di omaggio e mimando una sorta di inchino come mi era stato insegnato. Questo parve ammorbidirla un po', e colsi un lampo di sollievo nei suoi occhi quando alzai lo sguardo e lei mi fece un cenno di approvazione con il capo. Anni dopo Tengku Zaleha mi confessò che anche lei era preoccupata dal nostro primo incontro e si era rilassata vedendo che sapevo comportarmi con decoro e che non ero l'"incivile ragazza bianca" che aveva temuto. Con il suo *baju kurung* di seta rosa, il foulard di mussola bianca, i piedi scalzi e il rossetto rosa satinato, mi sembrò una persona fuori dal mondo, e mi fece pensare a una vecchia duchessa inglese convinta che le "carrozze senza cavalli" fossero un'innovazione destinata a tramontare.

La barriera linguistica si rivelò un ostacolo. Un tempo Tengku Zaleha parlava inglese, ma aveva perso l'allenamento ed era troppo timida per ricominciare a usarlo, nel timore di rendersi ridicola. Anche se spesso capiva quel che veniva detto in inglese, preferiva non dialogare in quella lingua. Così Bahrin, sua madre, zia Rosita, un paio di cugini e io ci trovammo ad annuire, sorridere e condurre a stento la conversazione. «Dove sei nata?» mi domandò Tengku Zaleha tramite zia Rosita. «Lavori? Cosa fai?» chiese la cugina Alina per conto della zia, e poi: «Quanti anni hai?». A quel punto Bahrin intervenne affrettandosi a chiedere a sua madre, in tono un po' più brusco del solito, se le avesse già raccontato che mio padre era originario di Penang.

Il fatto che Bahrin sentisse il bisogno di schivare le domande sulla mia età mi irritava, anche se avevo ascoltato le sue istruzioni e le sue motivazioni con le quali non ero completamente d'accordo. Bahrin mi aveva spiegato che tutti i suoi cugini più giovani gli davano l'appellativo di *Abang*, ossia "fratello maggiore", in segno di rispetto, e che se fossero venuti a conoscenza della mia vera età (a diciassette anni, ero molto più giovane della maggior parte di loro), si sarebbe sentito in imbarazzo. Avrebbero potuto interpretare la nostra relazione come un'attrazione di Bahrin per una ragazzina che non era musulmana e nemmeno maggiorenne. Così mi aveva chiesto di mentire sulla mia età alla sua famiglia. «In fin dei conti» aveva detto, «sono fatti nostri e di nessun altro.»

Il colloquio "esplorativo" proseguì educatamente, con la

palla che passava da Tengku Zaleha a me e viceversa grazie al contributo di volenterosi assistenti, ansiosi di assumere il ruolo di decodificatori. Probabilmente somigliavamo agli spettatori di una partita di tennis: tutte le teste si giravano a destra, poi a sinistra, mentre le frasi tradotte rimbalzavano per la stanza. Altro che un rilassante tè pomeridiano privo di formalità; era più una tortura con tè e pasticcini.

A rompere davvero il ghiaccio fra la madre di Bahrin e me fu un'enorme scatola di cioccolatini al latte Cadbury. Ne avevo portate una dozzina dall'Australia, in caso mi servissero dei piccoli segni di ringraziamento, e ne regalai una a Tengku Zaleha. Lei non riuscì a frenare la sua gioia, e il suo sorriso malizioso bucò la nostra barriera comunicativa. Grazie a quel vasto assortimento, riconoscemmo la nostra comune dipendenza dal cioccolato e cominciammo a essere amiche.

Superata la prova della presentazione formale e della chiacchierata obbligatoria, Bahrin e io fummo congedati e andammo a fare un giro per Kuala Terengganu, con un cugino come chaperon. Più tardi quella sera, a casa di suo zio, Bahrin si complimentò con me dicendo che mi ero «comportata molto bene» durante l'incontro con sua madre. Non potei fare a meno di pensare che si esprimeva come se avessi compiuto una missione in incognito oltre le linee nemiche, e non vedendo arrivare la medaglia che aspettavo mi limitai a un sorrisetto tirato.

Un anno dopo, quando le tradizioni islamiche mi furono diventate più familiari, mi resi conto che se un musulmano porta una ragazza a conoscere la sua famiglia, soprattutto sua madre, è un chiaro segno che sta pensando al matrimonio. Non si va semplicemente a casa del proprio partner per far visita ai suoi genitori, se la relazione non è seria. Povera mamma: capì cos'aveva in mente Bahrin ben prima di me; forse pensò semplicemente che lo sapessi anch'io.

I miei ricordi di quella prima visita a Terengganu si confondono tra loro e mi si affollano nella mente. Rivedo alcune scene con la chiarezza di una fotografia, ma molti piccoli eventi banali si sono cancellati, forse anche perché mi lasciai sedurre dalla famiglia di Bahrin. Nei primi giorni vidi comportamenti che probabilmente scelsi di trascurare, dando più peso agli aspetti positivi che alle realtà meno piacevoli delle loro vite. A diciassette anni non volevo creare problemi. A trenta, avrei fatto fuoco e fiamme in caso di bisogno.

Nelle prime due settimane di gennaio del 1981, Bahrin e io ci spostammo come trottole fra Terengganu, Kuala Lumpur e Singapore. A Terengganu feci la turista, a Kuala Lumpur passammo da una festa all'altra e a Singapore facemmo spese fino alla noia.

Fu a Singapore che incontrai per la prima volta il sultano di Terengganu, zio materno di Bahrin, insieme alla sua seconda moglie Sharifah Nong, madre del primogenito Mizan, il principe ereditario o Raja Muda, e della maggior parte dei suoi figli. Conoscevo già e avevo simpatia per Mizan, che all'epoca era un ragazzo molto semplice, senza pretese e piuttosto timido. La sua combinazione di geni arabi e malesi gli aveva conferito una bellezza selvaggia e pensosi occhi scuri. Era sempre cordiale con me, anche se un po' insicuro, ed era molto più bravo di Bahrin nelle faccende di casa. Non di rado, quando veniva a trovarci nella nostra casa di Melbourne, lo trovavamo a lavare i pavimenti o a prepararci un semplice pasto. Mi faceva molta pena perché sapevo che odiava la Grammar School di Geelong, ex scuola di Bahrin, dove era stato mandato a completare la sua istruzione. Poco brillante negli studi, faceva molta fatica e l'isolamento del collegio contribuiva alla sua infelicità. Ma in qualità di principe ereditario e probabile futuro re della Malesia, non aveva molta scelta sull'indirizzo della sua vita. La sua carriera, il luogo dove sarebbe vissuto e il suo matrimonio erano tutte decisioni che sarebbero state prese per lui, o erano già state definite.

Avevo già conosciuto il resto della prole reale, i fratelli e le sorelle di Mizan, a Terengganu. Le ragazze, Farah, Anna e Ima, andavano dai quindici ai ventun anni. Farah, la maggiore, era sottile come un giunco, con un delicato visetto a cuore e labbra voluttuose; ciarliera come sua madre, adorava i pettegolezzi e aveva la tendenza a coprirsi di gioielli e a fare buffi complimenti, che mi lasciavano molto perplessa.

Anna, invece, era apparentemente più silenziosa e preferiva di gran lunga rimanere in disparte a osservare quel che accadeva piuttosto che unirsi alla conversazione. Straordinariamente bella, con lunghi capelli neri, Anna emanava una sensualità segreta; di corporatura esile come la sorella maggiore, mascherava con la sua aria fragile un carattere d'acciaio e una natura maligna e un po' petulante.

Ima era la figlia minore del sultano e il maschiaccio della famiglia. Era una versione al femminile del fratello Mizan, con gli stessi occhi scuri e i lineamenti perfetti. Portava i capelli provocatoriamente corti come un maschio e a differenza delle sue sorelle era tutt'altro che fragile. Sembrava sempre molto più disinvolta in jeans che con gli opprimenti abiti musulmani che era obbligata a indossare in pubblico o in presenza di suo padre, il sultano. Era notoriamente più a suo agio quando giocava a calcio che quando recitava la parte della principessa obbediente, e spesso la vedevo abbassare le ciglia per mascherare la sua vena ribelle.

I due maschi più giovani del clan erano decisamente oscurati dai fratelli più grandi e per questo sembravano attratti dai guai come le falene dal fuoco, litigando continuamente fra loro e cogliendo ogni opportunità per giocare tiri mancini ai danni di poveri innocenti ignari. Il Tengku soprannominato “Baby” era un bambino di dieci anni particolarmente odioso, di quelli che ti fanno sembrare il controllo delle nascite una vera benedizione. Era crudele con gli animali e tendeva a mentire o a manipolare qualunque situazione a proprio vantaggio. "Baby" si divertiva un mondo a tormentare il fratellastro più piccolo, Tengku Adik, prendendolo a pugni, pizzicandolo e picchiandolo per costringerlo a reagire.

E ora veniamo alla mia prima udienza presso Sua Altezza il sultano di Terengganu. Il sultano Mahmud e la sua famiglia si trovavano a Singapore per una breve vacanza, alloggiati con il loro seguito al Goodwood Park Hotel di proprietà dell'uomo più ricco del mondo, il sultano dello Stato petrolifero del Brunei. Dotato di grande prestigio, il Goodwood Park era probabilmente il migliore hotel a cinque stelle di Singapore. Discreto, poco appariscente ma infinitamente elegante, sembrava progettato per smorzare ogni eccesso fin dall'atrio. Bahrin e io ci infilammo in un lungo corridoio per raggiungere la suite privata solitamente riservata al proprietario dell'albergo, il quale l'aveva messa cortesemente a disposizione dei reali di Terengganu.

Mentre affondavo i piedi negli spessi tappeti di seta dell'ingresso, largo quasi il doppio di una piccola camera da letto, ci imbattemmo in una scena che ricordava gli assalti ai magazzini Harrods, Bloomingdale o Harvey Nichols nel periodo dei saldi. Borse e sacchetti griffati Christian Dior, Giorgio Armani e Yves St. Laurent erano ammucchiati contro le pareti, riversando il loro contenuto sul pavimento: parecchie scatole di scarpe da donna, porcellane di Wedgwood, due o tre biciclette e una piccola auto elettrica. La famiglia reale di Terengganu era andata a fare shopping. Rimasi impressionata: davanti a me avevo i resti di un'orgia di acquisti senza freno. Era una manifestazione di consumismo appassionato, e dire che essendo musulmani i reali non festeggiavano nemmeno il Natale.

Bahrin e io attraversammo una serie di magnifiche stanze, alcune esagonali con pareti a bovindo, accompagnati alla presenza di suo zio da un servo in livrea che esibiva l'uniforme d'ordinanza del palazzo: giacca e pantaloni bianchi, *sampin* – un sarong maschile portato intorno alla vita sopra i pantaloni – e un *songkok* di velluto nero, un copricapo simile a un fez ovale senza tesa, ornato delle insegne reali.

Dopo qualche minuto, Farah e Mizan ci raggiunsero; la loro conversazione e i loro modi erano normali e rilassati, e Farah dissertava sulle gioie dello shopping a Singapore.

Di colpo tutta l'allegria svanì dalla stanza: eravamo in presenza del sultano. Alto e massiccio, non sorrise quando abbozzai un inchino, feci il mio *angkat sumpah* giungendo le palme e alzandole verso la fronte in segno di ossequio, e baciai la sua mano tesa, quasi inginocchiandomi. Per fortuna non si occupò di me più dello stretto necessario, mentre io tentavo di confondermi con la mobilia. Aveva un'aria distratta, come se si muovesse in un'altra dimensione. In seguito Bahrin mi disse che suo zio non era più lo stesso da quando gli era stata diagnosticata una malattia di cuore, e passava gran parte dell'anno a sperimentare medicine tradizionali e alternative per garantirsi la longevità.

Dopo la sua breve comparsa nella sala di ricevimento, durante la quale i due figli maggiori si agitarono nervosamente con gli occhi bassi, fece il suo ingresso la sua seconda moglie, Sharifah Nong. Era fasciata di seta, aveva gli occhi bistrati e le mani coperte di anelli con diamanti, rubini e smeraldi, due per dito; i polsi erano ornati da bracciali d'oro e da un orologio Piaget con diamanti placcato di platino. Al collo portava un'intera collezione di catene d'oro massiccio, pendenti di diamanti e medaglioni con il simbolo arabo di Allah. Tutti questi gioielli tintinnarono quando si mise a sedere sul divano accanto a me. Era un vero turbine di chiacchiere, una personalità in grado di sommergere tutto ciò che aveva intorno con la sua mancanza di discrezione. Loquace all'inverosimile, spiegava perfettamente l'entusiasmo delle figlie per il pettegolezzo; la loro era un'eredità materna.

Fui immediatamente giudicata «di aspetto gradevole», un po' troppo magra, e dotata di una carnagione molto più chiara e di capelli molto più belli rispetto alla prima moglie di Bahrin, Fauziah, che non le era simpatica. Zia Sharifah Nong riuscì a dire tutto questo nei primi due minuti del nostro incontro. Mi domandai cos'avrebbe detto se mi avesse conosciuto meglio o avesse trascorso più tempo con me. Si disse certa che saremmo diventate buone amiche. Io non vedevo l'ora.

Dopo avere incontrato la famiglia di Bahrin, subendo e in qualche modo superando la loro ispezione, giunse il momento di tornare a Melbourne e alla normalità. La mattina della mia partenza, Bahrin e io oziavamo nel letto insieme a casa di suo padre quando lui d'improvviso mi comunicò che stava facendo realizzare un anello per me. Un anello di fidanzamento. Non era una proposta, bensì una sentenza.

Bahrin si sottrasse a tutte le mie domande, i dubbi sul nostro futuro e le mie incertezze con la frase: «Non rovinare tutto parlando di queste cose; torna a casa e aspettami». E così feci. Salii sull'aereo quel pomeriggio senza rendermi conto che stavo fissando una modalità della nostra relazione che non sarebbe mai venuta meno: quella della mia totale obbedienza.

# 17

Al mio ritorno in Australia e nelle settimane successive, mentre aspettavo che Bahrin mi raggiungesse, la vita riprese il suo solito ritmo. A volte mi chiedevo se fossi stata davvero in tutte quelle località esotiche. La mia esistenza sembrava normalissima e io mi godevo la solitudine, scegliendo di tornare a piedi dall'ufficio in città fino alla casa di Carlton sotto lo sfolgorante sole estivo, di curare il piccolo giardino sul retro e di prendere qualche lezione di ballo ogni tanto per tenermi in forma. Era forse la prima volta nella mia vita che provavo a godere della mia compagnia. Spesso mi chiedo cosa sarebbe successo se Bahrin non fosse mai tornato a Melbourne a prendermi. D'altra parte, forse la mia fiducia di allora derivava dalla sicurezza di essere legata a lui. Non lo saprò mai con certezza: ormai il cammino della mia vita è troppo segnato per riflettere sulle vie alternative che avrei potuto imboccare da adolescente.

Lui tornò a casa, con l'anello di fidanzamento, il romanticismo e il mio futuro.

Estrasse elegantemente l'anello la sera del suo ritorno, durante una cena a lume di candela allo Tsindos Bistro, il nostro ristorante speciale, con le parole: «Tre diamanti, Io... ti... amo». Immagino che prendendo l'anello accettai tacitamente di sposarlo; allora non mi venne in mente di dire “sì”, dato che non mi era stata fatta una domanda.

Quanto al romanticismo, me ne forniva in abbondanza, come se avesse nella tasca posteriore un manuale su «come fare la corte alle ragazze». C’erano cenette intime in cui non si parlava di nulla, lunghi giri in macchina con la musica che soffocava ogni tentativo di conversazione, notti d’amore piacevoli e non impegnative, e fiori, tanti e tanti fiori.

Furono proprio i fiori la mia rovina, e Bahrin fu abilissimo a predisporre la trappola. Il 14 febbraio 1981, tornando a casa, trovai la porta d’ingresso coperta di fiori e di nastri. Quando girai la chiave nella toppa ed entrai in casa, altri fiori mi accolsero, sparsi disordinatamente ai piedi delle scale intorno a un biglietto d’auguri che recitava: «Buon San Valentino». Legate alla balaustra delle scale c’erano delle rose rosse, una per ogni colonnina, che si susseguivano fino a scomparire dalla vista. Seguii il sentiero floreale raccogliendo le rose a mano a mano che salivo, e quando giunsi all’ultimo piano le mie braccia traboccavano di fiori. Dietro la porta, ornata di altre rose e della scritta «Ti amo», c’era Bahrin tranquillo e disinvolto, come se fosse una cosa del tutto naturale svuotare interamente la bottega di un fioraio.

A parte i rumori del traffico, la casa era silenziosa. Bahrin alzò lo sguardo verso di me quando balbettai qualche parola di ringraziamento. Sfoderò uno dei suoi rari sorrisi e disse con tono impertinente: «Be’, che ti aspettavi? Sei la mia futura moglie». Capii che era inutile cercare una risposta adeguata, e lo baciai.

A mano a mano che la nostra relazione procedeva di buon passo, mi ritrovai a perdere di vista un numero sempre maggiore di cari amici. La mia nuova vita ruotava tutta intorno al mio nuovo amore, al punto che non mi accorsi che la mia cerchia era ormai costituita esclusivamente da cugini di Bahrin o suoi compagni di università, e che anche loro si contavano sulle dita di una mano.

Venne il mese di marzo, e tutti i nostri pensieri erano rivolti ai cruciali esami di fine anno di Bahrin. Domenica 8, mentre guardavamo la televisione nello studio dopo cena, lui si voltò verso di me e lasciò cadere la bomba: «Come sai, la settimana prossima ci sarà l'incoronazione di mio zio e l'insediamento di Mizan, e io devo proprio andarci». Poi, più rapidamente, aggiunse: «Penso che dovremmo tornare tutti e due a Terengganu per l'incoronazione, e contemporaneamente sposarci».

Mi sedetti per terra piena di agitazione, senza sapere cosa dire, con la mente in subbuglio. Non avevamo mai fissato una data per il matrimonio fino a quel momento. Avevo sempre dato per scontato che ne avremmo parlato dopo la sua laurea; essere fidanzati era divertente, e dato che prendevo la pillola, non dovevamo preoccuparci di una gravidanza indesiderata. Finalmente riuscii a balbettare: «Ma io ho solo diciassette anni».

«Dunque finora mi hai solo preso in giro, giusto?» ribatté Bahrin con ira. «Credi che porterei chiunque a casa mia a conoscere mia madre? Ho fatto sul serio con te fin dal primo giorno. Sapevo che saresti stata la moglie perfetta per me. Perché ora cerchi delle scuse?»

«Ma è fra sette giorni...» replicai, per prendere tempo. «La legge non mi permette di sposarti, sono minorenne.» E poi, stupidamente: «Non ho l'abito da sposa».

Queste osservazioni non fecero che infiammare i toni della conversazione. «Cosa pensi che significhi far parte di una famiglia reale? Posso sistemare ogni cosa. Posso risolvere i problemi legali. Posso organizzare tutto. Basta che telefoni in Malesia.» Continuò: «Sono stato l'unico a offrirti l'opportunità di trovare la tua collocazione. Tu non stai bene in Australia, non è fatta per te, sei diversa da loro... Per la prima volta nella tua vita hai la possibilità di entrare a far parte di una famiglia, e non sai fare altro che sollevare obiezioni» strillò. «Non avrà alcuna importanza cos'eri o chi eri prima di sposarmi, nessuno in Malesia oserà considerarti qualcosa di meno di un membro della mia famiglia. Qui sei soltanto una mezzosangue euroasiatica. Sei stata tu a raccontarmi le persecuzioni dei tuoi compagni di scuola australiani, l'infelicità che hai provato per tutta la tua infanzia: be', questo non succederà a Terengganu. Per la prima volta avrai una vera famiglia. Ti sto offrendo la protezione di tutto ciò che possiedo, di tutto ciò che è la mia famiglia, e tu non fai altro che sollevare obiezioni, trovare ostacoli.»

Non l'avevo mai visto arrabbiato e mi spaventai. Forse aveva ragione. Forse il mio posto non era l'Australia. Forse sposandolo avrei potuto trovare una sorta di purezza razziale e un futuro per i miei figli; così loro non avrebbero patito il tormento di essere diversi, com'era successo a me.

Non sapevo cosa dire. Cominciai a piangere, tentando di spiegare tutto ciò che mi spaventava, tutti miei dubbi, ma lui non mi ascoltava. Continuava a investirmi con le sue accuse, spogliandomi di tutti gli strati di autodifesa e di sicurezza che mi ero faticosamente costruita, portando alla luce i miei punti deboli e mettendo a nudo le mie paure.

«Dove pensi di andare adesso? Cos'hai intenzione di fare?» domandò Bahrin.

«Che vuoi dire?» ribattei.

«Be', non penserai che possiamo continuare a vivere insieme senza sposarci, vero? Io non voglio stare con una puttana. Sono musulmano, e finora per me il semplice fatto di vivere insieme ha significato vivere nel peccato. Non posso andare avanti così. Ti ho dato abbastanza tempo per crescere, ora ti sto dando l'opportunità di essere qualcuno, di trovare la tua collocazione per la prima volta nella tua vita, di avere una famiglia, e tu non lo vuoi. Io ti amo, ma adesso ti dico: o ci sposiamo o ci lasciamo» urlò.

Non potevo perderlo. Ero terrorizzata all'idea di rimanere sola adesso. Lo amavo, non volevo finire come mia madre. Forse lui aveva ragione. Non sapevo più niente. Ero così confusa che mi girava la testa. Continuai a piangere mentre lui proseguiva nella sua arringa.

A un certo punto tirai fuori che sapevo che i musulmani potevano avere più di una moglie; dopotutto, suo zio il sultano aveva almeno due mogli contemporaneamente. Io non volevo che lui sposasse un'altra. «Non potrei sopportarlo» strillai. Volevo che il mio matrimonio durasse, aggiunsi. Ero contro la poligamia, non volevo competere con un'altra donna. «Non potrei fare a metà, mai!» gli dissi con forza.

Per tutta risposta lui afferrò il Corano che teneva sulla mensola del camino nello studio, si inginocchiò e giurò che non avrebbe mai preso un'altra moglie all'infuori di me e che saremmo rimasti insieme fino alla morte. Giurò nel nome di Allah, sul testo fondamentale della sua religione. Era un giuramento sacro, mi assicurò, cui era vincolato dalla sua fede. In seguito Bahrin avrebbe ripetuto questo giuramento sacro, sempre con il Corano in mano, in presenza e su richiesta di sua madre, in almeno altre tre occasioni durante il nostro matrimonio.

Fui costretta a cedere. Era stato fermissimo nel sostenere che sarebbe uscito per sempre dalla mia vita se non l'avessi sposato la settimana successiva. Mi arresi, semplicemente. Non avevo più la forza di discutere e non potevo rischiare di perderlo solo perché pensavo che fosse meglio aspettare.

Subito dopo lui fece l'amore con me, dicendomi che non mi avrebbe mai lasciato, giurando di amarmi per sempre e promettendomi più volte che sarebbe andato tutto bene ora che eravamo d'accordo.

Più tardi Bahrin mi disse che aveva deciso di astenersi dal sesso fino a quando fossimo stati ufficialmente sposati, e che dovevamo mantenerci puri prima della nostra notte di nozze pur continuando a dividere il letto. Era come chiudere la stalla dopo che i buoi erano scappati, ma chi ero io per contestarlo?

In fondo, ero solo la sposa.

# 18

Seduta al tavolo da toilette, fissai la mia immagine allo specchio e feci la mia valutazione. Vidi grandi occhi bistrati, lucenti capelli neri coperti da un velo di chiffon, e mani che giocherellavano nervosamente con le spazzole d'argento posate davanti a loro. Sul mio petto, a destra, era appuntata la preziosa spilla di diamanti regalatami da mio padre. Faceva un bel contrasto con il pizzo color ruggine dell'abito.

Avevo impiegato una nottata intera con un'amica per finire di cucirlo in tempo, una pausa pranzo per battere freneticamente i negozi in cerca della biancheria in tinta che indossavo sotto, e un'ora per lavarmi i capelli e truccarmi. L'immagine che vedevo allo specchio non era quella che avevo sognato in tutti quegli anni lontani in cui cercavo di immaginare il mio futuro; in quei sogni a occhi aperti avevo gigli e gardenie ed ero vestita di un bianco abbagliante. Erano le sette di sera, mi trovavo in un Paese straniero e nel giro di pochi minuti mi sarei sposata.

I sette giorni che avevano preceduto quel momento erano evaporati come neve al sole. Fra acquisti, confezione dell'abito, organizzazione del viaggio e puro caos, avevo avuto poco tempo per controllare i dettagli esatti della cerimonia. Li avevo lasciati a Bahrin, il che appariva più opportuno, date le circostanze. Non aveva mentito nella sua tirata: per organizzare i preparativi del matrimonio gli era bastato prendere il telefono.

Seduta in prima classe sull'aereo che ci portava in Malesia, continuavo a ripensare a mia nonna; avevamo parlato con lei la sera prima, comunicandole i nostri piani matrimoniali. La nonna non aveva tentato di scoraggiarci, limitandosi a dire che voleva la mia felicità. Aveva solo qualche riserva sulla rapidità con cui stavano andando le cose, ed era dispiaciuta di non essere presente per vedermi sposata. Ma Bahrin le spiegò che per non interferire con l'incoronazione di suo zio questo matrimonio sarebbe stato puramente burocratico; più tardi avremmo fatto una vera e propria cerimonia, con tutti i crismi, alla quale lei avrebbe potuto partecipare.

Seduta accanto all'uomo che stavo per sposare, non potevo far altro che pensarla segretamente come la nonna. Anche a me dispiaceva che lei non fosse presente al nostro matrimonio e che l'intero piano sfuggisse al mio controllo. Ma così voleva Bahrin, e io non volevo perderlo. Ero certa di voler trascorrere il resto della mia vita con lui, proprio come nelle favole.

Favole a parte, c'erano alcuni dettagli che persino Bahrin aveva trascurato. Dopo un paio d'ore di volo, cominciò a ripassare il programma delle nostre nozze, previste per la sera seguente. Il vero e proprio matrimonio sarebbe stato celebrato in malese, disse, con qualche inserimento in arabo. Io avrei dovuto pronunciare una certa frase in entrambe le lingue. Sarebbe stato più semplice e meno problematico, spiegò Bahrin, se mi avesse insegnato quelle frasi ora, durante il volo, dato che la pronuncia dell'arabo era difficile per un novizio.

Così, fra un pasto e l'altro e senza guardare il film, imparai la mia prima frase in arabo, che detta da Bahrin suonava così: «*Wah Ash Hah Do Allah, Mohamad Arrr Rasool L'Allah Law*». La ripetei in continuazione, come un disco rotto. «Non c'è altro dio che Allah, e Maometto è il suo profeta» tradusse Bahrin. Questa frase mi avrebbe fatto superare l'esame, promise; non serviva altro, il resto era semplice. Gli chiesi quale fosse il significato di quelle parole, e lui rispose: «Formalmente dovrai diventare musulmana. Nessun membro della mia famiglia è autorizzato per legge a sposare un non-musulmano. Comunque si tratta solo di una formalità, non vuol dir nulla, e non ha importanza che tu ci creda veramente».

Quel sabato passammo la notte a casa del padre di Bahrin a Kuala Lumpur, prima di proseguire per Kuala Terengganu per le nozze. Raja Ahmad non era invitato al nostro matrimonio; tutti concordavano tacitamente sul fatto che fosse fuori discussione, a causa della spaccatura prodotta dal suo divorzio dalla madre di Bahrin, Tengku Zaleha, anni prima. Il giorno seguente lui brindò alla nostra felicità con una birra Tiger e ci congedò con un paio di battute licenziose e la promessa di rivederci da lì a sei giorni, durante il viaggio di ritorno a Melbourne.

Quando finalmente giungemmo a destinazione ero completamente esausta e non ricordo onestamente di aver provato alcuna gioia al pensiero della nostra imminente unione. A quello stadio, provavo solo un senso di fatalistica attesa verso tutta la faccenda. Osservandomi nello specchio del bagno, trovai che somigliavo più a una maratoneta scarmigliata che a una sposa con il suo rossore: una sposa che aveva meno di tre ore a disposizione per produrre un rossore.

Tengku Zaleha mi condusse nella stanza padronale di casa sua perché potessi rinfrescarmi. A tutta evidenza si era data molto da fare nel breve tempo concessole per convertire la camera da letto in una suite matrimoniale in stile malese. I mobili erano nuovi, di mogano, con uno stile molto sofisticato. Il letto presentava elaborati intagli in stile floreale profilati in oro, la testata era rivestita di broccato giallo canarino come le tende e altri pezzi della mobilia. Non era il tipo di arredamento che avrei scelto io, ma apprezzai la premura di Tengku Zaleha e cercai di farglielo capire prima che mi lasciasse sola.

Dopo qualche minuto Bahrin mi chiese di raggiungerlo in sala da pranzo. I mobili erano stati spostati da un lato, e in fondo alla stanza c'era il tavolo, con due uomini che scrivevano su un grande registro dall'aria ufficiale e armeggiavano con dei documenti. Non badarono a me quando entrai nella sala. Fino a quel momento non avevo mai visto nessuno vestito come loro in Malesia: abiti a manica lunga che arrivavano alle caviglie, simili alle tonache dei preti ma in cotone di colore chiaro, portati sopra i pantaloni e corredati da un turbante per la testa. Erano imam o religiosi, l'equivalente di vicari o predicatori, autorizzati a celebrare matrimoni, dare indicazioni in materia di fede e interpretare la legge coranica. Quando Bahrin fece le presentazioni, fissarono entrambi con insistenza la mia mano inutilmente offerta senza stringerla. Bahrin dissipò quell'attimo di imbarazzo spiegandomi che quei signori erano lì per organizzare il nostro matrimonio. I due imam non parlavano inglese, né sembravano particolarmente turbati dal fatto che io non parlassi malese, quindi Bahrin dovette tradurre.

Nella breve conversazione in malese tra gli uomini sentii fare il mio nome, seguito dalla parola "Yasmin". Bahrin aveva deciso che sarei stata "Yasmin" su tutti i documenti ufficiali dopo il nostro matrimonio, e avevamo concordato che quello sarebbe stato il mio nome presso il pubblico malese.

Bahrin mi diede di gomito sussurrando a bassa voce: «Ripeti quel che ti ho insegnato».

Docilmente, e con un po' di nervosismo, pronunciai la frase che mi aveva insegnato sull'aereo: «*Wah Ash Hah Do Allah, Mohamad Arrr Rasool L'Allah Law*».

«Una firma qui» e «una firma lì» disse l'imam Ali in malese, indicando il registro e sorridendo per la prima volta mentre io apponevo la mia firma accanto agli svolazzanti caratteri arabi sul librone rilegato in pelle.

«E adesso cosa faccio?» domandai, rivolgendomi a Bahrin che si apprestava a lasciare la stanza.

«Ti prepari per il nostro matrimonio» replicò lui mentre lo seguivo in corridoio. «E tirati su i capelli, fallo per me. È più elegante.»

# 19

La voce del muezzin che chiamava i fedeli alla preghiera serale si insinuò nei miei pensieri mentre sedevo al tavolo da toilette nel mio abito da sposa. Sentii bussare alla porta ed entrò Bahrin. Indossava il costume maschile tradizionale, il *baju melayu*: un'ampia camicia a maniche lunghe senza colletto, chiusa sul davanti da bottoni preziosi, e pantaloni di seta gonfi con una gonna di broccato intorno alla vita. In testa portava un *songkok* di velluto nero. Guardando la sua immagine avanzare verso di me nello specchio, pensai quanto fosse bello e tenebroso il mio futuro marito.

Nella mano destra aveva un astuccio di velluto rosso che aprì quando fu accanto a me. Conteneva una pesante collana di diamanti con motivi di foglie e di orchidee, montata in oro bianco e platino. Gli orecchini e il braccialetto della parure erano altrettanto elaborati e tempestati di diamanti di varie dimensioni.

«Sei bella, Yasmin» disse Bahrin alla mia immagine allo specchio. «Questi sono per te. Indossali ora. Li ha scelti mia madre. Sono il mio regalo di nozze per te. Le ho chiesto di farli realizzare quando ho telefonato. Hai bisogno di gioielli adeguati, ora che stai per diventare mia moglie. Mettili per la cerimonia.»

«Devo indossarli tutti ora?» domandai, pensando a quant'ero soddisfatta del mio abbigliamento prima che lui entrasse nella stanza, e a come mi era sembrata perfetta e discreta la spilla di mio padre sul pizzo color ruggine del mio vestito.

«Certo. Ti piacciono?» mi domandò.

Esitai prima di rispondere. Ero costretta a mentire. Non potevo ferirlo dicendogli la verità, dicendogli che detestavo i grossi gioielli pacchiani.

«Sono assolutamente meravigliosi» mentii, «ma eccessivi. Non dovevi comprarmi una cosa del genere. Mi sarei accontentata di una fede nuziale. Non erano necessari.»

«Jacqueline, tu stai per diventare mia moglie, certo che erano necessari» disse lui posandomi una mano sulla spalla e parlando allo specchio. «Ci vediamo fra poco.»

«Che succede adesso?» domandai, perché non volevo rimanere di nuovo sola.

«Be', ti sei appena convertita all'Islam davanti agli imam, quindi ora possiamo sposarci. È quasi tutto pronto» rispose lui.

«Ma il fatto che sono minorenne?»

«Già sistemato» mi assicurò Bahrin. «Mio zio, il sultano Mahmud, ha l'autorità per fungere da tuo tutore legale. È il capo religioso del nostro Stato e ha dato il suo assenso agli imam per il nostro matrimonio al posto dei tuoi genitori.»

Sorrise e uscì dalla stanza.

# 20

Fuori era buio quando Tengku Zainah, la zia di Bahrin, venne a prendermi. Dalla porta aperta della stanza mi giunsero le note di melodie arabe provenienti dal corridoio.

Mi sistemai il velo e seguii Tengku Zainah in un'altra stanza da letto priva di mobilia, tranne il sontuoso tappeto persiano sul pavimento. Lei mi fece segno di sedermi sul tappeto e di ripiegare i piedi da un lato per assumere una posa dignitosa, e mi drappeggiò la gonna in modo che non si vedesse un centimetro di pelle. Altre due o tre cugine e zie di Bahrin ci raggiunsero e si allinearono lungo un lato della stanza.

A quel punto un personaggio con il turbante in cui riconobbi uno degli imam incontrati in precedenza fece il suo ingresso nella stanza.

«*Saya terima*» mi disse.

Feci un cenno con il capo educatamente e sorrisi.

«*Saya terima*» ripeté lui con un po' di irritazione.

Confusa, annuii e sorrisi di nuovo.

Tengku Zainah ridacchiò nervosamente e mi fece un segno con la mano.

«*Saya terima*» dissi, comprendendo infine ciò che si voleva da me.

Appena quelle parole mi sfuggirono dalle labbra, udii le

altre donne nella stanza tirare il fiato in modo appena percettibile. Evidentemente ero sulla strada giusta.

L'imam mi mise davanti un documento. Era scritto interamente in caratteri arabi, con la cifra 25 in una riga. Mi ritrovai con una penna in mano. "Si vede che devo firmare" pensai, "ma dove?"

Un dito puntato di Tengku Zainah mi salvò da ulteriori dubbi, e con un senso di trionfo apposi il mio nome nel posto indicato. L'imam se ne andò appena ottenuta la mia firma, seguito da Tengku Zainah. Abbandonata nella stanza in attesa del matrimonio, cercai intorno a me dei segni di approvazione o di sostegno morale, e le donne della famiglia di Bahrin risposero con ampi sorrisi e cenni del capo.

"Ah, un punto per me" pensai. "La sua famiglia mi ha sorriso."

Ci fu un fruscio alla porta quando apparve Bahrin e mi fece cenno di seguirlo. «Vieni, Yasmin» disse sulla soglia.

«Ora è tutto pronto per la cerimonia?» gli domandai.

«Cosa intendi per cerimonia?» ribatté Bahrin con aria perplessa.

«Non fare lo stupido» risposi. «Quanto ci vorrà ancora?»

«Ma noi siamo già sposati» fece lui.

«Non possiamo essere già sposati, non c'è ancora stata la cerimonia con te e la pronuncia dei voti nuziali. Ci siamo appena intravisti questa sera» riuscii a sussurrare sottovoce a Bahrin.

«Da noi non funziona così» spiegò lui pazientemente, come se fossi un'idiota, mentre mi guidava nel corridoio. «Io ho pronunciato i miei voti in sala da pranzo e ti ho sposato. Tu hai detto "*saya terima*" qui dentro e hai accettato il prezzo della sposa.»

«Il prezzo della sposa?» sibilai, cercando di dominarmi.

«Certo, i venticinque dollari indicati nel certificato di matrimonio che hai firmato. Nello stato di Terengganu la legge prevede solo quindici dollari, ma tu vali il sovrapprezzo» scherzò. «Su, tutti ci aspettano, vieni a mangiare un po' di satay, l'ho ordinato per la nostra cena di nozze perché so che è la tua passione» aggiunse dirigendosi verso il soggiorno, mentre io gli trotterellavo dietro.

A quel punto ero completamente sbalordita. A quanto pareva non ero stata presente né necessaria al mio stesso matrimonio. Altro che sentirsi superflui: tutta in ghingheri ma senza niente da fare, una sposa senza un matrimonio cui andare o un ruolo da svolgere.

L'intera cena trascorse avvolta in una specie di nebbia. Gli ospiti si scambiavano commenti in malese, solo di rado tradotti in inglese a mio beneficio. Riuscii a capire che si parlava per lo più dei figli che avremmo avuto io e Bahrin, con osservazioni molto lusinghiere nei miei confronti. Si parlava anche dell'insediamento del principe ereditario l'indomani mattina, cui tutta la famiglia avrebbe partecipato. Come moglie di un principe, sia pure da poco, ero tenuta a presenziare anch'io.

I nostri ospiti si congedarono abbastanza presto, portandosi dietro gli imam e lasciando solo i servi e Tengku Zaleha in casa con noi.

Bahrin disse che era tempo di andare a dormire, così mi rivolsi a sua madre, sorrisi e mi chinai a darle un bacio in segno di gratitudine. Lei fu molto sorpresa dal contatto fisico, ma mi diede un buffetto sulla guancia e ridacchiò, augurandoci la buonanotte mentre entrava nella sua stanza.

# 21

“Bene, ora sono una donna sposata” dissi a me stessa sorridendo mentre sollevavo le braccia per liberare i miei capelli dalle forcine.

Bahrin era scomparso nel bagno, lasciandomi il tempo di infilarmi la camicia da notte e la vestaglia rosa chiaro che avevo comprato espressamente per la nostra prima notte di nozze. In pura seta, tagliate di sbieco con inserti di pizzo, mi erano costate una fortuna, ma me n’ero infischiata, volevo essere bella per Bahrin.

Quando lui finalmente emerse dal bagno con indosso un corto pigiama estivo non disse una parola; i suoi occhi mi fissavano come se non mi avesse mai visto prima. Mi parve di essere esaminata da uno sconosciuto.

Poi sorrise, ma solo con le labbra e non con gli occhi.

Quando si mosse verso di me, tentai di alleggerire la strana atmosfera che aleggiava intorno a noi. Alzandomi dallo sgabello, sorrisi e gli tesi una mano. Lui si rifugiò fra le mie braccia e subito mi rovesciò indietro la testa per quello che credevo sarebbe stato un bacio. Sentii la sua mano insinuarsi fra i miei capelli, la pressione delle sue dita sul mio cuoio capelluto, e mi rilassai sentendolo mormorare: «La mia bella, bella moglie».

Bahrin si avvolse più strettamente i miei capelli intorno al

polso, tirandoli, poi di colpo diede uno strattone e mi ringhiò in faccia: «Tu appartieni a me, capito? Tu appartieni a me!».

«Smettila, mi fai male, tesoro» gli dissi, tentando di liberarmi. Per tutta risposta lui mi rovesciò la testa ancora più indietro e mi afferrò la mano con cui cercavo di divincolarmi. «Ti prego, mi fai male, non è divertente. Lasciami!» implorai.

«Posso fare quel che voglio con te, tu mi appartieni» mi sibilò lui all'orecchio rovesciandomi brutalmente oltre il bordo del letto di legno intagliato.

Dato che avevo preso a singhiozzare, lui mi schiaffeggiò e mi ordinò di fare silenzio. Era riuscito in qualche modo a bloccarmi le braccia sopra la testa mentre strappava i bottoni della mia vestaglia. Era come se fossi un oggetto, non la donna che amava. Le punte aguzze del letto che mi bucavano la schiena mi causavano fitte di dolore, e gemendo lo supplicai di smettere. Ma lui non intendeva farlo e non lo fece. Per tutta risposta mi schiaffeggiò ancora con violenza e mi ordinò di tacere.

Poi cominciò a stuprarmi, a forzare il mio corpo. "Non era questo che volevo!" strillava la mia mente.

Piangevo, ma non riuscivo a chiedere aiuto. Non volevo che qualcuno entrasse e ci vedesse così. Avevo paura di Bahrin, ma avevo ancora più paura di essere umiliata.

«Ti prego, smettila, mi fai male» implorai, ma lui non mi ascoltava, non si fermava.

Mentre mi penetrava, lo sentivo sussurrare continuamente al mio orecchio che dovevo capire, che appartenevo a lui, che ero sua moglie, che ero la sua bella, bella moglie. Il mio cervello innestò il pilota automatico, cancellando il suo viso. I suoi occhi mi guardavano, ma io non li vedevo. Tutto era diventato un'unica macchia di dolore, panico, incredulità.

Quando Bahrin ebbe finito, mi scaraventò a terra dicendo che ero inguardabile e avevo bisogno di una ripulita. Il suo viso era duro e gelido quando si adagiò comodamente sul letto matrimoniale, come se avesse diligentemente portato a termine un compito sgradevole ma necessario. Non riuscivo a dire o fare

nulla, avevo la mente paralizzata, non riuscivo a produrre un pensiero coerente, e la mia capacità di ragionamento era sopraffatta dal bisogno di vomitare, cosa che feci non appena raggiunsi barcollando la stanza da bagno adiacente.

Lavandomi il viso al lavandino, repressi un nuovo conato di vomito vedendo riflesse nel piccolo specchio sopra di me le impronte delle sue dita sui miei polsi e i segni rossi dei suoi schiaffi sul mio viso. Sentivo tutto il corpo pesto e sudicio. Girandomi a fatica, esplorai cautamente con le dita la mia schiena in cerca dei punti in cui gli intagli del letto mi avevano graffiato e ferito la carne. La mia camicia da notte, comprata pensando a una luna di miele da sogno, non si poteva più mettere: era a pezzi, come le mie speranze.

Non so per quanto tempo rimasi seduta sul water a piangere. Non provai ad analizzare a fondo l'aggressione di Bahrin, non riuscivo a comprendere le sue ragioni e non capivo che fine avesse fatto il mio premuroso fidanzato. «Forse è stata la pressione del matrimonio» tentai di razionalizzare. Forse era una deviazione mentale. Non ero in grado di affrontare la cosa in quel momento, era troppo per me. "Andrà tutto bene" continuavo a ripetermi. "Andrà tutto bene, troveremo una soluzione." Ma prima dovevo capire come fare a sopravvivere.

Le luci erano già spente quando uscii dal bagno e attraversai la stanza. Quasi non osavo respirare nel timore di svegliare Bahrin, ma non avevo motivo di preoccuparmi. Lui si era girato sul fianco sinistro e stava ronfando clamorosamente. Mi cambiai la camicia da notte e scivolai sotto le lenzuola il più lontano possibile dal suo corpo. "Non devo piangere" pensai, "non devo piangere", e strinsi le ginocchia al petto cercando di calmare il mio respiro. "Ora sono una donna sposata."

Sì, ero una donna sposata. Ero una donna sposata di diciassette anni che chiaramente aveva ricevuto una lezione importante, se solo avesse saputo qual era.

# 22

Il mio primo giorno da membro della famiglia reale iniziò alle 4.30 del mattino, quando Bahrin e io fummo svegliati da un servo che bussò alla porta della nostra stanza. Destandomi, mi voltai con cautela verso il mio nuovo marito, non sapendo cosa aspettarmi. Malgrado i miei timori, lui mi fece un rapido sorriso, anche se un po' distratto; il suo atteggiamento non aveva alcuna somiglianza con il comportamento oscuro e malvagio della notte precedente. Sembrava che per lui il problema più importante e preoccupante del nostro recentissimo matrimonio fosse far sì che la sua sposa superasse indenne gli impegni della famiglia reale per quella giornata senza commettere errori di etichetta. L'insediamento di Mizan come principe ereditario di Terengganu richiedeva la presenza alla cerimonia di tutti i membri importanti della famiglia reale, compresa l'ultima recluta.

Bahrin non fece parola della nostra non proprio perfetta notte di nozze. Io evitai di sollevare l'argomento; l'intero episodio aveva assunto un carattere surreale che mi lasciava confusa a chiedermi se mi fossi immaginata tutto, ma non era così. I lividi sulla mia schiena bastavano a dimostrare che quel che mi era successo non era un semplice incubo. Ero talmente a pezzi che non ero in grado di reggere uno scontro; non potevo ancora farlo, dovevo prima sopravvivere a quella giornata. Ero sposata a quell'uomo. Dovevo assistere a un'incoronazione. Dovevo incontrare tutta la sua famiglia e non parlavo la loro lingua. Ciò che era successo la notte prima non sarebbe successo mai più, mi dissi. Decisi di mettere tutto da parte, di isolare il ricordo e la paura, di attendere un altro giorno, quando avessi avuto la forza di capire dove avevo sbagliato. Nel frattempo avrei nascosto il dolore e lo sconcerto dietro educati sorrisi, cercando in tutti i modi di accontentarlo. In fondo, da quando eravamo arrivati in Malesia Bahrin non aveva fatto che ripetermi: «Le apparenze sono tutto».

Con mia grande costernazione, finii per assistere all'insediamento di Mizan come principe ereditario agghindata come un albero di Natale di un metro e sessanta. Bahrin e sua madre mi imposero di vestire secondo l'etichetta di corte, ossia col *baju kurung* di pizzo rosso che avevo portato al mio matrimonio e tutti i gioielli che Bahrin mi aveva regalato la sera prima.

Mentre mi vestivo per la mia prima cerimonia ufficiale, Bahrin mi forniva consigli e indicazioni sull'etichetta e il protocollo. Le sue parole mi ronzavano attorno mentre tentavo di domare la mia capigliatura. «Non trascurare di baciare la mano a tutti i membri anziani della mia famiglia, è molto importante» disse per prima cosa.

«Non guardare dritto negli occhi nessun uomo, a meno che non sia un membro della famiglia, e tieni gli occhi bassi mentre cammini» ammonì la luce dei miei occhi mentre io annuivo fingendo di capire. "Se guardo giù, come faccio a sapere dove sto andando?" ero tentata di ribattere.

«Non incrociare le gambe a meno che tu non riesca a tenere unite le caviglie» mi istruì mio marito. L'immagine che balenò nella mia mente mi fece rallegrare del fatto di essere ancora agile.

«Non offrire mai la mano sinistra a nessuno» disse seccamente Bahrin. Stabilii di tenere la mano sinistra dietro la schiena per tutto il tempo. In pratica, finché non imparai a tenere nascosta l'immonda appendice, la mia andatura soffrì di uno squilibrio evidente.

«Tieni la voce bassa e non parlare mai forte in pubblico» fu l'istruzione successiva.

«Bada a non passare mai in posizione eretta davanti a una persona seduta, ma chinati e tendi la mano destra davanti a te cercando di portare la testa al livello di chi è seduto.» Quella descrizione mi ricordò Charles Laughton ne *Il gobbo di Notre Dame.* Grazie a Dio non ero molto alta, altrimenti mi sarei procurata una gobba permanente.

«Non fare passi così lunghi quando cammini e cerca di tenere continuamente unite le gambe» tradusse Bahrin per sua madre. Mi venne in mente che sarebbe stato più semplice se mi avessero dato un bastone a molla, così avrei potuto semplicemente saltellare accanto a loro tenendo unite le ginocchia.

«Puoi sederti solo dopo che i membri più importanti della famiglia si sono accomodati. Non sederti mai per prima, tranne naturalmente quando gli altri non fanno parte della famiglia reale; allora puoi sederti prima di loro, perché loro non possono sedersi finché non lo fai tu.» Potevo solo sperare che tutti portassero dei cartellini con su scritto chiaramente il loro rango, o che capissero quel protocollo meglio di me.

«Non dimenarti e non muoverti troppo sulla sedia, e non parlare con me, ci saranno delle telecamere nel palazzo per la cerimonia.»

"Magnifico" pensai, "avrò una testimonianza filmata della mia umiliazione."

E infine: «Non essere nervosa, sei bellissima, basta che tu segua le mie istruzioni e andrà tutto bene».

"Se mi metti le batterie nella schiena puoi manovrarmi con il telecomando" avrei voluto ribattere, ma non ne ebbi il coraggio.

Così, meno di dodici ore dopo il nostro matrimonio, partimmo per l'Istana Maziah, il palazzo Maziah, in compagnia di Tengku Zaleha e di un potente voltastomaco. "Come e dove può vomitare una principessa?" mi domandai con il velo sistemato alla bell'e meglio sui capelli, mentre l'auto partiva.

Le vie del centro erano congestionate e variopinte, sormontate a intervalli regolari da archi provvisori. Ornati di ritratti del sultano Mahmud e della sua prima moglie e consorte, sua altezza reale Tengku Ampuan Bariah, gli archi erano agglomerati di legno verniciato e lampadine colorate che lampeggiando e occhieggiando proclamavano la grandezza del regnante e gli auguravano lunga vita e prosperità. Sponsorizzati da ditte commerciali ed enti governativi, gareggiavano fra loro in pacchianeria. A ogni lampione sventolavano insegne e bandiere, e il lamento delle sirene annunciava l'arrivo di diplomatici stranieri, membri della famiglia reale e politici.

Il nostro autista ci depositò alle porte dell'Istana Maziah, l'aggraziato palazzo in stile georgiano costruito all'inizio del periodo coloniale dal bisnonno di Bahrin, il sultano Zainal Abidin, e ora destinato unicamente a investiture, incoronazioni, matrimoni e banchetti di Stato. In origine residenza principale dei reali, era stato rinnovato e ampliato alla fine degli anni Settanta in uno stile che contrastava sgradevolmente con l'eleganza dell'architettura originale. Tendoni e portici, nei tradizionali colori reali giallo vivo e bianco, erano ornati di lanternine colorate, e la piazza d'armi era stata trasformata in un'area di ristoro al coperto dove il pubblico sarebbe stato magnanimamente rifocillato mentre noi, gli ospiti invitati, mangiavamo comodamente all'interno con l'aria condizionata.

Avvicinandosi all'ingresso, Bahrin mi indicò la quarta finestra da sinistra al secondo piano. «Quella è la stanza dove sono nato» mi disse in tono di possesso. Interessata a questa nuova informazione e curiosa di approfondirla senza averne l'occasione, seguii docilmente e con un pizzico di nervosismo Bahrin e sua madre all'interno del palazzo attraverso l'atrio principale.

Imitazioni di mobili italiani superimbottiti erano disseminati tutt'intorno al foyer. Grandi lampadari di cristallo e plafoniere appesi al soffitto illuminavano i ritratti dei sultani del passato e i sofisticati stucchi alle pareti.

Mentre salivamo l'ampio scalone che portava al secondo piano, mi sentii addosso lo sguardo inquisitivo di decine di occhi e udii dei commenti sussurrati a mezza voce. Le porte della sala del trono erano di proporzioni gigantesche e sembravano spesse non meno di quindici centimetri. I magnifici battenti di legno rossiccio *kaju chengai* erano divisi in pannelli intagliati con le insegne di Terengganu intrecciate a fiori e volute.

La sala del trono era grande come due sale da ballo e poteva accogliere circa millecinquecento posti a sedere. Arredata con sontuosi tappeti giallo canarino, aveva un'ornamentazione opulenta che faceva apparire modesto il resto del palazzo. Le pareti erano interamente ricoperte da pannelli a graticcio, con i rilievi sottolineati in foglia d'oro. Il soffitto era interamente occupato da fogliame a stucco disposto in modo concentrico intorno ai lampadari, che con i loro prismi riflettevano la luce sui nostri visi sottostanti. Poltrone in pelle verde oliva erano disposte in file ordinate a blocchi di cento. Quelle dallo schienale più alto erano riservate ai membri della famiglia e agli ambasciatori stranieri, che indossavano l'alta uniforme, il costume nazionale o un tight completo di camicia con colletto ad ala e panciotto. Le donne, in abito da sera o in costume tradizionale e cariche di gioielli, sembravano fuori posto alle otto di mattina.

La disposizione dei posti era stata accuratamente pianificata. Ogni poltrona aveva un cartoncino con l'emblema reale e il nome stampato sopra. Il mio diceva SIGNORA YASMIN TENGKU BAHRIN. Nelle ultime ventiquattr'ore ero stata reinventata. Per gli addetti al protocollo del palazzo, Jacqueline non esisteva più.

Troni dall'alto schienale tappezzati di velluto giallo erano allineati su un palco, cui si accedeva salendo sette scalini simbolici. Sopra di essi si stendeva un baldacchino di broccato *songket* oro e giallo. Una piattaforma più bassa, ad angolo retto rispetto ai troni e leggermente defilata, era riservata agli zii e ai fratelli del sultano. Di fronte, verso il centro della sala, sorgeva un altro palco destinato ai componenti del Nobat, l'orchestra reale.

Il suono della tromba del Nobat e il rullo del tamburo annunciarono l'ingresso del sultano e della sua consorte, la Tengku Ampuan. Il saluto dell'insulso strumento lungo un metro fu assordante e piuttosto sgradevole. Riecheggiò nella sala come un incrocio tra un barrito di elefante e uno squillo di tromba.

Tutti gli ospiti riuniti si alzarono quando la coppia reale e vari servitori e attendenti entrarono nella stanza, e rimasero in piedi finché il sultano Mahmud non si fu seduto. Fu letta la proclamazione della primogenitura e il principe ereditario Mizan fu formalmente presentato e pubblicamente riconosciuto come erede al trono dopo un suo lungo ossequioso omaggio al padre e alla matrigna.

Mizan appariva un po' nervoso ma molto impettito nel suo abbigliamento. Era vestito da capo a piedi di un *baju melayu* tradizionale e un *tanjok* giallo, ossia un turbante privo di corona, ornato di spille e fermagli di diamanti. Il costume reale era completato da un *kriss* o pugnale cerimoniale infilato alla cintola del suo *sampin*, calze gialle e lucidi mocassini neri. Gli altri maschi delle varie famiglie reali indossavano costumi simili in varie tonalità, con sciarpe su una spalla e medaglie che denotavano il rango o onorificenze reali.

Tengku Ampuan Bariah e il sultano non erano ancora stati formalmente incoronati; sarebbe avvenuto nel corso della settimana, al culmine dei sette giorni di festeggiamenti.

Erano dunque costretti a limitare il loro abbigliamento a elaborati costumi in *songket* giallo consoni al loro rango, ma senza le nuove corone ideate e realizzate per l'occasione dai gioiellieri della regina Elisabetta a Londra. Ciononostante, la tiara di diamanti bianchi della Tengku Ampuan era stupenda, così come la collana e le altre gioie che l'accompagnavano.

Ci vollero più di tre ore perché la dettagliata cerimonia di presentazione e investitura giungesse alla fine; in quel lasso di tempo il principe ereditario non pronunciò voti né fece dichiarazioni al sultano; tra i due non passarono sguardi o cenni di incoraggiamento, Mizan si limitò a premere le labbra sulla mano del padre quando si inginocchiò di fronte a lui in segno di sudditanza feudale. Di tutte le persone riunite con tanta pompa, solo Tengku Ampuan Bariah si concesse uno sguardo caloroso e un leggero sorriso rivolto a noi tutti quando il corteo delle altezze reali uscì al termine della cerimonia, accompagnato dagli attendenti e dagli squilli di tromba del Nobat.

Dopo la celebrazione, mentre mi trovavo accanto a Bahrin e a mia suocera nel foyer al piano terreno, smisi di tenere le dita incrociate di nascosto e feci un sospiro di sollievo. Ero arrivata in fondo alla mia prima cerimonia reale senza intoppi. La gente si affollava intorno a noi. Vidi di sfuggita zia Rosita e Tengku Ibrahim fra la calca e li salutai con un gesto discreto. Altre facce avanzavano con decisione nel foyer verso di noi. Una coppia anziana in rigoroso abito di corte salutò Bahrin e sua madre. Seguendo il loro esempio anch'io mi inchinai in un deferente baciamano e sorrisi senza capire la conversazione che si svolgeva in malese.

Mi sentii toccare leggermente la manica e voltandomi vidi una donna rotonda dall'aria allegra che mi sorrideva. "Ah già, so cosa fare" pensai. Mi inchinai, le baciai rapidamente la mano e feci una riverenza.

La sua risatina mi lasciò perplessa e mi resi conto che

molte teste si erano voltate verso di me. Bahrin, vedendo ciò che era appena successo, mi strattonò la mano destra e sibilò sottovoce: «Perché l'hai fatto? Non è di stirpe reale, è solo la moglie di un *Datuk*, un cavaliere!».

«Be', come facevo a saperlo?» bisbigliai arrossendo violentemente. «Sembrava una zia.»

Con uno sguardo velenoso Bahrin mi ammonì: «Non farlo mai più. Mi hai messo in imbarazzo davanti a tutta questa gente».

Mortificata, tentai di confondermi con la tappezzeria fino all'arrivo della nostra macchina, con la lingua cucita e un senso di frustrazione. Decisi che una gaffe come quella non si sarebbe più ripetuta. Non sopportavo che Bahrin fosse arrabbiato con me, dovevo trovare il modo di suscitare il suo orgoglio assimilandomi perfettamente all'ambiente.

Un'ora scarsa di istruzioni sul protocollo e l'etichetta non poteva bastare a farmi attraversare il campo minato della società malese.

La riconfigurazione di Jacqueline era cominciata. Esteriormente la signora Yasmin Tengku Bahrin stava per prendere il suo posto.

# 23

I restanti festeggiamenti per l'incoronazione del sultano si susseguirono a ritmo forsennato finché ogni giornata si confuse con la successiva. Cerimonie, spettacoli pirotecnici, banchetti e riti religiosi fecero sì che Bahrin e io non avessimo molto tempo per discussioni o momenti di intimità negli ultimi cinque giorni del nostro soggiorno a Terengganu; i nostri rapporti furono improntati alla massima cortesia e a un distacco più consono a dei colleghi di lavoro che a degli sposi. Di notte giacevamo spossati dalle fatiche della giornata, divisi da una distesa di fresche lenzuola che nessuno dei due aveva la forza o la voglia di superare.

Cinque giorni di incertezza, insicurezza, rigida etichetta e norme di comportamento poco conosciute fecero in modo che rimanessi malleabile e desiderosa di compiacere la mia nuova famiglia.

Per via dei numerosi impegni ufficiali che eravamo tenuti a onorare, il mio guardaroba, o la mia mancanza di guardaroba, assunse di colpo un'importanza ai limiti del ridicolo. Bahrin e le sue zie rimasero costernati quando scoprirono che avevo un solo *baju kurung* da indossare in quelle occasioni. Di conseguenza tre diversi sarti vennero immediatamente incaricati di confezionare e consegnare (nel giro di ventiquattr'ore) degli abiti che potessi indossare durante la settimana dell'incoronazione. Per fortuna tutte le donne della famiglia di Bahrin avevano una riserva privata di stoffe messe da parte per un uso futuro, e fu da queste riserve che vennero estratte pezze di chiffon di seta, crespo intessuto di lurex e crêpe de chine per i miei vestiti. Mi sentivo una specie di grossa Barbie mentre la madre e le zie di Bahrin drappeggiavano tagli di stoffa intorno al mio viso e discutevano i modelli con i sarti.

Per i gioielli avrei dovuto accontentarmi della mia parure di diamanti appena acquistata, anche se mi fecero osservare che "il grosso pubblico" avrebbe notato la penuria del mio scrigno. Chiaramente avrei dovuto procurarmi ornamenti più seri, e il segreto, mi dissero le mie nuove zie, era essere carina con Bahrin. Finché non avessi potuto disporre della consueta dotazione – lunga collana di perle con orecchini e braccialetto coordinati, più una parure di zaffiri e rubini – la vita sarebbe stata incompleta, spiegarono in tutta serietà. Nel frattempo fu deciso che avrei ornato il mio collo nudo e le mie orecchie con un paio di orecchini di grande eleganza appartenenti a Tengku Zaleha, ornati di un solitario così grande che avevo il terrore di perderli. Ero molto grata ai miei nuovi parenti acquisiti per le loro premure e la loro attenzione, ma non potevo fare a meno di chiedermi con un po' di senso di colpa se lo facessero per me o per essere sicure che non mettessi in imbarazzo la famiglia.

Negli ultimi giorni della nostra visita lampo a Terengganu, Bahrin e io assistemmo all'*Istiadat Bersiram*, il rito cerimoniale del bagno, del nuovo sultano e della sua consorte. L'evento si svolgeva all'aperto di mattina nella tenuta dell'Istana Maziah, e a differenza dell'insediamento del principe ereditario e dell'incoronazione il giorno successivo, era totalmente sganciato dalle influenze occidentali o dalle consuetudini sociali del ventesimo secolo. Il rito pluricentenario mescola la cultura tradizionale malese con i princìpi islamici di purezza e pulizia, per simboleggiare che il nuovo sovrano inizierà il suo regno con il corpo e l'anima purificati.

Arrivammo all'Istana Maziah con una ventina di minuti di anticipo. Il cielo era sereno e perfettamente azzurro quando occupammo i posti che ci erano stati assegnati sul prato del palazzo. Di fronte a noi c'era una rotonda sormontata da una cupola cui erano appese magnifiche tende di seta gialla scostate in modo da lasciarne i lati aperti alla brezza. Fra le colonne della rotonda, poco oltre la cinta di mura del palazzo, il fiume increspato dalla corrente si riversava nel Mar della Cina Meridionale, dove le barche dei pescatori ancorate nell'acqua bassa dondolavano dolcemente. Per un attimo provai il desiderio di unirmi a loro nella frescura delle onde. Repressi con fermezza quel pensiero effimero mentre aspettavamo sotto il sole l'ora fissata. Con quasi trentotto gradi di temperatura e l'alto tasso di umidità, cominciavo ad avere il volto coperto di stille di sudore e mi sentivo soffocare nel nuovo abito di corte in chiffon viola, interamente bordato di blu scuro e ornato di camelie rosa e crema. Soffocai la tentazione di alzare la gonna per trovare un po' di sollievo. Avevo il collo appiccicaticcio per via dei gioielli avuti in prestito, come se si rifiutasse di indossare tutti quegli ori prima delle nove del mattino.

Gli altri ospiti chiacchieravano allegramente nei loro abiti sgargianti e pieni di ornamenti, fra un profluvio di sciarpe d'ordinanza e galloni dorati, onorificenze e cappelli a cilindro, sete e broccati. Una banda militare suonava dalla parte opposta del quadrante, tutta piatti, tamburi e ottoni. Bahrin e io sedevamo in silenzio.

Di colpo l'intera città parve fermarsi quando la tromba del Nobat echeggiò nella tenuta; il suo squillo sinistro mi fece tremare la gabbia toracica, mentre un principio di movimento segnalava la partenza del corteo reale dalle porte del palazzo. Tutti ci alzammo e ci voltammo per vederlo avanzare sul tappeto giallo disteso per l'occasione.

"È questa esibizione di sfarzo e di pompa ciò che ho sposato" pensai per la prima volta con allarme e un senso di vuoto allo stomaco, persino l'ultima arrivata nella famiglia come me riusciva a immaginare quelle infinite cerimonie proseguire per tutto il resto della nostra vita. Ma per ora la novità le rendeva affascinanti da guardare.

Le prime cose che vidi oltre il mare di folla furono gli ombrelli di satin giallo montati su aste di mogano alte tre metri. Ornati di nappe sui bordi e fili d'oro che scintillavano al sole, erano retti da lacchè in uniforme e posizionati sopra le teste del sultano e della Tengku Ampuan a simboleggiare la loro dignità regale e per proteggerli dai raggi ardenti del sole. Il loro seguito era immenso: ancelle in *baju kurung* bianchi e rossi con le insegne reali; soldati e alfieri abbigliati in *songket* rosso che recavano i simboli dell'autorità reale, il *kriss* o pugnale cerimoniale d'oro massiccio, la spada e il sigillo; ufficiali dell'esercito e della polizia in alta uniforme; e i componenti dell'orchestra Nobat in *baju melayu* neri, che suonavano gli strumenti camminando.

Quanto alla coppia reale, era vestita in modo semplice per gli standard malesi, con completi di leggerissima seta color crema che, a uno sguardo più attento, risultavano trapuntati da capo a piedi da piccoli medaglioni d'oro a ventiquattro carati disposti a forma di diamante. Il sultano indossava un semplice *tanjok*, un turbante senza corona, e procedeva con passo misurato, tradendo la sua formazione militare nelle spalle erette e nello sguardo fisso, tipici di una parata. Il suo volto non lasciava trasparire il minimo barlume di emozione mentre precedeva di poco la moglie nel tragitto verso il palco, con la mascella rigida e le labbra serrate. Qualunque pensiero gli attraversasse la mente mentre si preparava a salire sul trono di suo padre, era tenuto sotto stretto controllo.

Una volta in posizione sotto la cupola, il sultano Mahmud e sua moglie furono circondati da cortigiani che, reggendo quelle che sembravano pezze di tela da lenzuoli, schermarono la coppia con una sorta di cabina doccia per il rito del bagno. Litri e litri d'acqua, cui erano stati aggiunti dei lime freschi per le loro mistiche proprietà di purificazione, si riversarono sulla coppia interamente vestita. Colando da grandi urne di ottone secondo una tradizione plurisecolare, l'acqua scorreva in rivoli sui volti dei reali e poi giù dai gradini della rotonda. La protezione dal malaugurio e dagli intenti malvagi era assicurata dal contenuto di quelle giare e dal succo di lime che si attaccava ai loro capelli. Mentre assistevo affascinata da quell'antica pratica, in quell'incrocio islamico/asiatico di monarchia e superstizione, mi venne in mente un vago parallelo con l'incoronazione del papa. Quando i riti simbolici si furono conclusi, il capo degli imam si unì al seguito del sultano sul palco e rovesciando le palme verso l'alto esortò Allah a proteggere e guidare il nuovo sovrano negli anni a venire. Poi i lunghi drappi della cupola vennero chiusi per permettere alla Tengku Ampuan e al sultano, fradici, di cambiarsi d'abito in privato.

Quand'ebbero indossato abiti asciutti di *songket* bianco e pesanti ed elaborati gioielli d'oro massiccio, il corteo reale tornò sui suoi passi e scomparve nel palazzo accompagnato dal fragore del Nobat e da grida di «*daulat tuanku*», ovvero «lunga vita al re». Io rimasi al mio posto mentre gli altri ospiti cominciavano a riunirsi e scambiarsi convenevoli. Avevo la sensazione che mi avessero proiettato indietro nel tempo, che ciò cui avevo appena assistito fosse un tuffo in una cultura e una semplicità di fede da tempo abbandonate. Cominciavo a capire che la famiglia di Bahrin, per quanto sofisticata e attenta a tutte le novità tecnologiche, contava ancora, e fidava ancora, sui "vecchi sistemi" per allontanare il male e assicurare l'armonia.

Conoscendo meglio la mia nuova famiglia, avrei scoperto molte contraddizioni fra religione, leggenda, superstizione e scienza moderna. Avevo molte cose da imparare.

# 24

La vita tornò rapidamente nei ranghi della normalità appena tornammo a casa a Melbourne, relegando la famiglia principesca di Bahrin e le restrizioni aristocratiche a un ricordo lontano migliaia di chilometri. Facevamo una vita superficiale, recitando la parte dei giovani sposini spensierati, tra spese e divertimenti, studio e lavoro. Un effetto rilevante della mia nuova condizione di donna sposata fu che il mio capo alla Malaysian Airlines mutò atteggiamento nei miei confronti. Di colpo diventò più educato e si mise a parlare con me come se condividessimo un segreto divertente di cui ero stata messa a parte grazie al mio matrimonio con un membro della famiglia reale. Era una strana situazione: da una parte ero un'impiegata ai livelli più bassi dell'azienda, e dall'altra ero la moglie di qualcuno che il mio capo era tenuto a trattare come un VIP.

Dato che Bahrin era all'ultimo anno di laurea in architettura, i nostri programmi richiedevano sempre una conciliazione fra i suoi momenti di studio e i nostri interessi esterni, nessuno dei quali potrei definire intellettuale o profondo. Per mutuo consenso (ossia per decisione di Bahrin con la mia acquiescenza) non ripresi i miei corsi di balletto. Trascorrevamo il tempo libero facendo shopping nei negozi più in voga della città. Bahrin aveva un debole per la moda maschile e sfogliava continuamente riviste come «GQ», «Vogue» e «Playboy» (che sosteneva di collezionare solo per gli articoli). In materia di abbigliamento, per Bahrin esisteva solo il meglio. Scarpe, cravatte e tessuti eleganti gli provocavano parossismi di entusiasmo e di piacere. Il denaro non era un problema quando saccheggiava i negozi. Il venerdì sera e il sabato mattina di solito passeggiavamo mano nella mano per le vie commerciali di Melbourne in cerca del perfetto taglio di pantaloni o della giusta misura di collo per lui. La reazione di Bahrin agli abiti firmati era quasi erotica; si fermava ad accarezzare una camicia di seta come se fosse il Sacro Graal. La sua passione per l'eleganza e la moda più raffinata faceva di lui un cliente di riguardo in molte boutique che trattavano merce italiana e inglese di importazione. Paul Smith, Hugo Boss, Burberry e Valentino erano la sua passione. Io avevo un debole per le scarpe e l'arredamento. Mi divertivo un mondo a decidere i materiali "per il mio nido" e a sfogliare piena di desiderio i numeri di «Architectural Digest» di Bahrin per scegliere stili e colori.

Mi gettai anima e corpo nel ruolo di casalinga felice e tentai volentieri di cimentarmi ai fornelli. Il sabato mattina di buon'ora andavamo insieme al mercato di prodotti locali a fare provviste per la settimana. Bahrin sembrava apprezzare la novità di fare la spesa con me, anche se aveva una curiosità quasi antropologica verso l'intero processo di acquisto degli ingredienti e preparazione dei pasti. Uno dei miei esperimenti culinari più fortunati fu la "prova di spaghetti alla bolognese". Bahrin apprezzava molto il mio ragù a base di vino rosso, erbe e aglio. La dieta non era un problema; benché fosse musulmano, non aveva remore nei confronti delle ricette contenenti alcol e ammetteva persino di aver mangiato con gusto uova e pancetta quand'era alla Grammar School di Geelong.

Cresciuto a palazzo, Bahrin non era mai stato esposto alle necessità o ai doveri della vita quotidiana. Eravamo come bimbi che esploravano il mondo degli adulti, e grazie al patrimonio di Bahrin e ai dividendi sulle proprietà reali accumulati in precedenza il nostro potere d'acquisto era enorme e il nostro entusiasmo illimitato. A posteriori, mi accorgo che questa vita domestica non fu mai la realtà di Bahrin, ma solo un intermezzo rispetto ai suoi obblighi di membro della famiglia reale.

La curiosità è una cosa ben diversa da un contributo attivo. Il mio nuovo marito non entrava mai in cucina se non per prendersi da bere nel frigo, ma si fermava sotto l'arco che dava sulla sala da pranzo manifestando rumorosamente il suo apprezzamento per gli aromi che si sprigionavano dalle pentole sul fuoco. A quel tempo la parità nei lavori domestici e la divisione dei compiti non facevano parte del mio vocabolario. Mi sobbarcavo tutte quelle mansioni senza mettere in discussione il suo ruolo nella gestione della casa. Avevo finalmente una famiglia e un posto per me. Giocavo a fare la persona grande ed ero grata a mio marito per la mia nuova immagine di moglie e padrona di casa. La bambina maltrattata era stata accuratamente nascosta e messa via da qualche parte.

Nei primi mesi del nostro matrimonio un aspetto molto romantico della nostra relazione consisteva nel cenare al "nostro" ristorante, lo Tsindos, in occasione del nostro anniversario settimanale. Una cena a lume di candela, seguita talvolta da un salto alla nostra discoteca preferita, un cinema o l'offerta spontanea di un mazzo di rose completavano l'illusione che fossimo la "coppia ideale". Devo essere onesta e ammettere che in quei primi giorni ero molto felice. Non discutevo nessun aspetto del nostro rapporto; per me Bahrin aveva sempre ragione ed era l'uomo perfetto. Della nostra prima notte di nozze non si parlava mai, e non si discuteva affatto del futuro. I nostri rapporti intimi erano piacevoli e affettuosi, anche se privi di ardente passione; piuttosto sporadici, erano sempre pieni di dolcezza. Non pretendevo di più alla mia età; i giorni della rivolta femminista e della parità dei diritti mi erano passati sopra la testa senza lasciare in me un'impressione profonda. Avevo scelto il matrimonio come evoluzione naturale di una relazione stabile precoce, e per la sicurezza che mi dava. Oggi, tornando indietro, il 1981 mi appare come un'epoca felice con Bahrin, ben diversa da quel che mi avrebbe riservato il futuro. In quei primi tempi del nostro matrimonio ero innamorata dell'idea di essere innamorata.

La nostra cerchia sociale era ristretta e compatta. I cugini di Bahrin erano la nostra compagnia principale, e sembravano condividere con lui una sorta di codice privato, anche quando parlavano in inglese, un linguaggio riservato alla stirpe reale, fatto di esperienze condivise e di ragionamenti segreti su cosa sarebbe accaduto se la famiglia avesse saputo delle loro pagliacciate occidentali. Bahrin non aveva confidenti o amici fidati quando lo conobbi, solo conoscenti e compagni di università con cui socializzava ma che teneva a distanza. Gli amici che avevo prima del nostro matrimonio parvero svanire nell'oblio. Bahrin non mi facilitava le cose; era un problema mantenere le amicizie dato che lui si arrogava il diritto di gestire e promuovere i contatti con la gente. Era bravissimo a creare situazioni senza spazi di compromesso; una volta presi gli accordi, mi venivano presentati come fatti compiuti. Io non ci trovavo nulla di strano. Tutto il mio universo ruotava intorno ai suoi desideri.

Di recente ho ripreso i contatti con una vecchia e cara amica dei giorni prima di Bahrin. Shirley mi ha finalmente illuminato su ciò che accadde veramente ai miei vecchi compagni. Per esempio, una sera d'autunno del 1981 Shirley e un'altra amica bussarono alla porta della nostra casa di Melbourne per farsi offrire un caffè. Volevano conoscere tutte le novità, informarsi sui nostri progetti e sapere come stavo, dato che non mi avevano più visto dopo il mio matrimonio. Bahrin rispose al campanello e sembrò riluttante anche solo a socchiudere la porta. Shirley udì della musica in casa e sentì il profumo di un arrosto sul fuoco. Riuscì anche a vedere la mia borsetta subito dietro la porta e immaginò che fossi in casa. Quando chiesero di me, Bahrin le informò che non era il momento adatto per una visita e che purtroppo ero fuori. Lei allora lo mise alle strette domandando quando potessero venire a parlarmi, ma lui rispose molto educatamente che non riteneva fosse «una buona idea». Spiegò che io avevo deciso di cominciare una nuova vita con lui e che «per essere proprio sinceri» ora mi muovevo in ambienti diversi dal loro; avevo fatto le mie scelte quando ci eravamo sposati ed ero giunta alla decisione di tagliare tutti i vecchi rapporti. Di norma, aggiunse, sarebbe stato il personale della sua famiglia a chiarire la mia nuova situazione e condizione sociale, ma dato che vivevamo in un Paese straniero toccava a lui definire la mia posizione. Da quanto mi ha detto Shirley, che confrontò le sue osservazioni con altri amici comuni, lei non fu l'unica a essere trattata in quel modo ed esplicitamente scoraggiata da Bahrin.

Anche il mio caro amico Peter Wallace ebbe delle riserve su Bahrin fin dall'inizio. Prima del mio viaggio di "fidanzamento" in Malesia, mentre era diretto in Thailandia per svolgere nei campi profughi il suo tirocinio del quinto anno di medicina, Peter fece tappa a Terengganu, dove trascorse vari giorni ospite a casa di Bahrin. Essendo un tipo protettivo, voleva dare un occhio al mio nuovo ragazzo per conto suo. Lasciò Terengganu dopo quel breve soggiorno con la sensazione che Bahrin nascondesse qualcosa, ma sapendo che io ero estremamente testarda e determinata e che mi sarei rifiutata di ascoltarlo se avesse tentato di dissuadermi da un ulteriore coinvolgimento con lui, tenne per sé il suo consiglio.

Nel 1981, il mese islamico del Ramadan cadde nel freddo mese invernale di giugno. In quel mese i musulmani osservano il digiuno dall'alba al tramonto come penitenza per i peccati commessi nell'anno passato. In quel lasso di tempo non è concesso consumare cibo o liquidi di alcun tipo, bisogna astenersi dal sesso ed è proibita ogni forma di gratificazione corporea, come pulirsi le orecchie o grattarsi il naso. Le donne con le mestruazioni o in stato di gravidanza sono esentate da questa pratica, ma devono recuperare i mancati giorni di digiuno in un periodo successivo. Anche i malati sono esclusi. Per Bahrin, il mese di digiuno si ridusse ai soli quattro giorni finali; io non ci feci molto caso e pensai che fosse più che altro una conseguenza dell'arrivo di sua zia Zainah con due figli adulti, Diana e Zainol.

Zia Zainah aveva deciso di trascorrere le vacanze a Melbourne per vedere un po' della città in cui due dei suoi figli e vari nipoti erano stati mandati a completare gli studi. Sua figlia Diana, che la accompagnava, frequentava il Politecnico di Londra. Vivace e dotata di un buonsenso dell'umorismo, era la più giovane della famiglia e probabilmente la più occidentalizzata. Andammo subito d'accordo, il che fu una fortuna poiché Bahrin la considerava quasi una sorella. Diana sembrava molto indipendente e contestava in continuazione le idee di sua madre sull'educazione, il decoro e l'abbigliamento. Per il loro soggiorno da noi io non mi ero risparmiata, pulendo la casa da cima a fondo e riempiendo il frigorifero di cibo fino a scoppiare.

Zia Zainah, che era stata presente al nostro matrimonio e mi considerava una sorta di novità per via della mia "australianità", manifestò per me un affetto e un calore che sarebbero durati per tutti gli anni del mio matrimonio con Bahrin e oltre. Pur essendo una donna malese prossima alla cinquantina, e principessa per giunta, aveva la simpatica abitudine di ridacchiare nervosamente di fronte a tutto ciò che era nuovo o poco familiare per lei. Dato che non avevamo una lingua comune, comunicavo con lei per lo più usando un dizionario inglese-malese e servendomi di Bahrin e dei suoi cugini come interpreti. In tal modo riuscii a scoprire che Tengku Zaleha, mia suocera, riceveva le mie lettere e le apprezzava molto; anzi, erano molto apprezzate anche dalle sue sorelle e dalle sue dame di corte, cui lei le girava per discuterne con loro.

Al mio ritorno in patria avevo deciso che avrei fatto tutto il possibile per instaurare un buon rapporto con la madre di Bahrin, e avevo stabilito che il modo migliore di dimostrarle che mi impegnavo a imparare la sua lingua sarebbe stato scriverle una lettera alla settimana. Così, armata di dizionario e di una conoscenza estremamente limitata e recente di alcuni vocaboli chiave, mi sedevo a comporre i miei testi cercando di fare buona impressione. Provavo a descrivere la nostra vita quotidiana e tutto ciò che combinavamo suo figlio e io. I miei scritti sembravano prodotti da una bambina di sei anni e la mia sintassi era inesistente, ma il pensiero c'era. Dopo qualche mese Tengku Zaleha cominciò a rispondermi nella sua grafia infantile. Usava un vocabolario molto essenziale e facile da capire, che decifravo con l'aiuto del mio fidato dizionario. Cominciò anche a definirsi *Mak*, il termine usato nella famiglia di Bahrin per significare "mamma", così capii che ero sulla buona strada per essere accettata. Bahrin, da parte sua, non scriveva mai a sua madre e le telefonava di rado, a meno che non dovesse darle indicazioni sulle sue finanze o sui suoi investimenti. I miei sforzi lo divertivano, ma diceva che non riusciva proprio a capire perché ci tenessi tanto.

L'ultimo giorno del mese di digiuno, *Hari Raya*, mentre ero in compagnia di sua zia e dei suoi cugini, scoprii un nuovo aspetto della personalità di Bahrin che mi spaventò e mi turbò. Anche per festeggiare la fine del Ramadan, Bahrin scelse di portare i suoi parenti all'Inflation, un night-club e discoteca nel centro di Melbourne. Era una serata animata e il locale era stipato all'inverosimile. Zia Zainah era eccitata da quell'avventura, ma si rifiutò recisamente di salire in pista e farsi trascinare dalla musica. Continuava a ripetere che era «molto audace e moderna» a uscire con noi ragazzi e ci fece giurare di mantenere il segreto e di non farlo sapere a suo fratello, il sultano.

Circa due ore dopo il nostro arrivo, vidi un volto familiare fra la gente accalcata sulla pista da ballo. Lasciando Bahrin a sorseggiare il suo Bacardi con Coca-Cola, e spiegandogli in anticipo che mi sembrava di aver visto dall'altra parte della sala un amico che volevo salutare, mi feci largo a fatica tra la folla.

Scoprii con gran piacere che avevo ragione; anche senza occhiali avevo riconosciuto il mio amico Simon. Lo abbracciai calorosamente e gli diedi un bacio sulla guancia, che lui contraccambiò con entusiasmo. Non lo vedevo da almeno due anni e lo aggiornai sul mio matrimonio, la mia carriera, la mia decisione di non danzare più e i motivi per cui l'avevo presa.

Chiacchierammo animatamente per qualche minuto, poi tornai al nostro tavolo e trovai Bahrin fremente di rabbia, con il viso paonazzo e gli occhi fuori dalle orbite. Mi afferrò per un polso e mi spinse giù per le scale che portavano all'uscita, sibilando parole come «puttana» e «donnaccia» lungo il tragitto. Riuscii a liberarmi dalla sua stretta e mi voltai a guardarlo proprio mentre arrivavamo al pianerottolo, ricevendo uno schiaffo in pieno viso. Quel primo colpo fu seguito da un altro che mi fece crollare in ginocchio. Ignara di cosa avesse scatenato la sua aggressione, cercai di dare un senso al torrente di insulti che usciva dalla sua bocca. Io ero una «donnaccia» e una «puttanella disgustosa» che lo aveva messo in imbarazzo di fronte alla sua famiglia.

«Solo le puttane si gettano in braccio agli estranei e li baciano in pubblico» ringhiò mentre io mi portavo a distanza di sicurezza risalendo un gradino.

«Parli di Simon? Ma se lo conosco da quando avevo dieci anni, ero amica delle sue cinque sorelle» cercai di spiegare.

«Sei solo una schifosa puttana australiana come tutte le altre troie che ci sono qui dentro» fece lui come se non mi avesse sentito.

Di colpo quello che era sempre stato un comportamento socialmente accettabile, quello che era sempre stato considerato dalla società australiana un contatto educato fra amici, veniva classificato un atto maleducato, immorale e illecito da mio marito.

«Non ho fatto niente di male. Simon è un vecchio amico, e oltretutto è gay» protestai. Ma lui non mi diede ascolto e seguitò a trascinarmi per tutto l'ingresso del night-club di fronte alle facce incuriosite di altri avventori, poi giù dalle scale fino a King Street, dove mi fece salire in un taxi insieme a lui lasciandosi dietro la sua famiglia. Io piangevo, tentando di stargli il più lontano possibile mentre lui mi lanciava occhiate raggelanti e stringeva la mano sul bracciolo fino ad avere le nocche bianche. Una volta a casa e varcata la porta del nostro appartamento, ricominciò a insultarmi; strillava che ero «una che non vale niente, una nullità, una puttana e una donnaccia» prendendo a calci i mobili, buttando giù i libri dagli scaffali e rovesciando le penne e i materiali da disegno della sua scrivania mentre io mi rifugiavo in un angolo del suo studio.

Non potevo sopportarlo. Non tolleravo che fosse in collera con me, non sapevo come far fronte alla sua violenza e alla sua ira. Temevo che non avrebbe più smesso. Cercai disperatamente un modo di placare la sua indignazione e far tacere le sue urla, spaventata di ciò che avrebbe potuto ancora farmi. Poi mi ricordai che giorno era: era *Hari Raya*, la fine del mese di digiuno, e l'unico giorno del calendario islamico in cui i musulmani sono tenuti dalla loro religione a perdonare chiunque confessi un peccato o un affronto ai loro danni.

Mi misi carponi ai piedi di Bahrin e chinando la fronte fino a toccare le sue scarpe espressi fra i singhiozzi il mio rimorso per aver provocato la sua ira e il suo dispiacere, ricordandogli che era *Hari Raya*. Balbettando, recitai le parole di penitenza prescritte, «*saya ma'af zahir dan batin*», sempre piangendo e restando a terra. Il mio sollievo fu immenso quando lui smise di urlare, cominciò a respirare più lentamente e rilassò le spalle. Sembrava un po' rabbonito dalla mia penitenza, ma mi tenni comunque a distanza di sicurezza dai suoi colpi mentre mi mettevo a sedere ai suoi piedi. Quando mi afferrò per un gomito, ebbi un sussulto. Lui mi fece alzare davanti a sé e disse in tono gelido: «Ora devi baciarmi la mano per mostrare il rispetto che devi a tuo marito». Obbedii, sperando che ciò ponesse fine alla sua furia, e così fu; nel giro di pochi secondi il suo atteggiamento passò dall'ostilità alla benevolenza, lasciandomi nell'incertezza su quel che avrebbe fatto.

Le sue parole successive mi lasciarono esterrefatta.

«Pensaci bene prima di dire o fare qualcosa che potrebbe irritarmi, tesoro» borbottò. E proseguendo con tono dolce e controllato: «Io devo arrabbiarmi, quando fai qualcosa che non va. Devi imparare».

A quel punto non desideravo altro che mantenere la pace. Ero spaventata, e bisbigliai il mio pentimento per ciò che avevo fatto con la cautela di chi tiene in equilibrio una piramide di uova sulla punta del naso: sperando che il mio rimorso evitasse ulteriori scoppi d'ira, ma pronta all'eventualità che il mio tono non fosse quello giusto per placarlo. In un remoto angolo del mio cuore, ero piena di rabbia e disgusto per me stessa perché non avevo saputo affrontarlo e dichiarare la mia innocenza; e di rabbia e disgusto per Bahrin, che mi aveva costretto a scusarmi di una colpa che non avevo commesso.

Il cinque di luglio sarebbe stato il mio compleanno. Bahrin decise di organizzare una festa per l'occasione, ma a patto che facessi attenzione a dire ai suoi amici che diventavo "maggiorenne", e non che compivo diciott'anni. Fece preparare alla panetteria Paterson il mio dolce preferito al triplo cioccolato in forma di chiave, e io passai ore a registrare musica e preparare stuzzichini.

Bahrin scelse il mio vestito per la festa in un negozio di nome Digby's: georgette rosa-fucsia, lunghezza al polpaccio con maniche lunghe e una decorazione di perline sul corpetto. Mi parve straordinariamente sofisticato, anche se un po' vecchio per me. Mi aveva chiesto di raccogliere i capelli in uno chignon per la festa, ma riuscii a convincerlo a farmeli portare sciolti e arricciati senza troppa disapprovazione da parte sua.

Quella sera non venne nessuno dei miei amici. Gli invitati erano suoi compagni e docenti universitari, alcuni miei colleghi di lavoro della Malaysian Airlines che Bahrin considerava all'altezza, una delle mie ex insegnanti e i cugini di Bahrin. Lo champagne che bevvi quella sera non fece che accentuare la mia impressione di essere un'estranea alla mia stessa festa di compleanno, e mi generò un po' di confusione sull'età che avrei dovuto compiere ufficialmente quella sera. I cugini di Bahrin sapevano che avevo diciott'anni, i miei colleghi di ufficio credevano che ne avessi venti e i suoi compagni di università me ne davano ventuno. Quando fu il momento di cantare *Tanti Auguri*, si creò un gran caos, abilmente dissipato da Bahrin e subito dimenticato.

Dormii profondamente quella notte, sognando immagini di me a sette, diciotto e cinquant'anni che si mescolavano l'una all'altra, mentre io guardavo il mio riflesso allo specchio e non mi riconoscevo in quella figura senza volto.

# 25

Nell'ultimo scorcio del 1981, Bahrin e io lavorammo insieme intensamente al completamento della sua tesi di laurea in architettura. Molte sere arrivavo a casa dall'ufficio un po' dopo di lui, cenavamo e guardavamo per un'ora la televisione, poi ci mettevamo all'opera. Bahrin si appollaiava sul suo sgabello davanti al tavolo da disegno, lavorando ai modellini in scala dei suoi progetti edilizi, mentre io seduta a gambe incrociate sul pavimento dello studio, con una macchina da scrivere in precario equilibrio su una fioriera, trasformavo le note alla tesi di Bahrin in qualcosa di leggibile. Fu un periodo di grande armonia fra noi. Discorrevamo piacevolmente delle sue idee per il concorso studentesco della Victorian State Library e degli edifici che avrebbe progettato dopo l'abilitazione. Lui chiedeva la mia opinione sul modello di biblioteca che prendeva forma dai fogli di cartoncino bianco che avevamo trascinato su per le scale e che lui incollava, tagliava e fotografava instancabilmente a mano a mano che procedeva.

Era un progetto magnifico: porticati, corridoi invasi dalla luce naturale, finestre e tetti dal disegno complesso, una semplicità di linee che lo rendeva accessibile anziché simile a un mausoleo. Diventai molto esperta a tenere insieme i vari pezzettini mentre lui incollava sezioni o tagliava porte con un bisturi affilato.

Dato che l'università era a un tiro di schioppo da casa nostra, qualche sera, tempo permettendo, andavamo a correre sulla pista di atletica e poi divoravamo gelati tornando a casa o ci fermavamo al nostro caffè preferito in Lygon Street a mangiare pasta e gelati. Purché facessi attenzione a non irritare Bahrin, tutto filava liscio.

Per il matrimonio del principe Carlo e Lady Diana, Bahrin e io decidemmo di invitare un paio di amici a un picnic in onore delle nozze reali, in coincidenza con la diretta televisiva dell'evento. L'interesse e l'entusiasmo per quel matrimonio erano notevoli in Australia, anche se in molti casi non privi di ironia. Una segreta attrazione per lo sfarzo e la ritualità che circondano un'occasione del genere scatenavano l'attenzione dei media producendo articoli in prima pagina tutti i giorni. I pub con nomi ispirati ai reali, come il Prince of Wales o il Royal Arms, organizzavano feste di matrimonio nei loro locali con tale successo che si trovavano solo posti in piedi. La gente sembrava rapita dal carattere fiabesco delle nozze imminenti e da una ingenua fiducia segreta nella sindrome di Cenerentola.

Durante il nostro picnic davanti alla televisione bevemmo champagne e succo d'arancia e mangiammo toast al salmone affumicato seduti insieme sul pavimento, sotto lo sguardo vigile di un ritratto del nonno di Bahrin, il defunto re di Malesia. Scherzammo e ridemmo quella sera, trascinati dall'allegria e dall'ottimismo espressi dalla folla di inglesi sul teleschermo. Come molti dei cinquecento milioni di individui in tutto il mondo che seguirono la trasmissione via satellite, eravamo ansiosi di vedere la sposa che percorreva con dignità la navata, il principe che la trasformava in un'altezza reale, e i due che uscivano insieme dalla cattedrale come marito e moglie per vivere felici e contenti tutta la vita. Mi fece una strana impressione vedere un'altra ragazza giovane entrare in una famiglia reale. Ricordo che le augurai in silenzio "buona fortuna", e sperai che il suo addestramento al protocollo fosse più esauriente del mio tre mesi e mezzo prima.

Nell'agosto di quell'anno facemmo un viaggio lampo in Malesia, fermandoci a Kuala Lumpur per acquistare in ritardo una fede matrimoniale per me. Bahrin scelse un anello con ventidue diamanti montati in forma di fiore su oro giallo. Dato che era decisamente troppo grosso ed elaborato per non farsi notare, mi divertivo a esporlo alla luce del sole per vederlo scintillare, anche se impiegai un tempo infinito per abituarmi al suo peso e continuai a sbatterlo contro gli stipiti delle porte e a impigliarlo nei vestiti o nei capelli. (Ora non potrei più sopportare gioielli così grossi, preferisco quelli piccoli, o nessuno.)

Il mio nuovo acquisto portò con sé una nuova regola: Bahrin disse che quand'ero in Malesia dovevo indossare l'anello alla mano destra anziché alla sinistra, com'è tradizione in Occidente. Per me non faceva una gran differenza visto che il mio anello matrimoniale non somigliava affatto a una vera nuziale in stile occidentale, cosa che mi dispiaceva un po'. Quando espressi il mio dubbio a Bahrin, lui ribatté che la sua famiglia lo avrebbe considerato un taccagno se mi avesse regalato solo un cerchietto d'oro anziché un anello con diamanti. In privato pensai che non erano affari loro, e trovai ridicolo preoccuparsi che approvassero o meno la mia fede nuziale. Dopo un paio di giorni, Bahrin e io proseguimmo per Terengganu. Il viaggio serviva a definire alcuni piccoli dettagli del nostro imminente *Bersanding*, ovvero la cerimonia di nozze ufficiale, prevista per il nuovo anno. Dopo l'equivalente di una mera registrazione burocratica, ora eravamo tenuti a sposarci secondo la tradizione reale, con tutta la pompa e il protocollo dovuti. Tanto per cominciare, bisognava scegliere con molto anticipo il colore, lo stile e la trama del tessuto di seta *songket* che sarebbe servita per i nostri costumi, visto che ci volevano parecchie settimane per portare a termine la quantità di stoffa necessaria per l'abbigliamento reale tradizionale.

Fummo accompagnati con un'auto di famiglia nei pressi della fabbrica, poi proseguimmo a piedi tra capre e polli che razzolavano in mezzo ai boschetti di banani e di cocco del villaggio. Un grande pozzo di cemento situato in mezzo alle case era l'unica fonte d'acqua per la decina di famiglie che abitavano lì. Trovai strano che non ci fosse erba da nessuna parte: malgrado la vegetazione lussureggiante della giungla che ci circondava, non si vedeva un filo d'erba. Dei bambini giocavano per terra all'ombra delle loro case, scalzi e sudici. Erano di tutte le età e scorrazzavano schiamazzando, vestiti di modesti abitini di cotone o di una canottiera con il sedere nudo. Come in qualunque gruppo di bambini, si andava da quelli molto timidi e vergognosi fino ai più coraggiosi e sfacciati che ci guardavano dritti in faccia e ridevano. Il contrasto con lo stile di vita opulento e ordinato della famiglia di Bahrin mi colpì enormemente. Qui il gabinetto era il campo di spinaci a due passi dalle case, le cucine erano invase dalle mosche. Di frigoriferi neanche a parlarne; cose del genere esistevano solo nelle foto sulle riviste. Bahrin passò in mezzo a quello spettacolo senza batter ciglio, come se non avesse nemmeno notato in quale squallore vivevano quelle persone. Continuò a camminare alto ed eretto, con i suoi abiti immacolati che probabilmente erano costati più di quanto l'intero villaggio spendeva in un mese per mangiare, finché non arrivammo alla fabbrica.

L'aria era molto calda e appiccicosa nella piccola casa di legno su palafitte che sorgeva al centro di quel remoto villaggio ed era definita la fabbrica del *songket*. Ci sedemmo su un materasso d'erba intrecciata di vari colori, mentre il ritmico clic clac dei telai punteggiava la nostra conversazione. Seconda solo alla pesca come fonte di reddito per la piccola comunità, la tessitura del *songket* era un'arte spesso tramandata di generazione in generazione. Quella particolare comunità di artigiani forniva il *songket* alla famiglia reale da tempo immemorabile.

Lungo le pareti erano allineati dei telai con stoffe non finite, sfumature di blu, rosso e nero che indicavano la varietà di commesse accettate dalla fabbrica. Molte delle giovani donne ci osservavano di nascosto, contenendo a stento la loro curiosità mentre noi ci chinavamo sui campioni e sulle fotografie insieme al loro supervisore. Rivolsi un sorriso amichevole a un paio di loro, che ricambiarono timidamente con un risolino soffocato fingendo subito dopo di essere immerse nel loro lavoro. Le tessitrici avevano un'età compresa fra i tredici e i vent'anni, portavano il *baju kurung* e indossavano veli che nascondevano collo e capelli, lasciando scoperto solo il viso, le mani e i piedi. Vedendole vestite così con quel caldo asfissiante, pensai che dovevano patire molto in quell'ambiente poco ventilato.

Dopo lunghe discussioni, decidemmo infine per un *songket* color ruggine punteggiato di nero con un disegno geometrico moderno in filo d'oro. Quindici metri di stoffa sarebbero stati consegnati con congruo anticipo al sarto che avrebbe trasformato il tessuto nei nostri tradizionali abiti nuziali. Il supervisore fece una cifra che a me parve molto ragionevole, ma Bahrin era deciso a tirare sul prezzo. Provai un grande imbarazzo a vederlo contrattare, considerando le settimane che sarebbero servite per portare a termine la commessa. Ma Bahrin si impose e andammo via siglando un accordo che ritenni non equo.

Rientrati nella piacevole frescura dell'aria condizionata dell'auto, cominciai a interrogare cautamente Bahrin chiedendogli informazioni e opinioni sul villaggio che avevamo appena lasciato. Secondo lui, il salario medio mensile in quella comunità si aggirava intorno ai duecento ringgit malesi, ossia trentadue sterline circa. La maggior parte dei villaggi non era né meglio né peggio di quello che avevamo visitato; di solito non avevano elettricità o acqua corrente, men che meno delle fognature. «Non se ne rendono nemmeno conto, sono felici di vivere così» sentenziò Bahrin. «Sono semplici *orang darat*, gente di campagna, gente rozza. Non preoccuparti di come vivono, per loro è normale. E comunque, non sono affari tuoi» concluse con decisione, chiudendo l'argomento a ogni altra domanda.

Cominciai allora a rendermi conto che mio marito era cieco, per scelta, alla miseria che contrastava così smaccatamente con la ricchezza della sua famiglia. Iniziavo a capire che il divario tra ricchi e poveri in Malesia in realtà non era un divario, ma un abisso incolmabile, purezza da una parte e marciume dall'altra.

La madre di Bahrin mostrò apertamente quanto fosse felice di vedermi nel corso di quella visita, organizzando un tête a tête fra donne e facendo in modo di avere sottomano qualcuno per tradurre. Discutemmo le sue opinioni sugli abiti nuziali, e lei mi diede una lista di cose da acquistare in Australia per l'*Hantar Belanjar*, ovvero i doni nuziali che gli sposi sono tradizionalmente tenuti a scambiarsi come forma di dote e di contributo alla vita matrimoniale. Tengku Zaleha mi disse anche che mia nonna era più che benvenuta al matrimonio e che la famiglia reale contava di vederla lì. Per mostrare agli altri membri della famiglia che mi accettava come nuora, mi regalò i suoi orecchini di diamanti preferiti e mi chiese di metterli immediatamente. Fui estremamente felice di vedere che mi accettava pubblicamente; tutte le mie lettere e la mia cortesia erano state una buona idea e fu facile e naturale per me ricambiare la sua simpatia, dato che era una donna dolce e priva di arroganza. Il suo affetto generò un ottimismo sulla mia nuova situazione matrimoniale che fino a quel momento mi era mancato. E mi sentii più sicura sapendo di poter contare almeno su un legame con un'altra donna in un Paese straniero, per quanto labile fosse.

## 26

Tutta la mia vita era assemblata di fronte a me in trentasei scatoloni, classificata, impacchettata e numerata. Tutto ciò che ero e tutto ciò che possedevo si trovava in quelle casse. Il panda, l'orsacchiotto e l'agnellino erano stati ritirati con cura, in attesa del giorno in cui mio figlio avrebbe trovato conforto nel loro pelo logoro e rovinato. Diciotto anni di libri, troppo preziosi per essere abbandonati, erano stipati in altre scatole insieme a care fotografie, scarpette da ballo e più prosaici accessori della mia nuova vita domestica. Il nostro albero di Natale con le sue decorazioni stava per spostarsi in climi più caldi, così come i nostri piumoni e gli abiti invernali. Se dovevo vivere in Malesia, l'Australia sarebbe venuta con me.

Era il novembre del 1981 e stavo per lasciare il mio Paese quasi senza rimorsi. Il mio futuro era con mio marito, e Bahrin mi aveva fatto credere che sotto tutti i punti di vista stavamo semplicemente trapiantando la nostra vita australiana in Malesia. La realtà di un trasferimento così epocale sarebbe emersa solo parecchi mesi dopo. Il turbine dei preparativi, delle questioni organizzative, della vendita della casa e degli imballaggi non lasciava molto tempo per le riflessioni, e a diciott'anni io non ero abbastanza furba da rendermi conto che il passaggio da un continente all'altro fosse qualcosa di più di un'interessante esperienza organizzativa e di viaggio.

Ero sposata con Bahrin e il mio posto era con lui. Il matrimonio, per quanto mi riguardava, era per sempre. Se il nostro rapporto non era magicamente diventato più intimo o intellettualmente armonioso da quando ero diventata sua moglie, pensavo con ottimismo che il tempo avrebbe sistemato ogni cosa. Mi ero mostrata molto idealista quando ci eravamo sposati. Avevo creduto che il semplice fatto di essere sua moglie mi avrebbe fornito una chiave invisibile per accedere ai suoi pensieri e sentimenti più intimi, che lui si sarebbe aperto con me e che avremmo arricchito le nostre vite insieme condividendo e discutendo tutto alla luce del sole. Ma dopo sei mesi di vita matrimoniale cominciavo a trovare delle scuse alla sua mancanza di calore, al suo carattere introverso e al muro che le nozze sembravano avere eretto fra noi. "Ci vorrà del tempo" mi dicevo. "Un mattino aprirò gli occhi e l'affetto che ho per lui mi sarà ricambiato per sempre. È solo questione di tempo e di fiducia."

Se chiudo gli occhi, rivedo eventi e conversazioni di quei primi mesi di vita in Malesia. Mi passano davanti come cartoline bidimensionali agganciate a un nastro trasportatore. Se mi concentro di più, quelle singole scene cominciano a perdere la loro piattezza e ad acquistare una profondità di colore e di suono che mi riporta indietro nel tempo. Mi vedo quasi come un'altra persona, un manichino plasmato e modellato in una moglie perfetta, un oggetto adeguato a tutte le occasioni ufficiali, staccato dalle mie simpatie e antipatie, dai miei gusti o dalle mie opinioni. Mi scopro ansiosa di piacere, pronta a essere ri-educata; una spettatrice della mia stessa esistenza.

Vedo un'adolescente velata, ingioiellata e disorientata, che siede da sola su un trono. Dei ventilatori a pale frullano dolcemente sopra le teste degli ospiti che seduti di fronte alla ragazza osservano attentamente la sua condotta cercando un'ombra di provocazione o uno sguardo birichino poco consono a una donna, senza trovarli. Lei siede immobile, con gli occhi bassi, le mani in grembo, in attesa. Una robusta matrona avanza verso il trono, la sua lunga gonna fruscia quando le viene porta una ciotola di acqua benedetta in cui è posato un pennellino d'oro. Un'assistente volta le mani della ragazza per mostrare i grandi cerchi di henné che segnano le sue palme. Anche i dieci polpastrelli e le unghie sono macchiati di un rosso bruno; quel giorno è stata seduta immobile per ore con le mani e le dita immerse in un miscuglio che ricorda un infuso di foglie di tè per ottenere quell'effetto e prepararsi a questo momento della sua nuova vita.

L'*Istiadat Berinai*, o cerimonia dell'henné, un simbolo di purezza, impone che lei sia benedetta per assicurarsi la fertilità. La sua condizione di sposa è evidente dalle mani macchiate di henné, dal rigido abito di *songket* e dal velo di seta pesante trapuntato d'oro, cimelio di famiglia. Una tiara d'oro massiccio che somiglia a un sole raggiante le fissa il velo sul capo. Pesa molto, e la sua rigida fascia di sostegno le ferisce il cuoio capelluto appena sopra l'orecchio destro. Lei deve sottoporsi al rito del *Berinai* con distacco assoluto, estranea a ciò che le accade intorno, come se fosse scolpita nella pietra.

La robusta matrona riccamente vestita le spruzza addosso l'acqua santa con il pennellino dorato, ma la ragazza sul trono non reagisce quando le goccioline le colpiscono il viso, colano lungo il mento e cadono con un suono impercettibile sulle sue mani tese. Rimane seduta stoicamente mentre le matrone si susseguono a ripetere l'atto della benedizione, non batte ciglio, si limita a guardare fisso di fronte a sé.

Più tardi, sola nella sua stanza, la ragazza osserva l'esotica sconosciuta riflessa nello specchio. Occhi scuri bistrati, labbra rosse e tumide, il volto di un'estranea che recita una parte, il volto di Yasmin. Piega la testa da una parte all'altra con aria quasi interrogativa e si chiede che fine abbia fatto Jacqueline, ora che Yasmin è arrivata. Non prova altro che stordimento.

È difficile trovare le parole per descrivere l'altra mia identità, la ragazza sul trono nuziale, la sposa affamata che rischia di svenire per l'inedia e per il caldo fra gli ospiti ben nutriti del suo matrimonio. Sembra tutto così lontano, così remoto e avulso dalla donna che sono oggi.

Il giorno dopo la cerimonia del *Berinai* ci fu il nostro *Istiadat Bersanding*, ossia il matrimonio formale. Mille persone, decina più decina meno, erano state invitate per l'occasione. Il dipartimento dei lavori pubblici di Terengganu aveva eretto dei padiglioni nella tenuta della nostra nuova casa per accogliere gli ospiti. Ornati di bandiere nazionali, vessilli reali e centinaia e centinaia di lampadine colorate, la casa e i giardini sembravano un luna park; mancava solo la ruota panoramica. Gli operai, dopo aver rimosso tutta la mobilia, installarono i nostri troni nuziali e il palco sotto un baldacchino di seta trapuntato di foglie di filigrana d'oro e perline d'oro cucite da cortigiane volenterose. I funzionari del palazzo arrivarono con casse di ornamenti d'oro puro, vassoi e insegne regali.

Nel cortile sul retro, tre giorni prima della vera e propria festa di nozze, gli addetti alla cucina del palazzo installarono le loro enormi pentole, che emanavano aromi deliziosi. Nei giorni precedenti al nostro *Bersanding* un'orda di signore – zie e cugine di Bahrin, con l'aggiunta di mogli dei funzionari del palazzo – vennero per assistere al turbine di preparativi essenziali a un matrimonio reale.

Nel giro di quarantott'ore fu necessario rassodare e tingere di rosso millecinquecento uova per il *bunga telur*, tradotto letteralmente come "fiore di uova", la tradizionale bomboniera offerta a ciascun ospite. Il *bunga telur* variava da un matrimonio all'altro; nel nostro caso era stato scelto con grande cura da un gruppo di parenti di Bahrin nel corso di vari mesi. Eleganti cestini in filigrana d'oro e d'argento, ognuno contenente un uovo sodo tinto di rosso, furono ornati da nastrini gialli e bianchi con attaccato un cartoncino che riportava i nostri nomi, la data del nostro matrimonio e un messaggio di ringraziamento. Simbolo di fertilità, queste bomboniere erano ricordini molto apprezzati nel Paese di Bahrin e considerati in genere un emblema di status e di eleganza, un parametro per valutare il merito della famiglia ospitante. Era una pratica piuttosto comune per i malesi raccoglierne a decine durante la loro vita ed esporli nelle vetrine delle porcellane, assegnando le posizioni più in vista a quelli dei matrimoni regali. I portauovo di porcellana avevano lo stesso scopo ed erano distribuiti alle decine di abitanti dei villaggi e alle famiglie della servitù che assistevano informalmente al nostro matrimonio ma erano separati dall'aristocrazia da barriere materiali e sociali.

Il mattino del nostro *Bersanding* si svolse l'*Hantar Belanjar*, ossia lo scambio di doni nuziali. La tradizione reale impone agli sposi di scambiarsi tredici vassoi di regali ciascuno. I doni dello sposo alla sua promessa devono comprendere un vassoio con noci di betel (la tradizionale pianta da masticare con un leggero effetto narcotico), denaro, qualcosa di dolce da mangiare e un articolo di vestiario, a simboleggiare il fatto che sarà in grado di soddisfare ogni sua necessità. I doni, posti su vassoi d'argento e d'ottone, vengono scambiati in una cerimonia formale simile all'accettazione di una dote da entrambe le parti, e sono esposti allo sguardo di tutti i membri delle rispettive famiglie perché ne valutino la presentazione e il valore. Bahrin scelse personalmente gran parte dei suoi doni per me oltre che la loro presentazione: un tessuto di chiffon di seta pura nero proveniente dalla Francia, tempestato di lustrini dorati e drappeggiato elegantemente come un grosso fiore; gioielli con diamanti; scarpe da sera in seta nera; una parure di profumi e oli da bagno di Jean Desprez; diecimila ringgit in contanti, abilmente disposti a formare un modellino di casa tradizionale su palafitte; una borsetta da sera di metallo dorato in forma di conchiglia; e un vassoio con noci di betel e tutti gli accessori necessari per consumarle: forbici, una ciotola e una scatola.

A mia volta, avevo scelto con cura i miei doni per Bahrin con l'ausilio di Tengku Zaleha: una raccolta di grossi volumi di architettura che illustravano edifici e monumenti storici di tutto il mondo (scelta da me); una valigetta di pregiato cuoio bordeaux con portafoglio e cintura coordinati; un anello con solitario di smeraldo; un antico tessuto *songket*; e un set di Pino Silvestre, la sua acqua di colonia preferita. Dopo la solenne accettazione di questi doni secondo la tradizione malese, fu predisposto il palco per il nostro "matrimonio pubblico".

Nei secoli precedenti all'arrivo dell'Islam, le pratiche tradizionali dell'*Hantar Belanjar* e del *Bersanding* erano le uniche forme riconosciute di matrimonio in tutta la società malese. Di conseguenza, anche se Bahrin e io eravamo già legalmente sposati secondo la legge islamica, il significato sociale del nostro "secondo matrimonio" non era trascurabile.

Secondo la tradizione, il giorno del suo *Bersanding* la sposa deve essere isolata dalle influenze esterne a eccezione delle donne della sua famiglia. Ciò mi costrinse a rimanere confinata in camera da letto, lontana da tutti quegli affascinanti preparativi che si svolgevano all'esterno. Avrei dovuto concedermi il lusso di farmi coccolare e agghindare per il grande momento di cui sarei stata l'attrazione, ma in realtà non riuscivo a pensare ad altro che a mettere qualcosa nello stomaco. Ogni volta che attiravo l'attenzione di un servo o di un parente di passaggio per chiedere da mangiare, loro sorridevano, annuivano e promettevano di mandarmi subito un vassoio con del cibo. Passate otto ore, cominciai davvero a dubitare della mia conoscenza della lingua malese. Sapevo che sarebbe passato molto tempo prima di sapermi esprimere in modo fluente, ma ero certa che la mia disperata pantomima e i brontolii del mio stomaco fossero sufficienti a far capire che stavo morendo di fame.

Alle 7.30 di sera ero quasi pronta per la cerimonia formale. Spiando fra le tende della mia stanza, vidi arrivare gli ospiti in successione rapida e costante, e sentii la banda militare che iniziava a suonare. Di tanto in tanto la madre e le zie di Bahrin venivano a controllare i progressi della mia toilette e dei miei nervi e a sovrintendere al mio abbigliamento, ma nessuno aveva ancora pensato a procurarmi da mangiare.

Avevo messo in subbuglio la famiglia scegliendo di acconciarmi i capelli e truccarmi da sola, invece di affidarmi a un professionista. Era già abbastanza strano indossare tutti quei capi di vestiario tradizionali senza bisogno di mettersi nelle mani di un truccatore tradizionale. Su questo fui inflessibile: avrei indossato la mia faccia.

Bahrin era orgoglioso del suo sangue reale e amava sinceramente la ricca tradizione culturale della sua razza. Aveva scelto personalmente tutta la mia toilette per le nozze e aveva voluto per me lo stile d'abito più antico e autentico. Estremamente antico ed elegante, ma di scarsa comodità e praticità.

Il mio abito da sposa era incredibilmente ornato, ma soprattutto incredibilmente scomodo e pesante. Ai piedi portavo scarpe da sera dorate di Charles Jourdan con dieci centimetri di tacco per apparire più alta (l'unica concessione al ventesimo secolo), e alle caviglie pesanti monili d'oro a spirale che tintinnavano quando mi muovevo. Il vestito era confezionato con il *songket* color ruggine che avevamo ordinato mesi prima, interamente foderato e confezionato in forma di *baju kebaya*, ossia una tunica lunga al ginocchio con colletto ripiegato e gonna a portafoglio. Stretto e avvolgente, era pesante da indossare con trentacinque gradi di temperatura e un alto tasso di umidità. Sotto l'abito portavo il tradizionale corsetto intero e senza spalline, dotato di stecche e imbottito per dare la corretta silhouette all'abito da sposa, che impediva del tutto i normali movimenti di un corpo femminile: piegarsi, respirare o sedersi con un minimo di comodità. In realtà, mi ricordava i busti imposti alle fanciulle dell'epoca vittoriana per migliorarne la postura.

Intorno al collo e sul petto era appeso un grande *kalong*, ovvero una collana, fatta da tre giri di dischi d'oro legati da una catena. Entrambi i polsi erano cinti da braccialetti coordinati alle massicce cavigliere, e le dita erano appesantite da anelli presi in prestito, con diamanti, rubini e smeraldi incastonati.

La mia chioma era raccolta in un alto chignon sulla nuca e infoltita da posticci per aumentarne il volume fino a farla sembrare un grosso pallone da football. Venti *bunga goyang*, fiori d'oro oscillanti su piccole molle che ne incrementavano lo scintillio, furono inseriti sul retro della mia acconciatura su indicazione del gruppo di signore venute nel mio camerino per contribuire alla mia trasformazione.

L'ornamento principale per il capo fu posizionato con cura e fissato tenacemente con tante di quelle forcine che avrei potuto rifornire una catena di parrucchieri per un anno. Realizzato con filigrana d'oro e piccole molle nascoste sotto strati di decorazioni floreali, aveva la forma di un ventaglio aperto e tintinnava e ondeggiava a ogni mio movimento. Il tocco finale a questa preparazione fu una fascia d'oro battuto e filigrana che mi cingeva la fronte e mi stringeva le tempie, poco più su delle sopracciglia. Nel complesso si trattava di una tenuta decisamente impressionante, che sembrava uscita dalle pagine di un testo di antropologia sui costumi medievali.

Venne il momento per me di unirmi a Bahrin sul trono nuziale per il nostro *Bersanding*. Scortata da entrambi i lati come un'invalida, percorsi a piccoli passi il tappeto rosso e salii sul palco per sedermi alla sinistra di Bahrin. Non ci scambiammo nemmeno uno sguardo, poiché era proibito; la sposa e lo sposo erano tenuti a mantenere un'assoluta rigidità in volto e a non alzare nemmeno un sopracciglio. Eravamo affiancati da alcune assistenti in abito di corte, figlie di cortigiani che ci erano state assegnate come damigelle e due matrone del palazzo che dovevano sovrintendere alla cerimonia.

Dal palazzo era stata inviata un'enorme struttura di legno gialla con più ripiani, usata solo per i matrimoni reali. Ogni ripiano, a forma di stella, era stato riempito di riso glutinoso dipinto di giallo su cui erano stati posati gli antichi *bunga telur* della famiglia reale. Vecchi di due secoli, questi *bunga telur* d'oro massiccio avevano la forma di un fiore, completo di steli e stami, e dal centro di ognuno di essi pendeva un uovo colorato.

In tempi andati, dato che la maggior parte dei matrimoni malesi era combinata, il *Bersanding* era la prima occasione in cui la sposa e lo sposo si vedevano. Ciò spiegava in parte i vincoli imposti alla coppia nuziale quand'era seduta sul trono: probabilmente serviva a impedire che uno sguardo di orrore passasse fra due estranei.

Il compito di benedire il nostro matrimonio fu affidato ai membri di alto rango della famiglia di Bahrin, a partire dal sultano e dalla Tengku Ampuan, in una cerimonia simile al mio *Berinai* della sera prima. Questa volta, però, fummo entrambi spruzzati di acqua benedetta, seguita da manciate di riso crudo come augurio di fertilità e prosperità. Altri venti VIP ripeterono il procedimento, tra cui la Tengku Ampuan madre, il primo ministro dello Stato con sua moglie, i genitori di Bahrin, le zie e gli zii e la mia cara nonna, che avevamo fatto venire dall'Australia per l'occasione.

Dopo che tutti i nostri mille ospiti furono passati di fronte a noi per vederci seduti sul trono, toccò a noi porgere i nostri rispetti e omaggi formali al sultano e alla Tengku Ampuan. Erano a soli duecento metri dal palco, ma quei duecento metri furono la mia rovina. Proprio mentre stavo per inchinarmi e baciare le mani alle loro Altezze, il mondo cominciò a girare intorno a me e di colpo tutto piombò nel buio. La combinazione di fame, tensione, caldo e peso del costume nuziale mi aveva provocato un'emicrania ed ero svenuta. Dovette essere un curioso spettacolo vedermi crollare a terra. Rinvenni subito dopo, mentre mi avvicinavano una bevanda alle labbra per rianimarmi.

Bahrin era molto in ansia per me, come tutta la sua famiglia. Non credo però che il sultano sapesse come interpretare il mio svenimento: le donne della sua famiglia non perdevano i sensi in pubblico, e certamente non al proprio matrimonio. Mi sentii molto meglio quando mi fu concesso di godere per un po' dell'aria condizionata, ma nel giro di dieci minuti tutti cominciarono a bisbigliare che dovevo salutare il resto degli ospiti e tagliare la torta nuziale.

Non ricordo con chiarezza come feci a rimanere in piedi un'ora per salutare personalmente ciascuno degli invitati – né cosa diavolo dissi, visto che nella stragrande maggioranza erano degli sconosciuti – ma stando alle fotografie ci riuscii. Alla fine Bahrin mi guidò verso il padiglione dov'era collocata la nostra torta nuziale in modo che potessi adempiere al mio ultimo obbligo per la serata, tagliare la torta gialla a tre piani, che era ricoperta da orribili fiori di glassa.

Penso che quella torta fu un presagio del futuro che attendeva il nostro matrimonio: il caldo l'aveva irrancidita fino all'ultima briciola rendendola immangiabile.

Il mattino dopo fummo svegliati da un trillo che non voleva tacere. Venti minuti dopo riuscimmo finalmente a individuarne l'origine. Un buontempone aveva puntato una sveglia alle sette di mattina prima di impacchettarla e inviarla come regalo di nozze. L'involto era proprio alla base della montagna di doni che occupava completamente la stanza degli ospiti e strabordava nel corridoio. Per fortuna arrivarono i nostri, ossia i parenti stretti di Bahrin, venuti per partecipare all'apertura dei regali.

Al termine di questa operazione, Bahrin e io ci ritrovammo con elettrodomestici a sufficienza per aprire un negozio ben fornito. Ricevemmo, approssimativamente, tredici servizi da tè di porcellana, nove ferri da stiro, ventisette orologi in vari stili tra cui la sveglia che aveva suonato e che riproduceva un esemplare di porcellana del diciassettesimo secolo, un altro orologio a pila sormontato da colombe d'oro, quindici parure di lenzuola, un servizio da cucina in Pyrex da trentadue pezzi, quattro vassoi d'ottone, un servizio di posate d'argento per ventiquattro persone, sette servizi da caffè, due ventilatori Mistral, ventidue pezze di tessuto per abiti, dodici sarong da preghiera da uomo, sei sarong di batik da donna, quindici pezzi di argenteria da tavola, un vaso da fiori d'argento, due lavamani d'ottone portatili, una cornice d'argento e un grande cofanetto in pelle per gioielli di Lanvin, venti pezze di *songket*, quattro versetti islamici del Corano da appendere sopra le porte, cinque o sei confezioni di profumo e acqua di colonia per uomo, una dozzina di tovagliette all'americana, un servizio di piatti Noritake, una coppia di orologi in oro da uomo e da donna di Lanvin, la riproduzione di un telefono degli anni Venti, cristalleria assortita, quattro tappeti da preghiera, sei completini per neonato (in previsione o augurio di una gravidanza), almeno diecimila sterline in contanti. C'era anche un ampio assortimento di gioielli d'oro e con diamanti, e una parure con zaffiri e diamanti. Da ultimo, ma niente affatto trascurabile, il regalo di un anziano parente di Bahrin: un enorme orologio a muro fluorescente con versetti del Corano sbalzati sui bordi, con al centro l'immagine di un grande vascello fatta interamente di dadi e bulloni e le cifre digitali dell'orologio inserite nella prua.

Curiosamente, quell'orologio mi scivolò dalle mani e si infranse sul pavimento subito dopo che lo ebbi scartato.

# 27

È incredibilmente strano vivere in un mondo in cui il tempo è scandito da un antico richiamo alla preghiera e i giorni del calendario passano inosservati. Così fu per me a Terengganu. Ero sospesa in un limbo temporale in cui il mondo reale esisteva solo fuori, nella remota Australia e negli altri Paesi, dove le stagioni mutavano e gli anni erano scanditi dai Natali e dalle vacanze.

I miei giorni non venivano contati e non si celebravano anniversari. Per molti aspetti, non invecchiai affatto dai diciott'anni che avevo quando iniziai la mia vita matrimoniale laggiù; per altri, diventai una vecchia saggia, cui era stata strappata dal volto la maschera di ingenuità.

La mia prima incombenza fu imparare a parlare con disinvoltura il malese classico, o "alto", ossia la lingua riservata alla cerchia reale con tutta la sua terminologia antiquata. Bahrin mi impose di parlare solo in malese con lui e con il resto della famiglia, convinto che isolandomi dalla mia lingua d'origine con un'immersione totale sarei stata costretta a imparare in un tempo brevissimo. Aveva ragione. Non avevo altra scelta che forzarmi a comprendere il malese, e nel giro di otto settimane fui in grado di intavolare conversazioni abbastanza complesse.

Il secondo punto all'ordine del giorno era la mia ri-educazione a ogni dettaglio del galateo e del decoro. Far parte della famiglia reale ristretta comportava dei rischi in termini di etichetta. Anche i comuni malesi dovevano rispettare delle convenienze sociali, ma per loro, specie se risiedevano a Kuala Lumpur, la capitale, il codice di comportamento era molto meno rigido e più tollerante di quello che veniva imposto a me. Io ero tenuta a camminare, parlare, sedere, stare in piedi, vestire e mangiare secondo un protocollo non scritto. Solo di tanto in tanto, quand'ero sola con Tengku Zaleha e zia Zainah, queste regole si allentavano un pochino. Tranne qualche caso in cui fui preavvertita del comportamento socialmente accettabile che dovevo tenere, di solito la famiglia reale mi permetteva di sbagliare e di imparare come per una sorta di osmosi. Quando commettevo un grosso errore, le anziane della famiglia mi rimettevano subito in riga impartendomi una lezioncina sulla lunghezza giusta dei passi o sul modo di indicare elegantemente qualcosa senza usare l'indice. Peggio ancora era quando Bahrin in persona mi sorprendeva in un atteggiamento poco "regale": in quel caso dovevo starlo a sentire per secoli mentre pontificava sulla mia nuova condizione e sui miei errori. Spesso sembrava più un maestro di galateo che un marito.

Mi domanderò sempre come avessero fatto i membri più giovani della famiglia ad assorbire tutte quelle norme e regolamenti. Non ricevevano certo vere e proprie lezioni sull'argomento perché sarebbe stata considerata una cosa sconveniente e borghese. Penso piuttosto che Bahrin e i suoi cugini avessero imparato le rigide regole del protocollo crescendo, grazie all'imitazione, a una notevole dose di sopportazione, a un ferreo distacco e a una continua correzione da parte delle loro bambinaie. Qualunque forma di reazione non ponderata era riservata esclusivamente ai momenti in cui i giovani della famiglia reale erano in vacanza o a studiare negli USA o in Inghilterra, liberi per un breve periodo dalle occhiate sprezzanti dei cortigiani e del personale del palazzo.

Io persi la mia spontaneità il giorno in cui assistetti per la prima volta a una tempesta tropicale. Eravamo alla fine di gennaio del 1982 ed era arrivata la stagione dei monsoni, portando con sé un breve sollievo dai feroci livelli di caldo e umidità. Le temperature erano scese intorno ai venticinque gradi, e un po' di brezza increspava le fronde delle palme da cocco del nostro giardino penetrando nei castigati abiti lunghi delle donne.

In quel particolare giorno ero occupata a disfare i pacchi dei nostri effetti personali che erano finalmente arrivati dall'Australia dopo otto settimane. Dato che mi trovavo nell'intimità della mia casa, mi ero messa degli abiti che mi permettessero maggiore libertà di movimento rispetto alle lunghe gonne che Bahrin preferiva vedermi addosso. La mia tuta di spugna sformata con la cerniera era molto più funzionale e pratica per svuotare le casse. Mentre frugavo tra i tesori da cui ero stata separata per tanto tempo e disponevo i libri sugli scaffali con l'aiuto della mia cameriera Wan Su, sentii un picchiettio alle finestre che si trasformò rapidamente in un martellamento fragoroso. Era la pioggia. Dolce, pura e deliziosamente rinfrescante. Avevo quasi dimenticato quel suono finché non vidi l'acqua riversarsi dalle grondaie sul giardino. Per qualche motivo, la coscienza che non ci sarebbe mai stato un inverno nella mia nuova casa mi aveva quasi convinto che le piogge abbondanti appartenessero all'Australia e all'Inghilterra, non alla Malesia.

Mi feci attrarre dalla veranda coperta dove potevo respirare l'aria fresca e vedere i sentieri e gli alberi liberati dalla polvere. Non avevo mai visto una precipitazione così torrenziale. Si rovesciava sulla terra con una sorta di disperazione, come se potesse sfogarsi solo con quella violenza. Per qualche minuto allungai la mano sotto le gronde, intercettando l'acqua e meravigliandomi della sua temperatura. Mi aspettavo che fosse gelida, non tiepida. L'impulso ebbe la meglio sulla ragione e di colpo mi ritrovai a ridere e ballare completamente vestita sotto la pioggia che cadeva a catinelle. Mi sentivo euforica. Era come trovarsi sotto una cascata d'acqua calda, detergente e stimolante. Non provavo freddo né sensi di colpa, solo una libertà e una felicità che non avevo mai sperimentato prima. Fu assolutamente meraviglioso, e poi d'improvviso finì, con una mano che mi prendeva per la collottola e mi trascinava dentro, lontano dal diluvio e dalla mia umida allegria. Il fragore della pioggia copriva le urla di Bahrin che mi rimproverava dicendo che avrei dovuto vergognarmi di aver dato spettacolo. Fu allora che mi accorsi che gran parte dei domestici e dei familiari erano usciti dalle loro case e mi guardavano come se fossi una pazza, come se fossi davvero svitata.

In tutto il tempo trascorso a Terengganu non feci mai più nulla di così spontaneo. Costava troppa umiliazione o violenza. Non ero abbastanza coraggiosa da rischiare, e non ero abbastanza sicura di me da snobbare le norme di comportamento che mi soffocavano.

Il prezzo che finii per pagare a Bahrin per la mia danza sotto la pioggia fu l'incenerimento della mia identità "cinese". Su sua richiesta, sottoposi tutti i miei tesori, appena estratti dalle casse spedite dall'Australia, al suo esame e alla sua selezione. Lui pretese che aggiungessi a quel mucchio di ricordi l'antica statuetta di Buddha che portavo appesa al collo; mi era stata lasciata in eredità da mio padre che l'aveva portata fino alla morte. Il Buddha era il legame più stretto che avessi con lui; non aveva alcun significato religioso per me, così come la trapunta rossa con ricami di draghi e fenici, o i due rotoli cinesi dipinti su seta, ma Bahrin decise di consegnare il tutto alle fiamme del falò che aveva allestito sul retro della casa, insieme ad alcuni dei miei vestiti che riteneva inadatti e contrari all'Islam. Per ironia della sorte, alcune delle camicette, gonne al polpaccio e abiti da sera che ora considerava troppo audaci per essere conservati in casa nostra erano gli stessi capi di vestiario per i quali mi aveva fatto i complimenti durante il corteggiamento.

Mentre il fumo del falò si alzava sul nostro giardino, Bahrin spiegò che le «pulizie di primavera» della mia vita erano per il mio bene: non sarei più stata contaminata dal sudiciume della cultura occidentale o della mia famiglia cinese. Ora sarei stata libera di immergermi nella mia nuova religione e società. Non dissi una parola, non mi veniva in mente nulla da dire, e rimasi semplicemente lì con le braccia strette al petto, guardando gli unici legami tangibili che avevo con mio padre trasformarsi in cenere.

Sebbene illegale e considerata pornografia in Malesia, la raccolta di «Playboy» di Bahrin sfuggì a questa "pulizia", messa al sicuro in fondo al cassettone del suo studio sotto le sue copie del Corano e i libri di diritto islamico. Non aveva esitato a corrompere i funzionari malesi per importarli, offrendo a ciascuno di loro tre riviste per chiudere un occhio. La mia desensibilizzazione ai doppi standard di Bahrin era cominciata.

Uno dei primi aspetti della vita malese con cui dovetti fare i conti fu l'assenza di intimità caratteristica della loro cultura. Persino in casa nostra la vita era governata da norme e regolamenti dell'Islam, dalle aspettative della famiglia reale e dalle spontanee e quasi istrioniche tortuosità del loro «bisogno di sapere».

Tengku Zaleha, mia suocera, abitava accanto a noi. La nostra camera da letto si affacciava su un'area terrazzata in cui lei, le sue sorelle e la loro servitù passavano il pomeriggio chiacchierando e bevendo il tè. La stretta vicinanza faceva sì che in casa mia non potesse accadere nulla senza che lei lo sapesse. Fin dall'inizio lei e una sua amica, Che Gu Gayah, un'insegnante di religione che parlava un po' di inglese, mi impartirono lezioni sui princìpi dottrinari di un matrimonio islamico, con particolare riguardo all'igiene.

Il mio dovere, mi dissero, era compiacere mio marito in

tutti i modi. Se lui diceva che la luna era verde a pallini viola, dovevo dargli ragione. Se voleva un massaggio ai piedi alle due del mattino, dovevo accontentarlo con un bel sorriso. Non dovevo mai sottrarmi al sesso con lui, tranne durante il ciclo mestruale, che nell'Islam è considerato impuro; anzi, si diceva che una "contaminazione" del marito con il sangue mestruale portasse a un'indebita influenza e controllo della sposa sulla sua morale e sulla sua mente. Dovevo essere una buona moglie, sempre allegra, pronta a stuzzicare il suo palato con pranzi e manicaretti. E soprattutto, dovevo fare in modo di rimanere incinta il prima possibile, per dimostrare quanto valevo. E non dovevo parlare troppo; gli uomini preferivano che le donne non chiacchierassero se non erano invitate a farlo.

In materia di igiene, "tutti" dovevano sapere che ero una donna pulita. Dopo il rapporto sessuale, mi informarono, dovevo lavarmi con l'acqua dalla testa ai piedi, e Bahrin era tenuto a fare lo stesso. Mia suocera mi disse che era al corrente del fatto che non mi lavavo i genitali ogni volta che usavo la toilette. Una cosa simile era inaccettabile nella società malese, dichiarò con un sorriso sulle labbra. Si era appostata fuori dalla finestra del nostro bagno per controllare le mie abitudini, e non aveva sentito scorrere l'acqua nella tubatura fissata alla parete prima che tirassi l'acqua. Era una bruttissima abitudine, disse, che erano disposti a scusare per via della mia barbara educazione occidentale, ma d'ora in poi dovevo smettere di usare la carta igienica poiché mi impediva di avvicinarmi ad Allah.

Tutte queste perle di saggezza mi furono rivelate in tono cospiratorio, come se le due donne mi facessero un gran favore instradandomi verso un matrimonio ben riuscito. Tengku Zaleha, o Mak, come avevo cominciato a chiamarla, mi assicurò che avrebbe fatto altrettanto per una figlia carne della sua carne, se avesse avuto la fortuna di averne una. Confessò che all'inizio aveva avuto molti dubbi sul fatto che Bahrin e io ci sposassimo, ma ora aveva deciso di darmi tutto il suo appoggio per garantire il successo del nostro matrimonio e aiutarmi a far parte del suo mondo. Cos'altro potevo fare, se non esprimere la mia gratitudine per la sua premura e le sue attenzioni, e promettere di vivere secondo le sue regole?

La madre di Bahrin aveva assunto per noi una cameriera di nome Wan Su per un salario di centottanta ringgit malesi, ovvero trentacinque sterline al mese, con mezza giornata di riposo alla settimana. I compiti di Wan Su, mi informò Mak, consistevano nel cucinare e pulire. Un'altra donna, Zah, si sarebbe occupata del bucato. I miei doveri, invece, erano rendere felice suo figlio, rimanere incinta e non preoccuparmi troppo delle faccende domestiche; dovevo restare libera di concentrare tutta la mia attenzione su Bahrin e farmi bella. Le donne della mia nuova famiglia, spiegò, non si lasciavano impantanare nei lavori di casa, poiché questo avrebbe disamorato il marito spingendolo alla ricerca di più verdi pascoli. «Lascia le faccende domestiche alla servitù e dedicati esclusivamente alla soddisfazione di tuo marito» mi ammonì. «Oltretutto a Bahrin non piace la tua cucina, deve mangiare del buon cibo malese per mantenersi in forze.»

Quando sollevai l'argomento dell'aiuto domestico e della cucina con Bahrin, lui diede ragione a sua madre, aggiungendo che dovevo limitarmi a preparare torte e dessert e qualche piatto di spaghetti ogni tanto. Obiettai che non mi piaceva affatto avere una cameriera e che trovavo ingiusto che Wan Su dovesse dormire su un sottile materasso di schiuma sul pavimento del soggiorno, ma lui mi rimproverò di essere troppo tenera, aggiungendo che probabilmente per lei era il massimo del lusso dormire sotto un ventilatore a pale.

L'unica forma di ribellione che mi rimase fu comprare a Wan Su un letto pieghevole e pretendere che lo usasse, e darle due giorni di libertà alla settimana invece della mezza giornata concessa di norma alla servitù dei reali. Le mie «condizioni di lavoro australiane», come vennero etichettate dalle zie, non mi resero molto popolare tra i parenti che vivevano nei dintorni, i quali mi dissero che era pericoloso concedere alla mia cameriera più tempo libero e un letto, in quanto sicuramente ne avrebbe spettegolato con i loro servi e presto tutta la servitù impiegata dalla famiglia avrebbe preteso le stesse condizioni. Negli anni mi ritrovai continuamente in contrasto con i parenti sulle condizioni di lavoro da *mat salleh*, ossia da "bianchi", che adottavo. Mi stupiva sempre come riuscissero a giustificare la propria indifferenza ai bisogni e ai sentimenti dei loro servi dicendo che erano *orang kampung sahaja*, "solo gente del villaggio".

# 28

Tentai di mantenere la calma, mentre un'altra fitta mi strappava un gemito e mi lasciava senza fiato. Dopo trenta ore così, tutti i miei propositi di rimanere stoica mi apparivano decisamente idealistici. Avevo passato le ultime venti ore seduta a gambe incrociate e con la schiena dritta come un palo su un lettino d'ospedale in una sala operatoria male illuminata, vestita di un sarong di batik e di una camicetta di percalle. L'unica distrazione per i miei occhi era un orologio a muro con un'immagine della città santa della Mecca.

Avevo avvertito la prima contrazione al crepuscolo del giorno precedente, San Valentino. Ricordo distintamente che fui molto orgogliosa di come mantenni la compostezza e sopportai quello che in realtà era stato solo uno sgradevole spasmo: "Di certo" pensai, "saprò affrontare brillantemente il dolore del travaglio". Anzi, ero convinta che avrei partorito il bambino tra un capitolo e l'altro del libro che stavo leggendo.

Ventotto ore e duecento contrazioni dopo, ero pronta a confessare a chiunque che era tutto un errore, che avevo deciso di partorire un altro giorno e che avevo un impegno urgente altrove.

Stando sola per ore in una sala travaglio, hai un sacco di tempo per pensare e riflettere sulla tua vita da un'angolatura bizzarra e segnata dalla sofferenza, come lo svolgersi di una pellicola sfuocata.

La mia gravidanza era stata confermata il mattino del mio diciannovesimo compleanno. Aspettavo da mesi di poter dire a Bahrin che avremmo avuto un bambino, ed ero andata dal medico con un misto di trepidazione e speranza. Quando seppi con certezza che ero incinta, fui sopraffatta dall'emozione e dalla meraviglia al pensiero che una piccola vita stesse crescendo dentro me. La reazione di Bahrin fu di orgoglio e soddisfazione personale, e fin dal momento in cui glielo dissi fu certissimo che aspettassi un maschio. La mia speranza era che quel bambino cementasse il nostro traballante matrimonio e ci desse quell'interesse comune di cui il nostro rapporto era straordinariamente sprovvisto. Ma soprattutto volevo quel bambino con tutto il cuore e con tutta l'anima. Ero decisa a proteggerlo e a prendermene cura, a riversare su quell'essere tutto l'amore e la sicurezza che erano mancate nella mia infanzia. I miei pensieri e le mie priorità mutarono nell'attimo stesso in cui seppi della mia gravidanza, e fin dall'inizio cominciai a preparare Bahrin e la sua famiglia al mio approccio genitoriale concreto e "australiano".

Chiarii molto bene fin dal primo giorno che non avrei affidato a una balia la cura del nostro bambino, che lo avrei allattato al seno – cosa praticamente inaudita fra le facoltose donne della famiglia reale – e che non avrei seguito tutte le formule tradizionali che accompagnavano una gravidanza reale. Dire che non ne furono contenti sarebbe un eufemismo; tuttavia preferirono attribuire la mia nuova determinazione ai capricci di una donna incinta, piuttosto che considerarla un'aperta ribellione.

Nei mesi precedenti alla conferma della mia gravidanza, Bahrin si era messo a trattarmi con l'indifferenza che di solito riservava alla servitù. Aveva cominciato a lavorare come architetto al JKR, il dipartimento dei lavori pubblici, poco dopo il nostro *Bersanding*. Quei dodici mesi di impiego dovevano fungere come una sorta di tirocinio prima di aprire un suo studio.

Mentre Bahrin faceva il suo apprendistato al JKR, io facevo il mio, perfezionando i piccoli dettagli in cui non ero ritenuta all'altezza degli standard fissati per le donne della sua famiglia.

Due o tre volte alla settimana la guida spirituale della famiglia reale, Che Gu Ali, veniva a casa nostra per insegnarmi a pregare secondo i dettami dell'Islam e per istruirmi sulla legge coranica e sull'arabo. Ali era un omino calvo e rotondo che andava fiero della fertilità di sua moglie e dei tanti figli che aveva messo al mondo. Sempre vestito con la camicia bianca del *baju melayu*, un sarong a scacchi, sandali senza stringhe e uno zucchetto bianco lavorato all'uncinetto, rideva a crepapelle quando io tentavo di pronunciare le difficili frasi in arabo della sua lezione giornaliera. La sua dirittura morale imponeva che fossimo strettamente sorvegliati tutte le volte che eravamo insieme; ciò significava che le porte e le finestre del soggiorno in cui facevamo lezione dovevano rimanere aperte, o che nella stanza fosse presente una delle mie domestiche.

Quando ebbi una conoscenza più approfondita degli insegnamenti dell'Islam e delle interpretazioni del Corano prodotte da Ali, mi resi conto che quella sorveglianza non serviva a proteggere la mia castità, ma a proteggere lui dalla complicità e dal lassismo sessuale cui era esposto in mia presenza. Mi insegnò che per la fede islamica le donne non solo erano il sesso più debole, ma anche quello più propenso a sedurre l'altro, per semplice fragilità di princìpi e minore intelligenza. In una lezione tenuta in presenza di Mak, spiegò che le donne erano malvagie per natura e dovevano essere educate per distoglierle dalla loro naturale inclinazione al peccato e alla corruzione. Allah, proseguì, aveva creato le donne per servire e provvedere alla più nobile specie maschile; noi avevamo l'obbligo di fronte a Dio di imparare a frenare la nostra innata testardaggine e di nascondere il nostro corpo con il pudore e l'umiltà che meritava.

In altre parole, le donne erano puri strumenti di attrazione sessuale pronti a incastrare qualunque maschio con la loro natura geneticamente malvagia e ingannatrice, un flagello necessario posto sulla terra a servizio dell'uomo perché perpetuasse la sua stirpe e vivesse in modo più confortevole. La vista di un ginocchio femminile poteva far perdere la testa a un uomo, una ciocca di capelli poteva causare un'immediata erezione, e una zaffata di illecito profumo era capace di innescare il crollo della società islamica. Sa Dio cosa sarebbe in grado di fare la visione di una tornita spalla femminile.

Ciò che mi stupiva era che Che Gu Ali, figlio di un contadino, ignorante su tutto a eccezione del Corano e dei testi religiosi arabi, fosse considerato uno studioso abilitato a giudicare delle cose del mondo. Aveva studiato all'università religiosa del Cairo, in Egitto, dove le doti intellettuali o la capacità di comprendere una discussione non erano di norma requisiti per l'ammissione. A quanto ne so, e secondo i racconti di Ali, i corsi non prevedevano un'analisi critica della dottrina islamica, con congetture o interrogativi. Semmai gli uomini che arrivavano da tutto il mondo per frequentare quella scuola – ed erano solo gli uomini a potersi iscrivere – dovevano conoscere bene tutto il Corano e astenersi rigidamente dal fare domande o riferimenti alla modernità. Mettere in discussione, dibattere o anche solo azzardare una reinterpretazione del Corano era considerato blasfemo. L'Islam insegnato in Malesia nella famiglia reale malese non tollerava menti indagatrici; passi e frasi venivano imparati a memoria, non analizzati.

Che Gu Ali era il primo a non capire le parole arabe che mi insegnava, e la mia condizione di allieva e di donna mi impediva di chiedergli qual era la motivazione di molti decreti. In ogni caso, dubito che lui sarebbe stato così audace da discutere i suoi stessi insegnamenti, dato che credeva fermamente nell'inferno per i miscredenti.

Con il passare delle settimane, tuttavia, finii per imparare molte cose sulle pratiche e le leggi dell'Islam. In parole semplici, la vita di una persona al momento della morte si poteva riassumere in un sistema di punti di merito e di demerito. I punti di merito si guadagnavano con le buone azioni: digiuno, preghiera, modestia, umiltà (finta o reale), opere di carità e sacrificio personale. Questi punti erano definiti *parlar* e sarebbero stati il fattore decisivo per l'ingresso o meno in paradiso. I punti di demerito si guadagnavano con il peccato: essere avidi, portare la parrucca, parlar male di un altro, praticare la magia nera, fornicare, mentire, imbrogliare e una varietà di altri comportamenti. Questi punti erano definiti *dosar.* A rigor di termini, il *parlar* poteva cancellare il *dosar* o viceversa. Guardandomi attorno, vedevo spesso i membri della famiglia reale tentare di accumulare punti di *parlar* per il giorno in cui avrebbero dovuto rendere conto dei loro punti di *dosar.*

Il paradiso, mi fu spiegato, era un giardino di delizie pieno di *uri* dagli occhi di cerbiatta, descritte come angeli del sesso discinti che avrebbero soddisfatto ogni desiderio dei maschi abbastanza fortunati da arrivarci. Ma non sentii mai parlare di un analogo incentivo offerto alle pie donne. L'inferno, invece, racchiudeva tutto il male dell'umanità moltiplicato per mille e inflitto ai dannati in un ciclo di torture senza fine.

Anche mia suocera aveva una sua lista personale di atti di demerito in grado di dannare il malcapitato per sempre. Erano i seguenti: per gli uomini musulmani, indossare qualunque tipo di gioiello d'oro e d'argento; possedere un nome, maschile o femminile, non menzionato nel Corano o in altri testi islamici; avere l'ano poco pulito quando si pregava; e, specificatamente per gli uomini, portare qualsiasi forma di gioiello al collo: la collana, mi disse Mak, sarebbe servita a trascinare il peccatore tra le fiamme dell'inferno. La carità per cui era conosciuta sembrava generata più dalla paura che dal desiderio di fare della filantropia.

L'accesso al paradiso sembrava anche significativamente legato all'origine genetica. Bahrin e Che Gu Ali erano assolutamente convinti che la razza ebrea non avesse alcuna speranza di redenzione e fosse giustamente destinata a bruciare all'inferno per l'eternità. L'antisemitismo di Bahrin era così ossessivo che una volta distrusse alcuni dei miei libri scritti da autori ebrei, dimenticando però per convenienza che la mia nonna materna, sebbene cattolica praticante, era di sangue ebreo e quindi, per la legge ebraica, lo ero anch'io. Allora ero così vigliacca che quando mi beccai un manrovescio per averlo contraddetto sull'impurità della razza ebraica scelsi di non fargli presente quali erano i miei antenati. Anche se la persecuzione del popolo della mia bisnonna aveva sempre suscitato la mia indignazione, l'impulso all'autoconservazione prevaleva sull'orgoglio.

A mano a mano che Bahrin prendeva confidenza con la sua nuova importanza e con la sua identità di musulmano malese residente in uno stato islamico, il suo razzismo contro ebrei, cinesi e indiani diventava più evidente. Lodava l'Olocausto come una brillante operazione di pulizia sociale e deplorava il fatto che non si fosse andati più in là eliminando gli ebrei americani, che lui definiva burattinai. Approvava e sosteneva attivamente l'ala terrorista dell'OLP, chiamava *keling* i malesi di origine indiana, un termine spregiativo che si riferiva alla loro origine di schiavi importati nelle piantagioni di gomma, e definiva i malesi di origine cinese cani rognosi, ebrei d'Asia.

Bahrin cercò di trasmettermi molte altre lezioni che aveva imparato crescendo nella famiglia reale malese; la più importante, mi assicurò, era «non perdere la faccia». Mi insegnò che mai e poi mai dovevo far capire al mio peggior nemico il mio disprezzo per lui, e se veniva a casa mia dovevo trattarlo come un gradito ospite. Il segreto, mi disse, era aspettare il momento opportuno per vendicarsi di tutte le offese. Anche se ci fossero voluti cinquant'anni, era obbligatorio mantenere l'impassibilità di un giocatore di poker e la bonomia fino alla distruzione del nemico. Questo valeva anche per indiani e cinesi, aggiunse Bahrin: il suo motto era «usalo finché ti serve e poi liberatene».

Spesso mi chiedevo a che cosa gli servissi, e quando si sarebbe liberato anche di me.

Ora le mie contrazioni erano molto più frequenti, mi assalivano la schiena e lo stomaco ogni quattro minuti. Da ore il medico mi aveva rotto le acque nel tentativo di accelerare le cose, ma inutilmente; il mio bambino sembrava preferire la corsia più lenta e regolare anziché quella preferenziale.

Mentre mi sottoponevo a un altro esame dell'ostetrica, mi allontanai con la mente dalla sala travaglio tornando indietro di vari mesi, quando per la prima volta avevo capito che ero bloccata in quel Paese dove mio figlio stava per venire al mondo e mi ero resa conto che per Bahrin il mio valore stava nel mio volto, nella mia mancanza di legami familiari e nella malleabilità della mia giovinezza.

Era stata una giornata di caldo opprimente, circa un mese prima che scoprissi di essere incinta. Raja Ahmad, il padre di Bahrin, era venuto a trovarci e io avevo allestito per lui un pranzo speciale che comprendeva il suo piatto preferito, granchio al peperoncino. Abah – ovvero "papà", come mi aveva chiesto di chiamarlo – e Bahrin dovevano rientrare verso l'una, di ritorno dalle preghiere del venerdì alla moschea. Il cibo era protetto da *tudum saji*, retine di giunco contro gli insetti, ed era stato aggiunto del ghiaccio alle brocche di sciroppo di rosa canina e latte condensato che amavano bere. Alle tre del pomeriggio i due non erano ancora arrivati. Alle quattro e mezzo il granchio aveva cominciato a puzzare per il caldo, e alle cinque e mezzo non solo ero preoccupata per Bahrin, ma mi chiedevo dove diavolo fossero finiti. Alle sei, il pranzo e i dolci che avevo preparato non erano più commestibili. Decisi di fare una passeggiata in giardino e fu allora che notai la BMW di Bahrin parcheggiata nell'angolo in fondo al giardino di sua zia Zainah, due case dopo la nostra.

A quel punto, da brava occidentale, andai su tutte le furie. Indignata mi precipitai in quella casa e li trovai entrambi stesi sui divani, mezzi addormentati dopo un pasto luculliano i cui resti erano disseminati sul tavolo da pranzo. Scrollai Bahrin per svegliarlo, e gli dissi che lui e suo padre si erano comportati in modo insensibile ed egoista, dato che entrambi sapevano che avevo preparato il pranzo per loro a casa nostra. Mentre Bahrin balzava in piedi e mi seguiva fuori nel cortile di sua zia, aggiunsi che era stato un verme a non farmi nemmeno una telefonata, sapendo che la sua tradizione mi imponeva di non mangiare finché gli uomini della famiglia non si fossero serviti. Urlai che lui e suo padre si erano comportati da bastardi senza cuore non tornando a casa a mangiare il granchio che avevano chiesto entrambi. Fu allora che lui mi sferrò il primo pugno, mandandomi a gambe all'aria sul pavimento. Tentai faticosamente di rimettermi in piedi, ma lui mi assestò un manrovescio e mi afferrò per i capelli con la mano sinistra. Che stupida ero stata; non avrei mai dovuto parlargli in quel modo. Tutto ciò che avevo evitato di fare per non suscitare la sua ira era stato cancellato dalla mia esplosione di rabbia spontanea. E avevo dimenticato di inchinarmi.

Bahrin mi trascinò per i capelli attraverso il giardino di sua zia, oltre la via privata che divideva le due case, fin dentro casa, mentre io strillavo e mi divincolavo. Ogni volta che cercavo di rialzarmi o di liberarmi, lui mi picchiava sulle braccia, sullo stomaco e sulla schiena e mi prendeva a calci sulle gambe. Una volta entrati in camera da letto mi gettò a terra, serrò la porta, si mise in tasca la chiave e tirò le tende.

Cominciai a implorarlo di rispedirmi in Australia, di concedermi il divorzio, di lasciarmi tornare a casa mia. Ma lui seguitò a ripetere che appartenevo a lui, che ora la mia casa era la Malesia e che finché gli appartenevo non mi avrebbe mai lasciato andare. Sempre più incollerito, mi insultò in tutte le maniere. Mi definì una misera puttana e mi accusò di non rimanere incinta apposta per contrastarlo. Mi disse che ero una nullità, che ero assolutamente incapace di sopravvivere ovunque senza di lui, che la gente mi avrebbe dato della pazza se avessi provato a raccontare che mi aveva picchiato. Andò avanti così per quelle che mi parvero ore. Io singhiozzavo e lo pregavo di rimandarmi a casa. Alla fine, con un ultimo calcio e le parole «con te non ho ancora finito», mi lasciò sola, chiudendomi nella stanza buia.

Non osai accendere la luce per paura che tornasse. In quel momento mi resi conto che tutti gli abitanti della tenuta reale dovevano avere udito le mie grida e saputo del nostro litigio, ma nessuno era venuto a indagare o ad aiutarmi. Capii allora che qualunque cosa fosse successa, la famiglia era dalla sua parte; io ero semplicemente un'estranea dotata di utero.

Non avevo piani o idee su dove andare. Aprii cautamente la finestra e aspettai. Non avevo denaro, né passaporto, né un rifugio, e nessuno a cui raccontare di Bahrin. E poi, anche se ci avessi provato, chi mi avrebbe creduto? In ogni caso, secondo la legge islamica, Bahrin aveva tutti i diritti di picchiarmi, purché non mi lasciasse segni sul viso. Il mio primo pensiero era passare la notte altrove, sfuggire alla rabbia che certamente lo avrebbe assalito quando mi avesse rivisto. Issandomi sul davanzale, riuscii con una manovra tortuosa a far penzolare le gambe fuori. Grazie al cielo Bahrin, a differenza di molti suoi familiari, non sopportava le sbarre d'acciaio alla finestra. Trattenendo il fiato mi lasciai cadere silenziosamente a terra, mancando di poco il canale di scolo che correva parallelamente alla casa, e cercai di nascondermi fra le ombre.

Decisi di allontanarmi dalla casa il più possibile. Uscire dalla tenuta significava esporsi alla luce dei lampioni che circondavano tutte le abitazioni reali, quindi scelsi di andare verso l'antico edificio in fondo al nostro giardino che confinava con le mura perimetrali. Impiegai una decina di minuti, zigzagando da un albero all'altro, per arrivare ai gradini della vecchia abitazione. Un'auto diretta a una casa vicina mi spinse a rifugiarmi sotto l'edificio, dove decisi di rimanere. Mi sentivo al sicuro al buio, nascosta dalle ombre proiettate dai muri spessi più di mezzo metro. Non ne uscii fino all'alba. Passare la notte rannicchiata nell'erba con le zanzare che mi ronzavano attorno era preferibile a subire un'altra violenza da mio marito. Una volta, verso le dieci e mezzo, Bahrin condusse un superficiale sopralluogo della tenuta con una torcia e fu drammaticamente vicino a scoprire il mio nascondiglio. Riuscii a evitare il raggio della torcia, il che probabilmente fu un bene, visto che la sua voce era ancora arrochita dall'ira.

Quando finalmente riemersi, Bahrin aveva deciso di sperimentare un'altra tattica per piegare la mia volontà. Si rifiutò di parlarmi per più di una settimana e si trasferì a dormire in un'altra stanza. Suo padre era tornato a Kuala Lumpur prima che io mi facessi viva. Circa due settimane dopo che suo figlio mi aveva picchiato, Raja Ahmad ebbe un attacco di angina che lo costrinse a un ricovero in ospedale. Bahrin mi incolpò dei dolori al petto di suo padre e mi spedì a fargli da infermiera per punirmi delle mie malefatte. Stranamente, nei dieci giorni in cui mi occupai di mio suocero a Kuala Lumpur, parve stabilirsi fra noi una mutua, inespressa simpatia che durò ben oltre il suo periodo di convalescenza. Abah mi confidò che Bahrin non gli piaceva molto e che il comportamento arrogante di suo figlio era tutta colpa del defunto sultano. Dentro di me ero d'accordo con lui, ma non osai criticare apertamente mio marito nel timore che suo padre mi stesse semplicemente sondando per poi fare rapporto a Bahrin.

La porta della sala travaglio si spalancò rivelando la figura della Tengku Ampuan madre. Omar, com'era soprannominata, entrò nella stanza incedendo sui suoi tacchi alti e si fermò a capo del lettino, proprio mentre arrivava un'altra forte contrazione. Dominando a fatica il dolore, non potei fare a meno di pensare che era un buffo spettacolo vedere in sala parto una donna tutta adorna di seta e perle. Era senza dubbio un tipo originale. Appena rimasta vedova aveva snobbato molte restrizioni della famiglia reale, stringendo un'amicizia molto chiacchierata con una gioviale avvocatessa. Io la ammiravo e la invidiavo. Libera dal nodo scorsoio di un matrimonio combinato con un uomo molto anziano, e già ricca di suo, Omar non rendeva conto a nessuno e si teneva ben lontana dagli intrighi della sua litigiosa famiglia acquisita.

Mi dette una pacca sul ginocchio mentre una nuova fitta mi faceva gemere e boccheggiare. Probabilmente Omar si rese conto che non era il momento giusto per una chiacchierata, perché dopo qualche parola e gesto di sostegno se ne andò all'improvviso com'era arrivata, lasciandosi dietro una scia di profumo francese e una fila di infermiere ossequianti. A questo stadio, quasi rimpiangevo che non mi avesse invitato ad andar via con lei.

Mi adagiai sui cuscini pensando alla stranezza della visita di Omar. Cominciavo a chiedermi quali cambiamenti avrebbe portato la maternità nella mia vita. Durante la gravidanza, i miei passatempi erano stati limitati per via delle superstizioni e dei timori della famiglia, ogni mia mossa era stata monitorata da qualcuno per garantire che fossi soddisfatta e ben nutrita. Mi ero sentita più una preziosa cavalla da riproduzione che una donna con una nuova vita che cresceva dentro di lei.

La cultura malese è ricca di superstizioni sulla gravidanza, dalla dieta imposta alla futura madre alle cause di deformità dell'infante; ogni restrizione o decisione sulla mia gravidanza sostenuta dalla famiglia di Bahrin puzzava di ignoranza e di credenze primitive.

Prima del concepimento avevo preso l'abitudine di visitare di nascosto le scuderie reali, che sorgevano nei terreni del palazzo disabitato dell'allora principe ereditario. Lì erano ospitati i cavallini da polo della famiglia, a breve distanza dalla spiaggia. Un paio di volte, con la complicità degli stallieri e mettendo un paio di banconote nelle mani giuste, avevo sperimentato l'ebbrezza di prendere uno dei cavalli più piccoli per una cavalcata di primo mattino in spiaggia sul bordo dell'acqua. Sfortunatamente, nulla restava segreto a lungo e nel giro di pochi giorni fui rimproverata sia da Bahrin sia da sua madre per il mio comportamento indecoroso e per aver messo a repentaglio le mie possibilità di concepimento montando un cavallo. A mia difesa, tentai di far notare che la principessa Anna aveva partecipato come cavallerizza alle Olimpiadi e aveva messo al mondo due figli, e che la regina Elisabetta era una rinomata amazzone, ma fu inutile. I miei giorni in sella erano finiti per sempre; per loro, il mio utero (non io) andava protetto a tutti i costi.

Quando ancora non avevo annunciato la mia gravidanza, avevo iniziato a passare un po' del mio tempo libero in un istituto per bambini disabili ai margini della città. Avevo scoperto per caso l'esistenza di quella istituzione e speravo di poter fare qualcosa per aiutare la triste massa di bimbi che vi erano rinchiusi. L'edificio in cui erano ospitati i minori, che andavano da pochi mesi di vita fino alla maggiore età, un tempo era un centro di detenzione per fanciulle ribelli, ragazze madri e piccole delinquenti, e dopo il trasferimento delle detenute aveva accolto bambini da tutta la Malesia.

Erano i figli rifiutati, lasciati alla fermata dell'autobus o abbandonati in ospedale nella speranza che qualcuno si prendesse cura di loro; in Malesia qualunque anomalia fisica o mentale era motivo di vergogna e rigetto da parte delle famiglie. Nell'istituto di Terengganu erano tenuti tutti insieme qualunque fosse il loro problema, dal lieve danno neurologico o handicap fisico fino alla sindrome di Down e alla cecità.

La prima volta che entrai nell'istituto, rimasi scioccata vedendo i bambini distesi su materassini di gomma coperti da un sarong di batik, fra pozze della loro stessa urina. Alcuni strisciavano sul pavimento di cemento rosso, dondolavano avanti e indietro contro i muri o si attaccavano alle sbarre delle finestre, mentre un unico ventilatore a pale per ogni reparto girava pigramente, creando una debole brezza. Le stanze non avevano giocattoli né disegni colorati alle pareti, niente che si potesse definire visualmente stimolante. Nessuno tentava di educare quei piccoli e la fisioterapia era sconosciuta. Il personale era formato per lo più da gente non specializzata, che schiaffeggiava e insultava i ricoverati quando davano fastidio.

Restai di stucco quando scoprii che esisteva in realtà un comitato direttivo composto da varie signore dell'alta società e da una donna della famiglia reale. Queste signore non facevano quasi nulla per migliorare la qualità di vita di quei bambini, ma si limitavano a raccogliere punti di *parlar* legando i loro nomi all'istituto; non avrebbero mai preso in considerazione l'idea di rimboccarsi le maniche e occuparsi concretamente dei loro protetti. Preferivano compiere regolari visite di ispezione all'edificio, vestite di seta e senza un capello fuori posto, manifestando la loro preoccupazione e angoscia per i problemi dei loro assistiti ma scostando subito la gonna se uno dei bimbi tendeva la mano verso di loro, e rallegrandosi in silenzio di avere a casa dei figli sani e perfetti.

Quando dissi a Bahrin e a sua madre che mi sarebbe piaciuto fare qualcosa per l'istituto, acconsentirono senza esitazione, a patto che ci andassi solo nell'orario d'ufficio di Bahrin. Probabilmente pensarono che volessi far parte del comitato direttivo, senza immaginare le mie vere intenzioni.

Cominciai a fare visita ai bambini portando con me un vecchio registratore a cassette per far sentire loro un po' di musica. La cosa che mi impressionò maggiormente fu il loro semplice desiderio di toccarmi. Per bimbi che non avevano quasi mai ricevuto dimostrazioni fisiche d'affetto, gli abbracci erano un concetto nuovo, ma fecero in fretta ad abituarsi. C'era una bambina in particolare che chiamavo Mina. Aveva cinque o sei anni, enormi occhi scuri e una massa di riccioli tagliati corti. Mina sorrideva quando mi vedeva e tendeva le mani per farsi prendere in braccio. Stando con loro, non dovevo preoccuparmi del rigido protocollo o delle regole cui dovevo attenermi in qualunque altro luogo di Terengganu. Potevo essere semplicemente me stessa: i bambini non desideravano altro e io li accontentavo.

Ma tutto questo cambiò il giorno in cui dissi a Bahrin che ero incinta. Una delle primissime cose che mi proibì di fare – e in questo ebbe il pieno e inequivocabile sostegno di tutta la famiglia – fu di far visita all'istituto. Cercai di protestare, ma fu inutile. Provai a ragionare con loro, ma nessuno mi ascoltò. Minacciai di andarci comunque, e Bahrin disse che mi avrebbe chiuso in casa fino al momento del parto. Ebbero la pazienza, però, di spiegarmi perché mi era stato proibito di tornare laggiù. Erano fermamente convinti che qualsiasi influenza esterna avesse un effetto sul bambino *in utero*. Secondo le loro credenze, se fossi stata esposta a qualunque bambino meno che perfetto, avrei corso il rischio di partorire io stessa un figlio ritardato o handicappato. Chiamavano questa sindrome *kenang*, una forma di trasmissione infettiva della deformità. Per quanto mostrassi loro testi di medicina o libri sulla gravidanza, furono inflessibili. Mi citarono persino un esempio: il figlio più piccolo dello zio di Bahrin, Tengku Ibrahim, era nato con un braccio leggermente deforme. Questo, affermarono saggiamente, era accaduto perché sua madre, zia Rosita, aveva preso a calci un gatto e l'aveva ferito quand'era incinta. Di conseguenza, suo figlio era nato *kenang*.

Non c'era nulla che potessi dire o fare per dissuadere la famiglia dalle sue idee primitive e superstiziose. Mi fu severamente vietato di toccare o guardare delle bambole, specialmente quelle con occhi mobili, poiché questo avrebbe fatto nascere mio figlio sordo, cieco o muto. Mak citò come esempio la mia lavandaia, Zah. Il suo ultimo figlio era nato cieco e sordo, evidentemente perché lei aveva tenuto in mano una bambola.

Interrogai attentamente Zah su quella tragedia familiare esaminando ogni mese della sua gravidanza, e giunsi alla conclusione che la cecità di suo figlio era dovuta quasi certamente a un'epidemia di rosolia scoppiata nel suo villaggio nei primi tre mesi dal concepimento. La vaccinazione contro la rosolia era praticamente sconosciuta a Terengganu. Molti devoti musulmani credono che la gente si ammali per volere di Allah, e la vaccinazione contro qualunque malattia è estremamente rara.

Al settimo mese della mia gravidanza, Mak volle a tutti i costi che mi sottoponessi al rito tradizionale del bagno per garantirmi un rapido travaglio e impedire agli spiriti maligni di interferire con il parto. Una vecchia levatrice di paese venne a casa mia per valutare la forma della mia pancia. Dopo avere effettuato, contro la mia volontà, un minuzioso esame condito da mugolii espressivi, annunciò che doveva riposizionare il bambino perché era messo nel verso sbagliato. Io mi opposi categoricamente, malgrado le insistenze di mia suocera e delle sue sorelle. Non volevo rischiare di rompere la placenta o di far male al mio bambino solo per rispettare le usanze e le tradizioni reali.

Il mio rifiuto non mi fece guadagnare grande popolarità, ma le lasciai proseguire con il resto della cerimonia, che ritenevo inoffensiva. Una pia donna e la levatrice pregarono e soffiarono in un secchio pieno d'acqua, tuffandovi dei lime freschi tagliati in quattro. Poi mi spogliarono lasciandomi solo con un sarong di batik e mi fecero rimanere in piedi nel bagno. A quel punto mi innaffiarono di acqua benedetta dalla testa ai piedi chiedendomi di ripetere dei versetti del Corano. Al termine del rito, Mak distribuì elemosine ai poveri a ulteriore garanzia di un bambino sano e di un facile travaglio.

Non fu facile riuscire a conservare un mio punto di vista su quel che accadeva al mio corpo durante la gravidanza. Cercai di tenermi informata il più possibile e affrontai buona parte della mia gravidanza con l'aiuto di testi che ero riuscita a fare arrivare dall'Australia e dall'Inghilterra. I libri di Penelope Leach furono una fonte di notizie inestimabile, così come un filmato sulla nascita che riuscii a ottenere dagli Stati Uniti. Non esistevano corsi pre-parto a Terengganu e i medici, così come le mie parenti, erano tutt'altro che disponibili quando facevo domande sul processo della nascita. Così mi affidai agli esercizi pre-parto e alla ginnastica per il pavimento pelvico descritti nei miei libri, e decisi a quale tipo di travaglio puntare.

Mi sentivo molto sola nella sala travaglio. Le infermiere andavano e venivano secondo i turni e ogni tanto il medico veniva a darmi un'occhiata, ma per lo più ero abbandonata ai miei pensieri. Non credo che il personale medico fosse molto contento di me, dato che continuavo a rifiutare la loro offerta di petidina – sapevo che attraversava la barriera della placenta e influenzava la capacità di poppare del bambino, cosa che volevo evitare – e l'ossitocina con cui volevano accelerare il travaglio. Un paio di infermiere in particolare continuavano a ripetermi di stare sdraiata anziché seduta durante le contrazioni. Io avevo scoperto che dritta riuscivo a sopportare meglio il dolore, ed era anche la posizione più comoda. Ma le due infermiere non volevano ascoltare il mio ragionamento e seguitavano a stendermi sul lettino, con il risultato che l'intensità delle contrazioni mi dava il vomito ed ero costretta a rimettermi faticosamente seduta. Cominciavo a capire come si sentisse una balena spiaggiata che si agita sulla sabbia. La cosa drammatica era che somigliavo fin troppo a una balena, dato che due giorni prima del travaglio avevo toccato addirittura i settantasei chili, un peso spaventoso per una statura di un metro e sessanta, specie tenuto conto che il mio peso normale era intorno ai cinquantadue chili.

Avevo ormai raggiunto il traguardo delle trenta ore di travaglio e cominciavo a ipotizzare di farmi una corsetta o saltare su un tappeto elastico per accelerare le cose. Sapevo che il bambino manteneva un battito regolare e che non c'erano segni di sofferenza fetale, ma la situazione stava diventando un po' ridicola. Ero quasi al limite della sopportazione e la proposta di un'infermiera di darmi un po' di ossido di azoto e ossigeno per alleviare il dolore cominciava a tentarmi. Stabilii che avrei concesso al bambino ancora mezz'ora e poi avrei fatto ricorso al gas. Nel frattempo, concentrai i miei pensieri sugli eventi degli ultimi mesi.

Uno degli aspetti della vita in Malesia su cui non avevo ragionato era quanto sarei stata isolata dalla gente al di fuori della stretta cerchia familiare. Le normali amicizie erano semplicemente impossibili per via di vari fattori. Bahrin pretendeva che non uscissi di casa senza il suo permesso se non per far visita alle sue zie o a sua madre, e comunque non avevo idea di come crearmi il tipo di amicizia di cui avevo bisogno con la gente di Terengganu. Il loro sistema di valori era così diverso dal mio; nessuno leggeva libri – non c'era nemmeno una libreria in tutta la città, a meno di non contare quelle religiose – e una conversazione sul balletto o sulla musica era inaudita. Inoltre Bahrin leggeva tutta la mia posta dall'Australia e di norma chiedeva di vedere anche le mie risposte alla nonna, precludendomi così anche quella via di riflessione.

Molto raramente, Bahrin e io partecipavamo al matrimonio di un suo conoscente d'affari o a un ricevimento in cui erano presenti ex compagni di scuola di Bahrin con le loro mogli. Di solito queste riunioni si rivelavano un vero tormento per me, dato che lui e io non eravamo mai considerati ospiti comuni e venivamo trattati con palese deferenza. Questo mi faceva sentire lontana dalle altre donne della mia età, soprattutto quando molte mogli coglievano l'occasione per prendermi da parte e farmi domande indiscrete sulla vita e sulle abitudini della famiglia reale. Curiosità insulse, come per esempio se la sala da volano del palazzo fosse davvero grande il doppio di un cinema, o quante notti passasse il sultano con ciascuna delle sue mogli, o quanto un mio parente acquisito avesse pagato una nuova collana apparsa in fotografia su una rivista. Un altro dei commenti preferiti di questo branco di pettegole era quanto fossi fortunata e privilegiata ad aver sposato un principe reale, sistemandomi economicamente per tutta la vita, e quanto fossi stata brava a incastrarlo. Morivo dalla voglia di rispondere che avrei volentieri ceduto a loro la mia vita solitaria, e che non mi ero resa conto di quanto stavo meglio nel mio Paese. Ma non osavo dire la verità, anzi diventai abile a recitare la parte che si aspettavano da me e a schivare le loro indagini indiscrete con un sorriso gelido e il silenzio, o fingendo di non capire.

Trovai conforto, tuttavia, dove meno me lo aspettavo. La

consorte del sultano, Tengku Ampuan Bariah, divenne la mia confidente, amica fidata e alleata. "Endah", come la chiamavo io, si rivelò l'unica persona cui potevo fare ricorso. Non rammento come arrivammo a scoprire che avevamo molto in comune, ma a un certo punto cominciò a invitarmi al tè pomeridiano a palazzo a intervalli di pochi giorni. Per fortuna nessuno, nemmeno Bahrin, poteva negarmi il permesso di fuggire nel fresco e tranquillo rifugio che Endah si era creata negli appartamenti privati dell'Istana Badariah. All'inizio, quando Endah chiedeva alla sua dama di compagnia di telefonare per invitarmi a casa sua, Bahrin mi sottoponeva a interminabili lezioni sul corretto protocollo e mi raccomandava di comportarmi in modo impeccabile. Non aveva la minima idea di come fosse sua zia; erano in pochi ad averla, e pochi avevano modo di sapere quanta tristezza e umiliazione dovesse sopportare ogni giorno della sua vita di regina senza un erede.

Quando Endah e io diventammo più intime, lei accantonò buona parte della rigida etichetta che di norma governava i suoi contatti con altre persone. Era una donna minuta con una magnifica carnagione chiara e morbida come la seta e una voce vellutata. Portava sempre il profumo Joy e nella vita privata amava vestire con grande semplicità, scegliendo ampi caffettani di seta e pantofoline rosse quando stava in casa. Abile in cucina e sul campo di volano, coltivava rose di ogni varietà e aveva il sorriso più dolce che avessi mai visto. Passavamo ore a sfogliare riviste e a parlare di torte e di vestiti. Le avevo raccontato qualcosa del carattere irascibile di Bahrin, e il risultato fu che si offrì di darmi un pretesto per rifugiarmi a palazzo nei momenti di necessità.

A volte Endah mi parlava dei primi tempi del suo matrimonio, quando diventò moglie del principe ereditario alla corte di Terengganu. Aveva appena sedici anni quando sposò lo zio di Bahrin, e mi disse con aria divertita che il giorno prima delle nozze portava ancora l'uniforme delle scout. Figlia del sultano di Selangor e dotata di un gran numero di fratelli, era cresciuta in una famiglia piuttosto progressista per gli standard musulmani, anche a causa dell'influenza coloniale britannica a Selangor. Non conosceva Ayah Mud, zio Mahmud, prima del matrimonio, ma gli era stata mostrata una fotografia del fidanzato ventenne perché sapesse che aspetto aveva. Subito dopo le nozze, gli sposini furono mandati in Inghilterra a studiare, lui in un collegio militare e lei per ottenere un diploma in economia domestica. Presero alloggio in una villetta nella pittoresca contea del Surrey, in un'Inghilterra ancora soggetta a razionamento. Endah aveva uno sguardo distante e una voce malinconica quando mi raccontava dei suoi primi anni di vita matrimoniale, quando lei e Ayah Mud giocavano a fare gli adulti senza servi o protocolli reali a disturbarli. Ayah Mud scorrazzava in bicicletta per i sentieri di campagna e spesso camminavano mano nella mano per andare al cinema o a fare la spesa in paese, lei in abiti occidentali e calze con la riga, lui vestito di tweed. Ma quando alla fine tornarono in Malesia, il loro idillio cambiò drasticamente. I momenti di intimità e di tranquilla solidarietà erano finiti; ora le loro vite erano dominate dagli obblighi sociali, dal protocollo reale e dal loro ruolo di principe ereditario di Terengganu e consorte, oltre che dall'assoluta necessità di un erede.

Malgrado tanti anni di speranze, preghiere e operazioni, Endah non fu in grado di partorire il figlio che entrambi desideravano. Così un giorno Ayah Mud si trovò un'altra moglie, una ragazza di Singapore di nome Sharifah Nong, per perpetuare la sua stirpe. Più la nuova moglie sfornava figli, più cresceva il suo ascendente presso il principe ereditario, finché Endah fu praticamente confinata alle occasioni cerimoniali e ai ritratti dei reali negli uffici. Quando Ayah Mud diventò sultano, i cortigiani di Terengganu erano passati definitivamente dalla parte di Sharifah Nong, la madre del nuovo principe ereditario, o avevano giurato fedeltà a Endah. Molti di loro, però, rispettavano il suo rango solo a parole e coglievano ogni opportunità per mostrarsi servili con Sharifah Nong trattandola da consorte effettiva. I fratelli e le sorelle del sultano giocavano su entrambi i fronti in questa machiavellica partita. Tutti avevano paura di Sharifah Nong; la calcolata sottigliezza della sua perfidia era leggendaria, anche se mascherata da ingenuità e bonomia. Ma tutti noi sapevamo di non poterci mai fidare di lei: l'esito poteva essere devastante. Se regalavano qualcosa a Endah, cortigiani e familiari erano sempre attenti a offrire un dono di pari valore, o ancora più costoso, a Sharifah Nong.

Ayah Mud si atteneva a un programma rigidissimo, quindi di solito andavo al palazzo quando lui era con Sharifah Nong. Passava due giorni con Endah e due giorni con l'altra moglie. Le vacanze e i viaggi all'estero erano divisi tra le due donne, ma spesso la madre del suo erede lo accompagnava nei giri che non comprendevano obblighi ufficiali. Quando Endah andava con il marito in Europa o in Inghilterra tornava sempre carica di regali accuratamente scelti per me. Una borsetta alla moda, una stoffa o delle artistiche forcine per capelli. Una volta portò a casa una pila di libri fotografici sulla principessa del Galles, pensando che io potessi adattare alcuni dei vestiti di Diana alla sensibilità malese. Endah sapeva che non sopportavo le restrizioni del mio Paese adottivo in materia di abbigliamento e la rigidità dello stile cui dovevo uniformarmi, quindi disse ad alcune delle sue cognate che non vedeva alcun motivo per cui non dovessi portare abiti vagamente all'occidentale, purché mantenessero un livello accettabile di modestia nella lunghezza, nella scollatura e nelle maniche. Endah capiva che a diciannove anni la prospettiva di portare esattamente lo stesso stile di vestiario per il resto della mia vita era deprimente.

Fu una mossa molto abile da parte sua, perché i reali malesi sembravano affascinati da Diana e approvavano tutto quel che portava o faceva. Endah e io ci divertimmo un mondo a modificare gli abiti della principessa per adattarli alla sensibilità della corte. A volte si trattava di aggiungere una gonna a un abito un po' corto o di allungare un po' gli orli dei vestiti, mantenendo il colletto increspato e il taglio in vita della fotografia originale. Più tardi, quando acquistai più sicurezza, Endah mi incoraggiò a osare di più e ad adottare un mio stile di abbigliamento. Ben presto cominciai ad aggiungere imbottiture ai miei formali *baju kurung*, e a sfidare la sorte con una scollatura a V o leggermente più bassa. Qualunque cosa mi venisse in mente per rompere la monotonia del mio rigido vestito islamico, pur rispettando gli obblighi di modestia e una stretta interpretazione dei completi tradizionali, davo incarico al mio sarto di realizzarla. Capii di avere infranto una barriera della moda quando i miei abiti cominciarono a essere copiati, prima di tutto dalle altre signore della famiglia. Poi, grazie al puntuale rilievo che i media riservavano a ogni evento reale, anche la gente comune cominciò a imitare gran parte del mio guardaroba.

La reazione di Bahrin all'evoluzione del mio abbigliamento fu controversa. Da una parte apprezzava il fatto che fossi costantemente in primo piano nei servizi televisivi e sulle riviste, dall'altra non amava il mio anticonformismo. Sospetto che questo gli creasse una certa confusione. I complimenti alla bellezza e all'eleganza di sua moglie si traducevano in onori per lui e giustificavano il fatto che mi avesse scelto come sposa. Per contro, la mia ribellione dolce e apparentemente innocente in termini di vestiario riduceva il suo controllo su di me, e dato l'appoggio di sua zia Tengku Ampuan, gli era impossibile punirmi quanto sentiva che avrei meritato. Scelse così di esprimere la sua disapprovazione non facendomi mai un complimento per il mio abito o il mio aspetto in quattro anni.

Endah era la mia unica vera confidente e alleata a Terengganu. Scoppiò in lacrime il giorno in cui le dissi che aspettavo un bambino. Io feci in modo di condividere la mia gravidanza con lei il più possibile. Passavamo ore sedute sotto la pergola del suo roseto affacciato sul Mar della Cina Meridionale, mentre io ricamavo le camiciole e il corredino del neonato. Accanto alla sua grande voliera di uccelli tropicali, chiacchieravamo o restavamo semplicemente sedute in silenzio cullate dalla brezza dell'oceano. Altre volte trovavo sollievo dal caldo in una serie di stanze che mi aveva messo a disposizione nell'ala vecchia del palazzo. Lì mi nascondevo con la mia macchina da cucire a preparare tende, ornamenti per la nursery e abitini da neonato, mentre Endah andava e veniva dalla stanza per tenermi d'occhio. In un paio di occasioni, Endah fece la mossa senza precedenti di venire a casa mia per controllare il progresso della nursery, ma ben presto ci accorgemmo che era meglio evitarlo. Dato che non faceva mai visita agli altri membri della famiglia di suo marito, questi reagirono con invidia.

Pur non essendo riuscita ad avere figli biologicamente suoi, Endah ne aveva allevati molti, portandoli a vivere nel palazzo. In seguito, quando furono abbastanza grandi, mandò parecchi di loro a studiare oltreoceano, aiutandoli a farsi una vita negli Stati Uniti. Stava crescendo anche uno dei figli naturali del sultano, Tengku Baharuddin, o "Adik", com'era soprannominato. Adik era l'ultimo della prole, nato da una ragazza di paese di cui lui si era incapricciato e con cui era stato sposato per un breve periodo. Quando la ragazza aveva partorito, il sultano aveva affidato il neonato alle cure di Endah perché lo allevasse come se fosse suo.

Per la maggior parte della mia gravidanza fui relativamente incolume dalle ire di Bahrin. L'unica eccezione fu il giorno in cui, al quinto mese, scoprii le prove della sua infedeltà. In quel periodo passava molto tempo lontano da Terengganu per lavoro. Stavo svuotando la sua ventiquattr'ore mentre sua madre chiacchierava con me quando mi imbattei in un grosso vasetto di cipria profumata e un paio di mutandine femminili pigiate in un angolo della borsa. Crollai seduta per terra in preda allo shock, mentre Mak ripeteva in continuazione scuotendo la testa: «Proprio come suo padre, proprio come suo padre». Fu come se mi avessero dato un calcio nello stomaco. Chiaramente la ragazza coinvolta voleva che sapessi della loro relazione, ma dubito che Bahrin fosse d'accordo. Era tornato dal suo viaggio di ottimo umore, e l'interesse che aveva mostrato per lo sbocciare della mia pancia mi aveva fatto sperare che avesse ancora un po' di tenerezza per me. In quel momento mi resi conto che l'interesse da lui dimostrato era rivolto alla prova della sua virilità che stava crescendo dentro di me, più che il risultato di qualunque affetto nei miei confronti.

Mak disse immediatamente che avrebbe fatto recitare preghiere speciali per il nostro matrimonio e mi avrebbe fatto confezionare dei talismani che legassero a me Bahrin. Io ascoltavo i suoi ragionamenti con la mente sconvolta dall'ira e dal dolore. Mi sembra di sentirla ancora borbottare del decadimento morale del mondo mentre attraversava il giardino diretta a casa sua. Decisi di estorcere la verità a Bahrin non appena fosse tornato a casa per pranzo. Per evitare che i servi origliassero la mia umiliazione, mandai Zah a casa in anticipo e spedii Wan Su a fare delle commissioni. Questo fu il mio primo errore.

Accolsi Bahrin alla porta non appena sentii chiudere lo sportello dell'auto e lo seguii mentre si dirigeva verso la camera da letto. Appena allungò il braccio verso la maniglia, gli mostrai la biancheria incriminata e gli chiesi una spiegazione. All'inizio lui cercò di convincermi che fosse roba mia, una bugia palese per entrambi. Poi disse che doveva essere finita nella sua valigia in qualche modo, ma non sapeva come, né a chi appartenesse. Quando replicai seccamente che non credevo alle sue deboli scuse e che sua madre mi aveva detto che il suo comportamento rispecchiava quello di suo padre, l'atteggiamento di Bahrin cambiò e da altezzoso e beffardo si fece aggressivo. Si avventò su di me a tale velocità che non riuscii a prevenire lo spintone con cui mi fece volare oltre la porta aperta dell'atrio alle mie spalle, giù per i sei o sette gradini della veranda fino al cortile di cemento. Atterrai con un tonfo sordo sulle scale a gambe divaricate e picchiai la testa sul cemento sottostante, assorbendo la maggior parte dell'urto con le ultime vertebre della spina dorsale e con i gomiti.

Dall'espressione sul viso di Bahrin, penso che fu sconvolto dalla caduta quanto me. Si precipitò a tirarmi su, chiedendomi in continuazione se il bambino stesse bene. Ero preoccupata quanto lui che nostro figlio potesse essersi fatto del male, ma lo sentii scalciare e muoversi come al solito. Io invece ero pesta e piena di lividi; d'istinto avevo fatto il possibile per proteggere il mio ventre mentre cadevo. Cominciai a piangere, e Bahrin mi aiutò ad arrivare nella nostra stanza e a stendermi sul letto. Poi uscì dalla stanza dicendomi di non muovermi, e qualche istante dopo lo sentii parlare al telefono. Distinsi le parole «inciampata», «un gradino», «maldestra» e «ho pensato fosse meglio controllare», prima di sentirlo riattaccare e tornare in camera.

In piedi accanto al letto, Bahrin mi afferrò un polso e stringendolo con forza mi disse che aveva telefonato al dottore e gli aveva raccontato quel che era successo. Quando replicai che sicuramente non gli aveva detto la verità, Bahrin ribatté che aveva riferito al medico *keling* tutto quello che c'era da sapere e mi ammonì a non contraddirlo. Se avessi fatto sapere a qualcuno ciò che era accaduto veramente, mi avrebbe portato via il bambino appena nato e mi avrebbe rispedito in Australia da sola. Bahrin sapeva di aver giocato la carta giusta, e sapeva che io non la consideravo una minaccia a vuoto; ero ben conscia che esistevano già dei precedenti per quel tipo di punizione. Annuii seccamente e gli dissi di lasciarmi in pace.

Sola in quel grande letto, con tutto il corpo dolorante, sentii che la mia schiena cominciava a irrigidirsi e pregai che il bambino fosse incolume. Per nessun motivo al mondo avrei rischiato di perdere mio figlio a causa di ulteriori violenze o disobbedendo a Bahrin. L'unica cosa che contava era il bambino. Restai distesa sul letto per ore, a singhiozzare. Piangevo per nostro figlio e per la vita che gli stavo preparando, e piangevo per il marito che ancora credevo di amare.

Più tardi Bahrin informò la sua famiglia che in un momento di distrazione ero inciampata cadendo sui gradini del cortile, e che lui mi aveva ammonito di stare più attenta per il bene di nostro figlio. Mak era molto preoccupata che mi fossi fatta male nella caduta, e sembrava anche un po' scettica sulla spiegazione che Bahrin aveva dato dei miei lividi, ma come tutte le altre donne della famiglia reale era stata educata a non mettere mai in dubbio la parola di un parente maschio, quindi non fece domande.

Chiamò invece una vecchia donna di paese, Mok Soong, a visitarmi e curare i miei muscoli dolenti. Mok Soong era una minuscola ottuagenaria dalla faccia avvizzita che somigliava a una castagna sorridente, e con le mani e i piedi contorti dall'età. Aveva una risata chioccia e allegra ed era totalmente affascinata dalla televisione. In qualità di *tukang urut*, massaggiatrice, Mok Soong cominciò a venire su indicazione di mia suocera una volta alla settimana per massaggiarmi la schiena e verificare che tutto andasse bene per il bambino. Mentre Mak e zia Zainah chiacchieravano in camera mia, io mi stendevo su un materassino di schiuma sul pavimento e mi sottoponevo ai trattamenti della massaggiatrice, la cui forza non corrispondeva alla sua taglia minuscola. La tariffa corrente per un massaggio di due ore, mi informò Mak, era dieci ringgit malesi, ovvero circa tre sterline e cinquanta. Era una cifra così misera per tutto quel lavoro che ogni volta le passavo qualche soldo in più, con grande scandalo di mia suocera e sua sorella che si lamentavano che in quel modo gonfiavo i prezzi per tutti gli altri.

I massaggi di Mook Song furono praticamente l'unico contatto fisico che ebbi con un'altra persona durante la mia gravidanza. Bahrin aveva da tempo rinunciato alla componente sessuale del nostro rapporto. Se mai gli capitava di vedermi svestita, si toglieva la soddisfazione di dirmi che ero la cosa più grottesca che avesse mai visto. Ancor prima che rimanessi incinta, coglieva ogni occasione per dirmi che avrei dovuto essergli grata di aver fatto di me una musulmana, dato che avevo le gambe più brutte che avesse mai visto. Diceva che persino le gambe di un tavolo erano meglio delle mie, e che «per fortuna le donne musulmane devono tenerle nascoste». Cominciai a provare un tale imbarazzo per il mio corpo che facevo in modo di coprirmi dalla testa ai piedi quando lui era nei paraggi.

In quel periodo riuscii a ottenere da Bahrin il permesso di coltivare l'amicizia di un'americana di nome Fiona il cui marito, pilota di elicotteri, era stato trasferito dalla ditta a Terengganu per assicurare i collegamenti aerei fra la terraferma e le piattaforme petrolifere off shore. Bill era originario dell'Oregon, e lo conobbi quando entrò per errore nella nostra tenuta con la sua auto. Le zie, colte di sorpresa dalla comparsa di un uomo bianco sconosciuto nel loro giardino, mi chiamarono a fare da interprete, e venne fuori che Bill stava cercando una casa in affitto prima che moglie e figlia arrivassero dall'America. Dopo un lungo conciliabolo fra le zie, Mak e me, si decise che l'avremmo aiutato nella sua ricerca. Probabilmente Mak finì per cedere ai miei sguardi imploranti perché comprese che avevo un disperato bisogno di compagnia occidentale. Mi fece promettere, però, che sarebbe stata lei a dare la notizia a Bahrin. Io accettai con piacere.

Bahrin pose condizioni molto rigide ai miei contatti coi *mat salleh*, come chiamava Fiona e Bill. Non potevo parlare con Fiona per più di due ore complessive alla settimana e lei non doveva mai venire a trovarmi senza preavviso quando lui era in casa. Inoltre, mi ammonì, non dovevo mai raccontarle alcun dettaglio della nostra vita matrimoniale. Le nostre conversazioni dovevano limitarsi ai bambini, allo shopping o all'America, e parlando con lei dovevo mettere l'accento sulla mia "malesità" sorvolando sulla mia nazionalità australiana. La mia vita con lui, e nella famiglia reale, era interamente tabù. «Prova a contravvenire a una di queste regole e la tua amicizia cesserà all'istante» decretò. Sapevo che Bahrin chiedeva alla servitù e al resto della sua famiglia di riferirgli il mio comportamento, quindi azzardai una minima violazione solo un paio di volte. Chiacchierare con un'americana in inglese era un privilegio troppo prezioso per metterlo a repentaglio confidandole la verità sul mio matrimonio. Non sarebbe servito a niente; non c'era modo di cambiare la mia situazione. Appartenevo a Bahrin e il mio posto, nel bene e nel male, era con lui.

Avevo sempre l'impressione di mantenere le distanze con Fiona, e mi sentivo molto disonesta a inventare delle scuse sapendo che lei avrebbe voluto passare più tempo a casa mia ed era incuriosita dal palazzo. Era meraviglioso poter parlare con un'altra donna dell'imminente nascita di mio figlio. Fiona poteva colmare tutte le lacune lasciate dai miei libri sulla gravidanza e io potevo vedere Terengganu con i suoi occhi. Anche lei la odiava. Non la biasimavo. Per una donna bianca la vita era solitaria e difficile in quella città. Il fatto di portare abiti occidentali, per quanto pudichi, non la proteggeva dalle molestie dei giovani maschi malesi che popolavano le strade e le spiagge.

Un giorno Fiona venne da me in lacrime. Era andata in spiaggia con la sua bimba, e di colpo si era trovata circondata da sei o sette giovanotti che dicevano in coro «Charlie's Angels, Charlie's Angels». Poi i ragazzi avevano cominciato a masturbarsi in cerchio intorno a lei e a sua figlia prima di tagliare la corda, spaventati dall'avvicinarsi di due pescatori. Lei non era in costume da bagno, ma portava una lunga T-shirt e pantaloni di cotone, e aveva i capelli biondi raccolti in una coda di cavallo. Dovetti spiegarle che molti uomini malesi dei villaggi avevano un'immagine stereotipata delle donne bionde occidentali, quasi come delle prostitute. La loro mentalità perversa li portava a comportarsi in modo disgustoso ogni volta che ne incontravano una. Non fu facile per Fiona riprendersi dallo shock, e certamente evitò di tornare in spiaggia senza il marito.

Quando raccontai questa storia a Bahrin, lui mi lasciò di stucco affermando che probabilmente Fiona se l'era andata a cercare, stando in spiaggia da sola. Io obiettai che era con la sua bambina e che il comportamento di quei ragazzi avrebbe richiesto un intervento della polizia. Lui allora si mise a strillare che solo le puttane andavano in spiaggia e che le donne per bene se ne stavano a casa e si coprivano. Avrei dovuto immaginare che era impossibile discutere con lui dell'esperienza di Fiona; in fondo, mi aveva proibito per sempre di nuotare nell'oceano. Avevo persino provato a convincerlo a lasciarmi sguazzare in costume da bagno con un lungo caffettano sopra, ma Bahrin riteneva che anche quell'indumento sarebbe stato troppo a rischio, una volta bagnato. Aveva dimenticato in fretta la nostra idillica settimana a Kuantan, quando mi faceva posare sulla spiaggia in costume, con i capelli sciolti. Vivevo a meno di cinquecento metri dall'azzurro Mare della Cina Meridionale, ma non avrei mai potuto nuotarci dentro.

Lo stoicismo finì per cedere al realismo e chiesi all'infermiera un po' di quel gas tanto decantato per smorzare i dolori più acuti. Quando riuscii a capire come inalare l'ossigeno e l'ossido di azoto e cominciai a sentirne gli effetti, la situazione in sala travaglio assunse un tono umoristico: dopotutto, non per niente lo chiamano "gas esilarante".

Ma la novità di trovarsi su un lettino in preda ad atroci dolori cercando di espellere qualcosa di simile a un enorme pallone da basket perse rapidamente il suo lato comico quando entrai nella fase di "transizione". Fu come se in sala parto qualcuno avesse strillato improvvisamente: «Tutti ai posti di combattimento!». I carrelli con la strumentazione furono spinti tintinnando in posizione. Gli assistenti infilarono le mani in guanti di gomma facendoli schioccare. E il lettino su cui giacevo da trentadue ore si trasformò con una rapidità allarmante in una struttura più simile a uno spiedo da rosticceria. Di colpo mi ritrovai distesa sulla schiena con le gambe divaricate in alto, mentre le infermiere mi legavano le caviglie alle staffe ignorando completamente le mie sonore proteste. Per quanto mi dimenassi e mi contorcessi, era del tutto impossibile liberare le gambe da quella poco dignitosa posizione e spingere e respirare contemporaneamente.

Mente, corpo, intelletto, pudore. In quel momento non avrei saputo dire quale significato avessero queste parole: erano del tutto prive di senso. In quei pochi, straordinari istanti, l'istinto non ebbe nome né ragione, esisteva e basta. Fu l'istinto a far nascere mio figlio, non un dottore. Fu la cosa più sensata, più logica e più pura che avessi mai fatto: generare la vita.

Il bimbo strillò quando i dottori gli liberarono le vie respiratorie, ma smise nell'attimo stesso in cui me lo misero in braccio. E quando abbassai lo sguardo sul suo visino perplesso, capii per la prima volta in vita mia cosa fosse l'amore vero, inequivocabile e straziante.

# 29

Di tanto in tanto, nei momenti di incertezza, mi chiedo se avrei dovuto agire in modo diverso dopo la nascita di Iddin. Ma negare i miei istinti e soffocare i miei sentimenti per mio figlio sarebbe equivalso a ingannare lui oltre che mentire a me stessa. Così offrii al mondo una scintillante facciata di acquiescenza e cooperazione, ma in privato decisi che mi sarei occupata in prima persona di mio figlio.

Ufficialmente il 15 febbraio 1983 avevo partorito Raja Muhamad Baharuddin Ismail Shah bin Raja Kamarul Bahrin Shah. Il suo nome era stato deciso molti mesi prima del suo arrivo. Com'era possibile caricare un essere così piccolo e indifeso di un nome tanto imponente e ingombrante? Io non ci riuscii. Posando gli occhi su di lui, capii che doveva essere chiamato Iddin, abbreviazione di Baharuddin, e per fortuna la famiglia di Bahrin fu d'accordo.

Raja era il suo titolo ereditario, così come Shah alla fine. Muhamad, il nome del profeta, era stato scelto dalla nonna per assicurargli l'ingresso in paradiso. Alla lista si aggiungeva Baharuddin, il nome centrale del nonno, seguito da Ismail in onore del defunto sultano, il nonno di Bahrin. Raja Kamarul Bahrin Shah, i nomi di Bahrin, rappresentavano una sorta di cognome, secondo l'uso tradizionale. Tutto questo per un bambinello che pesava tre chili e due etti.

Dopo più di dodici mesi trascorsi a Terengganu, il mio secondo nome divenne "costernazione". Era questo lo stato d'animo che sembravo suscitare costantemente nella famiglia di Bahrin. Costernazione perché mi ostinavo ad allattare al seno e costernazione perché mi rifiutavo senza mezzi termini di seguire il *pantan*, un codice di alimentazione e comportamento rigidamente imposto alle neomamme per un lasso di tempo variabile fra quaranta e cento giorni dopo la nascita di un bambino. Questo periodo di isolamento è considerato dai malesi musulmani una fase di impurità e di recupero, in cui il contatto fisico, compresa la condivisione del letto con il marito, è proibito. Il *pantan* copre un'ampio spaccato di vita quotidiana e impone alla neomamma di non consumare cibi considerati "freddi" – frutta di ogni genere, verdura, ghiaccio, acqua fredda o bevande gelate – nel timore che la sua vagina non recuperi l'elasticità rendendola poco desiderabile per il marito. Alla donna in isolamento è prescritto cibo semplice, asciutto, che di solito consiste in una blanda dieta di pesce alla griglia, riso bollito e pepe macinato al momento; a volte lo si varia con pollo e striscioline di zenzero fritte in olio di sesamo. Si ritiene che questi cibi aumentino il calore naturale del corpo e favoriscano la rigenerazione dell'utero. Il calore è considerato un fattore decisivo nel recuperare l'elasticità della vagina dopo il parto. Le giovani donne sono esortate a indossare calze di lana e maglioni malgrado l'intenso caldo tropicale, ed è giudicato molto pericoloso fare passi lunghi nel timore che l'utero fuoriesca penzolando fino alle ginocchia. Fu una ben strana immagine quella che partorì la mia mente quando Mak e le varie zie mi illustrarono solennemente le conseguenze della mia ribellione.

Furono assolutamente inorridite quando un'ora dopo il parto domandai dell'acqua ghiacciata. Sono certa di aver visto numerose parenti spiarmi di nascosto nell'attesa spasmodica che il mio utero avesse un prolasso davanti ai loro occhi.

La gioia assoluta prodotta dal mio bambino – e il relativo

equilibrio che il suo arrivo sembrò apportare al mio rapporto con Bahrin – fu punteggiata da ansie e preoccupazioni per la sua salute durante i suoi primi sei mesi di vita. Iddin cominciò a perdere sangue dall'intestino, episodi annunciati ogni volta da vagiti disperati e palese sofferenza. A trenta giorni di età fu ricoverato all'ospedale di Kuala Lumpur per osservazione e cura. Il medico di Iddin a Terengganu sospettava una "intussuscezione", una situazione in cui una parte dell'intestino si infossa nella successiva. Questa condizione può risultare fatale se non si interviene subito chirurgicamente. Io pretesi di restare in ospedale con lui, dato che lo stavo allattando, e per questo motivo le autorità ospedaliere ci assegnarono un intero reparto. Era davvero ridicolo occupare da sola con il mio bambino un'enorme stanza che di solito ospitava venti persone, ma per la famiglia reale era impossibile che dormissi circondata da «gente comune».

L'ospedale di Kuala Lumpur era in pessime condizioni: i piani erano antri di cemento rosso pieni di zanzare e circondati da antigeniche fogne a cielo aperto. Il bagno del reparto in cui ci trovavamo brulicava di blatte, i gabinetti erano semplici buchi nel pavimento incrostati dai residui di chi aveva mancato il bersaglio, le docce erano inutilizzabili. Un mattino al risveglio scoprii che Iddin e io eravamo isolati in mezzo alla stanza, circondati da un lago di feci alto cinque centimetri: i gabinetti del reparto si erano ostruiti durante la notte. Per avvertire le infermiere della nostra situazione, dovetti attraversare quella massa puzzolente con i sandali aperti, squassata da conati di vomito, tenendo Iddin il più possibile lontano da quello schifo.

In ospedale Iddin passò da un medico all'altro, da un esame all'altro: radiografie, analisi del sangue, verifiche di ogni tipo, fino all'inserimento di una flebo sulla fronte, il tutto senza una diagnosi definitiva. Quando finalmente le emorragie cessarono, io chiesi che ci lasciassero tornare a Terengganu, dove riuscimmo a vivere tranquillamente per qualche mese quasi come una famiglia. Bahrin mostrava ansia e preoccupazione per la malattia di Iddin, ma in generale manteneva un atteggiamento fastidiosamente passivo verso i medici e mi irritava enormemente con il suo fatalismo.

Il destino, *qué será será*, ispirava molte frustranti decisioni e opinioni adottate dalla cerchia di persone con le quali mi trovavo a vivere. Mascherata con vari termini, l'espressione *nasib Tuhan*, ovvero "la volontà di Dio", sembrava giustificare sia le tragedie sia i trionfi. Era ed è uno degli atteggiamenti più difficili da accettare. Rappresenta un approccio alla vita così negativo che tutte le volte che sentivo dire *nasib Tuhan* digrignavo i denti e mi veniva voglia di inveire contro quell'apatia e quella rassegnazione. Avrei voluto spiegare, e talvolta lo facevo, che differenza passava tra lasciare che un serpente ti morda e toglierti dalla sua traiettoria.

Un esempio fu ciò che accadde a poche ore dalla nascita di Iddin, quando nella stessa clinica venne al mondo una bimba con il palato leporino. La bocca della neonata era così deforme che non riusciva nemmeno a poppare dal seno o da un biberon.

Di notte la sentivo piangere nella nursery accanto quando le infermiere tentavano, con scarso successo, di versarle il latte in bocca con un cucchiaino. Temendo che la bimba morisse di fame, una mattina colsi il momento opportuno per parlare con la madre in privato.

Interrogandola dolcemente, scoprii che lei e suo marito erano di un villaggio sperduto e che si trattava del loro primo figlio. La coppia aveva messo da parte tutto il denaro che aveva per coprire le spese del parto in una clinica privata, scegliendo, come me, di evitare l'ospedale di Terengganu a causa dell'alto tasso di mortalità fra madri e neonati. Dopo aver chiacchierato in generale sui nostri figli e sulle nostre preoccupazioni per loro, le spiegai che spesso i medici erano in grado di correggere un palato leporino e che in Paesi come l'Australia, gli Stati Uniti e l'Inghilterra questo tipo di operazione era comune e risolutiva. Le dissi che avrei potuto fissarle un volo per Kuala Lumpur in modo che lei e la bimba potessero incontrare un chirurgo, e le promisi di accollarmi tutte le spese. Ma il mio energico approccio australiano non corrispondeva alle sue aspettative. Guardandomi dritto negli occhi, disse con tono quasi compassionevole: «*Nasib Tuhan*», e scrollò le spalle. Era convinta che fosse stata la volontà di Allah a provocare la deformità di sua figlia; era un fatto preordinato, voluto; la sorte decisa da Allah per la sua bambina, quale che fosse, si sarebbe avverata. Ai comuni mortali non era dato immischiarsi con la superiore saggezza di Dio, mi spiegò pazientemente come se fossi una ragazzetta impulsiva. Il palato leporino di sua figlia doveva essere accettato senza rancore, rispettando la volontà di Allah.

Per quanto cercassi di farla ragionare, lei restava sulle sue posizioni. Osservai che se Allah aveva concesso ai medici di fare nuove scoperte scientifiche, di operare e di correggere, era senz'altro perché voleva che approfittassimo delle loro competenze. Dio, dissi, aveva dato agli esseri umani un cervello da utilizzare e la capacità di sviluppare conoscenze inaudite ai tempi in cui fu scritto il Corano, centinaia di anni prima. Ma le mie argomentazioni non sortirono alcun effetto. Citai degli insegnamenti del Corano e cercai di convincerla che nemmeno Dio ci vietava di spostarci dalla traiettoria di un autobus per salvarci la vita, ma lei mi guardò come se bestemmiassi e volessi convincerla a entrare in una setta satanica. Era allibita dal mio ragionamento, e mi resi conto paradossalmente che compativa la mia incapacità di accettare ciò che lei considerava inevitabile. La nostra conversazione terminò bruscamente quando suo marito arrivò per portarla a casa. Dalla finestra del primo piano li vidi salire su uno scooter per affrontare il lungo viaggio. Lei teneva la bimba stretta al petto con un braccio e cingeva la vita del marito con l'altro. Quando svoltarono l'angolo e scomparvero, provai l'impulso di urlare senza sosta finché la popolazione di Terengganu non si fosse scrollata di dosso la sua apatia entrando nel ventesimo secolo. Era come se quell'unica neonata riassumesse tutta la mia incapacità di sentirmi davvero a casa nella patria di mio marito, un luogo dove la vita umana non solo valeva poco, ma non meritava nemmeno una battaglia. Dieci giorni dopo venni a sapere che la bimba con il palato leporino era morta.

Gli stranieri non vedono mai il vero volto della Malesia, chiusi nella bolla rarefatta creata dalla loro condizione di turisti. Si godono le spiagge, il clima tropicale e il cibo, accettano l'ospitalità dei locali e commentano fra loro quanto siano generosi, cordiali e civili i loro ospiti, e quanto siano pittoreschi i costumi locali. Ciò che non sanno, e che non riuscirebbero a comprendere anche se lo sapessero, è la grande differenza che passa fra essere trattati come graditi ospiti o corteggiati come possibili soci d'affari, e vivere stabilmente in Malesia da donna malese musulmana.

Per me, in quanto donna, quella differenza era stata un fulmine che si era abbattuto sulla mia persona paralizzando la mia volontà e cancellando la mia indipendenza e la mia autostima. Come si fa a spiegare che con il passare degli anni e dei mesi del mio matrimonio, le aspettative di mio marito aumentavano? Le pretese di Bahrin coinvolgevano tutto il mio modo di ragionare, di muovermi e di parlare. Più tempo trascorrevo in Malesia, più voleva che diventassi sottomessa e priva di cervello. Era come se un briciolo del mio vero io fosse rimasto sotto chiave e tornasse in superficie unicamente quand'ero sola con Iddin. Allora potevo ridere, cantare e fare la mamma a mio piacimento, seguendo i miei istinti e sentendomi ancora un essere umano. Ma con il procedere del nostro matrimonio, Bahrin sembrava amarmi e rispettarmi sempre meno.

Ero una fonte continua di esasperazione per lui. Non ero preparata ad affrontare gli impegni ufficiali cui ero chiamata, perché nessuno mi aveva mai preso da parte per spiegarmi qual era esattamente la giusta "forma" in termini cerimoniali. Non avevo la più pallida idea di come si organizzasse una cerimonia reale di commemorazione, un evento che andava pianificato e realizzato a intervalli regolari con i giusti riti e cibi in onore del defunto sultano, il nonno di Bahrin, per assicurare la pace alla sua anima. Come prenotare i santi imam, come ordinare le capre da sgozzare e distribuire alla popolazione locale, a peso o in denaro? Mio marito mi accollava spesso simili incombenze con breve preavviso e si arrabbiava quando lo fissavo con sguardo vuoto balbettando che avrei chiesto consiglio a Mak. Mi vedevo precipitare sempre più in basso nella sua stima e mi sentivo bollata come una stupida.

Gli obblighi più formali dell'etichetta non erano così stressanti; potevo nascondermi dietro scarpe, borsetta e gioielli perfettamente coordinati, senza un capello fuori posto e con un trucco perfetto. Quando partecipavo alle interminabili cerimonie di investitura o all'inaugurazione di una scuola, spesso mi univo al seguito ufficiale di Endah, seguendo le sue indicazioni e cercando un lieve ma incoraggiante cenno di assenso da parte sua quando avevo dei dubbi sul protocollo. Queste pubbliche esibizioni ed eventi privati della famiglia reale erano un vero incubo per me. Mi sentivo sempre goffa e impacciata, anche se erano di gran lunga preferibili allo scrutinio e alla derisione di Bahrin.

Dopo la nascita di Iddin, i nostri rapporti intimi diventarono sempre più violenti e umilianti. Il sesso non era mai stato una forza trainante nella nostra relazione, e certamente per Bahrin una volta alla settimana era più che sufficiente, ma da quel momento il tenore della nostra intimità cambiò. Bahrin cominciò ad approfittare di me senza alcun riguardo. Iniziai a temere il sesso con lui per via del crescente contenuto di violenza. Godeva nell'immobilizzarmi e usarmi come una sorta di strumento per masturbarsi. Mi schiaffeggiava, mi derideva e mi ammoniva di star ferma, di non reagire in alcun modo. Se osavo muovermi, mi sibilava nell'orecchio che solo le puttane occidentali lo facevano; che io ero sua moglie e non una prostituta a pagamento. Quando la cosa finiva – e finiva sempre in fretta – lui si staccava da me e correva immediatamente a lavarsi dalla testa ai piedi. A volte mi costringeva a fare lo stesso, citando i punti di *parlar* che era possibile guadagnare in tal modo; altre volte io mi raggomitolavo sul letto a piangere ascoltando lo scroscio dell'acqua nel bagno mentre lui si lavava.

Era molto peggio se Bahrin ce l'aveva con me per qualche piccola o grande indiscrezione o disobbedienza. Allora usava i miei lunghi capelli come un'arma. Mi bloccava stringendoli nel pugno e poi se li avvolgeva intorno al polso, impedendomi di lottare. Non osavo reagire ai suoi colpi; mi terrorizzava a tal punto che temevo la sua rappresaglia.

A peggiorare la situazione c'era il fatto che queste cose deplorevoli accadevano di fronte a Iddin, che divideva la nostra stanza visto che stavo ancora allattando. Una volta Bahrin andò su tutte le furie perché mi ero dimenticata di spegnere lo scaldabagno elettrico. Strillandomi che ero una moglie incapace e sbadata, e una schifosa troia *mat salleh*, prese a spintonarmi e a schiaffeggiarmi, buttando giù dalla toeletta i miei cosmetici e mandando all'aria la cesta dei giocattoli. Il rumore svegliò di colpo Iddin che si mise a piangere. Si tirò su nel suo lettino e cominciò a scuotere le sbarre, ma Bahrin non mi permise di andare a confortarlo. Strillò a Iddin di stare zitto e si avventò su di me, afferrandomi per i capelli e gridando che mi avrebbe dato una lezione una volta per tutte. Mi strappò la camicia da notte e cominciò a picchiarmi la testa contro il muro vicino all'ingresso del bagno. Poi, girandomi in modo da premere la mia faccia contro lo stipite della porta, mi girò la testa per potermi parlare all'orecchio. «Pensa a questo la prossima volta che sprechi i miei soldi» lo sentii dire, e con una mossa rapida che mi fece sentire dilaniata cominciò a sodomizzarmi. Io urlavo di dolore e lo pregavo di smettere, ma lui ignorò le mie suppliche. Per tutto il tempo sentii Iddin piagnucolare spaventato dietro di noi. In quel momento odiai Bahrin a tal punto che avrei voluto ucciderlo.

Quando finalmente mi ebbe dato la "lezione" che meritavo, spalancò la porta del bagno e mi scaraventò a terra dicendo: «Datti una ripulita, sporca puttana *kaffir*».

Ho sentito parlare di bimbi piccoli, chiusi in orfanotrofi sovraffollati, abbandonati a decine in Paesi come la Romania; questi bambini smettono di crescere per il semplice motivo che non hanno ricevuto amore e affetto. Li capisco perfettamente. So cosa vuol dire avere il cuore spezzato, soffrire fisicamente per la mancanza di un abbraccio o di una carezza, desiderare semplicemente di dormire accanto a un altro essere umano e sentire il suo corpo che scalda il tuo, o trattenere il respiro nella speranza di un tenero bacio.

Era quello che provavo io vivendo come moglie di Bahrin. Avevo sempre l'impressione che fosse colpa mia se lui non riusciva ad amarmi come avevo bisogno di essere amata. Usava le manifestazioni fisiche di affetto come un'arma per mettermi in ginocchio. Dovevo aspettare il suo permesso per potergli dormire accanto di notte, e mi rifilava una frettolosa stretta di mano in momenti in cui io ardevo di felicità.

A volte capivo che lo disturbava persino aver bisogno di me come sfogo sessuale, ma speravo ancora di riuscire in ultimo a meritare la sua approvazione. Tutta la mia vita ruotava intorno al suo consenso e alla prevenzione delle sue ire. A casa evitavo di parlare quando non ero interrogata, esattamente come voleva lui. A tavola lo servivo per primo, sempre attenta a osservare strettamente il protocollo reale che mi aveva inculcato, e restavo per ore seduta sul pavimento a massaggiargli le gambe quando me lo chiedeva, tutto nella speranza di ricevere un sorriso di approvazione.

Il suo controllo su di me era tale che vivevo nella continua paura di un rifiuto e nella convinzione di essere una nullità. Ero completamente isolata dai comportamenti e dai piaceri comuni di un Paese occidentale. Il sollievo che mi avrebbe arrecato un contatto con persone della mia stessa mentalità era del tutto inesistente; confinata nella mia stessa casa, non avevo alcun punto di riferimento sensato. Non potevo sperare nell'aiuto della famiglia reale di Terengganu; le loro sentenze e i loro atteggiamenti implacabili non avevano fatto altro che soffocarmi.

Non mi ero resa conto di quanto fossi australiana finché non andai a vivere in Malesia. Il mio lusso, e il mio unico legame con quel mondo lontano che era stato la mia vera casa, diventò l'abbonamento a una rivista femminile australiana e a «Vanity Fair», che arrivavano entrambe sei settimane dopo la pubblicazione. Mi tuffavo in quelle pagine cercando di assorbire l'Australia e gli eventi del mondo esterno attraverso la carta stampata. Era come se una parte di me fosse imprigionata in quelle pagine mentre un'altra leggeva notizie di una cultura straniera remota e distante. Ero Jacqueline attraverso lo specchio, in grado di vedere ma non di toccare, di capire intellettualmente ma mai di sperimentare fisicamente. Sembrava che la mia stessa essenza fosse stata congelata, e qualche scintilla di fuoco mi avesse sciolto solo il necessario per agire come un automa. Dopo un lungo periodo, imparai a soffocare quasi tutte le mie emozioni per la maggior parte del tempo e a rifugiarmi dietro la maschera vuota di Yasmin, moglie di Raja Bahrin e membro della famiglia reale. Per Bahrin io ero una sua creazione, una sua proprietà, il suo acquisto al reparto occasioni, anche se malscelto. Se credeva di avermi messo in gabbia, aveva ragione; non potevo andare da nessuna parte e non potevo far nulla. Ma a volte il suo uccellino in gabbia poteva rivelarsi molto fastidioso.

Gli anni Ottanta furono il decennio dell'aerobica, e scaldamuscoli, body e fasce per i capelli diventarono elementi essenziali del guardaroba di molte persone. L'attrice americana e regina della ginnastica Jane Fonda coniò il tormentone «Bruciate!» che echeggiò per il mondo come una chiamata alle armi dell'esercizio fisico. A metà del decennio la parola "aerobica" arrivò finalmente a Terengganu, filtrando attraverso videocassette, riviste e occasionali programmi televisivi stranieri.

Durante un viaggio negli Stati Uniti, Endah scoprì l'esistenza degli esercizi di Jane Fonda e mi portò a casa la "bibbia" dell'aerobica. Un pomeriggio, mentre eravamo insieme nel suo soggiorno chine sul libro, Endah e io cominciammo a elaborare un piano che entrambe consideravamo estremamente audace: un corso di aerobica in stile Jane Fonda per Endah e la sua squadra di volano. La squadra era composta principalmente da signore di mezz'età con qualche chilo di troppo, mogli di cortigiani e "cavalieri del regno" che da anni si frequentavano per giocare e spettegolare. Endah decise che io avrei fatto da istruttrice, dato che ero l'unica donna con qualche esperienza di esercizio fisico, e le sue giocatrici (che lo volessero o no) avrebbero seguito i corsi nella sala da volano annessa al palazzo. Cercai di spiegarle che il balletto non era affatto la stessa cosa dell'aerobica, ma dopo un po' smisi di discutere e mi tuffai volentieri su quell'opportunità di muovermi al ritmo della musica e spezzare la monotonia della mia vita. Endah promise di strappare a Bahrin e Mak il permesso di farmi insegnare due volte alla settimana. Fu un momento meraviglioso quando mi resi conto che Bahrin non poteva certo proibirmi di istruire la Tengku Ampuan di Terengganu, sua zia e consorte del sultano. Per una volta qualcuno gli era superiore di grado e poteva rendergli la vita difficile se non fosse stato d'accordo.

Per prepararmi riuscii a ottenere una copia pirata del video che mi permise di vedere gli esercizi in movimento e le tecniche usate. Avevo parecchie riserve sul grado di flessibilità richiesto, e il fastidioso sospetto che molte delle signore che dovevano partecipare ai corsi sarebbero svenute se avessero saputo quel che ci si aspettava da loro. Sviluppai una forma ibrida di ginnastica, molto più dolce di quella di Jane Fonda, ma che incorporava alcuni dei suoi movimenti ed era accompagnata da dance music preregistrata e molto ritmata.

Venne il giorno della nostra prima lezione. Arrivai al palazzo e mi diressi verso la sala da volano che, prima della diffusione delle videocassette, fungeva anche da cinema. Vi trovai Endah circondata da un gruppo di venti donne grasse e schiamazzanti, vestite con un bizzarro assortimento di caffettani e tute Adidas da uomo. Tutte le vetrate della sala erano state oscurate da tende e dopo il mio ingresso le porte furono chiuse a chiave per impedire a occhi maschili di spiare. Endah aveva pensato a tutto: impianto stereo, materassini e una bambinaia che badasse a Iddin mentre io tenevo il corso. Non restava che iniziare. La sala rimase senza fiato quando mi spogliai restando in body e calzamaglia, due avanzi dei tempi in cui ballavo, vecchi ma ancora utilizzabili; dalla reazione delle signore, avrei potuto essere nuda di fronte a loro.

Si calmarono rapidamente e si mostrarono ansiose di cominciare. Avviai la prima serie di esercizi, correndo da una signora all'altra per correggere la loro postura e cercare di indurle a seguire il ritmo. To'puan Farah, uno dei personaggi più vivaci del gruppo, osservò che in base alla sua copia pirata del video di esercizi di Jane Fonda, quello che stavo insegnando non era abbastanza impegnativo; lei voleva "bruciare". E io non potei far molto per impedire loro di farlo. Alcune signore si lanciarono negli esercizi con tale foga che la sala cominciò a somigliare a una sauna. Tentai di convincerle che era molto azzardato imbarcarsi di colpo in una prestazione fisica così scatenata, ma nessuna dava segno di credermi. Guardandole, intuii che molte di loro si sarebbero sentite ben più che "bruciate" il giorno dopo, con i muscoli irrigiditi in segno di protesta per quello sforzo inconsueto.

Dopo un rilassamento a terra di dieci minuti cui imposi a tutte di partecipare, con stupore e incredulità sentii Endah chiamare la servitù per servire i rinfreschi. Entrati nella sala, i camerieri in livrea si diressero verso una fila di tavoli a cavalletto che fino a quel momento non avevo notato e li liberarono rapidamente dai teli immacolati che li ricoprivano, rivelando superfici traboccanti di dolci alla panna, paste e bonbon, insieme a brocche d'argento che contenevano tè, caffè e sciroppose bevande rosa al latte. Rimasi di sasso. Tutte le calorie che avevano appena bruciato venivano recuperate in misura tripla sotto i miei stessi occhi. Quella che era cominciata come una seduta di fitness si era trasformata in un festino da buongustai!

Il giorno dopo venni a sapere che molti uomini dell'alta società di Terengganu erano rimasti perplessi vedendo le loro mogli improvvisamente incapaci di camminare, sedersi o muoversi per la casa senza un'estrema sofferenza. Ricevetti parecchie telefonate di partecipanti al nuovo corso di aerobica colpite da un'insolita rigidità che impediva loro di inginocchiarsi o di assumere le necessarie posizioni per i riti della preghiera. Devo ammettere che non riuscii a resistere alla tentazione del «vi avevo avvertito» quando cominciarono ad arrivarmi questi racconti. Tutto sommato, però, le nostre sedute di aerobica furono giudicate un successo da Endah e dalle sue signore e sarebbero proseguite per molti mesi, con un energico allenamento standard seguito da un'allegra abbuffata.

# 30

Quando Iddin ebbe sei mesi, la sua malattia si ripresentò inesplicabilmente gettandomi nel panico e generando in me una profonda sfiducia nel sistema sanitario malese. Questa volta tenni testa a Bahrin e chiesi il permesso di portare Iddin a Melbourne per sottoporlo a cure specialistiche. Bahrin se la prese con me perché volevo a tutti i costi consultare un medico australiano. Mi disse che dovevo smettere di cercare la medicina occidentale in Malesia e mi accusò di reagire in modo eccessivo. Io rimasi inflessibile ed ebbi il sostegno di mia suocera, convinta come me che la causa delle emorragie di Iddin andava accertata il più rapidamente possibile, preferibilmente in Australia. Non avevo intenzione di sottoporre il mio bambino a inutili esami da parte degli stessi dottori di Kuala Lumpur.

Alla fine Bahrin capitolò, citando le cure mediche gratuite offerte a tutti gli australiani dal sistema sanitario nazionale. Era letteralmente deliziato dal fatto che non avrebbe dovuto tirar fuori un soldo per le cure di suo figlio. Dopo la nascita di Iddin, Bahrin e io avevamo deciso di registrarlo come cittadino australiano. Bahrin ci teneva molto che suo figlio studiasse a Melbourne come lui, e avevamo anche discusso la possibilità di tornare a viverci un giorno. Così avevamo presentato una domanda congiunta, con il segretario privato del sultano come testimone, e l'ambasciata australiana a Kuala Lumpur aveva rilasciato un certificato di nascita a Iddin. Il compiacimento di Bahrin mi disgustò. Non ci mancavano certo i soldi per cure mediche di prim'ordine, e in ogni caso mio marito spendeva per il suo guardaroba più di quanto prevedevo potesse costare l'intera operazione.

Per coincidenza, Iddin e io riuscimmo a prendere un volo della Singapore Airlines per l'Australia insieme al sultano e alla sua famiglia, che andavano a iscrivere Ima e Anna, le due figlie più piccole, al collegio. Una volta giunta a destinazione, però, rimasi per conto mio. Passai vari giorni dormendo su una sedia vicino al letto di Iddin all'ospedale pediatrico di Melbourne. Non volevo lasciarlo solo perché stavo ancora allattando, e comunque lui piangeva ogni volta che uscivo dal suo campo visivo. Dopo cinque giorni durante i quali le emorragie cessarono di nuovo, e dopo un'interminabile serie di test ed esami, lo specialista dichiarò che molto probabilmente Iddin aveva sofferto di polipi all'intestino. Il chirurgo mi esortò a controllare attentamente la dieta di Iddin per assicurarmi che non fosse mai costipato e a proseguire l'allattamento al seno il più a lungo possibile per evitare eventuali allergie causate dal latte vaccino. Lasciai l'ospedale molto sollevata e grata di poter finalmente contare su una diagnosi delle condizioni di Iddin, e portai direttamente il mio bambino da mia nonna, la sua bisnonna.

Per lei fu una grande gioia vedere Iddin per la prima volta e trascorse ogni istante del nostro soggiorno con noi. Bahrin ci raggiunse a Melbourne per una breve vacanza, e per dieci meravigliosi giorni l'uomo che avevo conosciuto e di cui mi ero innamorata riemerse. Fu come se si fosse svegliato all'improvviso da un lungo sonno. Passeggiavamo mano nella mano mentre lui spingeva orgogliosamente la carrozzina di Iddin, e passavamo ore a chiacchierare al ristorante o comprando insieme dei vestitini per il bimbo.

Prima che lasciassi Terengganu, Endah mi aveva incaricato di fare un po' di shopping per lei. Armata di una grossa somma di denaro e di un dettagliato elenco, andai ad acquistare gli articoli che mi aveva chiesto: scarpe in broccato di pizzo dorato di Manolo Blahnik, scarpe scollate in seta nera di Salvatore Ferragamo e due piccole borsette da sera, una di satin bianco con elaborate applicazioni di perline e l'altra di metallo dorato, entrambe di Dior. Bahrin non fece obiezioni al mio shopping per Endah, purché non ostacolassi la sua orgia consumistica nei suoi negozi preferiti. Per pochi giorni mi sfogai camminando a lunghi passi vestita in jeans e felpa, sentendomi una persona normale e mangiando pizza fino a star male. Troppo presto, però, venne il momento di tornare a Terengganu e alla vita opprimente che conducevo laggiù. Fu straziante separarsi dalla nonna sapendo che avrebbe perso così tanto dell'infanzia di Iddin. E fu agghiacciante vedere che nell'attimo in cui scendevamo dall'aereo a Kuala Lumpur, Bahrin riprendeva la sua identità malese e la freddezza che avevo imparato ad aspettarmi da lui.

Il periodo tra la prima gravidanza e la seconda fu dominato dai miei tentativi di meritare l'approvazione di mio marito. Avrei fatto qualunque cosa per sentirlo ammettere che avevamo in comune qualcosa di più dello stesso indirizzo e di un figlio. A posteriori, mi sembra di aver passato ogni istante con lui in uno stato di nervosa agitazione, tentando di attirare la sua attenzione e di provocare qualcosa che non fosse irritazione o disprezzo. Ma soprattutto, volevo che mi dicesse che era felice. Felice del nostro matrimonio, felice della sua vita, felice con nostro figlio e, soprattutto, felice con me. A volte, in un impeto di speranza e di solitudine causato dalla sua dissociazione emotiva, gli chiedevo se fosse felice e aspettavo la sua risposta trattenendo il respiro, pregando che si voltasse verso di me sorridendo, mi attirasse fra le sue braccia e dichiarasse con enfasi «Sì!». Ma non accadeva mai. «Mi accontento, e tanto basta» diceva, con un'espressione così rassegnata che mi sentivo doppiamente ferita dalla sua indifferenza e dalla sua mancanza di passione.

Qualunque cosa dicessi o facessi, non c'era modo di fargli variare il suo giudizio o di stimolare in lui una reazione più profonda o più energica nei confronti della vita. La rassegnazione di Bahrin e il fatto che accettasse di "accontentarsi" mi facevano male più di uno schiaffo e mi privavano di ogni speranza. "Accontentarsi" era un termine tiepido, senza elasticità e senza aspettative. Era come se Bahrin mi dicesse che non aveva motivo di aspettarsi niente di più dal nostro matrimonio, e che il suo stoicismo nel condurre una vita che non gli prometteva niente di più di un modesto contentino era encomiabile.

Tutto questo non induceva Bahrin ad allentare la sua morsa su di me. Semmai rafforzava il suo senso di proprietà nei miei confronti. Cose banali come un mio conto bancario personale erano fuori discussione e «totalmente inopportune» secondo lui, dato che non guadagnavo. A suo giudizio, lui era il capofamiglia e non poteva fidarsi di me nemmeno per la gestione dei conti di casa: il libretto degli assegni era suo dominio esclusivo. Ogni mese mi consegnava un fascio di banconote per le spese domestiche e per pagare la servitù. Qualunque somma in più di cui avessi bisogno per bollette impreviste o lavori di manutenzione dovevo chiederla a lui. Quando la nostra fonte d'acqua potabile fu contaminata dalla ruggine e dovemmo installare un nuovo serbatoio esterno, lui andò su tutte le furie strillando che era colpa mia; avevo escogitato la necessità di una nuova cisterna perché ero una pigra australiana e avevo un debole per le cose nuove.

Infine, dopo che la cisterna fu installata e collegata, lui si rifiutò di punto in bianco di darmi i soldi per pagarla. Mettendo fine a ogni discussione, partì per un viaggio "d'affari" in un altro Stato. Mak e io rimanemmo con il problema di pagare il serbatoio appena installato. Sapevamo entrambe che quando Bahrin prendeva una risoluzione del genere, non tornava mai sulla sua decisione. Mentre sua madre borbottava che Bahrin era sempre stato *kedukut*, ovvero tirchio, fin da bambino, lei e io cominciammo a cercare un modo per mettere insieme settecento ringgit malesi. Tutti i soldi del mio *Hantar Belanjar* erano stati spesi da tempo per una nuova stufa elettrica, un frigorifero e dei mobili. L'unica alternativa che ci restava era provare a vendere alcuni dei miei gioielli per saldare il conto. Fu Mak a occuparsene attraverso un mediatore, accertandosi che la mia identità di venditrice fosse protetta. Era una misura cui avrei fatto ricorso molte volte nel corso degli anni quando, per un moto di stizza, Bahrin si teneva i soldi per le spese di casa o si rifiutava di pagare la bolletta dell'elettricità o del telefono, portando come pretesto la mia cattiva gestione o la mia tendenza allo spreco. Però se in mancanza di denaro per la spesa il menu della cena non era conforme ai suoi standard elevati, non solo venivo rimproverata per la mia negligenza nel tenere la casa, ma anche picchiata.

Non sono mai riuscita a capire bene come fare la spesa a Terengganu. Tanto per cominciare, i mercati non avevano alcuna somiglianza con gli immacolati negozi di alimentari o i banchi refrigerati di macelleria di Melbourne o di altre parti del mondo occidentale. Ero allibita dalla sporcizia dei loro mercati alimentari, con canali di scolo a cielo aperto e bidoni di spazzatura infestati dalle mosche a contatto con i banchi del pesce. Non era inusuale vedere ceste di vimini piene di scarti e bucce di frutta che oscillavano mentre i topi si contendevano i bocconi più pregiati. La carne e il pesce non erano tenuti al fresco e non c'era un solo banco d'acciaio inossidabile. Il manzo era merce rara a Terengganu e la bistecca, importata dall'Australia o dagli Stati Uniti e trasportata in aereo da Kuala Lumpur, era disponibile solo negli alberghi per turisti.

Verdura fresca e carne erano le voci più costose sulla nostra lista della spesa e un vero lusso per la gente comune. La carne rossa che la maggior parte della popolazione, compresa la famiglia reale, riusciva a procurarsi era quella di bufalo, dura come una scarpa e di freschezza alquanto sospetta. Non era possibile acquistare un taglio preciso come lombata, bistecca, culaccio o spalla; il bufalo era venduto a tranci, anonimi blocchi di carne tagliata a fette proveniente da una parte non identificabile dell'animale. Il pollo era molto caro e veniva macellato e spennato al momento dell'acquisto. Non lo mangiavamo spesso. Preferivo non comprarlo per via del suo aspetto gonfiato, causato dalla pratica comune in Malesia di iniettare antibiotici e steroidi senza controlli o verifiche sanitarie, per aumentare la taglia del volatile. Quelle iniezioni gonfiavano il pollo a tal punto che esaminando attentamente la carcassa si vedeva chiaramente una sostanza giallastra trapelare fra la carne e la pelle. Il pesce era la componente principale della dieta per gran parte dei malesi, dalle acciughe essiccate alle bistecche di tonno, o *ikan tendiri*.

Nel principale salone alimentare del mercato, un luogo umido e malsano, bufalo e pesce, gamberetti e carcasse di pollo più qualche occasionale schiena di montone giacevano esposti su banchi di pietra accanto a canali di scolo traboccanti di sangue, acqua e interiora di pesci. Frutta, verdura, frutta secca, riso e piatti pronti, insieme a prelibatezze di stagione come le uova di tartaruga e i durian, venivano venduti all'aperto nella piazza antistante la sala principale. Qui vecchiette avvizzite erano accoccolate accanto alle loro ceste di cibo in cerca di clienti, con i piedi infilati in sandali aperti di plastica e i denti macchiati di nero per gli anni passati a masticare la noce di betel. A dissuadermi energicamente dal frequentare il mercato furono le donne della famiglia che non si sarebbero avvicinate a quel posto neanche morte, preferendo affidare la spesa alle cuoche o agli autisti. Devo ammettere che dopo qualche incursione sul luogo scortata da un domestico, anch'io mi convinsi a lasciare quel compito alla nostra cuoca, e in linea di massima lo feci. Spesso si creava un po' di confusione sulle quantità e sulle ordinazioni, dato che pochissimi fra i domestici impiegati dalla famiglia reale sapevano leggere e scrivere.

Tengku Zaleha, mia suocera, pretendeva che la servitù cucinasse nel *dapur*, ovvero in un annesso della cucina, una baracca non proprio idonea all'abitazione e men che meno alla preparazione di un pasto. Odiava l'odore del mangiare e inoltre preferiva che i servi cuocessero il cibo sulle stufe al kerosene del *dapur* anziché sui fornelli a gas. Nella cucina all'occidentale vera e propria di casa sua teneva il frigorifero e una doppia piastra elettrica per scaldare il cibo e preparare da mangiare per i suoi gatti. Nel periodo che trascorsi in Malesia avemmo una o due cuoche a seconda dell'umore di Mak in quel momento. In effetti si sentiva in diritto di assumere e licenziare le mie cuoche tanto quanto le sue, e spesso senza motivo i suoi domestici perdevano il suo favore e venivano rimpiazzati da altri nel giro di ventiquattr'ore.

Sebbene nel corso del mio matrimonio con Bahrin non abbia ricevuto da lei che gentilezza e sostegno, vivere con la suocera non è la cosa più facile del mondo. Mak andava e veniva da casa mia senza il minimo scrupolo e si aspettava che io facessi lo stesso. Nelle rare occasioni in cui Bahrin permetteva a me e Iddin di accompagnarlo a Kuala Lumpur, tornando a casa scoprivo sempre che Mak si era assunta il compito di riorganizzare completamente i miei armadi o i miei mobili. Nemmeno la mia biancheria era al sicuro. Cambiava posto anche a quella, talvolta spulciando nel mio guardaroba e regalando ad associazioni benefiche gli abiti che riteneva non portassi più. L'etichetta mi impediva di lagnarmene con lei o di proibirle queste fastidiose iniziative. L'unica volta che lo feci, lei si rifiutò di parlarmi per parecchie settimane, facendomi trasmettere messaggi dalle sue sorelle o dalla servitù. Non dovevo semplicemente avere tatto: dovevo stare zitta.

Nella mia nuova vita imparai ben presto che perdere il sostegno di mia suocera in quel mondo estraneo significava diventare un paria per tutta la famiglia e rischiare che in mancanza del suo appoggio qualcuno le consigliasse inevitabilmente di sostituire l'attuale nuora con un modello nuovo e più congeniale. Uno degli elementi principali che mi redimeva agli occhi della famiglia reale era il fatto che Tengku Zaleha mi avesse accettato totalmente sebbene fossi una straniera. Quello, più la mia amicizia con Endah. Con questi due campioni a sostenermi, pochissimi avevano l'ardire di snobbarmi.

Mak era un'accanita fumatrice e aveva un debole quasi maniacale per i bagni che la portava a trascorrere da due o tre ore al giorno nella vasca. Era una donna che non aveva mai cucinato un pasto, fatto un bucato o letto un libro diverso dal Corano o dai testi sacri dell'Islam. Aveva una passione divorante per i gatti e possedeva un'arruffata collezione di quindici felini, ai quali non si poteva rimproverare nulla. La subordinazione alla "superiorità" maschile era profondamente radicata in lei e influenzava il suo punto di vista su ogni aspetto della vita quotidiana, portandola a sottovalutare il proprio valore. Tengku Zaleha era la progenie del sultano di Terengganu, il defunto re di Malesia, che aveva avuto un totale di quattro mogli e dieci figli. Era cresciuta fra intrighi di palazzo e complotti familiari, in cui la rivalità tra fratelli non mancava. Suo padre, un uomo abile e autoritario, aveva controllato ogni aspetto della vita di figli e nipoti senza preoccuparsi di come se la sarebbero cavata dopo la sua morte. Le femmine della famiglia erano state particolarmente segnate dalla condizione sociale e dall'educazione, passando dall'influenza paterna a quella del marito per via di matrimoni combinati.

Mak non sapeva nulla di vita domestica e il concetto di

lavori di casa era per lei una novità invece che un'umile incombenza. Un pomeriggio decise che sarebbe stato divertente lavarsi da sola i vestiti e vuotò un'intera scatola di detersivo in una bacinella colma d'acqua fino all'orlo, dove immerse uno dei suoi abiti di seta. Sua sorella Zainah, io e la servitù la osservammo divertiti mentre accoccolata sul bordo della veranda strofinava e sciacquava, ridacchiando deliziata per un'occupazione così comune.

Di fronte all'arrivo del suo primo nipotino, lei e zia Zainah si trasformarono di colpo in chiocce. Dovetti sorvegliarle attentamente quando Iddin era piccolo, dato che avevano scarsissime nozioni di igiene e non conoscevano il modo corretto di tenere in braccio un neonato. Una squadra di servi e bambinaie fornita dal sultano si era presa cura della loro prole, cambiando pannolini, dando il biberon, e di solito lasciandole libere di riposarsi.

Poco dopo la nascita di Iddin si verificò un episodio comico che non dimenticherò mai. Ero occupata a preparare dolci e biscotti per la festa di *Hari Raya*, la fine del mese di digiuno musulmano, così Mak e zia Zainah si offrirono di aiutarmi a cambiare Iddin. Dato che usavo solo pannolini usa e getta che non necessitavano di spille da balia, pensai che quella semplice operazione non avrebbe dato loro troppi problemi e consegnai Iddin alle sue accanite ammiratrici. Dopo più di tre quarti d'ora, non vedendo riemergere il terzetto dalla camera da letto, andai a investigare. Trovai Mak e zia Zainah in preda a un riso nervoso e tutte rosse di imbarazzo, un'intera confezione di pannolini scartati e inutilizzati sul pavimento, e Iddin che giaceva con il sederino nudo sul fasciatoio. A tutta evidenza, quelle signore di mezz'età non erano riuscite in due a infilare un neonato in un pannolino senza ungere di crema all'olio di ricino le bande adesive, rendendo così inutilizzabile un pannolino dietro l'altro.

Il guaio di Mak era la sua tendenza all'ipocondria e il suo debole per i medicinali, che usava come una panacea per la noia e l'infelicità della sua vita. Parlando con lei avevo capito che rimpiangeva moltissimo di conoscere così poco suo figlio, Bahrin. L'unico problema era che non aveva idea di come stringere un legame con lui dopo ventotto anni.

L'atteggiamento di Bahrin verso sua madre, quand'era solo con me, era di assoluto disprezzo. In più occasioni mi disse che tutte le attenzioni che le riservava e le conversazioni che aveva con lei erano semplicemente atti di pietà filiale prescritti dal Corano. Purtroppo il suo obbligo morale non contemplava un sincero rispetto intellettuale nei suoi confronti, perché per quanto lui si sforzasse di nascondere il suo disprezzo dietro un'inappuntabile cortesia e dandole del denaro, Mak si rendeva conto ugualmente che il figlio non nutriva alcun sentimento per lei, e spesso si lamentava di non aver potuto prendersi cura di lui quand'era bambino così come io mi prendevo cura del suo nipotino Iddin. Ma i protocolli reali e un terrore assoluto del defunto sultano le avevano precluso una simile vicinanza.

Mak faceva del suo meglio per tenere insieme Bahrin e me nell'unico modo che lei e la sua famiglia conoscevano. Ogni volta che emergevano le prove delle varie e numerose infedeltà di Bahrin, lei mi trascinava dal *bomoh* più in voga, una sorta di stregone con una propensione alla spiritualità che in quel momento era popolare tra le donne della sua famiglia. Per quanto protestassi il mio scetticismo verso quelle strane pratiche magiche, lei insisteva affinché la accontentassi. Finii con il rassegnarmi a seguirla stancamente in remoti villaggi per incontrare una sfilza di truffatori e truffatrici che si proclamavano guaritori di cuori spezzati. Questi *bomoh* praticavano un misticismo tradizionale profondamente radicato nella cultura malese ma scoraggiato dai princìpi dell'Islam. Così, per rendere le loro pozioni e i loro incantesimi più accettabili ai clienti timorati di Dio, borbottavano qualche versetto del Corano mentre scrivevano su ritagli di stoffa, bruciavano fotografie o "benedivano" l'acqua santa – tutto in nome di Allah – incassando una congrua remunerazione per i loro servigi.

Più imparavo a conoscere il misticismo praticato in Malesia, più ero allibita dal fatto che i *bomoh* fossero accettati e utilizzati apertamente da buona parte della popolazione. Era un Paese di gente superstiziosa, e persino i medici più sofisticati che incontrai non battevano ciglio di fronte alla pretesa esistenza dei *gin*, o geni. I geni, mi spiegò il mio insegnante di religione Che Gu Ali, abitavano sulla terra e causavano danni e mali inauditi quando venivano offesi. Citando presunti passi di testi islamici, disse che i *gin* potevano essere chiamati con preghiere e incantesimi a proteggere una casa o a distruggere la pace e la salute dei suoi abitanti. Questo era uno dei motivi per cui sulle porte d'ingresso venivano posti dei versetti del Corano: servivano da protezione contro il maligno. Va tenuto conto che Che Gu Ali credeva anche che la prima passeggiata dell'uomo sulla Luna, compiuta dall'equipaggio dell'Apollo 11, non fosse altro che una montatura hollywoodiana. Era convinto che Neil Armstrong avesse camminato in un set cinematografico abilmente predisposto e non sulla superficie lunare. Questo, affermava solennemente, era «l'ennesimo esempio dell'ingannevole propaganda americana», e una cosa cui nessun vero musulmano doveva prestare fede.

# 31

Iddin cresceva a un ritmo impressionante, diventando un bambino bello e intelligente. Aveva un meraviglioso sorriso e una risata fragorosa che echeggiava ogni volta che gli facevi il solletico. Passavamo ore accoccolati sul mio grande letto, mentre io gli leggevo fiabe e gli cantavo filastrocche. Gli piaceva soprattutto *Questo porcellino va al mercato*, ma dovevo stare attenta a non usare la parola "porcellino" in presenza di Bahrin perché i divieti musulmani sul maiale si estendevano persino alle canzoncine infantili. Mi preoccupava l'idea che a causa delle credenze e delle restrizioni cui era sottoposto, Iddin fosse privato dei giochi e degli stimoli che per i bambini australiani ed europei erano scontati, cose banali come pasticciare nella sabbia e giocare con l'acqua. Feci scandalo quando proclamai che avrei lasciato giocare Iddin fuori all'ombra, sotto la mia supervisione. A quasi due anni di età, e con un fratellino o una sorellina in arrivo, volevo che diventasse un bambino robusto e sicuro, il che, per conto mio, significava fargli godere la sua infanzia, a costo di sporcarsi. Giocare con la pompa del giardino diventò uno dei suoi passatempi preferiti, insieme all'osservazione delle mie caprette, Noneng e sua madre Susu.

Acquistai Susu e Noneng poco dopo la nascita di Iddin. Poiché la tradizione e la religione mi vietavano di tenere un cane, stabilii che il sostituto migliore sarebbe stata una capra. Susu era una femmina bianca a pelo corto già un po' avanti con gli anni, che era scampata per un pelo al coltello del macellaio quando l'avevo acquistata insieme al piccolo Noneng. Quest'ultimo era un animale esuberante e birichino, pieno di vita e molto affettuoso, con un folto vello rossiccio picchiettato di nero. Riuscii in parte ad addestrarlo e di tanto in tanto lo facevo entrare in casa quando Bahrin era in ufficio. Purtroppo Noneng non capiva che l'accesso era esclusivamente su invito e si avventurava in soggiorno piazzandosi sul divano, dove belava a gran voce rifiutandosi di muoversi finché non lo grattavo dietro l'orecchio. Feci costruire in giardino un recinto per le capre e un pollaio per le galline in libertà che aggiunsi più tardi al mio serraglio. Il mio crescente numero di animali era fonte di stupore per i parenti del vicinato, che scuotevano la testa di fronte alle mie iniziative e mi definivano un'eccentrica.

Mi ero sbagliata pensando che l'arrivo di Iddin potesse rompere il ghiaccio tra Bahrin e me. Ero praticamente una mamma single, dato che il principale contributo di Bahrin alla vita di nostro figlio si riduceva a qualche giro in macchina di pomeriggio durante il quale lui e io stavamo davanti per lo più in silenzio, e Iddin ridacchiava sul sedile posteriore. Le occasioni in cui giocavano insieme erano rare. Bahrin si rifiutava di capire che un bimbo piccolo non si poteva semplicemente accendere e spegnere, e questo creava dei problemi, visto che i suoi giochi con Iddin non duravano a lungo. Qualche buffetto o un po' di solletico, un giro a cavalluccio per il giardino e poi basta. Di colpo lo piantava in asso, lasciando Iddin confuso e insoddisfatto. Bahrin si negava a suo figlio completamente così come aveva escluso me dal suo cuore. In questi casi Iddin scoppiava invariabilmente a piangere ed era tutt'altro che facile consolarlo perché non capiva, come me, che per suo padre qualunque novità perdeva rapidamente di interesse.

Alla fine del 1984 scoprii di essere di nuovo incinta. Sapevo esattamente quando sarebbe nato quel bimbo perché potevo stabilire addirittura l'ora del concepimento, tanto erano rare le occasioni in cui poteva essersi verificato. Questa volta, quando dissi a Bahrin che aspettavo un figlio, lui non mostrò un grande entusiasmo, limitandosi a un educato interesse per la data prevista. La gravidanza fu molto più gravosa di quella di Iddin e mi sottrasse molte energie, rendendomi più difficile star dietro a un bambino così vivace. Prima di dormire davo ancora il seno a Iddin, sia per la raccomandazione dei medici di Melbourne sia per la prescrizione del Corano che stabilisce in due anni il tempo minimo di allattamento per una madre musulmana, anche se Iddin mangiava ormai cibo solido e beveva succo di frutta dal bicchiere. L'altro motivo per cui scelsi di continuare a nutrire personalmente Iddin era che in Malesia era impossibile procurarsi latte fresco, e quello in polvere disponibile a Terengganu era costituito da prodotti scaduti da tempo e venduti sottocosto dalle grandi multinazionali nei Paesi del Terzo Mondo. Il mio piano era quello di svezzare Iddin entro il quarto o quinto mese della mia gravidanza in modo da lasciar posto al nuovo nato. Volevo cercare di sviluppare un forte legame tra Iddin e il fratellino o sorellina ed evitare il più possibile una rivalità fra loro. Speravo che Iddin fosse abbastanza sicuro del mio amore per lui da accettare il "suo" nuovo bambino, come lo definiva lui, senza troppi problemi.

Prima di avere dei figli, la mia giornata ruotava tutta intorno a Bahrin. E continuò a farlo, dal suo punto di vista, anche dopo la nascita di Iddin.

Mi alzavo molto presto per accertarmi che la sua colazione fosse pronta. Talvolta Bahrin recitava le sue preghiere mattutine, a seconda dell'umore e da quanto si sentiva pio quel mattino. Non era mai particolarmente diligente nella preghiera, a meno che le sue suppliche ad Allah non avessero dei testimoni; allora la sua religiosità era destinata al consumo altrui e lui si sottoponeva alle abluzioni rituali con gran gusto, indossando il sarong e srotolando il tappeto da preghiera. Dopo tre anni di matrimonio ero abituata al suo personaggio pubblico, alla sua calcolata umiltà, che a suo dire consisteva nell'essere abbastanza nobile e intelligente da far credere agli altri che lui li considerasse suoi pari. Era una cosa che aveva imparato a scuola fin dalla più tenera età, mi spiegò orgogliosamente, e la trovava un utile strumento. Religione e umiltà, sentenziò, erano elementi chiave per i suoi affari e il suo futuro politico. Recitare la parte del principe umile, pio e appassionato di calcio serviva ai suoi fini, e in questo era un vero maestro. A volte lo osservavo perplessa mentre con il suo atteggiamento volutamente disarmante faceva strisciare i funzionari pubblici e mandava in estasi i clienti. Mi chiedevo se avessero mai il sospetto di vedere all'opera un artista consumato, un uomo che si nascondeva dietro una facciata e creava un'illusione, sempre con un programma politico in mente.

Solo quando Bahrin usciva per andare in ufficio potevo rivolgere tutta la mia attenzione a Iddin. I suoi bagnetti e i momenti di gioco mattutini erano la parte migliore della mia giornata; adorava l'acqua e si divertiva un mondo a sguazzare. Penso che se gliel'avessi permesso avrebbe passato gran parte del suo tempo nudo e nella vasca. Mak arrivava non appena Bahrin era andato al lavoro. Di rado si avventurava a casa nostra quando c'era suo figlio poiché temeva i suoi modi violenti e il suo caratteraccio, che definiva *bekeng*, fiero. Insieme giocavamo con Iddin e quando lui si addormentava Mak recitava il Corano mentre io mi immergevo nella lettura dei giornali malesi e inglesi. Lo facevo più che altro per abitudine, perché sapevo che le tre pagine di "notizie" erano sottoposte alla pesante censura del governo e che la stampa non pubblicava mai niente che non fosse stato scrupolosamente vagliato. Scandagliavo ogni pagina in cerca di novità dall'Australia; di solito non c'era niente di interessante salvo le notizie sulla famiglia reale malese, gran parte delle quali mi erano già arrivate grazie all'onnipresente ed efficiente passaparola.

Bahrin, che ormai aveva aperto il suo studio di architetto, veniva a casa all'ora di pranzo a consumare un pasto completo di quattro portate, per poi tornare al lavoro dopo un sonnellino pomeridiano. Per riempire il vuoto dei miei pomeriggi leggevo e rileggevo un gran numero di libri. Le telenovelas non spopolavano certo in quel Paese; i programmi televisivi non iniziavano prima delle quattro del pomeriggio ed erano comunque rigidamente censurati, al punto che le scene con i baci, anche le più pudiche, venivano tagliate da qualunque film. Poiché a Terengganu esistevano unicamente librerie religiose, ero costretta a importare scatoloni di libri da Singapore e Kuala Lumpur, e talvolta da posti ancora più lontani come Londra.

Ma persino le mie letture erano attentamente monitorate da Bahrin che usava questo piccolo piacere contro di me, vietandomi di leggere per giorni di seguito quando voleva punirmi di qualche misfatto reale o immaginario. Sapeva benissimo che i libri erano la mia unica forma di evasione, la mia finestra sul mondo esterno e un passatempo che adoravo. Spesso quand'era al culmine dell'ira mi insultava strillando che non dovevo leggere, che ero praticamente l'unica donna della sua famiglia con quell'abitudine, e che lo facevo apposta per fargli un affronto. Mi accusava di voler essere diversa, di darmi delle arie, di avvelenarmi la mente con quelle «vergognose pubblicazioni *mat salleh*». Bahrin usava sempre più spesso questo tipo di rimproveri in relazione a qualunque cosa, da un libro di Charles Dickens al modo in cui stavo seduta. Io facevo del mio meglio per incassare o ignorare i suoi insulti e la sua ira. Avevo imparato che comportarmi diversamente significava esacerbare la sua rabbia, e comunque desideravo ancora compiacere mio marito.

Compiacere Bahrin non era così semplice. Era pignolo e pedante su una tale quantità di cose che vivevo nel terrore di non essere all'altezza. I suoi vestiti e le cure che richiedevano erano fonte di ansia continua per me. La nostra cabina armadio conteneva tutti abiti suoi; i miei erano conservati nell'ala di servizio della casa, dato che non c'era abbastanza spazio per quelli di entrambi. Le scarpe di Bahrin erano disposte su una rastrelliera fuori dal guardaroba, mocassini inglesi tassellati numero trentanove, perfettamente lucidati. Ricordo ancora quando ogni giorno Bahrin sceglieva le scarpe dalla rastrelliera e le posava sul pavimento della veranda davanti ai suoi piedi, pronte per essere calzate. Toccavano terra con un rumore sordo eppure vibrante, che echeggiava per tutta la casa e segnalava la sua imminente partenza.

Sono certa che Bahrin imitasse il defunto nonno nella sua ossessione per il vestiario. Anche suo nonno era sempre impeccabile e teneva i suoi abiti con tanta cura che una parte del palazzo era ancora occupata dalle sue cose esattamente come lui le aveva lasciate, le uniformi di gala spiegate e le scarpe lucidissime e conservate in sacchetti antipolvere. Le regole di Bahrin riguardo al suo guardaroba erano precise fin nel minimo dettaglio. Zah, la domestica incaricata di lavare e stirare, viveva nel terrore assoluto di suscitare il suo malumore e passava ore a occuparsi del suo abbigliamento. Tutte le camicie dovevano essere sistemate su grucce di plastica, abbottonate al secondo bottone e rivolte verso sinistra. Poi dovevano essere appese in blocchi a seconda del colore, rosa con rosa, bianco con bianco, righe con righe e giallo con giallo; erano raggruppate anche a seconda della lunghezza delle maniche, rosa a manica corta con rosa a manica corta e così via. Ogni camicia era inamidata e appesa in modo da non sgualcire quella accanto; se dopo un mese appariva la minima piega nell'armadio andavano stirate di nuovo. Per precauzione numeravo tutte le camicie di Bahrin con un pennarello indelebile da lavanderia dall'1 al 169. Lo facevo perché spesso mi prendeva a schiaffi e calci quando non riusciva a trovare una particolare camicia, e dunque volevo seguirne tutti i movimenti. Ero sicura che alcune andassero perse durante i suoi viaggi d'affari a Kuala Lumpur.

Non sapevo se le lasciasse nelle stanze d'albergo o a casa di suo padre, e questo era l'unico modo che mi fosse venuto in mente per tenere il conto.

Per i pantaloni c'era un diverso regolamento. Ogni paio doveva avere una propria gruccia individuale di legno massiccio, per evitare che si creasse una leggera piega a metà della gamba appendendoli a quelli di ferro sottile. Anche qui valeva la regola dei blocchi di colore e c'era un modo corretto di appenderli, con la cintura a sinistra della gruccia e le gambe sulla destra. Bahrin aveva la snervante abitudine di effettuare ispezioni a sorpresa nel suo armadio, che richiedevano la mia presenza nella stanza mentre lui controllava ogni camicia e passava la mano sotto i pantaloni per controllare che fossero perfettamente pareggiati in fondo. Per prevenire il suo malumore di solito controllavo lo stato del suo guardaroba tutti i giorni.

Al quarto mese della mia gravidanza soffrii di violente emicranie che mi costringevano a letto per vari giorni di seguito. Era un problema anche solo badare a Iddin, figuriamoci sovrintendere a ogni piccolo dettaglio della casa. Un mattino, mentre ero stesa sul letto con le tende tirate, una borsa del ghiaccio sulla testa e il condizionatore a manetta nella speranza che un calo di temperatura alleviasse la pressione che mi gravava sugli occhi, Bahrin irruppe nella stanza. Si slanciò verso il letto e mi trascinò rudemente dentro la cabina armadio, ringhiando: «Vieni, vieni a vedere!». Non capivo di cosa stesse parlando. Vedevo poco o niente perché la stanza mi girava intorno, e feci del mio meglio per non vomitare mentre barcollavo stordita.

«Cosa c'è che non va, tesoro?» dissi, cercando di mettere a fuoco.

«Questo, questo!» mugolò Bahrin gesticolando come un pazzo in direzione della sua fila di calzoni. «Razza di puttana australiana pigra e senza cervello. Non sei nemmeno capace di tenere i miei abiti come si deve! Non sono pareggiati, non sono a posto! Volevo mettere questi ma non posso perché hanno una piega proprio sul ginocchio!» Urlava, scandendo ogni parola con odio assoluto, agitando un paio di pantaloni di lino blu sotto il mio naso.

«Ma è stato un incidente. Senti, non sono stata io. È stata Zah ad appendere i pantaloni dopo averli stirati, non io.»

«Me ne frego. È tua responsabilità sovrintendere alla servitù. Sei solo una maledetta puttana, una maledetta, inutile puttana *mat salleh*.»

Non vidi arrivare l'appendiabiti di legno, ma ne sentii perfettamente l'impatto quando si abbatté sul mio naso e mi colpì sotto l'occhio sinistro. Mi piegai in due, con il naso che cominciava a sanguinare, e d'istinto mi rannicchiai nell'eventualità che mi sferrasse un calcio, badando prima di tutto a proteggere il nascituro. Lo pregai di non colpirmi più, di pensare a suo figlio. Giurai che non sarebbe accaduto mai più e che avrei stirato di nuovo personalmente tutti i suoi vestiti. Per tutta risposta lui prese una ciocca dei miei capelli e usandola come una maniglia mi trascinò di nuovo in camera da letto, dove mi scaraventò a terra coprendomi di altri insulti. Rimasi piegata sul pavimento, aspettando con terrore la sua prossima mossa e tentando inutilmente di tamponare con il vestito il sangue che mi colava dal naso, mentre lui continuava a tuonare sulla mia inutilità e stupidità. Alla fine annunciò che sarei rimasta confinata nella mia stanza, avvertendomi che se avessi fatto storie me ne avrebbe fatto pentire. Detto questo, uscì dalla stanza chiudendo la porta a chiave.

Non ricordo granché dei giorni successivi all'episodio dei pantaloni, se non che ero prigioniera in casa mia e che mi portavano Iddin a intervalli regolari. Bahrin disse a tutti che per sbadataggine ero caduta nel bagno battendo la faccia sul lavandino, e che soffrivo ancora di emicrania. Mak non fece domande ed evitò di guardarmi negli occhi. Bahrin non aveva bisogno di specificare cosa mi avrebbe fatto se avessi tentato di dire a qualcuno quel che era successo davvero al mio naso, e comunque era mio marito e io gli avevo dato un dispiacere, non potevo aspettarmi niente di diverso. Una donna non poteva protestare, e nessun uomo avrebbe mai sostenuto la tesi che una donna avesse il diritto di punire suo marito per le sue azioni disciplinari.

Non avevo la forza di lasciarlo, e non avevo risorse cui fare appello. Era come se avesse distrutto tutta la mia sicurezza. Ero convinta di non valere nulla; di essere brutta e incapace perché non ero in grado di garantire un matrimonio felice. E poi, paradossalmente, speravo ancora che quelle sporadiche manifestazioni del suo io "occidentale", che riaffioravano brevemente nei momenti più inaspettati, potessero un giorno ridiventare permanenti e mi restituissero magicamente l'uomo di cui mi ero innamorata tanto tempo prima durante una primavera a Melbourne.

A mano a mano che la mia gravidanza procedeva e sentivo il bambino muoversi dentro di me con la promessa di una nuova vita, il mio matrimonio vacillava come un animale ferito a morte, e io cercavo disperatamente di non vedere la sua rovina. Mi rifugiai nel mio ruolo di madre e trascorsi sempre più tempo con Endah a palazzo, al sicuro nella mia stanza personale affacciata sul Mar della Cina Meridionale o seduta nel roseto a guardare Iddin che giocava all'ombra del pergolato. La mia salute aveva subìto un rapido peggioramento dopo l'episodio dei pantaloni; soffrivo di tachicardia, il mio battito cardiaco era tre volte più veloce del normale ed ero seriamente preoccupata per il bambino. Faticavo a trattenere il cibo e non riuscivo a mettere su il peso necessario allo sviluppo del feto. A quel tempo Bahrin non passava più di una o due notti a casa; lavorava, andava a cena fuori o si recava a Kuala Lumpur o a Singapore per affari. Quand'era in casa io cercavo di riportarlo a me, nel tentativo disperato di creare una vita familiare per i nostri figli, ma ogni mio tentativo naufragava invariabilmente fra la mia umiliazione e il suo disprezzo.

Mak continuava a suggerirmi di ricorrere a *bomoh* che mi aiutassero a riconquistare suo figlio, e mi trascinava da anziane donne che mi offrivano intrugli da mescolare al cibo di Bahrin per assicurarmi la sua fedeltà. Mia suocera accettava con gratitudine quelle pozioni e se le portava a casa come fossero il Sacro Graal, versandole lei stessa nel caffè di Bahrin quando io mi rifiutavo di farlo e giustificando le sue azioni con il bene dei suoi nipotini. Se la situazione era davvero disperata, mi disse una volta con il tono di chi sta per commettere un peccato mortale, lei sapeva di un nuovo *bomoh* dello stato settentrionale del Kelantan che agiva sui resti degli assorbenti igienici della moglie infelice, bruciandoli e riducendoli in polvere e benedicendoli con la preghiera in modo da farne un potente ingrediente da aggiungere alla dieta del marito, a sua insaputa. Pur sapendo che quella forma di magia era un grave peccato, si disse disposta a rischiare per me e per i bambini. Io la ringraziai per il suo affetto e il suo sostegno, ma osservai che essendo incinta mancavo degli ingredienti principali e che non ero affatto d'accordo con quella pratica. Allora Mak mise in atto una serie di misure alternative: dal cucire nel cuscino di Bahrin talismani fatti con le sue mutande e con versetti del Corano per farlo sognare me, al chiamare un *bomoh* per benedire la casa e scacciare le influenze maligne. Non mi opposi ai suoi innocui tentativi; ero troppo preoccupata per il mio futuro, e per quello di mio figlio e del nascituro.

Bahrin mi ricordava sempre più spesso che non godevo della residenza ufficiale in Malesia e che il mio visto dipendeva esclusivamente dalla sua buona volontà. Osservava che avrebbe potuto portarmi via Iddin e farmi cacciare dal suo Paese in un batter d'occhio, se avesse voluto. Mi accusava di essere diversa, di non avere la stessa mentalità delle altre donne.

A volte, quando gli mostravo le prove delle sue infedeltà, Bahrin mi strillava che dovevo crescere e che ero una moglie scriteriata e inutile. All'epoca del nostro matrimonio, la mia giovane età era stata un'attrattiva in più per lui – la giovinezza equivaleva a malleabilità – ma aveva cambiato idea quando si era reso conto che purtroppo crescendo avrei sviluppato delle opinioni personali, anticipate ulteriormente dalla mia precoce maternità. Vivevo in un'altalena di emozioni che andavano dal desiderio disperato di conservare mio marito e rimettere in piedi il nostro matrimonio al terrore assoluto di incorrere in altri abusi e violenze da parte sua.

Capivo sempre meglio perché le donne della famiglia reale accumulassero gioielli in quantità tali da fare impallidire la dotazione media di un'europea. I gioielli erano la loro unica forma di difesa; nella cerchia in cui mi muovevo, poche donne disponevano di un conto in banca e quasi nessuna aveva mezzi di sussistenza propri. Vivevano con una spada di Damocle sulla testa, nel costante timore, spesso giustificato, che i mariti le sostituissero con un nuovo modello mettendole in "soffitta" con tutto ciò che comportava, compresa la precarietà economica derivante dall'essere la più vecchia di varie mogli. Fino a quel momento non ero mai riuscita a capire perché quelle donne considerassero stupido da parte mia spendere il mensile in mobili per la casa e piante per il giardino, anziché seguire il loro esempio e acquistare oro e gioielli per i momenti di bisogno. Le mie parenti acquisite organizzavano dei tè pomeridiani simili ai party Tupperware tenuti dalle donne inglesi e americane, solo che in quei party si vendevano parure di gioielli con diamanti, rubini e smeraldi. Una volta andai a una di queste riunioni e osservai affascinata il venditore vuotare sacchetti d'oro, perle e pietre preziose sui tavolini da caffè. Vassoi di anelli con diamanti, set di collane e fili di perle naturali passavano di mano in mano con lo stesso disinvolto interesse suscitato dai cosmetici in una dimostrazione dell'Avon. I gioielli erano il prezzo della sicurezza, una spesa giustificabile e necessaria, facilmente spiegabile a un marito e altrettanto facilmente convertibile in liquidi in caso di necessità. Purtroppo mi resi conto che tutte le donne che conoscevo a Terengganu vedevano il proprio matrimonio con tale pragmatismo e fatalismo da prepararsi per il giorno in cui non sarebbero state più amate.

# 32

La vita in una corte reale è piena di contraddizioni, strani eventi e sfarzo. Spesso non ha alcuna parvenza di buonsenso o di logica. Il nucleo della famiglia reale viveva un'esistenza rarefatta, così irraggiungibile per il cittadino medio da risultare oscena. Le auto straniere nei garage erano di un pacchiano ma obbligatorio giallo reale: Rolls-Royce, Corniche e decappottabili, lunghe limousine Cadillac e Mercedes. Questi erano i veicoli di rappresentanza. Poi c'erano i giocattoli dei membri più giovani: Ferrari, Porsche e BMW. Le Range Rover cominciavano solo allora a diventare popolari, dopo la scoperta che i reali d'Inghilterra le usavano come auto per le vacanze. Tutti noi avevamo una targa speciale con un numero a una sola cifra, in modo che chiunque capisse chi fosse il proprietario dell'auto che poteva essere al volante. In tal modo gli agenti di polizia evitavano di fermare un membro della famiglia reale per eccesso di velocità e di dovere affrontare le spiacevoli conseguenze della loro sciagurata iniziativa.

Anche le auto d'epoca erano tra le preferite, sia pure principalmente dalla generazione più anziana; erano mantenute in perfette condizioni e usate di rado. Dalla classica spider rossa Alfa Romeo guidata dal padre di Bahrin, alla Mercedes Sport decappottabile, alla Rolls-Royce degli anni Venti, si sceglieva solo il meglio. Dato che la famiglia reale non pagava tasse di importazione, le collezioni della nostra famiglia e degli altri reali che vivevano nei dintorni erano ricche e in continua espansione. Bahrin e suo cugino Ihsan possedevano un'auto sportiva fatta a mano e con il rivestimento interno personalizzato, conservata nelle scuderie. Non erano ancora adolescenti quand'erano diventati i fieri proprietari del meglio del design automobilistico britannico. Costruita in Gran Bretagna negli anni Sessanta, l'auto era stata offerta loro in regalo durante la visita ufficiale del nonno (allora re della Malesia) in Iran. Lo Shah di Persia e l'imperatrice Farah Diba erano amici di lunga data della famiglia di Bahrin e le loro fotografie erano rimaste orgogliosamente sulla credenza dell'atrio dell'Istana Badariah ben oltre la rivoluzione e l'avvento dell'ayatollah Khomeini. Omar, la seconda moglie del nonno di Bahrin, andava ancora a trovare regolarmente Farah Diba negli Stati Uniti, dove l'ex imperatrice manteneva una ristretta ma ancora attiva corte in esilio.

Le contraddizioni si manifestavano con scarsa regolarità, motivazione o prevedibilità. Malgrado il rispetto esteriore per la fede e per l'Islam, spesso la cruda verità era lontana dalla dottrina religiosa più di quanto una persona estranea alla cerchia reale malese avrebbe mai sospettato o riconosciuto, ora o allora. C'era un'omertà che legava una famiglia all'altra, un cugino all'altro, dietro una disgustosa apparenza di superiorità morale.

Tutte le case regnanti della Malesia sono imparentate, spesso grazie a matrimoni fra cugini primi. Accadeva comunemente che i parenti di diversi Stati si riunissero per occasioni sociali e cerimoniali. Quindi non mi stupii quando appresi che dei giovani scapoli di varie corti avevano organizzato un weekend insieme in un popolare centro turistico. Mi limiterò a dire che un grave atto di barbarie fu perpetrato in quel particolare weekend nella prestigiosa località tropicale. Non era il primo esempio di abuso di potere di cui fui testimone o venni a sapere durante il mio soggiorno in Malesia.

Tutti coloro che non erano di sangue reale o legati ai reali erano vulnerabili ai capricci e alle ire di qualunque membro della mia famiglia allargata. Ima, la figlia del sultano e la più vivace del clan, frequentava in segreto un ragazzo di paese con cui aveva fatto amicizia sgattaiolando fuori dal palazzo per giocare a calcio. Purtroppo per il giovane, l'ultimo appuntamento fu organizzato in una delle tante stanze abbandonate dell'Istana Pantai in cui Ima abitava con la madre, Sharifah Nong. Di norma la vita di Ayah Mud era regolata come un orologio. Tuttavia, per ragioni mai accertate, Sua Altezza Reale arrivò inaspettatamente a casa della sua seconda moglie e subito si diresse verso la stanza in cui Ima e il suo ragazzo stavano giocando a carte, completamente vestiti e ai lati opposti di un tavolo. Un'esplosione di rabbia indusse Ayah Mud a colpire il ragazzo con il calcio di una pistola facendogli perdere i sensi. Tutto questo mi fu raccontato con voce bassa ma eccitata dalle mie zie acquisite, le sorelle del sultano, dopo che Sharifah Nong, che anche nei momenti migliori non conosceva discrezione, aveva raccontato i suoi problemi alla famiglia. «Allah sia ringraziato» disse zia Zainah, «sarebbe stato un bel guaio se avesse premuto il grilletto e ucciso il ragazzo.»

Come riportato dal «Times» di Londra, le famiglie reali malesi hanno sempre maneggiato armi da fuoco, spesso con gravi conseguenze quando le armi finivano nelle mani dei membri più instabili. Un sultano proveniente da uno Stato meridionale, quand'era ancora principe ereditario si era adirato con un uomo d'affari di origine cinese che inavvertitamente aveva superato la sua auto senza contrassegni lungo un'importante via di comunicazione. Il sultano inseguì a tutta velocità l'atterrito automobilista, lo raggiunse, lo trascinò fuori dalla macchina e gli piantò una pallottola in testa. Questo incidente fu riportato con grande evidenza dalla stampa internazionale, specie quando l'allora principe ereditario fu graziato per le sue azioni.

Gli strani eventi potevano a volte avere un effetto immediato su di me. Avevo dovuto lottare con le unghie e con i denti per avere il permesso di allattare Iddin. Era ritenuta una cosa poco opportuna, e per convincere Bahrin e la sua famiglia avevo dovuto insistere e far ricorso a citazioni accuratamente scelte dal Corano. Secondo i miei calcoli, ero il primo membro della famiglia ad allattare dall'inizio del secolo. La decisione della principessa del Galles di nutrire al seno il principe William mi fornì un grosso aiuto, ma fu solo quando la regina Noor e il re Hussein di Giordania vennero in visita ufficiale in Malesia che la questione fu regolata una volta per tutte. La regina Noor (alias Lisa Halaby, un'americana) si era rifiutata di lasciare a casa il suo neonato perché anche lei stava allattando. Il personale dell'Agung (re di Malesia), le nostre famiglie e i cortigiani erano preoccupati e inizialmente incerti sulla sistemazione da dare a una regina che allattava il suo bambino, ma in qualche modo ci riuscirono. Sarò sempre grata a Sua Maestà la regina Noor per la posizione che assunse e a Sua Maestà il re suo marito per il sostegno che le diede, perché l'esempio di una regina islamica che non cedeva su una questione così importante mi fornì la giustificazione di cui avevo bisogno.

Trovarsi in compagnia di personaggi così eccelsi come la regina Noor e la principessa del Galles diventò rapidamente di moda, e quando rimasi di nuovo incinta molte altre donne della famiglia reale avevano cominciato a provare l'allattamento al seno, spesso chiedendomi consigli sulle tecniche da usare. Il paradosso non stava nella scelta, bensì nella motivazione.

Il giorno del mio ventiduesimo compleanno fu tutt'altro che felice. Le ansie per l'imminente nascita del mio secondo figlio mi avevano spinto a chiedere a Bahrin uno sforzo deciso da parte di entrambi per cercare di salvare il nostro matrimonio. Temevo per il futuro, temevo per il nostro nuovo figlio e temevo per Iddin e per l'effetto che avrebbero avuto su di lui nel lungo periodo le scenate sempre più violente di suo padre, dato che era sempre presente quando Bahrin mi picchiava.

Avevo esposto la mia supplica facendo molta attenzione a mantenere la compostezza mentre parlavo. Purtroppo questo parve irritarlo ancor più delle lacrime e andò su tutte le furie, urlando che ero una puttana da quattro soldi e che mi aveva fatto un grande favore a sposarmi, visto che ero una schifosa donnaccia *kaffir*.

La mia unica reazione fu la disperazione che sentii affiorare dentro di me, un grumo di infelicità che sembrava amplificato dai movimenti del bambino. Quando Bahrin mi gettò uno sguardo d'odio, girò sui tacchi e mi lasciò seduta in veranda nella calda aria notturna, cominciai a singhiozzare: grossi singulti strazianti che mi stringevano il petto dandomi la sensazione che mancasse l'aria e che il mio mondo stesse precipitando.

Prima dell'alba, quella stessa notte, fui svegliata da Bahrin che mi scrollava dicendo che voleva parlarmi. Mi chiese di seguirlo nella cabina armadio, dove aveva trascorso la notte, e si sedette con me sul pavimento. Appoggiato all'anta del mobile, appariva agitato, come se non sapesse cosa dire ora che ero in sua presenza. Quanto a me, ero circospetta, perché non sapevo se dovessi aspettarmi altre violenze o se volesse comunicarmi che era successa una tragedia.

Ciò che uscì dalla sua bocca mi lasciò sconvolta e perplessa.

«Yasmin» disse, «voglio che le cose vadano bene tra noi, sono molto dispiaciuto per tutto quanto. Vorrei soltanto poterti rendere felice.»

Mentre parlava appariva sempre più nervoso e continuava a cingersi con le braccia le ginocchia che aveva raccolto contro il petto.

«A volte non so cosa faccio. Mi scatta qualcosa nella testa e non riesco a frenare la mia rabbia. Volevo tanto avere una vita normale con te quando ci siamo sposati, ma non so come fare.»

Poi si mise a piangere, singhiozzando e dondolandosi avanti e indietro di fronte a me, proprio come avevo fatto io ore prima.

Le sue parole successive mi sono rimaste dentro per anni, segnando il mio ricordo di lui e riassumendo la sua incapacità di avere una relazione "normale" in termini occidentali.

«Io voglio che tu sia felice. Mi spiace per tutte le volte che ti ho picchiato. Mi spiace davvero. Io voglio renderti felice, ma so che non posso. Non posso darti ciò di cui hai bisogno e che meriti, ciò che desideri. A te serve un uomo che ti renda felice, che possa farti ridere e darti tutta l'attenzione e l'amore di cui hai bisogno, qualcuno che ti possa abbracciare e baciare continuamente ed essere tuo amico. Vorrei poter trovare quell'uomo e darti a lui per farti felice. Ma se lo facessi, sarei sempre tuo marito e tu apparterresti ancora a me. Semplicemente lui ti renderebbe felice e ti darebbe quello di cui hai bisogno.»

Non dissi nulla. Ero troppo sconvolta per comprendere fino in fondo la situazione. Ormai piangevamo tutti e due, seduti sul pavimento fianco a fianco mentre dalla finestra aperta il riflesso della luna proiettava strane ombre per terra. Tesi le braccia verso Bahrin. Soffriva tanto, e io non potevo sopportare di vederlo così. Lo strinsi al petto e lo sentii abbandonarsi sul pancione che conteneva il nostro bambino. Cosa sarebbe stato di noi d'ora in avanti? Quello era forse il segno che Bahrin aveva avuto una specie di esperienza catartica e stava tornando in sé? Non riuscivo a comprendere il suo mutato atteggiamento, o anche solo cominciare a capire che tipo di rapporto avremmo avuto ora. Mentre lo stringevo a me, volevo tanto credere che fosse pentito di come mi aveva trattato, ma non sapevo bene come interpretare la sua ultima dichiarazione. Ero stanca ed esaurita, agli ultimi giorni della mia gravidanza, già oltre la data prevista per il parto. Stava forse giocandomi un tiro crudele? Stava dicendo che io ero una sua proprietà che poteva regalare a qualcun altro? Non lo sapevo, e non ne potevo più di quella continua altalena di paura e incertezza. Ci addormentammo insieme sul letto degli ospiti, e ricordo che prima di trovare finalmente riposo provai un forzato ottimismo ma anche una grande stanchezza.

Nostra figlia Shah nacque meno di quarantott'ore dopo, il 7 luglio 1985. Era un delicato batuffolo con la pelle di seta e capelli neri che formavano morbidi riccioli, arrivata dopo un travaglio indotto di tredici ore e un parto difficile.

Mi avevano lasciata sola in sala travaglio; il medico aveva valutato che mancassero ancora molte ore ed era tornato a casa per mangiare e fare una partita a golf. Ma come al solito, anche i piani più perfetti non sempre vanno così lisci, e io cominciai ad avere la netta sensazione che il parto fosse imminente. Chiamai l'infermiera e glielo dissi. Lei reagì con sufficienza sostenendo che mi sbagliavo, ma fu colta da un vero e proprio panico quando controllò e vide che avevo ragione.

La caposala convocò due assistenti, inesperte ragazze di paese vestite con sarong bianchi, e in tono concitato disse loro di tenermi stesa sul lettino serrandomi le ginocchia in modo che non potessi spingere mentre lei contattava il dottore. La pregai di far nascere lei il bambino, dato che era un'ostetrica qualificata, ma lei replicò che non voleva rischiare il posto interferendo con una nascita reale, e che dovevo partorire in presenza di un medico.

Quando cominciarono le contrazioni, le due ragazze mi inchiodarono al lettino, una all'altezza del petto e l'altra bloccando con tutto il suo peso le mie gambe e tenendole strette insieme. Non riuscivo a reprimere l'impulso di spingere e il mio corpo si tendeva per protesta contro il dolore e il forzato ritardo. Avevo la sensazione di essere squartata mentre la bimba lottava per venire al mondo malgrado le loro proteste e i loro sforzi. Nel giro di pochi minuti arrivò il dottore, mi diede un'occhiata e riuscì a infilarsi i guanti appena in tempo per prendere Shahirah, quando con una spinta potente e un grido la sentii scivolare fuori da me.

Non pianse subito. Notai che aveva due o tre giri di cordone intorno al collo e tutto il corpo di un colorito grigiastro. Trattenni il fiato in attesa di udire la sua voce e pregai che emettesse un vagito per farmi sapere che stava bene. Dopo un attimo di pausa in cui tutto il mondo parve restare in sospeso, Shahirah cacciò un urlo che mi bagnò le guance di lacrime di gioia. Tesi le braccia verso di lei e la posai sul mio petto, cullandola, mentre lei capiva al volo e cominciava a prendere il latte. Rimasi stupita dalla sua fragilità. Era così esile, molto più piccola di Iddin alla nascita, e sembrava gelata. Nell'attimo in cui aprì un occhio esausto e osservò il mio volto con grande concentrazione, capii che ero sua per sempre, ero di nuovo madre.

Bahrin entrò in sala travaglio pochi minuti dopo per vedere sua figlia. Tesi una mano verso di lui mentre si avvicinava al letto e sorridendo inclinai leggermente Shahirah affinché potesse vederla meglio. Ma invece di prendere la mia mano, lui la posò di nuovo sulla coperta con un buffetto, mentre squadrava la nostra bambina.

«Ti amo» sussurrai con voce appena sufficiente a farmi sentire da lui, guardandolo con aria speranzosa.

«Lo so» fece lui in tono piatto, e dopo un colpetto sul mio ginocchio si avviò verso l'uscita. Sulla soglia si fermò per un attimo e si voltò, disse: «Ci vediamo dopo», e spingendo le porte a vento si dileguò.

Mi portarono Iddin un'ora dopo la nascita di Shah. Avevo concordato la cosa con Mak perché volevo assicurarmi che cominciassero a legare il prima possibile. Lui si precipitò nella mia stanza allegramente e stava per abbracciarmi quando all'improvviso strabuzzò gli occhi e si bloccò, fissando Shahirah. Mi chinai per baciarlo e abbracciarlo forte e gli presentai sua sorella, mentre lui si alzava sulla punta dei piedi per vederla meglio. Mia suocera e zia Zainah inorridirono quando dissi a Iddin di salire sul letto accanto a me, allarmate per la mia supposta fragilità. Le ignorai e aiutai Iddin a sistemarsi comodamente, poi gli posai in grembo un cuscino. Rimase senza fiato quando gli misi in braccio la sorellina. La osservò attentamente e rimase ipnotizzato quando lei emise un suono, aprendo lentamente gli occhi per guardarlo. Quando la bimba gli prese le dita, lui sollevò il viso raggiante verso di me e disse: «Questa è mia sorella, sarò molto gentile con lei» e tornò a sorriderle.

Più tardi quella notte, presi Shahirah dalla sua culla accanto al mio letto. Era intirizzita perché l'ospedale non aveva incubatrici per tenerla al caldo, così la infilai dentro la mia camicia da notte e ammucchiai su entrambe una pila di coperte per darle più calore. Passò tutta la notte in questo modo, rannicchiata contro il mio corpo, succhiando dal mio seno e dormicchiando fra un pasto e l'altro.

«Raja Shahirah Aishah» le sussurrai baciandola sulla fronte, «come ho potuto farti nascere in un mondo come questo?»

# 33

Malgrado le sue rivelazioni prima della nascita di Shahirah, Bahrin riprese il suo atteggiamento di chiusura appena tornai a casa dalla clinica con la bambina, scomparendo per un paio di settimane a Kuala Lumpur e ignorando i pettegolezzi che il suo comportamento suscitava in famiglia.

Nelle prime settimane di vita di Shahirah, mi trovai invischiata in una gara di astuzia con mia suocera. Mak annunciò che stava prendendo accordi perché il *sunnat* di Shahirah avesse luogo entro i suoi primi quaranta giorni di vita. Fui orripilata dalla disinvoltura con cui Mak aveva preso quella decisione a proposito della sua unica nipotina. Il *sunnat* per le femmine è la circoncisione, detta anche clitoridectomia, un'operazione condotta da un'ostetrica di paese senza sterilizzazione e senza il beneficio dell'anestesia con la quale viene asportato il clitoride della bambina. Per giorni discussi con Mak e sua sorella Zainah manifestando a gran voce la mia opposizione e il mio disaccordo sulla mutilazione della mia figlioletta. Nel corso di quelle discussioni spesso accese scoprii che di solito le femmine della famiglia reale avevano solo pochi giorni di vita quando veniva eseguita la clitoridectomia, e che sia mia suocera sia le sue sorelle erano state mutilate in quel modo. Finalmente capivo il loro atteggiamento nei confronti del sesso. Mi avevano consigliato in varie occasioni di sottomettermi semplicemente ai "bisogni" di Bahrin e di rimanere immobile finché lui non aveva finito. Era quel che avevano fatto per tutta la loro vita matrimoniale. Non si aspettavano alcun piacere dal sesso, solo una gravidanza, e da ciò dedussi che probabilmente non avevano mai avuto un orgasmo (non che io fossi un'esperta in materia). In mezzo a quelle rivelazioni sbalorditive, si resero conto che io non ero circoncisa e che me ne andavo in giro in uno stato di impurità, fatto che trovarono piuttosto scioccante ma sul quale non avevano autorità per prendere provvedimenti.

Per nessuna ragione al mondo ero disposta a sottoporre la mia bambina alla barbara pratica della clitoridectomia, una tradizione tribale importata in Malesia dall'Arabia e che si riteneva moderasse il temperamento e la passione di una donna. Da come mi fu descritta, si convocava un gruppetto di parenti strette, che cenavano insieme con cibi preparati appositamente per l'occasione e ridevano e chiacchieravano in un'atmosfera festosa. Poi venivano scoperti i genitali della bambina per la levatrice, che vi applicava un cubetto di ghiaccio in luogo di una vera e propria anestesia e tagliava via il clitoride e l'area circostante con la lama di un rasoio.

Cercare di impedire questa operazione richiedeva un delicato equilibrio di diplomazia e strategia. Quando esposi la mia contrarietà a Bahrin, lui replicò che come padre della bambina avrebbe ricevuto dei punti di *parlar* per il suo consenso all'operazione, e pensava che non sarebbe stato un male se l'avesse calmata impedendole crescendo di diventare come me. Appurato che dovevo trovare un'altra strada per evitare che il progetto andasse avanti, cercai disperatamente un'alternativa e finii per ricorrere alla mia recente conoscenza del Corano. Dopo lunghe discussioni con Che Gu Ali, riuscii a dimostrare a tutti che il *sunnat* per le donne non era un obbligo secondo la legge islamica ma solo una pratica raccomandata e che non compariva nel Corano, ma aveva acquisito popolarità grazie a un profeta musulmano che l'aveva adottato molto tempo prima. Vinsi quella ripresa, ma non potevo fare a meno di temere che qualcuno intervenisse a mutilare irreparabilmente la mia bambina non appena avessi voltato le spalle.

Bahrin si vendicò della mia opposizione al *sunnat* di Shahirah. Abbandonò Kuala Lumpur il tempo sufficiente per partecipare alla festa per i quaranta giorni della bambina, che comprendeva un *talil* alla memoria di suo nonno. Per tradizione il padre del neonato invitava a cena un gran numero di religiosi, che recitavano preghiere per il benessere dell'infante e anche per i defunti della sua famiglia. Agli ospiti veniva offerta un'enorme quantità di cibo: curry, riso, stuzzichini e dolciumi disposti su tovaglie di un bianco immacolato stese a terra, intorno alle quali sedevano gli invitati esclusivamente maschi. Il cibo avanzato andava di solito ai parenti e ai poveri della zona.

Il giorno prima del *talil* di Shahirah, mentre mi rilassavo nel mio salottino giocando con Iddin e la bambina, udii i belati terrorizzati di una capra. Capii subito che si trattava di Noneng, il mio capretto, e corsi fuori trovandomi davanti una scena che ancora oggi non posso dimenticare. Noneng era appeso a testa in giù, con le zampe posteriori legate a una delle travi di sostegno del vecchio casotto del giardino. Intorno a lui c'erano degli uomini con il turbante, fra cui alcuni che conoscevo, e Bahrin che si teneva un po' in disparte.

«Che stai facendo a Noneng?» strillai quando uno di loro tese le corde alzando ancor di più la mia bestiola.

«Procuro la carne fresca per il *talil* di domani sera» rise Bahrin per tutta risposta.

«No! Non puoi! No!» gridai, e stavo per slanciarmi in mezzo al gruppo quando mia suocera mi fermò, cercando di convincermi ad andar via e impedendomi di avanzare.

Era comunque troppo tardi, perché in quel momento vidi il

lampo di una lama che squarciava la gola del mio amato animaletto e udii le sue urla strazianti, poi il silenzio.

«Ti odio, ti odio!» gridai a Bahrin mentre crollavo a terra piangendo. Circondata dai servi e da Mak, fui ricondotta in casa, dove vomitai per quelle che mi parvero ore con l'immagine della tortura di Noneng continuamente dinnanzi agli occhi.

La sera dopo, quando tutti gli ospiti furono andati via, Bahrin entrò nella nostra camera da letto con un vassoio di cibo per me e con sguardo gelido mi ordinò di mangiare. Come aveva previsto, rifiutai il curry contenuto nel piatto. Era stato preparato con il mio capretto, un animale che avevo nutrito con le mie mani.

Bahrin parve trarre un piacere perverso dal mio rifiuto, poiché gli forniva una scusa per mettermi in ginocchio. Mi afferrò per i capelli e mi rovesciò a terra, mettendosi a cavalcioni su di me e bloccandomi le braccia lungo i fianchi.

«Tu mangerai questo cibo buono e sostanzioso. Tu farai quel che ti è stato detto.»

«No!»

«Allora dovrò costringerti, vero, Yasmin? Perché devi sempre rendere le cose così difficili?» domandò prendendo un pezzo di carne e facendolo dondolare sopra il mio viso. «Mi è costato un sacco di soldi nutrire e mantenere questo capretto, quindi ho risparmiato qualcosa mettendolo in pentola.»

Cominciai a dimenarmi mentre mi spingeva il boccone fra i denti. Sputai, opposi resistenza e cercai di liberarmi di lui, con scarso successo. Alla fine Bahrin riuscì ad aprirmi la bocca e vi infilò a forza la carne, premendomi una mano sulle labbra per impedirmi di sputargliela in faccia.

«Mastica, puttana, mastica!»

Scossi la testa. Allora lui cominciò a picchiarmi la testa sul pavimento di marmo sibilando «Mastica!» a ogni colpo. Finii per arrendermi. Il suo sguardo era spaventosamente determinato. In quel momento pensai che avrebbe continuato a sbattermi la testa sul pavimento fino a uccidermi se non avessi ubbidito.

«Ora ingoia» ordinò, sorridendo. «Brava ragazza» aggiunse ironicamente quando feci quel che mi era stato ordinato, cercando di non soffocare. Poi, rialzatosi, mi lasciò sola nella stanza e lo sentii avviare la sua nuova automobile e allontanarsi.

Nelle due o tre settimane successive a questo episodio, il nostro matrimonio proseguì nella sua parabola discendente. Molti tasselli cominciarono ad andare al loro posto: ricevute della carta di credito per gioielli da diecimila sterline nelle tasche di Bahrin, ulteriori restrizioni ai miei movimenti a Terengganu, telefonate misteriosamente interrotte quando io entravo in una stanza, capi di vestiario mancanti e il mio obbligo di fargli una telefonata prima di uscire di casa. Mi fu proibito persino andare dal parrucchiere al Pantai Hotel, e mi ritrovai più prigioniera e isolata che mai. Infine, l'ultimo tassello: una telefonata della moglie di Kasim, ex compagno di scuola di Bahrin, una donna che conoscevo solo di sfuggita.

La moglie di Kasim mi chiese di andarla a trovare perché aveva qualcosa di importante da dirmi. Lo strano invito stimolò la mia curiosità, e con il permesso di Bahrin quel pomeriggio andai a casa sua portandomi dietro i bambini. Lei scrutò attentamente il mio viso posando una fotografia sul tavolino davanti a me. La donna ritratta si chiamava Elmi Salleh ed era una cantante di night-club di modesta fama, di Singapore. Di fronte al mio sguardo interrogativo, la moglie di Kasim mi spiegò perché avesse sottoposto alla mia attenzione quella foto, presa da un volantino pubblicitario. Elmi era venuta da Singapore a Terengganu grazie a Bahrin, che le aveva procurato un solido contratto al Pantai Hotel. Aveva cantato lì per molti mesi, e solo di recente era ripartita per Singapore. Quella donna, mi disse, era l'amante di Bahrin. Era una relazione molto sbandierata e io ero praticamente l'ultima a saperlo. Riteneva che fosse giusto informarmi, prima che fosse troppo tardi.

Mentre osservavo la foto della donna di fronte a me, provai un odio incondizionato per Bahrin. Con i suoi pantaloni di lycra, il top senza spalline e i capelli corti come un uomo, Elmi era l'esatto opposto di me, sua moglie. A cosa erano servite le mie gonne lunghe e le membra coperte secondo i desideri di mio marito, i capelli lunghi fino alla vita che Bahrin mi proibiva di tagliare, una vita trascorsa nel terrore di urtare la sua sensibilità islamica? A permettergli di andare a letto con un'altra donna, una volgare cantante da bar con un figlio di otto anni? A farmi picchiare e umiliare e trattare come una nullità? O a consentirgli di esibire la ragazza australiana come una specie di esperimento di conversione all'Islam, mentre lui se la spassava con una puttana malese che gli si era appiccicata perché nella sua cerchia andava di moda avere i soldi e il sostegno di un membro della famiglia reale? E tutto questo lo venivo a sapere da una persona quasi sconosciuta le cui motivazioni erano tutt'altro che chiare. Mi aveva forse informato per poter descrivere la mia reazione alle sue amiche? Era semplicemente preoccupata e dispiaciuta per il trattamento inflittomi da Bahrin? Oppure si vergognava che uno dei suoi compatrioti avesse ingannato e preso in giro la sua mogliettina straniera? Non lo sapevo e in realtà non mi importava. Sapevo solo che dovevo andare a casa, affrontare Bahrin e mettere fine a quella disgustosa situazione.

Lo misi con le spalle al muro, chiudendomi con lui in camera da letto. Avevo perso ogni capacità di controllo. Volevo che mi dicesse la verità, quale che fosse. All'inizio Bahrin negò, sostenendo che quelle della moglie di Kasim erano semplici calunnie. Poi mi diede della pazza dicendo che mi stavo immaginando tutto, che le diecimila sterline di gioielli erano una tangente per un politico, che mi avrebbero chiuso in manicomio se non la smettevo con quelle fantasticherie. Ma stavolta ero decisa a non cedere e reagii in modo isterico, talmente isterico e privo di orgoglio che sfogai tutto quel che avevo dentro, strillando e minacciando. Sentivo di lottare per la vita dei miei figli e per il loro futuro.

E poi, come una scossa elettrica, mi venne in mente un fatto che fino a quel momento era rimasto inspiegabile. Da una mia recente visita ginecologica era emersa una strana infezione, che avevo curato con la penicillina. All'epoca avevo tempestato di domande Bahrin perché il mio medico, invece di farmi una diagnosi precisa, aveva telefonato a mio marito per parlarne con lui. Ora capivo cos'era e da dov'era venuta, e mi sentii violata e nauseata da quella contaminazione al punto che fui costretta ad aggrapparmi allo stipite della porta.

Gli chiesi come avesse potuto ingannarmi per tutti quegli anni, pretendendo che mi convertissi all'Islam e seguissi fedelmente i dettami della sua religione, mentre lui si divertiva con una donna malese dal comportamento molto più scandalosamente occidentale del mio. Afferrando le mie forbici da sarta posate sul cassettone, gli intimai di restare dov'era mentre continuavo a insultarlo. Prima di rendermi conto di quel che stavo facendo, divisi la mia chioma in due bande ai lati della testa e con due rapidi movimenti delle lame la tagliai, gettandogli in faccia più di mezzo metro di capelli. In quel momento non riuscivo a pensare ad altro che al suo divieto di tagliarmi i capelli e al fatto che riuscisse sempre a usarli come un'arma contro di me. «Be', ora basta!» gli urlai. «Basta!» Se preferiva una puttana con i capelli corti a me, allora non avrei più tollerato che mi dicesse cosa fare dei miei.

Piansi, supplicai, minacciai di riferire a suo zio il sultano il suo comportamento. Gli ricordai che aveva giurato sul Corano e gli dissi che avrei fatto sapere a tutta la congregazione della moschea principale quanto fosse bastardo. Questa volta non mi spaventava, questa volta non avevo intenzione di arrendermi.

Alla fine arrivò sua madre, bussando alla porta e ordinando di aprire. Quando entrò nella stanza, le rovesciai addosso tutta quella sordida storia, che lei ascoltò inorridita. Poi cominciò a rimproverare suo figlio. Bahrin chinò il capo per la vergogna; sincero o no, almeno non tentava più di negare. Mak lo avvertì che per quanto la riguardava, io ero l'unica donna che avrebbe mai accettato come nuora. Gli rammentò che aveva giurato sul Corano di non prendere un'altra moglie, e la responsabilità che si era assunto nei miei confronti strappandomi al mio Paese in così giovane età e portandomi in Malesia.

Bahrin era agitato come uno scolaretto sorpreso a saccheggiare il frigorifero a mezzanotte. Su richiesta di sua madre, prese il Corano che era in camera da letto e giurò che avrebbe rotto ogni rapporto con la cantante e con tutte le altre donne con cui aveva avuto una storia, e che avrebbe ripreso una vita normale con me e i bambini. Soddisfatta, Mak lo congedò e mi accolse fra le sue braccia, mentre io scoppiavo in un pianto incontrollabile per la perdita dei miei capelli e del rispetto di me stessa.

# 34

Bahrin e io stabilimmo una tregua improntata su una neutra indifferenza, rivolgendoci l'uno all'altro con esagerata cortesia. Lui ostentava indifferenza anche verso Shahirah comportandosi quasi come se non esistesse, al punto che dovetti pregarlo perché si facesse fotografare con i due bambini. Non volevo che nostra figlia crescesse con la sensazione che suo padre non avesse alcun interesse per lei. Volevo che potesse guardare le fotografie e identificarsi con lui. Quanto a me, mi dedicai interamente ai bambini, leggendo fiabe a Iddin e portando a spasso per il giardino Shahirah nella sua carrozzina decine di volte al giorno, dato che ero praticamente segregata in casa.

Endah rimase scioccata quando andai a trovarla la prima volta dopo essermi tagliata i capelli. Sembravo uno spaventapasseri ossuto più che una donna che avesse deciso per capriccio di cambiare taglio. Lei ebbe il tatto di farmi poche domande, intuendo che ero venuta da lei in cerca della tranquillità di cui avevo disperatamente bisogno nella mia vita. Ogni volta si sedeva in silenzio accanto a me in una delle verande del palazzo con i bambini accoccolati ai nostri piedi, o lavorava in giardino mentre io fissavo l'orizzonte e il mare con sguardo assente.

A fine settembre Bahrin annunciò che sarebbe partito per

un viaggio d'affari nelle Filippine e in Indonesia e che sarebbe rimasto assente una decina di giorni. Aveva deciso di andare a Kuala Lumpur con la sua nuova Mercedes Benz e di lasciarla dal meccanico per la manutenzione prima di prendere l'aereo. Cercai in tutti i modi di ottenere un cenno di approvazione da parte sua prima della partenza, offrendomi di fargli la valigia e di preparargli i suoi piatti preferiti, ma mi sembrava di essere nuda nell'occhio di un ciclone, in attesa che si scatenasse su di me il prossimo diluvio.

E il diluvio arrivò, dieci giorni dopo, il 19 ottobre 1985.

Bahrin era tornato a mezzanotte del giorno prima e mi aveva immediatamente portato a letto con una ferocia e una rudezza che non mi stupirono. Mi malmenò e mi usò come una cosa, non come una persona. Al mattino uscì per andare al lavoro, salutandomi educatamente ma con freddezza. Mentre guardavo la sua auto che usciva dal vialetto, il telefono si mise a squillare. Corsi dentro a rispondere e udii la voce della moglie di Kasim all'altro capo del filo. Anche questa volta mi chiese di andare a casa sua e anche questa volta accettai. Affidando Iddin alla nonna, piazzai Shahirah nel suo seggiolino sul sedile posteriore e andai in macchina all'altro capo della città. Quando arrivai, la moglie di Kasim mi fece accomodare. Non era sola; erano presenti anche sua suocera e sua cognata. La tensione nell'aria era palpabile mentre scambiavamo due chiacchiere formali in attesa che affrontassi il motivo per cui mi avevano fatto andare a casa loro. Io però non mi decidevo a chiederlo.

Infine, intuendo la mia riluttanza, la moglie di Kasim lanciò uno sguardo furtivo alle altre due donne e tirò fuori un giornale. Aprendolo sul tavolo di fronte a me, indicò un ampio articolo accompagnato da una fotografia. Il mondo prese a girarmi intorno e mi sentii gelare quando presi il giornale e cercai di leggere il testo in malese. Ma il titolo e la foto erano più che sufficienti.

Fu un vero pugno in faccia: «Nozze senza clamore per

Elmi con un giovane principe malese». La donna nella foto indossava un *baju kurung* da cerimonia e sorrideva accanto al grassoccio figlioletto di otto anni, con in mano un album di nozze. L'articolo diceva che Elmi aveva conosciuto in aereo un giovane uomo d'affari di Kuala Lumpur che l'aveva riconosciuta come una famosa cantante di night-club e aveva intrecciato una relazione con lei. L'artista aveva dichiarato che il suo unico desiderio era occuparsi della casa per il nuovo marito, e che avrebbe proseguito nella sua carriera di cantante quando se ne fosse presentata l'opportunità. Secondo il giornale, il novello sposo di stirpe reale era molto timido e non aveva voluto farsi intervistare.

Anche se il nome del nuovo marito di Elmi non era citato, capii che si trattava di Bahrin. Mentre rileggevo l'articolo, cominciò a crescermi dentro una rabbia accecante. A tutta evidenza quell'articolo di giornale era un messaggio e un annuncio per me; il fatto stesso che Elmi fosse stata attenta a non menzionare l'identità di suo marito, e a non specificare che era solo la sua legale concubina e non la prima moglie, era rivelatore.

Recuperai Shahirah nel suo seggiolino portatile e mi precipitai fuori da quella casa e dentro la mia automobile senza aggiungere una parola. Il cuore mi batteva così forte che sembrava sul punto di esplodere. Il mio unico pensiero era raggiungere l'ufficio di Bahrin e scoprire tutta la verità. Non ricordo che strada feci per arrivarci; ricordo solo lo sguardo allibito della sua segretaria quando irruppi nell'ufficio con Shahirah nel seggiolino, strillando il nome di Bahrin. Mentre la signorina Lim mi informava che mio marito non c'era, lasciai Shahirah al sicuro sulla sua scrivania e mi fiondai nella stanza privata di Bahrin, frugando nei cassetti e negli armadi in cerca della verità. Quando finalmente la trovai, fu come un pugno allo stomaco. Nella mia valigetta Lancel sotto la scrivania scoprii molte cose, tra cui un certificato di matrimonio vecchio di una settimana in cui Bahrin risultava celibe al momento dell'unione con Elmi, e foto delle nozze della coppia felice. Nelle immagini si vedeva chiaramente l'antico tessuto *songket* che avevo offerto come regalo nuziale a Bahrin, trasformato in abito per quel matrimonio. C'erano ricevute d'albergo e altre fotografie che illustravano il luogo della luna di miele e della cerimonia: l'Hyatt Hotel, a Kuantan, dove lui e io avevamo trascorso una settimana paradisiaca prima del nostro fidanzamento. Anzi, lui aveva fatto posare Elmi esattamente negli stessi punti della spiaggia in cui ero stata ritratta io tanto tempo prima.

La mia indignazione fu tale che fui colta da una smania distruttiva. Staccai il suo diploma di laurea in architettura dalla parete, ne spaccai il vetro sulla scrivania e feci a brandelli il documento (lo avevo aiutato io a prendere quella laurea con lode, seduta per mesi sul pavimento della nostra casa di Melbourne a battere a macchina la sua tesi). Uno per uno distrussi i delicati dipinti persiani che avevo fatto incorniciare con cura per il suo ufficio, poi tentai di strappare e lacerare gli abiti della sua luna di miele contenuti nella valigetta. Quando finalmente ne ebbi abbastanza, piena di un furore selvaggio uscii a grandi passi dalla stanza e feci una scenata ai suoi collaboratori, molti dei quali avevano approfittato ben volentieri della mia ospitalità nel corso degli anni per poi rendersi chiaramente complici dell'inganno perpetrato ai miei danni. Rivolgendomi alla sua segretaria le ordinai di dire a Bahrin che ci saremmo visti a casa, poi presi mia figlia e me ne andai sbattendo la porta. In seguito la signorina Lim sostenne che avevo portato la bambina nell'ufficio di Bahrin e avevo rotto un quadro dopo l'altro in sua presenza, mettendo a rischio la sua incolumità.

Con le lacrime che mi scorrevano sul viso e in preda a singhiozzi incontrollabili, allacciai la cintura di sicurezza di Shahirah e mi diressi verso casa a tutta velocità come se la mia vita dipendesse da quello. Andai direttamente da Mak per recuperare Iddin, ma evidentemente qualcuno l'aveva avvertita dell'accaduto perché non era sola. Con lei c'erano Che Gu Ali, zia Zainah e varie altre persone su cui rovesciai tutto il mio dolore e la mia indignazione. Poi, con uno stridio di freni e uno sbattere di portiere, arrivò Bahrin. Entrò in casa e venne dritto verso di me, sferrandomi un pugno al torace che mi spedì barcollante all'altro capo della stanza; i presenti tentarono di trattenerlo, ma lui continuò ad aggredirmi gridandomi insulti e dicendo che ero una schifosa puttana occidentale senza la minima dignità.

Fu una magra consolazione sentirlo dire a sua madre che era all'oscuro della conferenza stampa convocata dalla sua nuova moglie per informare il pubblico del matrimonio, e che era molto arrabbiato con lei. Il suo piano era quello di non parlarmi affatto delle sue nuove nozze; intendeva semplicemente avere due famiglie in due città diverse.

Resa più audace dalla mia rabbia e dalla presenza di altri, mi misi a strillare, insultandolo in tutti i modi e dicendo che aveva giurato sul Corano di non prendere un'altra moglie. Bahrin ribatté che il suo matrimonio non era affar mio e che non dovevo ficcare il naso in cose che non mi riguardavano.

«Mi riguardano eccome!» gridai. Aveva dichiarato il falso sulla domanda di matrimonio, affermando di essere celibe e senza figli, fuggendo in un altro Stato per sposarsi perché sapeva che a Terengganu avrebbe avuto bisogno del consenso della prima moglie per prenderne una seconda. Andava dietro al suo cazzo come un toro infoiato e senza badare a dove lo metteva. Era un vigliacco e un bastardo, gli dissi.

Eravamo al centro del soggiorno di Mak quando lui mi afferrò alla gola e mi sbatté contro il muro accanto agli interruttori della luce.

«Bada a quel che dici» mi ammonì. «Posso divorziare e portarti via i bambini. Se divorzio da te, ti sbatteranno fuori dalla Malesia e non rivedrai mai più i tuoi figli. Parlo sul serio, non rivedrai più i tuoi figli. Sono stato molto paziente con te, Yasmin, ma non tirare troppo la corda o te ne pentirai.»

Di colpo vidi il mio futuro scorrermi davanti agli occhi: la drammatica condizione di moglie ripudiata in un Paese straniero, la probabilità di cedere i miei figli a un'altra donna, e l'orrore di una separazione totale e chirurgica dalla vita che conducevo. Sapevo che quelle di Bahrin non erano minacce a vuoto. Era accaduto molte volte nella famiglia reale che la moglie ripudiata fosse buttata fuori di casa e i suoi figli venissero affidati a una sposa più fresca e amata. Zia Rosita e Tengku Ibrahim ne erano l'esempio: i figli di zia Rosita erano stati allevati da un'altra donna che li aveva cresciuti con il pugno di ferro. Avevo conosciuto l'umiliazione di Endah e assistito in prima persona alla mortificazione di una sposa più anziana rimasta incinta contemporaneamente alla più giovane, con la malsana competizione che maturava in questo tipo di situazioni.

Colta dalla più nera disperazione, andai in cucina e tentai di tagliarmi le vene, ma Che Gu Ali mi strappò di mano il coltello. L'unica cosa che volevo era sfuggire al dolore e farla finita; non potevo più sopportare altri anni di umiliazione e sopraffazione. Prima di svenire, udii in sottofondo la voce di Bahrin che rimproverava Ali di avermi tolto il coltello, dicendo che sarebbe stato più semplice per lui se fossi morta.

Rinvenni più tardi nella mia camera, quando mi portarono Shahirah perché la allattassi. Fui informata che Iddin era stato riportato da zia Zainah per darmi modo di calmarmi. Mak si sedette sul letto accanto a me, tenendomi la mano e mormorando che poteva fare ben poco per risolvere la situazione. Mi disse orgogliosamente che si sarebbe rifiutata di incontrare la cantante e che avrebbe parlato con suo fratello il sultano per vietarle l'ingresso nello Stato di Terengganu. Elmi non sarebbe mai stata ricevuta a palazzo né accolta dalla cerchia di persone altolocate in cui ci muovevamo. Le sue parole mi lasciarono indifferente;

ero troppo disperata per esprimere gratitudine, troppo morta dentro per badarci.

Trascorsi i giorni successivi in uno stato di stordimento rotto solo dalle occasioni in cui mi portavano i bambini. Una dopo l'altra, le donne della famiglia reale entravano nella mia stanza come se io fossi un cadavere in attesa di sepoltura cui erano venute a rendere l'ultimo omaggio. Si appollaiavano sul bordo del letto e borbottavano espressioni di simpatia fornendo consigli non richiesti, che per lo più consistevano nel chiudere un occhio sul nuovo matrimonio di mio marito. Mi fu suggerito infinite volte di fingere di non sapere, fingere che lui fosse semplicemente fuori per lavoro, e accoglierlo con gioia, sollecitudine e un letto caldo quando tornava da una notte con lei. Altre adottavano una visione più pragmatica, sostenendo che non dovevo preoccuparmi troppo perché ero ancora la prima moglie e l'unica ammessa a partecipare alle cerimonie ufficiali. Altre ancora esprimevano l'opinione che finché avessi continuato a ricevere l'intera somma dovuta per il mantenimento della casa, i vestiti e i gioielli, avrei dovuto comportarmi come se nulla fosse cambiato. E così seguitò ad avvicendarsi al mio capezzale questa surreale processione di donne che scuotevano la testa, ringraziando tacitamente Allah di non essere al mio posto.

Passarono molti giorni prima che mi fosse concesso di varcare i confini della mia casa. Bahrin aveva ordinato di chiudermi nella mia stanza finché non fossi "rinsavita", in modo da non causargli altro imbarazzo. La mia punizione doveva essere severa, il mio cibo ridotto a un pasto a giorni alterni e il mio contatto con i bambini limitato al minimo. Mak dovette chiedere a Bahrin un permesso speciale perché potessi far visita a Endah, e quando lui lo concesse specificò che lo faceva solo perché sperava che lei mi insegnasse ad accettare la mia nuova situazione.

Endah non fece niente del genere, ma si comportò nella maniera giusta: mi cinse con le braccia quando mi sedetti ai suoi piedi e posai la testa sul suo grembo, piangendo senza interruzione. Mi convinse a mangiare, spiegandomi che altrimenti avrei perso il latte e non sarei stata in grado di nutrire Shahirah.

Quel giorno, prima di lasciare il palazzo, riuscii ad avvicinarmi a un telefono e a chiamare l'ambasciata australiana a Kuala Lumpur. Al funzionario che mi rispose raccontai la mia situazione, aggiungendo che anche i miei figli erano entrambi cittadini australiani. Gli chiesi se fossero disposti a darmi rifugio, perché avevo paura della prossima mossa di mio marito. Dalla sua risposta compresi che ero davvero completamente sola.

«Signora Raja Bahrin, lei è la benvenuta se teme di essere in pericolo, ma devo avvertirla che se ci venisse richiesto di consegnare i suoi figli, saremmo costretti ad accettare. Mi spiace, ma non possiamo rischiare un incidente diplomatico.»

Cercai di discutere con lui, ricordandogli che eravamo tutt'e tre australiani, ma fu inutile. La posizione della mia ambasciata fu espressa con molta chiarezza: erano disposti ad aiutarmi, ma non a rischiare di suscitare le ire dei malesi proteggendo i miei bambini australiani. Lo ringraziai meccanicamente e chiusi la conversazione, uscendo dal palazzo e salendo sull'auto con cui Endah mi aveva mandato a prendere.

Ero sconfitta. Ora non avevo più nessuno cui rivolgermi.

# 35

Nei primi giorni di novembre del 1985 venni a sapere che la nonna era stata colpita da un grave ictus ed era caduta da una rampa di scale del suo condominio. Ero fuori di me dalla preoccupazione, perché al telefono mi avevano detto che le sue condizioni non erano buone. Era ricoverata al reparto di terapia intensiva dell'Alfred Hospital di Melbourne con un braccio rotto e una lussazione all'anca, oltre a una paralisi al lato sinistro del corpo e ai postumi del trauma.

In quel periodo le violenze fisiche e psicologiche di Bahrin su di me erano diventate quotidiane. Appena entrava in camera da letto cominciava a insultarmi, dicendo che era stata tutta colpa mia e prendendomi a schiaffi se tentavo di ignorarlo. Diceva che mi avrebbe fatto cacciare dal Paese e che mi avrebbe portato via i bambini.

Gli chiedevo continuamente il divorzio, ma lui rifiutava affermando che io gli appartenevo e che toccava a lui decidere la sorte del nostro matrimonio, non a me. Era la mia tortura quotidiana. All'ora in cui dovevano portarmi i bambini trattenevo il fiato per paura che non arrivassero, che lui avesse già messo in atto la sua minaccia. Vedendo che il mio peso diminuiva e il mio viso si faceva livido e segnato, tentavo disperatamente di conservare il mio latte per Shahirah.

Quando arrivò la notizia della nonna, pregai Bahrin di lasciarmi tornare in Australia per vederla. Dapprima lui rifiutò anche solo di prendere in considerazione l'idea, dicendomi che si augurava che morisse in fretta e da sola. Poi cominciò a tormentarmi insinuando che forse avrebbe potuto lasciarmi andare, ma dovevo scegliere quale dei due bambini portare con me. Altre volte affermava che dovevo tornare in patria da sola e restarci, e che i bambini sarebbero stati affidati alla sua nuova moglie.

Questi giochetti distruttivi per la mia psiche andarono avanti finché il sultano non rimproverò Bahrin per le sofferenze che mi infliggeva e gli consigliò di lasciarmi tornare in Australia con entrambi i bambini. Era una presa di posizione che Bahrin non poteva ignorare se voleva continuare a vivere a Terengganu, e così a malincuore mi permise di partire.

Ricominciò allora la processione di matrone, ciascuna delle quali mi consigliava di andare in Australia a far visita a mia nonna e spendere un sacco di soldi per tirarmi su. Dicevano che sarebbe stata una buona cosa stare lontana per un po' da Terengganu e da tutte le sue recenti tensioni. Qualche zia mi diede persino dei soldi da spendere per me mentre ero là, pensando così di alleviare le mie pene.

I tre giorni prima della partenza furono un incubo. La preoccupazione per la nonna, unita alla totale disperazione per la situazione in cui mi trovavo, mi faceva piangere in continuazione. In più c'era l'attività di spionaggio della servitù nei miei confronti, imposta da Bahrin. Su suo ordine, ogni cosa che misi in valigia fu ispezionata e controllata, e mi furono aggiunti alcuni abiti da sera.

Aveva deciso che lui e io avremmo partecipato al matrimonio di suo cugino a Kuala Lumpur la sera stessa del mio ritorno dall'Australia. Era una dichiarazione che mi sembrava surreale, data la situazione: non mi allettava la prospettiva di esibire in pubblico la mia completa umiliazione. Tuttavia per pura abitudine sapevo che avrei obbedito ai suoi ordini, non osando fare obiezioni.

I gioielli che misi in valigia per la futura cerimonia nuziale furono limitati al minimo indispensabile. Fu questa la mia ribellione. Nessuno dei miei grossi gioielli trovò posto nel bagaglio; li lasciai quasi tutti nella cassaforte del palazzo, chiusi nei loro cofanetti gialli e rossi con l'emblema della casa reale e sigillati con ceralacca e nastro adesivo, dopo essere stati marchiati da un domestico e provvisti di un talloncino di sicurezza. Infilai soltanto nel bagaglio a mano una piccola parure di diamanti e quelli che consideravo i miei "ornamenti quotidiani": anelli, catene d'oro e un corto filo di perle. Ero stufa di agghindarmi come un albero di Natale con preziosi che non avevo scelto io. Bahrin pretendeva che mi presentassi splendida e sorridente al matrimonio come se nulla fosse, ma io non avevo intenzione di fingere. Come potevo esibire un volto raggiante di felicità familiare? Come poteva onestamente pretendere una cosa simile da me? Nel giro di poche ore era già pronto a smentire quell'immagine, piazzandosi davanti a me mentre allattavo Shahirah per dirmi che mi avrebbe rispedito in Australia con la bambina per sempre. Mi teneva in un continuo stato di tensione emotiva. Non sapevo cosa sarebbe accaduto al momento della mia partenza; potevo solo aspettare e pregare di non perdere i miei figli.

Endah mi convocò a palazzo per salutarmi. Ci incontrammo nei suoi appartamenti privati, ci sedemmo sul letto insieme e giocammo con Iddin e Shahirah. Lei mi chiese di farle una foto con i bambini e strinse a sé Shahirah baciandola più volte sulla guancia. Poi prese le mie mani nelle sue e disse che desiderava che io fossi felice, che non voleva vedermi fare una vita come la sua. Poi estrasse dalla tasca un grosso rotolo di banconote e me lo consegnò dicendo: «Questi sono per tua nonna, in caso le servisse qualcosa in ospedale, e per te e i bambini, da usare come meglio credi». Protestai per quella grossa somma e le dissi che l'avrei usata per comprarle qualcosa di speciale a Melbourne, riportandole il resto. Lei si limitò a sorridere e scosse la testa, ripetendo: «Usa il denaro per te, Yasmin, e per i bambini». E ripeté con grande enfasi: «Devi usare questi soldi come meglio credi». Poi si alzò e mi abbracciò forte, baciandomi dolcemente sul viso. Appoggiò la sua mano sulla mia guancia e mi fissò con le lacrime agli occhi, poi si voltò e uscì dalla stanza senza guardarsi indietro.

Bahrin si divertiva a torturarmi psicologicamente. Mi portava via Iddin per ore di seguito, dicendomi di salutarlo perché non l'avrei più rivisto. La sera prima della partenza irruppe nella stanza e prese suo figlio, che dormiva nel letto con me, caricandoselo in spalla. Quando gli chiesi cosa stesse facendo, rispose che forse avrei rivisto Iddin e forse no.

Lo trattenne per più di dodici ore, e me lo restituì solamente un'ora prima del volo per Kuala Lumpur. Quando mio figlio mi corse incontro lo strinsi a me con sollievo, baciandogli la testa mentre lui mi gettava le braccia al collo. Per tutte quelle lunghe ore di angoscia ero rimasta seduta sulla mia sedia a dondolo a veder spuntare l'alba, con la paura che mi fossero sottratti entrambi i figli e dovessi salire sull'aereo da sola.

Finalmente bussarono alla porta per avvertirmi che le macchine erano arrivate, era ora di andare in aeroporto. Bahrin era in soggiorno, con una mano sul fianco e un'espressione impenetrabile. Salutai i pochi familiari riuniti, mentre i servi stavano a guardare. L'atmosfera era estremamente circospetta. Non osai incrociare lo sguardo di Bahrin quando lui tese la mano perché la baciassi. Mi inchinai profondamente, con le sue dita abbandonate nelle mie, e sfiorai il suo polso con le labbra. Poi raggiunsi Shahirah e Iddin sul sedile posteriore della Mercedes che ci attendeva e partimmo, preceduti da una scorta della polizia che viaggiava a tutta velocità.

Quando arrivammo all'aeroporto, provai un senso di nausea vedendo che la macchina di Bahrin ci aveva seguito al terminal. Dato che lo avevo già salutato e preso congedo, non mi restava che pensare che volesse strapparmi i figli dalle braccia all'ultimo momento. Persino quando mi prese da parte con la scusa di un ultimo saluto e sussurrò: «Non ti voglio, sei una misera puttana australiana, non aver fretta di tornare, va' a farti fottere», non riuscii a credere che saremmo partiti sul serio. Poi, senza aggiungere una sola parola, lui girò bruscamente sui tacchi e lasciò l'aeroporto.

Mi imbarcai sul Fokker Friendship quando mancavano solo pochi minuti al decollo, con Shahirah in un marsupio saldamente agganciato al mio petto e Iddin tenuto per mano. Mentre mi sedevo, il mio unico pensiero era che dovevo smettere di pensare, o sarei morta soffocata.

Rimasi in attesa per parecchie ore all'hotel dell'aeroporto di Kuala Lumpur, sobbalzando nervosamente ogni volta che sentivo bussare alla porta o squillare il telefono. Iddin giocava seduto a terra con le sue macchinine, ignaro di ciò che accadeva intorno a lui. Altri membri della famiglia reale, fra cui zia Zainah, vennero a trovarci in albergo, insistendo perché accettassi del denaro ed esortandomi a utilizzare il mio soggiorno a Melbourne per venire a patti con la mia nuova situazione coniugale. Io non badavo molto a quei consigli puerili, terrorizzata che da un momento all'altro Bahrin potesse irrompere nella stanza e portarmi via i bambini. Quando il maggiore Shaf'ie, un dignitario di corte del sultano che si trovava a Kuala Lumpur per affari, mi telefonò dalla lobby, ero pronta a gettarmi dalla finestra con tutti e due i miei figli se fosse servito a farmi partire. Grazie a Dio, il maggiore voleva solo sapere se poteva essermi d'aiuto.

Quando finalmente salii barcollando a bordo dell'aereo diretto a Melbourne, non volli credere che fossimo davvero in viaggio finché il velivolo non lasciò lo spazio aereo malese. Fino a quel momento continuai a temere che Bahrin riuscisse in qualche modo a cacciarmi dal suo Paese senza Iddin e Shahirah. Quando finalmente capii che non sarebbe accaduto, scoppiai in lacrime e continuai a piangere finché mi accorsi che stavo attirando l'attenzione. Alle domande allarmate del personale di bordo, risposi balbettando: «Ho appena perso mio marito», e chiesi di essere lasciata in pace.

In realtà, non era mio marito che avevo perduto, ma tutte le speranze e i sogni che avessi mai avuto.

# 36

Il mio ritorno a Melbourne fu decisamente diverso dai precedenti. Allora avevamo trovato ad accoglierci dei funzionari del Ministero degli Esteri australiano; niente controlli doganali, niente ufficio immigrazione, solo un'auto che ci aspettava fuori dall'aeroporto per condurci in albergo. Stavolta non ci furono trattamenti privilegiati; dovetti attraversare con i bambini la sala arrivi e fare la coda insieme a tutti gli altri passeggeri sbarcati. Fu una vera impresa, con Shahirah addormentata nel marsupio e Iddin stremato in un passeggino, spingere e far scivolare le valigie davanti a me per tutta la lunghezza del terminal.

Una volta sbrigate le formalità, riuscii a imbarcare tutti quanti in un taxi e arrivare a casa di mia nonna. Piansi durante tutto il tragitto, con grande costernazione del tassista che era troppo educato per farmi domande. Lasciai i bagagli nell'appartamento vuoto e andai direttamente in ospedale a trovare la nonna. Fu uno shock vederla distesa in uno stretto, anonimo letto d'ospedale; sembrava così fragile e minuta, con la faccia pesta e gonfia quasi irriconoscibile e il braccio ingessato. Mi sedetti al suo capezzale tenendole la mano mentre Iddin si gingillava sul pavimento e Shahirah mi strillava fra le braccia. Ora più che mai avrei voluto semplicemente posare la testa sul grembo di mia nonna come facevo quand'ero bambina. Egoisticamente avrei voluto svegliarla e raccontarle d'un fiato come la mia vita fosse precipitata in un caos ancora peggiore, e ritrovare l'inflessibile sicurezza delle sue mani forti che passavano con destrezza la spazzola fra i miei capelli, sciogliendo i nodi e restituendomi per un attimo la pace. Ma era impossibile. La nonna non aveva ancora ripreso conoscenza e non sarebbe stata in condizione di reggere i miei problemi per un bel pezzo; così non mi trattenni a lungo e me ne andai, cercando di zittire i bambini mentre percorrevamo i corridoi dell'ospedale per sbucare nella grigia giornata di Melbourne.

Quel pomeriggio, quando entrai nel piccolo appartamento della nonna con i bambini, di colpo tutto quel che avevo passato mi crollò addosso e scoppiai in un pianto disperato. Ancora adesso non ricordo come i miei figli e io passammo i tre giorni successivi. So che vivemmo di toast e latte e che in qualche modo riuscii ad allattare Shahirah, ma per gran parte del tempo ero così scossa che non riuscivo a far altro che rimanere lì a piangere. Il nostro futuro mi appariva talmente incerto che preferivo non affrontare la realtà della nostra situazione finché non avessi esaurito tutte le mie lacrime. Era molto più sicuro prendere le distanze dal mondo rifugiandosi nell'appartamento della nonna.

Quando riemersi qualche giorno dopo, con gli occhi cerchiati e l'animo svuotato, stabilii di fare del mio meglio per Iddin e Shahirah. Sapevo che d'ora in poi avrei dovuto decidere esclusivamente per il bene dei miei figli. Iddin e Shahirah avevano diritto a una speranza nella vita e io dovevo assicurarmi di fare il massimo per loro.

Una delle prime cose che feci fu contattare il mio vecchio amico Peter Wallace e aprirgli il mio cuore. Peter mi suggerì di chiedere un parere legale sulla mia situazione e mi aiutò a trovare l'indirizzo di alcuni studi di avvocati. Nel frattempo riempì il frigorifero della nonna e rifornì di cibo la dispensa; io ero ancora troppo sotto shock per avventurarmi in un supermercato e la poca energia che mi rimaneva era tutta assorbita dai bisogni primari dei miei figli. Il mio peso era precipitato sotto i quarantotto chili e ogni mio pensiero era dominato dal dolore, dalla disperazione e dalla paura. Sentivo che non avrei più conosciuto felicità o gioia, e che tutto ciò che potevo augurarmi era assicurare serenità e normalità ai miei bambini.

Il primo appuntamento allo studio legale Stedman, Cameron, Meares e Hall, in un grigio e anonimo palazzo di uffici nel centro storico della città, mi diede più fiducia di quanta ne avessi provata da molto tempo. Lillian Webb, l'avvocatessa assegnatami per il colloquio iniziale, mi piacque immediatamente: concreta e molto astuta, era una graziosa brunetta sui trentacinque anni con una voce profonda e armoniosa e una risata gutturale. Mi ascoltò con grande concentrazione quando le descrissi la mia situazione, socchiudendo gli occhi mentre prendeva appunti e facendo domande intelligenti che richiedevano risposte sintetiche. Inoltre, fatto altrettanto importante, accettò senza problemi la presenza obbligata di Shahirah e Iddin nel suo ufficio, una circostanza tutt'altro che normale per un consulto legale. Alla fine, dopo avere illustrato sinteticamente la catena essenziale di eventi che prevedeva si sarebbero verificati se avessi scelto di mettere in moto i meccanismi della legge, Lillian fece un respiro profondo e disse che a suo giudizio avevo buone probabilità non solo di ottenere la custodia dei bambini, ma anche di riuscire a rimanere in Australia e non tornare a Terengganu, se era questo che volevo.

Era una grossa decisione da prendere, quindi tornai a casa della nonna per vagliare i pro e contro entro il mattino seguente. Non avevo idea se sarei riuscita a tirare avanti per conto mio come madre single; non avevo mai dovuto cavarmela senza l'aiuto dei domestici e dei parenti acquisiti. Ma sapevo per certo che non volevo far crescere i miei figli in un'atmosfera di violenza e prevaricazione, né volevo correre il rischio che Bahrin mettesse in atto la sua minaccia e me li portasse via entrambi. Ero decisa a stare con Iddin e Shahirah, a vederli crescere e dar loro tutto l'amore e la sicurezza che mi erano mancati da bambina. Volevo che acquisissero autonomia di giudizio, che sviluppassero tolleranza e rispetto per se stessi; e volevo che Shahirah crescesse come un essere umano a pieno titolo e non fosse trattata come un essere inferiore per il semplice fatto che era una femmina. Sapevo anche che non sarei sopravvissuta se fossi tornata in Malesia, e che non sarei stata di alcun aiuto ai miei figli se fossi morta. Il mattino dopo telefonai a Lillian Webb e le dissi di procedere con tutti i passi giuridici necessari: i bambini e io eravamo tornati per restare.

Il 20 novembre telefonai a Bahrin con la speranza di convincerlo a venire a Melbourne e trattare una riconciliazione, ma il mio tentativo andò a vuoto. Mak mi informò che suo figlio aveva lasciato Terengganu per stare con Elmi, e mi chiese se stessi dimenticando tutti i miei guai e se mi stessi divertendo a Melbourne.

La mia strada era decisa. Dovevo fare tutto il possibile perché la vita dei miei figli fosse al sicuro. Il 27 novembre 1985 ottenni l'affidamento esclusivo provvisorio *ex parte* di Iddin e Shahirah e il diritto a rimanere nel mio Paese con loro. Non potevo che gioire del fatto che Bahrin avesse insistito perché entrambi i bambini fossero australiani dalla nascita e avessero certificati di nascita australiani. Uscendo dal tribunale il mio avvocato, Noel Ackman, mi chiamò scherzosamente "principessa", facendomi rabbrividire al pensiero del vero significato di quell'appellativo. Noel e Lillian avevano fatto un magnifico lavoro di squadra, convincendomi che quel che stavo facendo era giusto e sorreggendomi nei momenti di tensione in aula. Il senso dell'umorismo e lo sguardo deciso di Noel mi permisero di restare a testa alta e tenere duro per tutta la giornata. A essere del tutto sincera, devo ammettere che in fondo al mio cuore serbavo una minima speranza che Bahrin e io riuscissimo per un miracolo a riconciliare le nostre diversità vivendo una vita normale in Australia con i bambini, e che lui potesse magicamente rinsavire, ma da un punto di vista razionale capivo che mi stavo aggrappando in extremis a un matrimonio ormai morto.

Il 4 dicembre 1985 spedii un telegramma a mia suocera per informarla che non sarei tornata in Malesia alla data prevista e per farle sapere che i bambini e io stavamo bene. Preferivo non coinvolgerla nella mia decisione più dello stretto necessario, quindi non entrai in dettaglio e mi mantenni sulle generali.

Ero consapevole che non appena Bahrin avesse saputo che avevo cambiato idea e non sarei tornata in Malesia secondo il programma originale, saremmo dovuti restare nascosti per un po' nel caso che fosse venuto in Australia a cercarci. Anche se in aeroporto era stato drastico nel dire che non mi voleva più, potevo ben immaginare la sua reazione furibonda al fatto che avessi deciso di prenderlo in parola, e la vendetta che avrebbe preteso se fosse riuscito a mettermi con le spalle al muro. Così lasciai l'appartamento della nonna e mi trasferii da una vecchia amica per un paio di settimane mentre cercavo un appartamento per noi.

Dare ai bambini un ambiente sicuro diventò la mia priorità assoluta. Pace e stabilità erano cose che Iddin non aveva mai conosciuto sul serio e volevo assicurarmi che non dovesse più vedere sua madre picchiata. Avevo una visione un po' idealista del mio futuro da lì a dieci anni, che mi avrebbe sorretto per un lungo periodo tutte le volte che mi sentivo depressa. La mia unica ambizione era vivere tranquillamente con i miei figli in periferia ed essere una mamma energica che guida la station wagon e partecipa a tutte le attività scolastiche dei bambini. Allora non pensavo affatto a risposarmi o a distinguermi dalla gente comune, desideravo soprattutto confondermi con le persone normali e dare ai miei figli la possibilità di fare lo stesso.

Quando tornammo in patria, affrontai la mia vita un passo per volta. La cosa più difficile fu riabituarsi a una società normale. Impiegai parecchio tempo a convincermi che potevo muovermi liberamente da un posto all'altro senza chiedere il permesso a Bahrin, e ad accettare il fatto che ero di nuovo padrona della mia vita. L'abbigliamento fu un'altra grossa rivelazione. Avevo portato con me dalla Malesia solo abiti musulmani sufficienti per la settimana che avrei dovuto trascorrere a Melbourne, quindi fui costretta ad acquistarne degli altri. Scelsi una gonna lunga e castigata, una camicetta a maniche corte e un paio di jeans larghi. La prima volta che uscii vestita così mi sentii praticamente nuda, ed ebbi la netta impressione che tutti mi guardassero scandalizzati. Passarono vari giorni prima che mi sentissi di nuovo a mio agio con abiti occidentali, senza avere l'impressione di essere immodesta. Dopo anni di gonne che sfioravano il pavimento, scoprire le gambe mi sembrava una cosa estremamente audace.

Iddin si adattò perfettamente al suo nuovo ambiente. Per lui avere un genitore solo non era una novità; a due anni e otto mesi di età non notava l'assenza di suo padre, probabilmente perché Bahrin non era quasi mai a casa a Terengganu. A poco a poco vidi il mio bambino acquistare più sicurezza e perdere l'aria preoccupata che aveva così spesso sul volto quand'era in Malesia. Dopo un paio di settimane cominciai a notare che non sussultava più per un rumore improvviso, che le sue guance avevano preso colore e che aveva cominciato ad aggredire la vita con il piacere e l'entusiasmo che si addicono a un bambino. Godeva a pieno della sua nuova libertà fisica correndo negli ampi spazi aperti del parco della zona, rotolandosi per terra e giocando con il fango, cosa che gli era proibita dall'etichetta reale. Quando lo vedevo corrermi incontro dall'altro capo del parco giochi stringendo in mano una preziosa scoperta da mostrare a me e alla sorellina, provavo una pace immensa; le comuni attività che per qualunque bambino sono scontate erano avventure inimmaginabili per lui prima che tornassimo in patria.

Dopo una lunga ricerca, i bambini e io trovammo infine un'abitazione confortevole a South Oakleigh, con un piccolo giardino per giocare. Ammobiliai la nostra prima casa con un bizzarro assortimento di cose regalate e acquistate, un paio di tappeti a colori vivaci e qualche stampa da quattro soldi trovata al mercato. Comprai l'indipensabile – abiti pesanti per i bambini, coperte, asciugamani, lenzuola e una lavatrice – grazie al fondo di emergenza messomi a disposizione dal giudice preliminare per le esigenze immediate. I soldi provenivano dalla vendita della nostra casa a Carlton, fondi che Bahrin aveva voluto tenere in una banca australiana per non pagare le tasse e per facilitare il nostro ritorno a Melbourne in futuro.

Ero interamente responsabile del denaro speso e tenevo un resoconto dettagliato di ogni soldo usato per i bambini e per me. Semmai rimpiango di essere stata frugale al punto da guardare il centesimo, e di non avere acquistato un arredamento dignitoso per il soggiorno accontentandomi di un divano economico in gommapiuma. Sedersi su quel divano era praticamente impossibile per chiunque avesse più di due anni di età. Qualunque individuo più grande e più pesante si ritrovava con sua sorpresa a sprofondarci dentro come in una banana molliccia, con il rischio di soffocare o di procurarsi una lussazione permanente all'anca.

Quando finalmente trovai il coraggio di telefonare a Bahrin il 16 dicembre, Mak mi disse che non era tornato a casa e che non sapeva dove fosse. Le diedi il mio nuovo numero di telefono a Melbourne, lasciai detto a Bahrin di chiamarmi e chiusi rapidamente la conversazione. Più tardi, quello stesso giorno, Bahrin telefonò a Lillian per sapere che fine avesse fatto il denaro sul conto della banca ANZ che avevamo a Melbourne. Evidentemente aveva deciso di toglierci quel gruzzolo e la banca gli aveva girato il nome del mio avvocato.

Non chiese nemmeno una volta dei bambini o di me, solo dei soldi.

Quella stessa sera mi telefonò. Quando sollevai il ricevitore e dissi «Pronto», fui inondata da un torrente di insulti e di minacce. Dapprima mi ordinò di tornare immediatamente in Malesia, dicendo che non ero in grado di mantenermi con due bambini piccoli. Diceva che non ce l'avrei mai fatta da sola, che ero totalmente inetta e troppo stupida per battermi con lui su questo terreno. Quando risposi che non avevo intenzione di aderire alle sue richieste, cambiò tattica, dicendo che mi amava e che gli mancavo molto. La mia risposta fu che ero disposta a prendere in esame una riconciliazione, a patto che lui venisse da me a discuterla, e accettasse di divorziare da Elmi e di trasferirsi in Australia. Bahrin dapprima rimase in silenzio, poi di colpo esplose urlando che se non fossi tornata subito avrebbe ucciso mia nonna e avrebbe ucciso me, ma prima mi avrebbe dato una lezione per la mia disobbedienza. Riattaccai, tutta tremante e con un senso di nausea. Anche a migliaia di chilometri di distanza, Bahrin era in grado di terrorizzarmi e di farmi dubitare di me stessa. Quella sera andai a dormire interrogandomi sulle mie capacità e sulla giustezza delle mie posizioni.

Nel cuore della notte, Shahirah si svegliò per prendere il latte e io la portai nel mio letto stringendo il suo corpicino mentre ciucciava. Qualche minuto dopo Iddin si introdusse nella mia stanza e si infilò sotto le coperte con noi, riaddormentandosi quasi senza proferire parola. Rimasi sveglia buona parte della notte, guardando i raggi della luna giocare con il profilo dei miei figli che mi dormivano accanto, e ascoltando il loro respiro profondo e tranquillo e i mugolii che accompagnavano i loro sogni. Mi chiedevo con terrore quale sarebbe stata la prossima mossa di Bahrin e pregavo che i bambini e io potessimo attraversare indenni e insieme ciò che ci attendeva.

Dopo quell'episodio, decisi di avvertire la nonna che

avrebbe potuto avere dei problemi. Lei reagì con rabbia mista a preoccupazione quando le dissi la verità sul fallimento del mio matrimonio e sulle minacce di Bahrin, e decise di farsi ospitare dalle amiche finché la situazione non si fosse calmata. Continuava lentamente a migliorare, recuperando l'uso della parte sinistra del corpo e il suo senso dell'umorismo. Parlava ancora con voce un po' impastata, ma perseverava docilmente nella terapia. Quando le dissi che i bambini e io saremmo rimasti per sempre, la gioia e il sollievo che le apparvero sul volto furono immensi, e sono certa che questa notizia la rese ancora più determinata a recuperare le forze.

I bambini e io passammo il nostro primo vero Natale insieme nel nostro piccolo appartamento; fu meraviglioso ascoltare i canti natalizi alla radio e acquistare i regali per Iddin e Shahirah. Il Natale era uno dei momenti più duri per me quand'ero in Malesia, un giorno in cui la nostalgia di casa si faceva più straziante, con l'ulteriore aggravante che Bahrin mi aveva proibito di celebrare quella ricorrenza con scambi di regali o l'ascolto di musiche natalizie. In tutti gli anni trascorsi a Terengganu, l'unica volta che il mio prezioso albero di Natale era stato estratto dalla scatola era stato quando Bahrin lo aveva prestato ai suoi impiegati filippini per i loro festeggiamenti privati. Ma il Natale del 1985 fu tutto il contrario. Iddin e io scegliemmo un abete vero per il salotto, anche se un po' contorto, e lo ornammo con addobbi ereditati dalla nonna o comprati al supermercato; tornando a casa con la vecchia auto che avevo acquistato per seicento sterline, cantammo una canzone natalizia a squarciagola, e Iddin appese la sua calza e quella di Shahirah alla cappa del camino in modo che Babbo Natale le riempisse.

Ma era solo la quiete prima della tempesta. Nel profondo, sapevo che Bahrin non ci avrebbe mai concesso di vivere in pace senza vendicarsi.

# 37

La legge imponeva di notificare a Bahrin la mia azione legale per la custodia dei bambini presso il Tribunale della Famiglia australiano, e il suo diritto di opporsi a tale azione. Dato che lui si rifiutava di ricevere i documenti dall'avvocato di Singapore che avevo ingaggiato a tale scopo e che era andato fino a Kuala Lumpur per consegnarglieli, fummo costretti a metterlo a conoscenza degli atti e dei fatti riguardanti la causa tramite un avviso pubblicato sul «New Straits Times», un quotidiano malese di lingua inglese, il 24 dicembre 1985. Io avrei preferito non fare ulteriore pubblicità alla mia umiliazione, ma non ebbi altra scelta. Così tutti appresero che ero tornata in Australia con i miei figli e che ero stata detronizzata da una cantante da night-club. Il discutibile onore di essere la prima donna nella famiglia reale malese a lasciare la famiglia con i figli in braccio a seguito del fallimento del proprio matrimonio ora era mio.

Sapevo che Bahrin non mi avrebbe mai perdonato di aver sbattuto in pasto al pubblico gli affari privati della sua famiglia, o il fatto che le mie azioni fossero in totale contrasto con quel che lui aveva raccontato al fratello della sua nuova moglie: che io vivevo in Australia da più di due anni e che eravamo già in fase di divorzio. Il fatto che io vivessi ancora in casa di mio marito al momento delle nozze di sua sorella con

Bahrin, e che avessi appena partorito Shahirah, fu probabilmente uno shock per il fratello di Elmi, ma a tutta evidenza non modificò la sua convinzione che un'alleanza con un membro della famiglia reale fosse troppo preziosa per essere compromessa dalla semplice esistenza di una moglie rivale e di due figli.

L'avvento del 1986 mi portò sia speranza sia paura. Da un momento all'altro mi aspettavo che Bahrin buttasse giù la mia porta e mi pestasse a sangue, portandosi via i miei figli. Ero sicura che non ci avrebbe semplicemente lasciato andare. Il 13 gennaio mi telefonò di nuovo, questa volta per dirmi che stava per venire in Australia e voleva una riconciliazione, ma non era disposto a divorziare dalla sua cantante.

Bahrin arrivò a Melbourne il 19 gennaio e subito si rivolse agli avvocati di uno dei più grossi studi legali della città. Adottò la sua solita tattica: procurarsi tutto ciò che il denaro poteva comprare, e per tutto il resto affidarsi alle bugie.

Fu interessante e disgustoso allo stesso tempo vedere la comunità forense della mia città schierarsi per l'una o l'altra fazione: i corridoi del Tribunale della Famiglia risuonavano di commenti sul merito della mia causa. Un paio di avvocati affermarono che mi ero «scavata la fossa con le mie mani». Altri, messi in soggezione dalla minima traccia di lignaggio o protezione reale, sostenevano che la corona di qualunque Paese contasse più dei diritti di un'umile australiana e dei suoi bambini. Altri ancora osservavano, chiacchierando nei bar frequentati dalla comunità legale, che sposando uno straniero e un musulmano invece di un mio compatriota avevo compiuto un atto inqualificabile, un tradimento, rinunciando in tal modo a qualunque sostegno da parte del mio Paese. E così, sebbene il Tribunale della Famiglia australiano non preveda un'arringa da parte degli avvocati, mi ritrovai processata nei suoi corridoi da una minoranza di persone che affrontavano la questione come un esercizio intellettuale e non un caso che metteva in gioco le vite dei miei figli.

Il 29 gennaio 1986 fui convocata presso il Tribunale della Famiglia australiano al 570 di Bourke Street a Melbourne per un'azione legale intentata dagli avvocati di Bahrin. La battaglia era cominciata.

Questa volta Noel Ackman, impegnato in un'altra causa, non fu in grado di rappresentarmi, quindi fummo costretti a istruire un altro legale, John Udorovic. Dire che John fu un po' sconcertato dal nostro primo incontro sarebbe un eufemismo. Avevamo appuntamento alle 8.30 di mattina nel suo ufficio il 29 gennaio. Dato che Lillian prevedeva che saremmo rimasti in tribunale per quasi tutto il giorno, non avevo altra scelta che portare Shahirah con me. Una volta affidato Iddin ai suoi grandi amici Sue e Rob MacArthur, pensavo di lasciare Shah al nido predisposto dal tribunale in modo da poterla allattare nel corso della giornata. Ma poiché il nido apriva solo alle 9.00 di mattina, Shahirah e io fummo costrette a presentarci insieme al mio primo appuntamento con il nuovo avvocato. Suppongo fosse la prima volta che una cliente arrivasse nell'ufficio di John con valigetta, bambina, carrozzina e pannolini al seguito, ma sospetto che Lillian lo avesse già avvertito che non ero il tipo da lasciare tutto il lavoro agli avvocati. Mentre lui mi esponeva il suo parere sul caso e mi interrogava dettagliatamente su ciò che volevo per i miei figli e per me, cercai di capire quanta fiducia potessi riporre in quell'uomo alto e bruno dalla capigliatura folta e dai baffi neri. All'inizio mi sembrò troppo distaccato perché riuscissi a comunicare con lui e mi sentii a disagio nel suo ufficio con la mia bambina, ma quando lo vidi intenerirsi e cambiare completamente atteggiamento osservando Shahirah nella sua carrozzina, capii che avrebbe fatto del suo meglio per noi.

La prima tattica dell'avvocato di Bahrin in tribunale fu quella di andare all'attacco, accusandomi di aver rapito i bambini e sostenendo che l'Australia non era il foro idoneo a discutere dei nostri problemi matrimoniali. Sostenne inoltre che Iddin era nella linea ereditaria al trono di Terengganu e che la sua assenza dalla Malesia aveva messo a repentaglio la successione. Proseguì asserendo che avevo falsificato la firma di Bahrin sulla domanda di un certificato di nascita australiano per Iddin, anche se l'accusa fu lasciata cadere appena i suoi avvocati videro il modulo firmato da lui e la sua richiesta scritta.

Seduta sul lato opposto della stanza rispetto a Bahrin, mi imposi di non guardare nella sua direzione e cercai di mantenere il controllo mentre venivano esposte palesi assurdità sulle pretese al trono di Iddin. Anche a distanza di sei metri percepivo la rabbia di Bahrin nei miei confronti. Vibrava nell'aria, palpabile, repressa solo dal fatto che non eravamo soli.

Poi lui giocò quello che considerava il suo asso nella manica: l'ordine di una Corte islamica, emesso solo pochi giorni prima a Terengganu. La Corte del cadì non citava il fatto che io, l'accusata, fossi di fatto residente in Australia, e che fosse stato mio marito a mandarmici. Il magistrato musulmano sembrava convinto che i bambini e io fossimo semplicemente da qualche altra parte a Terengganu e che io mi rifiutassi di dormire con Bahrin. Il documento islamico mi accusava di essere una moglie disobbediente e mi ordinava di riprendere a vivere con mio marito, di ripristinare i suoi diritti coniugali e di tornare con i bambini sotto la sua sfera di influenza. In pratica, Bahrin stava chiedendo a un giudice australiano la mia immediata deportazione dal mio Paese in Malesia in base al fatto che ero una moglie riluttante. Mi si chiedeva inoltre di fornire il mio attuale indirizzo e numero di telefono. Per fortuna fu ritenuto sufficiente il numero di telefono, che del resto Bahrin già conosceva.

Di fronte a tutto questo nuovo materiale il giudice, Brian Treyvaud, aggiornò la seduta alla settimana successiva, dato che a tutta evidenza il caso stava diventando molto più complesso del previsto. Erano state introdotte questioni di giurisdizione e di successione reale, che complicavano le cose e mettevano in ombra il problema più importante: il semplice diritto mio e dei bambini a vivere indisturbati in Australia.

Poi Bahrin chiese di poter vedere Iddin durante quell'intervallo, aggiungendo una richiesta per Shahirah solo su proposta del giudice. Fu stabilito un incontro sotto sorveglianza in un luogo pubblico per quella domenica.

Uscii dall'aula con Lillian e John esausta e in preda al panico al pensiero di tornare a vivere con Bahrin per ordine di una Corte islamica. Quando lo incrociai in corridoio, mi sentii cedere le gambe e ricordo vagamente che Lillian mi sibilò sottovoce: «Va' avanti».

Nei giorni, settimane e mesi seguenti, furono i bambini e Lillian a farmi andare avanti. Ogni volta che tentennavo, ogni volta che mi sembrava inutile continuare a sbattere contro il muro apparentemente insormontabile della ricchezza, delle bugie, del potere, della rabbia feroce e della volontà distruttiva di Bahrin, volgevo lo sguardo in silenzio ai miei figli e alla loro crescente felicità. Sapevo di non poter dare loro una madre che non potessero rispettare, né permettere che vivessero una vita che li privasse dei comuni valori di umanità. Ogni volta che la mia voglia di lottare vacillava e avrei voluto raggomitolarmi in un angolo sotto una coltre di oblio, Lillian mi chiedeva se le ragioni per restare nel mio Paese che le avevo espresso in quel giorno di novembre del 1985 erano ancora valide, e ogni volta le rispondevo di sì. Lei, più di chiunque altro, mi fu accanto e lottò accanitamente per i miei diritti, spesso sacrificando la sua vita personale e la sua salute. Lavorammo in squadra stendendo dichiarazioni giurate, cercando precedenti e muovendoci tra le sabbie mobili del diritto costituzionale islamico e malese per respingere tutte le accuse infamanti che Bahrin tentava di affermare in tribunale.

Ma era un compito tutt'altro che facile. Dimostrare, ad esempio, che lo zio di Bahrin, il sultano di Terengganu, nominava i giudici islamici del suo Stato e influenzava il loro stesso reddito era terribilmente complicato. Passai molte serate a casa di studenti di legge malesi che seguivano corsi di perfezionamento alla Monash University, cercando di convincerli a esprimere un parere sincero in una dichiarazione giurata da presentare al tribunale australiano. Due di loro inizialmente accettarono di giurare sull'influenza e la potestà giuridica di cui un sultano godeva in Malesia, e sul probabile pregiudizio che ciò avrebbe causato in una causa contro di me, ma all'ultimo momento nell'ufficio di Lillian entrambi dichiararono che ci avevano ripensato e che non valeva la pena di rovinare completamente la loro carriera o quella delle loro famiglie mettendosi contro il reggente di Terengganu. Anche le più semplici ricerche presentavano spesso enormi difficoltà, impedendoci di ottenere le informazioni più banali sul diritto civile malese. Sarò sempre grata a Jennifer Took, un'avvocatessa australiana distaccata dalla sua azienda a Singapore, che senza aver mai incontrato Lillian o me rintracciò precedenti e cercò dati molto utili per noi.

Riuscii a dimostrare alla Corte che Iddin era più o meno diciassettesimo nella linea ereditaria al trono di Terengganu, sempre ammesso che lo fosse, essendo il suo sangue reale derivante solo dalla nonna che in quanto donna non aveva alcun diritto riconosciuto. Dimostrai inoltre che la sua distanza dal trono di Perak era due o tre volte maggiore.

Per l'ennesima volta Bahrin sembrava aver strappato ai bambini e a me ogni parvenza di normalità. Nelle settimane successive andai avanti e indietro dal tribunale, mentre Bahrin tentava una manovra dopo l'altra per ritardare l'udienza del tribunale australiano sulla nostra battaglia per la custodia. Passai le notti intontita a spulciare le dichiarazioni giurate di Bahrin, segnalando all'attenzione di Lillian e John ogni discrepanza. Lillian e io elemosinammo e prendemmo a prestito testi sul diritto costituzionale malese in cerca di argomenti. Passammo al setaccio le contraddizioni e i significati ambigui di ogni parola inserita nel materiale giurato di Bahrin per dare a John nuove armi da usare nel difendere la mia causa. E in mezzo a tutto questo, cercai di rassicurare Iddin e di conservare la mia disponibilità di latte per Shahirah. Vivevo in un labirinto di pannolini, bambini e documenti legali, chiedendomi continuamente se avremmo mai trovato un po' di pace e temendo di perdere i miei figli se il giudice non avesse compreso le mie ragioni.

Le mattine dei giorni in cui dovevo andare in tribunale portavo Iddin dai MacArthur affidandolo alle cure di Sue. Per fortuna la loro casa diventò il posto preferito di Iddin perché giocava tutto il giorno con il loro figlioletto Ben, che aveva la sua stessa età. Poi Shahirah e io ci mescolavamo al traffico che entrava in città all'ora di punta e lasciavamo il mio vecchio macinino in un parcheggio non troppo lontano dal tribunale. Ogni giorno il gestore del parcheggio, Tony, mi forniva un aiuto essenziale aiutandomi a estrarre dall'auto Shahirah, le scatole di documenti, la valigetta, la borsa dei pannolini e il passeggino. Poi mi dava una mano a trasportare tutto questo dal quarto piano (dove mi aveva assegnato un posto a tariffa ridotta) al piano terra e a sistemare il carico in cima al passeggino di Shahirah; a quel punto ero pronta per la mia passeggiata fino all'ufficio di Lillian.

Una volta lì, mentre ripassavo con lei tutti i punti fondamentali dell'udienza di quel giorno, allattavo Shah, facevo dichiarazioni giurate e telefonavo a John per dirgli che ci saremmo visti a breve in tribunale. Lillian aveva cominciato a lavorare alle 6.30 di mattina per riuscire a seguire le cause dei suoi altri clienti. Per quanto fosse carica di due valigette gonfie e un fascio di libri e pratiche, mi aiutava a portare Shahirah e tutti i documenti per due isolati fino al tribunale, dove una volta sistemata Shahirah al nido ero pronta per seguire lei e John in aula per l'udienza del giorno. La bimba cresceva a un ritmo pari a quello dei documenti legali, e mi sentivo in colpa per il fatto di non poter fermare tutto con uno schiocco delle dita, godendo semplicemente dei suoi progressi e dei suoi sorrisi.

Le discussioni in aula andavano avanti per ore, ma almeno a questo punto Bahrin aveva dovuto ritirare le sue accuse di rapimento. Avevo dimostrato che ero venuta in Australia su suo invito e che lui aveva sposato Elmi pur essendo ancora sposato con me. Non avevo già deciso di rimanere in Australia quand'ero partita; non sapevo cos'avrei fatto una volta arrivata a Melbourne. Ora la discussione verteva sulla giurisdizione e sull'entità degli alimenti che Bahrin avrebbe dovuto pagare.

Era un sollievo fuggire da tutto questo per allattare Shahirah durante gli intervalli. Lei mi tendeva le braccia quando entravo nella stanza e strillava finché non la prendevo e la attaccavo al seno. Mi sedevo su una sedia con lo schienale rigido e riflettevo angosciata sul nostro futuro guardando il suo faccino premuto fiduciosamente contro di me e la sua manina che giocherellava con la mia camicia o con la mia bocca mentre succhiava. Eravamo come tre foglie che il vento aveva staccato dal ramo, senza un posto in cui posarci, trascinate su e giù, a destra e a sinistra, senza poter decidere dove andare.

E poi, nei miei momenti di maggiore debolezza – la notte tardi e di primo mattino – cominciarono le telefonate di Bahrin, che mi stroncavano e mi facevano sentire in trappola come una bestiola nel fascio di luce di una torcia. Mi metteva in confusione alternando proposte di riconciliazione a richieste di resa, ma non cessava mai di ricordarmi che ero un essere inutile, stupido e totalmente inerme di fronte alla sua imperiosa volontà, se avesse deciso di esercitarla. Queste telefonate avevano uno strano effetto ipnotico su di me. Se ero sola con i bambini, mi lasciavano paralizzata, pietrificata, al punto che il più delle volte non avevo la forza di riattaccare in faccia a quell'uomo che era stato il mio signore e padrone in tutti i sensi.

Alla fine Bahrin chiese di incontrarmi nell'ufficio del suo avvocato un mattino di buon'ora. «Ho deciso di divorziare da Elmi» annunciò orgogliosamente, come se dovessi fargli le congratulazioni. «Yasmin, tu devi capire. Ero *kenang* da lei, e sto già andando da un *bomoh* per curarmi.»

«Bahrin, io non voglio incontrarti e non voglio sapere di *bomoh* o di altre cose. Ti prego, lascia in pace me e i bambini» replicai. Ma lui continuò con le minacce e le lusinghe. «Per il bene dei bambini» seguitava a dire, sapendo che erano il mio punto debole. Per stanchezza mi arresi.

Quando arrivai al tozzo edificio turchese che ospitava lo studio dei suoi avvocati, fui accompagnata al piano di sopra in una piccola sala riunioni dove mi aspettavano Bahrin e un'avvocatessa. Non appena occupai la sedia vuota destinata a me dal lato opposto del tavolo, fu come se fossi una scolaretta arrivata in ritardo a lezione, e questo sarebbe rimasto il tono dell'incontro. Bahrin e l'avvocatessa cominciarono subito a esporre i termini di una riconciliazione che prevedeva il mio ritorno in Malesia per condurre esattamente la stessa vita di prima. Da parte sua, Bahrin prometteva semplicemente di perdonarmi per la ridicola iniziativa che avevo assunto in Australia e di riprendermi indietro.

Invece di indignarmi per il suo atteggiamento di degnazione, mi ritrovai per assurdo a tentare di spiegare alla sua avvocatessa quanto la proposta fosse inaccettabile e i motivi per cui il mio ritorno in Malesia era impossibile. Cercai di farle capire che razza di vita avessi condotto laggiù e che tipo di esistenza potessi aspettarmi per i miei figli se fossimo tornati, sperando che lei ragionasse con il suo cliente e lo convincesse a lasciarci in pace. Ma lei si limitò a guardarmi con aria condiscendente mentre le descrivevo la vita assurda che avevamo fatto a Terengganu, l'isolamento, la violenza e le barbare superstizioni che segnavano le nostre giornate. A posteriori mi rendo conto che era inutile tentare di dirle queste cose, di mostrarle la vera faccia di Bahrin, visto che aveva davanti mio marito nella sua versione "occidentale": educato, inappuntabile e, con grande ostentazione, usava un tono volutamente calmo, proprio come ai tempi del nostro corteggiamento. Quando io, sconfitta, smisi di parlare, intercettai i messaggi senza parole che si scambiavano. Quel silenzio era chiaro; Bahrin mi aveva dipinto ai suoi rappresentanti legali come una persona instabile, quasi fanatica, una donna che parlava di un uomo del tutto diverso dal loro compìto cliente di stirpe reale, una moglie inasprita e respinta.

A quel punto capii che l'incontro era stato un grosso errore e feci per andarmene, non prima però che Bahrin chiedesse di restare per un attimo solo con me, cosa che la sua avvocatessa gli concesse immediatamente. Quando fummo soli, si sedette ad angolo retto rispetto a me sull'altra sedia di colore scuro.

«Yasmin, io voglio che tu torni. Ti amo» disse, poi frugando rapidamente nella tasca destra estrasse un piccolo cofanetto di velluto rosso e lo aprì, rivelando un anello con diamante. «Lo vedi, ti amo. Ti ho comprato questo» aggiunse posando il cofanetto aperto sul mio grembo. «Tutto andrà bene ora, basta che tu torni indietro.»

Provai un moto di rabbia quando chinai lo sguardo sul diamante che brillava riflettendo la luce delle lampade al neon sopra di noi.

«Credi davvero che dopo tutto quello che mi hai fatto, dopo tutti i lividi che mi hai procurato, l'umiliazione, la solitudine, le minacce di prenderti i bambini e di far male a mia nonna, basti questo anello con diamante a ricondurmi a te? Senza parlare poi di quella puttana che hai sposato. Lei sa che mi stai chiedendo di tornare?»

«Mia moglie non ti riguarda» disse Bahrin in tono piatto. «Non sono affari tuoi.»

«Sei proprio un verme, Bahrin. Pensi solo a te stesso; non ti importa niente di Iddin e Shah e non ti importa niente di me. Io non vivrò mai più a Terengganu, mai più. Shah e Iddin meritano di meglio che vivere con te.»

«Ascolta, piccola troia» fece lui a bassa voce in modo che nessuno potesse udirlo. «Io ho questo, e puoi star certa che lo userò quando ti riporterò a casa.» Mi agitò un foglio di carta sotto il naso. Lo riconobbi immediatamente come un documento delle autorità religiose di Terengganu con l'emblema reale sopra il testo, e riuscii a distinguere il mio nome scritto in arabo in cima. «Ti riporterò a Terengganu, piccola puttana schifosa. Lo sai, vero? Il tuo stupido giudice australiano non vuole provocare un incidente diplomatico; ti restituirà a me, e ti pentirai di avermi dato tutti questi problemi. Useranno il *rotan* su di te, sei volte, e resterai a marcire al Balai per tutto il tempo che vorrò. Non dimenticare che Kasim è ispettore dei corpi speciali.»

Sputò fuori tutto questo tenendomi incollata alla sedia con il magnetismo dei suoi occhi sporgenti. Non avevo dubbi che ciò che diceva fosse vero e che parlasse sul serio. Riuscii ad alzarmi e ad avviarmi verso l'uscita, facendo cadere il cofanetto con l'anello sul tappeto. Mi precipitai fuori singhiozzando, nel sole estivo, e in qualche modo arrivai all'ufficio di Lillian. Quando le raccontai l'accaduto, lei se la prese con me perché avevo visto Bahrin da sola, e con gli avvocati di mio marito perché avevano incoraggiato l'incontro senza comunicarglielo. Ma per me questo era l'ultimo dei problemi. Era come se la mia vita reale fosse ricomparsa all'improvviso, e la speranza di staccarsi da Bahrin non fosse stata che una mia illusione. Lillian impiegò molto tempo a calmarmi e a convincermi che Bahrin non aveva ancora vinto, e quando finalmente uscii dal suo ufficio per andare a prendere i miei figli, ero ancora terribilmente scossa.

Nessun aspetto della battaglia in tribunale era semplice. Bahrin aveva persino fatto venire in aereo dalla Malesia, spendendo parecchio, un avvocato che testimoniasse davanti al tribunale australiano sulle questioni di diritto islamico. Noi, purtroppo, non avremmo trovato un esperto malese disposto a testimoniare in nostro favore nemmeno se avessimo avuto i soldi per pagargli il viaggio.

Ma Bahrin non aveva ancora esaurito le sue proposte.

Martedì 4 febbraio mi telefonò con un'ultima disgustosa offerta: comprare Iddin. Voleva dividere i bambini, lasciando Shahirah e me in Australia e assicurandomi che sarei stata una donna ricca per il resto dei miei giorni. Minacciò, lusingò, insultò e strillò, giurando di non darmi pace finché non mi avesse distrutto e preso entrambi i bambini, ripetendo che non avrei mai avuto vita lontano da lui. Io lo ascoltai senza riuscire a riattaccare, poi mi lasciai scivolare lungo la parete del soggiorno piangendo, folle di paura e di disperazione. Era come se Bahrin controllasse ancora ogni mio pensiero. Ero terrorizzata da una voce che mi giungeva attraverso il telefono.

Ricordo molto poco delle ore successive. Ricordo Iddin davanti a me, in lacrime. Ricordo che lo strinsi al petto insieme a Shahirah, cullandoli. Mi ritrovai al telefono con Lillian, ma non so esattamente cosa le dissi. So che quel giorno fui sul punto di precipitare nello sconforto più assoluto, ed ebbi voglia di chiudere gli occhi e non svegliarmi più. Ma non lo feci. Malgrado la nebbia che avvolgeva la mia mente, capivo che i miei figli avevano ancora bisogno di me.

# 38

Uscii dalla casa di Sue e Rob MacArthur alle 8.00 di mattina dell'11 febbraio 1986, salutando Iddin come se fosse l'ultima volta. Chiesi addirittura a Rob di fotografarci seduti insieme in veranda qualche istante prima che andassi via. Mi stavo preparando al peggio quel giorno, disponendomi a vedere la polizia che portava via mio figlio e lo metteva su un aereo per la Malesia alle 4.00 di pomeriggio, se il giudizio fosse stato contro di noi. Sapevo di potermi attendere un po' di respiro prima che prendessero Shahirah, dato che la stavo ancora allattando. Ero la sua unica fonte di nutrimento, e poi sapevo che Bahrin non era davvero interessato a sua figlia e quindi non avrebbe insistito per averla. Mentre uscivo con la bimba dal cancello verde del giardino mi voltai e vidi Iddin in cima ai gradini che agitava la zampa del suo orsacchiotto in segno di saluto, con un sorrisetto sfacciato. Con un groppo alla gola, gli mandai un ultimo bacio e aprii lo sportello della macchina.

Lillian, la sua assistente Sue Stephenson e Noel Ackman erano seduti sul lato sinistro dell'aula davanti a me, con il tavolo ingombro di documenti, testi di diritto, penne e carte. John Udorovic arrivò a metà seduta e si piazzò dietro a Lillian. Sul lato destro della stanza c'erano i pesi massimi dell'apparato legale di Bahrin: un avvocato della regina, un avvocato forense, due o tre avvocati non forensi e il suo "esperto" malese. Eravamo tutti in attesa che entrasse il giudice, e io ripassavo mentalmente i punti su cui doveva pronunciarsi. Le accuse di rapimento erano cadute da tempo in quanto inconsistenti; dopo un lungo interrogatorio, Bahrin aveva ammesso che non avevo rapito i miei figli e che lui stesso mi aveva rimandato a casa. Il giudice aveva preso atto che il mio comportamento non era stato premeditato. Ora si attendeva un verdetto sulla richiesta della parte avversa di sottrarre l'intero caso all'attuale giurisdizione per discuterlo in Malesia. Bahrin non aveva chiesto la custodia dei bambini, ma solo che loro e io fossimo deportati dal nostro Paese in Malesia.

Nel caso che il giudice avesse deciso in tal senso, avevamo richiesto che l'eventuale ordine del tribunale contenesse oltre una decina di clausole, fra cui una garanzia personale del Ministro degli Interni malese secondo cui mi fosse concesso di rimanere in Malesia per stare accanto ai bambini se Bahrin avesse ottenuto la loro custodia e poi avesse divorziato da me. Questa era una delle mie maggiori preoccupazioni, dato che lui mi aveva sempre minacciato di farmi espellere, e in caso di divorzio io non avrei avuto uno status di residente in quel Paese e nessun mezzo per ottenere un visto. Avevamo chiesto inoltre che Bahrin ottenesse dall'ufficio dello stesso ministero l'assicurazione scritta che sarei stata immune da processi e detenzioni in base alla legge per la sicurezza interna della Malesia, che consente di trattenere in galera indefinitamente qualsiasi persona residente nel Paese senza formulare alcuna accusa. Temevamo che potesse essere questo il mio destino, dato che in tribunale mi ero espressa sull'alto livello di corruzione e di doppiezza che vigeva nei corridoi della politica malese e nel suo governo. A Bahrin era stato chiesto anche di garantire sotto giuramento che avrebbe rinunciato a qualunque procedimento presso le corti islamiche malesi, limitandosi al dibattimento in sede civile che seguiva più o meno il codice civile inglese. Questo era un punto importante, perché eravamo riusciti a provare che un tribunale islamico sarebbe stato viziato da un pregiudizio negativo nei miei confronti in una causa che mi opponesse alla famiglia reale. C'erano anche altre questioni che riguardavano il mantenimento mio e dei bambini nel caso in cui fossi stata costretta a tornare in Malesia, la disponibilità di un appartamento a Kuala Lumpur anziché a Terengganu, e la creazione di un fondo fiduciario da parte di Bahrin per coprire le mie spese legali in Malesia.

Finalmente il giudice Treyvaud entrò in aula, e mentre tutti ci alzavamo in piedi Bahrin mi lanciò un'occhiata di compiaciuta sicurezza che mi turbò profondamente. In sostanza, il giudice decretò che i bambini e io tornassimo in Malesia per discutere l'affidamento dei figli in un tribunale civile di quel Paese, che Bahrin ottemperasse a tutte le richieste in materia di sicurezza che avevo formulato, che lasciasse cadere tutti i procedimenti e i giudizi della Corte islamica di Terengganu, e che promettesse inoltre, sotto giuramento, di non intraprendere ulteriori azioni legali contro di me nelle corti islamiche, limitandosi a ricorsi in sede civile in Malesia.

Lillian e John si voltarono immediatamente per afferrarmi le mani. John disse a bassa voce: «Ci appelleremo, punto e basta, ci appelleremo, lo sanno tutti». Noel alzò le spalle con la consueta calma e disse semplicemente: «Ci appelleremo». Lillian, accorgendosi che avevo le lacrime agli occhi e un groppo alla gola, mi strinse forte la mano. «Non devi piangere, non devi arrenderti» sibilò con voce ferma, prima di riportare la sua attenzione sul giudice.

Osai lanciare uno sguardo verso la parte avversa, che a tutta evidenza era altrettanto insoddisfatta della sentenza. Bahrin aveva un'aria torva e i suoi legali scuotevano la testa disgustati; chiaramente si erano aspettati un successo completo. Mi voltai, contenta che Bahrin fosse di malumore perché un giudice australiano gli aveva detto che non poteva usare le corti islamiche contro di me. Quando entrambe le parti ebbero cessato di borbottare e confabulare, Noel si alzò e disse con calma al giudice Treyvaud che volevamo ricorrere in appello. Gli fece seguito l'avvocato della regina ingaggiato da Bahrin, che disse la stessa cosa. Il giudice non parve affatto sorpreso del fatto che le parti volessero appellarsi contro la sua decisione e la seduta fu aggiornata a vari giorni dopo.

Lasciai il tribunale con la sensazione di avere il tempo contato. Non capivo bene cosa comportasse un processo d'appello e sentivo il bisogno di respirare profondamente e rapidamente tutta l'aria australiana che potevo prima di essere costretta a partire. Ma almeno avevo il conforto di sapere che quel sabato, il giorno del terzo compleanno di Iddin, Shahirah, lui e io saremmo stati insieme.

Mentre uscivamo dall'edificio tutti insieme, la "mia squadra" – come avevo cominciavo a considerarla – si scambiava commenti in gergo giuridico, parlando di precedenti, termini temporali e documentazione per l'appello, cose di cui capivo ben poco. Mentre riempivo la carrozzina di borse e documenti e stringevo a me Shahirah che mi gorgogliava all'orecchio e mi tirava il vestito, pensavo unicamente al fatto che avrei avuto i bambini con me per qualche altro giorno e che non dovevo dir loro addio, almeno per il momento.

Bahrin partì dall'Australia il 13 febbraio, lasciando ai suoi legali il compito di rappresentarlo in tribunale e senza chiedere di vedere i suoi figli. I bambini e io non avevamo nulla di certo, non potevamo fare alcun piano; il nostro futuro restava irrisolto e le nostre vite stavano per essere poste nelle mani della Corte d'Appello.

Nelle settimane successive tentai di riportare un po' di normalità nella vita dei miei figli. Ormai Shahirah gattonava e Iddin aveva cominciato a fare coloratissimi disegni e a chiedere un pupazzo. Io iniziavo a fare amicizia e a contare sul sostegno e l'amore incondizionati di Sue e Rob MacArthur e dei loro due figli, Nicholas e Ben, che erano grandi amici di Iddin e stravedevano per Shahirah. Ma per quanto volessi far finta che saremmo rimasti nel mio Paese, la realtà delle complesse sedute legali cui partecipavo e delle infinite sessioni di studio e di ricerca che facevo con Lillian mi confermavano quanto fosse fragile la nostra esistenza in Australia e quanto sarebbe stato difficile ottenere di vivere in quel luogo.

Per l'appello Lillian mise insieme una squadra formidabile: Sue Stephenson, l'avvocato della regina E.W. (Bill) Gillard – un uomo alto, magro ed elegante, dalle folte sopracciglia e dagli occhi scuri e intelligenti – e l'avvocato forense John Cantwell, un tipo silenzioso e tenace, con la concentrazione di un giocatore di scacchi. Queste furono le persone che lavorarono notte e giorno per preparare tutta la documentazione per l'appello nel tempo record di dieci giorni, e che presero un volo per Adelaide, nel sud dell'Australia, per comparire il 13 marzo di fronte al Tribunale della Famiglia a ranghi completi (tre giudici contemporaneamente) a difendere la mia causa. Era impossibile per me andare ad Adelaide, e anche non necessario, dato che il processo d'appello non prevedeva l'audizione di testimoni ai fini di prova. L'intera questione sarebbe stata decisa sulla base di materiale scritto e dei pareri e delle argomentazioni degli avvocati della regina di entrambe le parti.

Personalmente avevo l'impressione che la rapidità con cui era stato fissato l'appello fosse collegata alle pressioni del governo e al fatto che l'Australia non voleva trovarsi invischiata in un nuovo conflitto diplomatico con la Malesia. All'epoca due australiani, Barlow e Chambers, erano stati condannati a morte in Malesia per traffico di droga e i rapporti fra le due nazioni erano tutt'altro che cordiali. Di solito ci volevano da sei mesi a un anno prima che una causa d'appello approdasse in tribunale, e normalmente ciò accadeva nella città d'origine, ossia Melbourne.

Non potevo far altro che aspettare a casa di Sue e Rob che Lillian mi telefonasse per riferirmi gli sviluppi della vicenda. Era terribile essere così lontana dalla battaglia che si combatteva ad Adelaide. Nei due giorni successivi cercai di condurre una vita normale, facendo il bagno ai bambini, dando loro da mangiare, e leggendo fiabe a Iddin, Shahirah, Ben e Nicholas per passare il tempo, ma non potevo impedirmi di sobbalzare ogni volta che suonava il telefono, e di notte dormivo molto poco. L'udienza si svolse ad Adelaide il 13 e 14 marzo, e in quei giorni la mia squadra di legali stabilì molti precedenti nel diritto d'appello, tra cui l'ammissione di nuove prove via fax. Alla fine, due giorni non furono sufficienti a entrambe le parti per discutere il caso, e la seduta fu aggiornata a Melbourne per la prosecuzione dell'udienza il 3 e 4 aprile 1986. Così c'era ancora da aspettare. Non sapevo se essere felice di quel prolungamento o augurarmi che fosse presa una decisione sulle nostre vite il prima possibile. Ma approfittavo di ogni giorno che trascorrevo con Iddin e Shah, nel caso che fosse stato l'ultimo.

A maggio non avevamo ancora notizie di quando sarebbe stato emesso il verdetto d'appello. Dato che potevano passare mesi prima che si sapesse qualcosa, decisi di fare un passo avanti verso una vita stabile in Australia trasferendo la famiglia in una casa di proprietà del padre del mio amico Peter, nel verde sobborgo di East Malvern. Dato che Shah gattonava sempre più e Iddin era sempre più in movimento, era evidente che ben presto l'appartamento e il suo piccolo giardino sarebbero stati troppo piccoli per ospitare due bambini vivaci e in crescita. Zio Eric, il padre di Peter, mi offrì quella vecchia abitazione in un gradevole sobborgo borghese ad affitto ridotto. Aveva un enorme giardino con alberi da frutto e un sacco di spazio per le scorribande dei bambini. Zio Eric viveva da solo in una vecchia casa grande e dalla struttura irregolare accanto alla nostra, con un campo da tennis sul retro in cui Iddin poteva scorrazzare con il suo triciclo. La sistemazione sarebbe stata assolutamente perfetta per i bimbi. Ma c'era un inghippo: la casa era vuota da oltre cinque anni, non era mai stata ristrutturata nei suoi settant'anni di vita ed era in gran parte inabitabile. Decisi che volevo a tutti i costi quella casa per Iddin e Shahirah, e che loro non si sarebbero fatti scoraggiare da dettagli insignificanti come l'assenza di un pavimento in bagno, la muffa alle pareti o la mancanza di una stufa e così imparai a ristrutturare.

Facendo un passo indietro per valutare il mio lavoro, di colpo mi chiesi cos'avrebbero detto le signore di Terengganu se avessero potuto vedermi in quel momento. Eccomi lì, con una tuta sporca indosso, una sciarpa sui capelli per non riempirli di polvere, stivaloni ai piedi e Shahirah appesa alla schiena in un marsupio. Iddin era ancora più sporco di me, se possibile, ma sembrava divertirsi nel suo ruolo di assistente, correndo per la casa a raccattare i brandelli di tappezzeria che avevamo strappato dalle pareti e buttandoli nella carriola di zio Eric per portarli via successivamente. Erano i primi di giugno del 1986 e con l'avanzare dell'inverno ogni notte faceva più freddo, ma cominciavo finalmente a vedere i progressi che avevo compiuto da quando ci eravamo trasferiti. Avevo tolto dalle pareti tutta la tappezzeria scolorita e macchiata dall'acqua, passandola con il vapore e poi grattandola con le mani fino a rimanere senza unghie. Questa occupazione piaceva a Iddin, che ne strappava grandi pezzi alla sua altezza e mi evitava di dover strisciare sulle ginocchia per farlo.

Dopo aver lavato le pareti con un solvente, proseguii stuccando buchi e crepe, carteggiando e poi ridipingendo tutto in caldi toni color albicocca. Avevo già posato un nuovo pavimento in bagno e con l'aiuto di Peter installai un secondo lavandino e sostituii tutte le piastrelle della doccia e del gabinetto. Ora i bambini e io non dovevamo più andare da zio Eric per usare il bagno, il che era un grande vantaggio. La nuova stufa che avevo comprato a una svendita era stata installata e ora funzionava bene, e quel fine settimana Peter mi aveva aiutato a stendere una gettata di cemento sul pavimento della lavanderia esterna, che ormai era quasi asciutto. L'unico problema era che per favorire il deflusso dell'acqua avevamo dato un'inclinazione esagerata e probabilmente la lavatrice sarebbe rimasta in equilibrio su un dosso. Due o tre giorni prima altri amici erano venuti ad aiutarmi a togliere la moquette vecchia e sporca da alcune stanze. Intendevo noleggiare una levigatrice per pavimenti e levigare e sigillare le assi nude io stessa, dato che una nuova moquette mi sarebbe costata troppo. La stanza dei bambini era l'unica davvero confortevole e dotata di finiture, ma ero certa che poco per volta anche il resto sarebbe andato a posto.

"E così io sarei quella inetta, stupida e incapace di cavarsela da sola con i suoi figli", pensai levandomi la sciarpa dalla testa e liberando Shahirah dal marsupio per attaccarmela al seno, mentre mi sedevo su una sedia della cucina. Avevo imparato a badare a me stessa e ai bambini e sapevo usare una sega e un martello e un trapano elettrico. Pregavo solo che ora avessimo la possibilità di vivere nella casa che avevamo creato. Guardando fuori dalla finestra, vidi Iddin che saltava su un enorme mucchio di foglie autunnali rosse e dorate nel giardino sul retro, raggiante di felicità, strillando e lanciandole in aria.

Finora avevo sempre rispettato la legge, tornando a casa e segnalando la mia presenza al tribunale, sottomettendomi alla sua giurisdizione invece di correre a nascondermi dove Bahrin non potesse trovarmi. Ma ora, mentre i giorni si susseguivano senza un verdetto d'appello all'orizzonte, cominciavo a chiedermi, a otto mesi dal mio ritorno, cos'avrei fatto se la sentenza finale fosse stata sfavorevole.

Passai al vaglio le mie possibilità: sottostare all'ordine del tribunale; ricorrere di nuovo in appello, questa volta alla Corte Suprema Australiana, se mi fosse stato ordinato di tornare in Malesia; o semplicemente sparire con i bambini. D'impulso l'ultima opzione sembrava la più attraente, ma riflettendo meglio su cos'avrebbe significato per i miei figli – sradicarli, togliere Iddin dall'asilo e forse vivere in fuga, fingendo di essere altre persone – mi resi conto che li avrei privati di ogni briciola di quella sicurezza e normalità che avevo faticosamente cercato di costruire per loro nei mesi precedenti. Così la esclusi.

Stabilii che avrei percorso ogni via legale per proteggere la nostra vita insieme, prendendo meticolosamente nota degli eventi per poter rispondere a qualunque domanda potessero farmi i miei figli, una volta cresciuti, sui miei pensieri e le mie azioni.

Scesi dalla scala a pioli più in fretta che potei, facendo attenzione a non far cadere il pennello o a rovesciare il secchio della vernice con cui stavo tinteggiando il soffitto del salotto, e con un balzo mi avventai sul telefono prima che il suo trillo svegliasse Shahirah dal suo pisolino. Appena raggiunsi il telefono suonò il campanello della porta, destando la bimba e facendola piangere. Urlai in direzione della porta che stavo arrivando, poi ansimai un «Pronto» alla cornetta.

«Abbiamo vinto, abbiamo vinto!» strillò Lillian all'altro capo del filo. «Tu e i bambini potete restare!»

«Quando? Come?» riuscii a balbettare.

«Resta in linea un minuto. Ti leggo una sintesi.» La sentii frugare tra le carte e poi la sua voce tornò in linea. «27 giugno 1986, bla bla bla. Ordini e sentenza della Corte. 1) L'appello della moglie è accolto, bla bla bla. 2) La moglie ha la custodia esclusiva dei figli. 3) È fatto divieto al marito di portare i figli fuori dallo Stato di Victoria e fuori dal Commonwealth d'Australia. 4) Il controappello del marito è respinto. Congratulazioni, benvenuta a casa!»

Non ricordo quando misi giù il telefono, ma ricordo che in qualche modo recuperai Shahirah dalla sua culla e aprii la porta alla mia amica Susan, che era rimasta fuori sotto la pioggia tutto quel tempo senza protezione, aspettando pazientemente che andassi ad aprire.

Temendo che fosse accaduto qualcosa di terribile, Susan mi afferrò il braccio allarmata finché io non riuscii a borbottare con voce roca: «Abbiamo vinto!». Ero stordita, ma stranamente non emozionata o folle di eccitazione come avevo creduto quando di notte nel mio letto immaginavo quel momento. Dopo aver raccontato a Susan quel che sapevo, andai nella mia stanza da letto, spalancai l'armadio e tirai fuori il *baju kurung* che spesso ero stata costretta a indossare in tribunale per mancanza di vestiti. Gettando l'attaccapanni sul letto, appallottolai il vestito e tornai in soggiorno dove Susan era rimasta con Shahirah. Aprii lo sportello della stufa e gettai l'odiato *baju kurung* nel fuoco, guardando le fiamme che aggredivano la seta.

«Ora siamo a casa per sempre» dissi, mentre Susan mi fissava a bocca aperta, e di colpo scoppiai in lacrime.

# 39

I bambini e io crescemmo parecchio nei quattro anni che seguirono la mia vittoria in appello. Costruire una nuova vita non fu facile e mi ritrovai a pensare che per ironia della sorte ero precipitata dalle stelle alle stalle. Ma non avevo rimpianti. Non avevo né il tempo né l'inclinazione a provare nostalgia per la vita vuota che avevo trascorso in Malesia; le decisioni che avevo preso erano quelle giuste sia per me sia per i bambini. Rimuginare sul passato mi avrebbe tenuto ancorata laggiù, prigioniera dell'autocommiserazione, proprio come sperava Bahrin; invece mi costrinsi a guardare avanti senza mai parlare a fondo di Terengganu, nemmeno con gli amici più cari. Il futuro era l'unica cosa che mi interessasse e l'unica cosa cui potessi pensare, sola con due bambini piccoli.

Tornai a far parte della forza lavoro non appena mi fu possibile, e a un certo punto arrivai ad avere tre occupazioni in contemporanea per mettere insieme il pranzo con la cena. Scoprii che dovendo ancora in parte allattare Shah, era un sistema più adatto a conciliare le esigenze dei bambini con quelle economiche. Battevo a macchina per gli studenti, facevo la baby-sitter, partecipavo a ricerche di mercato e preparavo torte per una piccola rosticceria. In seguito lavorai part-time come cameriera, coprendo l'ora di pranzo in un bistrò cittadino molto frequentato. In tal modo restavo lontana da Shah e Iddin solo per breve tempo ogni giorno, e il lavoro si accordava con gli orari del nido di Iddin e con la disponibilità di Susan a tenere i bambini.

Ma soprattutto, i primi quattro anni a casa mi permisero di guarire le mie ferite, di scoprire che non ero una persona così inutile e di ritrovare il rispetto e la fiducia in me stessa. Recuperare questi ultimi due elementi richiese un tempo terribilmente lungo. È curioso quanto sia impalpabile il rispetto per se stessi, e quanto sia difficile avvertire la sua assenza quando si è andato erodendo per un lungo periodo. Ne sentii la mancanza solo quando non ci fu più e mi ritrovai privata di una parte essenziale di me stessa. Credevo di non meritare di meglio. Facevo fatica a esprimere apertamente il mio dissenso con chiunque, e ogni volta che mi trovavo con altri adulti dovevo continuamente far forza su me stessa per impedirmi di saltellare come un cagnolino ammaestrato che tenta di compiacere il padrone e di meritarsi la sua approvazione. Bahrin mi aveva programmato bene; mi sentivo sporca e fallita, e da un simile abisso non è facile risalire. Quanto al mio cuore, era così malconcio e provato dalle battaglie che pensavo non potesse più aver posto per altri che non fossero Iddin e Shah.

Avevo trascorso quattro lunghi anni in Malesia, quattro anni senza sapere quale musica andasse di moda alla radio o quali film fossero stati girati, quattro anni di scarsissima conoscenza del mondo al di fuori di Terengganu e di quasi totale ignoranza della situazione politica australiana e internazionale. Reagan e la Thatcher non erano che didascalie sotto le foto sfuocate dei giornali, e gli alti e bassi della borsa sembravano molto lontani. Ora guardavo sconcertata gli sportelli bancomat agli angoli delle strade, impressionata dai progressi della tecnologia, mentre le mie esperienze in Malesia mi facevano sentire più stanca e saggia di molti miei coetanei. Per un lungo periodo fu come se esistessi solo in parte rispetto al mondo di tutti i giorni. Mi sentivo non al passo con i tempi, straniata e molto più vecchia di quanto apparissi all'esterno, ma allo stesso tempo cercavo con tutte le mie forze di essere la madre di cui Iddin e Shah avevano bisogno. Di colpo ritrasferendomi nel mio Paese mi ero resa conto di quanta parte della mia giovinezza Bahrin mi avesse rubato, o meglio, di quanta parte gli avessi permesso di derubarmi.

A metà del 1986 scrissi all'imam capo di Terengganu chiedendo il divorzio da Bahrin e assicurandolo che non mi opponevo all'adozione della procedura di divorzio tradizionale da parte di mio marito. Scelsi questa linea d'azione perché era il mezzo più semplice e più rapido per ottenere la mia libertà, e anche il più economico: non avrei mai potuto permettermi un'altra battaglia legale. Di proposito non chiesi una divisione delle proprietà, né denaro, né niente, perché non pretendevo né desideravo altro che la mia libertà e i miei figli. La famiglia poteva tenersi ninnoli, opere d'arte, gioielli e vestiti; finché la mia vecchia auto malconcia riusciva a portarmi da A a B non era il caso di disperarsi per la perdita della mia BMW o per la mancanza di una Rolls-Royce nella mia vita. A cosa sarebbero serviti, nella mia nuova vita, bicchieri di cristallo e coltelli d'argento? Per ragioni pratiche, ora tutti i miei piatti avevano un'unica caratteristica, quella di andare in lavastoviglie. I miei libri erano l'unica cosa di cui lamentassi la perdita. Erano stati i miei veri amici e fonte di consolazione e di crescita personale, e il pensiero che finissero sul rogo per mano di Bahrin mi rendeva molto triste. Elmi poteva mettersi al collo i miei diamanti e infilarsi al dito i miei anelli, sarebbero rimasti comunque regali di seconda mano. Non avevo alcun desiderio di attaccarmi a qualcosa che era morto o di rimanere la "moglie numero uno" nello sgradevole *ménage à trois* che Bahrin aveva creato con la sua perversione. Non volevo più appartenere a qualcuno; volevo solo una possibilità di scoprire quanto di me esistesse ancora.

Bahrin tornò in Australia il 6 settembre 1986, pretendendo l'accesso immediato ai bambini e mostrando un totale disprezzo per le necessità quotidiane di chiunque all'infuori di se stesso. Com'era nel suo carattere, fece impazzire il sistema giudiziario chiedendo un'"udienza urgente" per poter vedere i bambini. Sembrava non rendersi minimamente conto che il mondo non girava intorno ai suoi capricci e desideri del momento, e si aspettava che il suo rango reale avesse in Australia lo stesso peso che aveva nel suo Paese. Io non avevo mai espresso obiezioni al fatto che i bambini vedessero il padre; anzi, avevo fatto di tutto per favorire le sue conversazioni con loro al telefono, ma raramente lui faceva un simile sforzo.

Credo che le false motivazioni che addusse per riportare tutti in tribunale fossero uno stratagemma per ottenere il mio nuovo indirizzo a East Malvern. Non mi importava che avesse il mio numero di telefono in modo da parlare con i bambini, ma sospettavo e temevo fortemente che se avesse conosciuto il nostro indirizzo, i bambini e io avremmo perso la nostra sicurezza e la nostra intimità. Sul banco dei testimoni dissi al giudice che ritenevo di essere stata seguita varie volte da un investigatore privato assunto da Bahrin, e che non fidandomi delle sue intenzioni preferivo tenere segreto il nostro nuovo indirizzo. Nel controinterrogatorio condotto da John Udorovic, Bahrin finì per ammettere di avermi fatto fotografare da un detective privato, ma negò di averlo assunto per seguirmi. Dovetti soffocare la mia irritazione nei confronti del sistema giudiziario quando il giudice ordinò che gli fosse immediatamente comunicato il nostro indirizzo completo. Stavo per chiedere al giudice di riconoscere la minaccia alla nostra sicurezza, ma mi morsi la lingua e ricacciai in gola le mie parole perché mi resi conto che era inutile combattere il sistema, e che la Corte aveva bisogno di prove concrete che Bahrin volesse farmi del male.

Il secondo giorno in tribunale, John e Lillian decisero di

preparare alcune sorprese per Bahrin, visto che ci aveva trascinato di nuovo in tribunale con motivazioni fasulle. Decidemmo di approfittare della sua presenza in Australia per cercare di imporgli tramite il tribunale la restituzione di tutte le mie proprietà personali rimaste in Malesia e il pagamento degli alimenti. Sempre attento alle apparenze, Bahrin arrivò preparato per questa evenienza, piangendo miseria fin dal momento in cui atterrò a Melbourne. Licenziò i suoi potenti e costosi rappresentanti in tribunale sostenendo di non potersi più permettere di pagarli, e prese alloggio nell'albergo più economico che la città avesse da offrire. Fece anche domanda per un avvocato d'ufficio pagato dai contribuenti australiani. Ero molto scettica sulla possibilità che lui si azzardasse ad andare in aula senza assistenza legale, e non mi stupii quando lo videro uscire dalla porta di servizio per far visita agli uffici del suo "ex" avvocato appena l'udienza fu terminata.

John gestì magnificamente la notizia dell'improvvisa caduta in miseria di Bahrin. Prima dell'udienza lo avvicinò facendo finta di niente, gli strinse la mano e si complimentò con lui per il suo nuovo orologio Ferrari. Poi entrò in aula e lo demolì sistematicamente quando affermava di non poter contribuire al mantenimento dei figli, sferrando il colpo di grazia quando attirò l'attenzione del giudice sul nuovo e costosissimo orologio (valore stimato ben oltre le mille sterline) che Bahrin ostentava al polso destro.

Alla fine il giudice impose a Bahrin di versare un assegno mensile e di giurare sul Corano che avrebbe organizzato la spedizione a Melbourne di tutti i miei beni – abiti, fotografie, libri, biancheria, vasellame – più i giocattoli e i libri dei bambini. Io non ci feci molto affidamento. Non mi aspettavo di ricevere gli alimenti, né che Bahrin mantenesse la parola; era semplicemente una questione di principio. Passarono dieci mesi prima che Bahrin mi spedisse finalmente qualcosa di mio, e anche in quell'occasione non mantenne il giuramento fatto sul Corano di fronte al giudice. Le due scatole che ricevetti contenevano abiti premaman musulmani, asciugamani a brandelli come se lui li avesse fatti a pezzi in un impeto di rabbia, alcuni dei miei costumi di danza balinese e il mio abito da sposa in *songket*: non proprio le cose essenziali per la vita di una donna occidentale. Non c'era né un abito né un giocattolo dei bambini. A Bahrin fu imposto inoltre di informarmi per iscritto della sua intenzione di venire in Australia a trovare Iddin e Shahirah con un mese di anticipo, affinché potessi fare in modo che i suoi piani non contrastassero con altri eventuali programmi miei o dei bambini. Questa condizione fu imposta su mio suggerimento per contribuire ad appianare la difficile situazione e far sì che Bahrin fosse certo di vedere i bambini quando voleva. Il tribunale non stabilì regole permanenti per le visite e lui non ne fece richiesta per il futuro.

Bahrin approfittò tuttavia della sua apparizione in aula a settembre per interpretare fino in fondo il suo personaggio di "principe maltrattato". In piedi sul banco dei testimoni, si voltò verso il giudice e dichiarò con fervore che portare via Iddin dall'Australia sarebbe stata la sua personale *jihad*, la guerra santa musulmana. Credo che nessuno nell'aula tranne me comprese il significato dell'affermazione di Bahrin. Di certo il giudice parve non capire il furore o la passione sottintesi da quella breve parola straniera. (Ciò accadeva, naturalmente, ben prima degli attacchi terroristici dell'11 settembre.) Le sue implicazioni, frutto di un millennio di cattive interpretazioni e interessi personali, erano per me un tacito avvertimento di quanto fosse profondo l'odio di Bahrin e di quel che fosse disposto a fare per vendicarsi. Il fatto che esprimesse la sua minaccia nei termini della religione islamica mi disgustò. Una *jihad* non era una guerra che uomini ardimentosi combattevano contro donne e bambini; una *jihad* era una violenta battaglia all'ultimo sangue nel nome di Allah per la difesa dell'Islam. Secondo la dottrina islamica, il guerriero che aveva perso la vita in combattimento per difendere la sua religione e il sistema di vita musulmano era un martire glorioso con la certezza di entrare immediatamente e senza impedimenti in paradiso. Cercai di riderci sopra, dicendomi che stava solo tentando di intimidire il giudice e me, ma nonostante i miei sforzi e l'umorismo razionale di Lillian e John dopo l'udienza, quella parola aveva piantato un seme di terrore in fondo alla mia mente, che germogliava ogni volta che il campanello della porta suonava inaspettatamente o che udivo rumori fuori casa nel cuore della notte.

L'unica cosa positiva che derivò dalla settimana di permanenza di Bahrin in Australia fu la sentenza di divorzio, firmata, bollata e ufficializzata. Dal 3 settembre 1986 appartenevo a me stessa e non lo sapevo nemmeno.

Trovato un orientamento, la nostra vita andò avanti segnata dai primi passi incerti di Shahirah con l'aiuto del fratello maggiore, dalle vacanze trascorse sulla spiaggia, da feste di compleanno con giochi e torte al cioccolato, e dall'albero di Natale nell'angolo del soggiorno. Se chiudo gli occhi, tutti quei momenti scorrono nella mia mente come spezzoni di un film, felici e chiassosi, tra frasi smozzicate e risate, lacrime e sospiri. Un picnic degli orsacchiotti al parco, con bambini e amici seduti su una coperta al sole; tentativi di sciare in cui i bambini eccellevano e io fallivo miseramente; momenti tranquilli con Iddin su un ginocchio e Shah sull'altro mentre io leggevo loro un libro; filastrocche infantili cantate in macchina da tutti e tre con l'accompagnamento di una cassetta registrata; la passione di Iddin per la canzone dei Beach Boys *Kokomo* che canticchiava leggermente stonato. Sono tutti nella mia testa come se fossero accaduti ieri. C'erano anche i momenti in cui essere una madre sola non era così facile o piacevole, le volte in cui avrei voluto essere più paziente o non avrei dovuto arrabbiarmi così in fretta, i giorni in cui mi sentivo talmente sola che accendevo la televisione per sentire una voce adulta, o mi agitavo perché non sapevo insegnare a Iddin a fare pipì in piedi. Se riuscimmo a superare indenni quei momenti belli e brutti restando una famiglia, non è tanto merito mio quanto della pazienza dei bambini con la loro mamma e delle loro magnifiche e uniche personalità.

Gli anni di asilo di Iddin mi trasformarono da madre in tassista. Era così popolare fra i bambini e le bambine della sua classe che la sua vita sociale diventò più vivace della mia, e non facevo altro che andarlo a prendere o trasportare altri bambini per East Malvern. Sviluppò un amore per il disegno e una passione per i Cavalieri della Tavola Rotonda e per Robin Hood, e passava infinite ore con i suoi amici a costruire nascondigli in giardino e a "cavalcare" il vecchio albicocco nel prato, i cui rami bassi e robusti erano degne cavalcature per «indiani, cowboy, cavalieri o allegri compagni» della foresta di East Malvern. Già da piccolo Iddin era sempre pronto ad assumersi responsabilità, offrendosi di raccogliere legnetti per il fuoco, svuotare la lavastoviglie o aiutarmi a riporre la biancheria pulita. Questo aspetto serio della sua natura mi preoccupava; non volevo che si sentisse in dovere di riempire il vuoto creato dalla presenza di un unico genitore in casa. Dovevo badare costantemente a mantenere l'equilibrio tra insegnargli le proprie responsabilità e impedirgli di farsi intrappolare in un mondo adulto prima del tempo. Crescendo, Iddin ascoltava con grande attenzione i notiziari e diceva la sua sugli ultimi avvenimenti internazionali. Non sopportava l'ingiustizia, e nella sua semplicità non riusciva a capire perché la gente dovesse soffrire la fame quando i negozi traboccavano di cibo. A pensarci bene, non lo capivo neanch'io.

Shahirah era quasi sempre coinvolta nei giochi di Iddin con i suoi amici; diventò una sorta di mascotte per gli altri bambini, capace di partecipare alle attività del fratello e anche di protestare rumorosamente se riteneva che gli altri approfittassero di lei. Fu soprannominata "Anch'io", a dimostrazione che non si tirava mai indietro. Era la più sudicia dei due, capace di attrarre lo sporco come una calamita; in famiglia dicevamo scherzando che se l'avessi vestita di bianco e l'avessi messa in una stanza bianca, sarebbe riuscita ugualmente a venir fuori imbrattata. Socievole per natura, Shahirah amava ogni cosa in modo esagerato, che si trattasse dei colori dell'arcobaleno che disegnava o della voce spiegata con cui cantava; non aveva mezze misure ed era priva di inibizioni: con la vita e con la gente, voleva aprire le braccia e abbracciare tutto.

A completare la nostra vita c'era la cerchia di buoni amici fidati che per noi erano diventati più di una famiglia. Passavamo le vacanze estive in spiaggia con Sue e Rob MacArthur e i loro figli Nicholas e Ben, che erano come cugini per Iddin e Shahirah, e le piovose serate d'inverno con zio Eric. Ogni ricorrenza vedeva riuniti i nostri amici più stretti: i MacArthur, Susan e i suoi figli Josette, Mason e Spencer, i McMenamin con i loro bambini Natalie e Lewis, e la famiglia Jenner-Baker. Andavamo insieme alle recite natalizie della scuola e nascondevamo le uova di Pasqua per i figli degli altri, e ogni anno trascorrevamo insieme la vigilia di Natale a casa nostra davanti a uno zabaione caldo, scambiandoci piccoli regali e guardando il tradizionale spettacolo canoro alla televisione.

La nonna, ospite d'onore di tutte queste feste, teneva banco seduta in una comoda poltrona, accogliendo con gioia le attenzioni di bambini e adulti. Le piaceva immensamente insegnare il charleston e i valzer ai suoi nipotini, e aprire le braccia per stringerli a sé e cullarli sul suo ampio seno. I bambini non facevano caso ai suoi vuoti di memoria o al fatto che ripeteva continuamente alcune delle sue storie. Iddin si sedeva accanto a lei sul divano, ascoltando pazientemente il suo racconto e sollecitandola con dolcezza se perdeva il filo.

Io stessa notai un sottile cambiamento nell'equilibrio del mio rapporto con la nonna. Se un tempo ero la nipotina che lei riempiva di coccole, pettinandola per ore e circondandola di premure, ora ero stata promossa a donna con pari dignità. Mi stupiva con le sue schiette rivelazioni sulla sessualità e sull'evoluzione della sua vita, con i suoi giudizi sulla figlia – mia madre – e la tristezza con cui parlava di un altro figlio nato morto. Una sera, mentre sorseggiavamo un bicchiere di porto, mi resi conto che considerava la sua vita un fallimento, incompleta e irrisolta. Fece una vaga osservazione sulle poche alternative che aveva avuto a disposizione, chiedendosi come sarebbe stato invecchiare con mio nonno accanto, poi disse che non aveva proprio nulla di cui andar fiera nella sua vita tranne me. Secondo i rigidi parametri della nonna, i traguardi della famiglia, gli anniversari di matrimonio e un marito con cui invecchiare erano la misura del successo; persino una visita settimanale a un cimitero in rovina sarebbe stata preferibile al suo limbo matrimoniale. «Ma ora è diverso» aggiunse subito. «Tu hai delle alternative e delle possibilità, e nessuno ti segna a dito.»

Se avesse saputo... Mi sentivo vincolata alla prospettiva di una famiglia nucleare proprio come lo era stata lei nei moralistici "anni della depressione". In fondo al mio cuore, naturalmente, volevo giocare alla famiglia felice. Volevo condividere l'onere di allevare due figli con qualcuno che amassi veramente e di cui potessi fidarmi, e volevo passare la mia vita con un altro adulto che mi accettasse esattamente com'ero, prendere o lasciare. Purtroppo, non sempre si ottiene quel che si vuole. Negli anni che seguirono il divorzio feci un paio di deludenti tentativi di instaurare una relazione con un altro uomo, ma gli esiti non furono soddisfacenti. A volte, irrazionalmente, provavo un senso di gratitudine per il solo fatto che volessero uscire con me, madre di due figli, e questo mi faceva imbestialire. Una persona che frequentai per qualche tempo pretendeva addirittura di dividere per quattro il conto del ristorante quando uscivamo con i bambini: mi toccava pagare tre quarti del totale contando anche i miei figli. All'epoca Shah aveva diciotto mesi e Iddin quattro anni, il loro pasto non poteva incidere più di tanto sul portafoglio. Una volta provai a uscire a cena con un adone alto e biondo. Fu un'esperienza sconcertante, e posso dire con certezza che gli procurava più piacere dare il bacio della buonanotte a se stesso nello specchio che non darlo a me. Altri semplicemente mi esasperavano con la loro mancanza di maturità e sensibilità; ma il più delle volte me la prendevo con me stessa per aver cercato qualcuno solo per sfuggire alla solitudine. Alla fine decisi di smettere di scusarmi continuamente per l'esistenza dei miei figli. Erano personcine beneducate, amabili e intelligenti, che non meritavano di essere considerate appendici sgradevoli e indesiderate da possibili pretendenti.

Poco dopo che la famiglia di Bahrin ebbe accettato il nostro ritorno in Australia come una situazione definitiva, avviai una corrispondenza regolare con alcuni dei suoi membri. La mia amica più fedele e comprensiva era sempre la Tengku Ampuan, Endah, che coglieva ogni occasione per tenermi al corrente delle sue novità e dei complotti di famiglia. Ci sentivamo spesso per telefono e ci scambiavamo fotografie; Endah mi spedì anche alcuni album di fotografie personali e la pelliccia che avevo affidato a lei per sicurezza. Accadde durante una delle sue visite occasionali a Perth, nell'Australia Occidentale, quando accompagnò il sultano a ispezionare la villa che si era costruito laggiù. Fu un'amara delusione per entrambe quando suo marito le proibì di fare una puntata a Melbourne, ma preferimmo non insistere per evitare che Endah subisse le conseguenze del carattere umorale del sultano.

Anche Raja Ahmad, il padre di Bahrin, ci mandava ogni tanto qualche riga, accludendo le fotografie del figlio che aveva appena avuto dalla terza moglie; mi faceva una certa impressione il fatto che il padre dei miei figli avesse un fratello più piccolo di loro. I biglietti e le cartoline di mio suocero non erano punteggiati di recriminazioni o critiche; si limitava a dire che sentiva nostalgia dei bambini. Io rispondevo che poteva venire a trovarli quando voleva, cosa che ribadivo agli altri parenti di Terengganu ogni volta che rispondevo alle loro lettere.

Anche le altre zie di Bahrin mi scrivevano; zia Rosita era particolarmente solidale e comprensiva nelle sue lettere, mi faceva le congratulazioni per essermi finalmente liberata di Bahrin e si augurava che trovassi qualcun altro e mi sistemassi. Questo cambio di atteggiamento fu del tutto inatteso per me, ma immaginai che l'arroganza e il disprezzo con cui Bahrin aveva accolto la scelta di una moglie cinese da parte di suo zio non le fossero sfuggiti. Zia Zainah mi teneva aggiornata sugli ultimi pettegolezzi come solo lei sapeva fare, informandomi degli scandali e delle relazioni più recenti e passandomi messaggi di Mak per me e per i miei figli. Le ero grata anche per le ricette malesi che accludeva ad alcune sue lettere, con cui tentavo di ricreare i piatti che non mi era mai stato permesso o suggerito di preparare quando vivevo laggiù. La figlia di Zainah, Diana, scriveva di rado; il suo nuovo lavoro e la sua prima gravidanza la tenevano molto occupata. Dalle sue parole traevo sempre l'impressione che Diana preferisse stare il più lontano possibile dai reali di Terengganu, e per questo avesse deciso di lavorare nella capitale, Kuala Lumpur. Ma riuscivamo ugualmente a scambiarci osservazioni da giovani mamme, e quando lei partorì incaricai mia suocera di passare tutti i materiali e i giocattoli di Iddin e Shah alla figlia di Diana, la mia nuova cugina.

Per Mak, tenere una corrispondenza non era cosa facile. La sua familiare grafia infantile tracciata a fatica sulla pagina mi immalinconiva; le sue frasi elementari e stentate tradivano la sua scarsa alfabetizzazione, un'educazione concentrata unicamente sulla religione e sull'estetica che l'aveva privata dei mezzi idonei a esprimersi, oralmente o per iscritto.

Era facile per me immaginare le donne della famiglia riunite in casa di Mak fra pasticcini e sciroppo di rose, distese sui cuscini con una o due serve che massaggiavano i piedi o le spalle delle zie, mentre leggevano le mie lettere ad alta voce. Le avevo viste centinaia di volte riunirsi in questo modo e vociare tutte eccitate vedendo la propria immagine (o la mia, per il modo provocatorio in cui vestivo) alla televisione, durante un ricevimento ufficiale o il taglio di un nastro. Erano convinte che la vita si riducesse a quel che avveniva all'interno della loro bolla regale, e ora dovevano accettare il fatto che una persona non cessava di esistere se la bolla veniva forzata e bucata, o addirittura esplodeva.

Non trovai mai tracce di rancore o di ostracismo nelle lettere che ricevetti dalle donne della famiglia, semmai continue conferme del loro affetto e in qualche caso un'invidia sotterranea per la libertà di cui io ora godevo e che loro potevano solo sognare.

Bahrin, invece, non amava comunicare, né per telefono né per lettera. A volte passavano mesi tra una telefonata e l'altra ai bambini. Proposi persino di eliminare ogni limite alle sue chiamate, ma la mia offerta non suscitò grande entusiasmo. Per quanto le linee di comunicazione con i bambini fossero apertissime per lui, chiaramente non riteneva che valesse la pena di fare quello sforzo. A volte cercavo di interessarlo ai risultati scolastici di Iddin, chiedendogli di scegliere insieme a me la sua scuola privata, ma la risposta alle mie aperture era scarsa o nulla.

Incoraggiando la partecipazione di Bahrin alla vita di Iddin e Shahirah, ero convinta di contribuire a creare un rapporto fra lui e i suoi figli. Speravo che questo potesse indurlo ad accettare la nostra nuova vita, e che dandogli la possibilità di esprimere i suoi punti di vista e le sue opinioni, sarebbe giunto prima o poi ad ammettere la realtà della situazione.

Invece si rivelò un inutile spreco di energie, perché l'atteggiamento di Bahrin verso i figli rifletteva gli aspetti peggiori del suo comportamento che io avevo imparato a conoscere durante il nostro matrimonio: incomprensione, petulanza e periodico disinteresse. L'unica occasione in cui mandava qualcosa a uno dei suoi figli era per il compleanno di Iddin, cui spediva un regalo e un biglietto d'auguri; il compleanno di Shahirah fu completamente ignorato da suo padre finché lei non compì sei anni, e ricevette un regalo e un biglietto da lui per la prima volta.

Bahrin rimaneva per lo più una figura oscura e secondaria che con le sue sporadiche visite a Melbourne seminava deliberatamente il massimo caos nelle nostre vite. Di solito passavano tredici o quattordici mesi prima che piombasse su di noi per onorarci della sua visita annuale, e quand'era in Australia vedeva i bambini per non più di cinque o sei giorni, inserendo gli incontri nel suo fitto programma di appuntamenti e riunioni d'affari. Non erano occasioni felici per i due bambini, e di norma tornando a casa Iddin si lamentava delle scarse cure che Bahrin prestava a Shahirah. Una volta, andando a recuperarli dopo che avevano dormito con il padre, scoprii che la bimba aveva passato tutta la notte con il pannolino sporco. Iddin mi spiegò che aveva fatto il possibile per convincere Bahrin a non trattarla in quel modo, ma non era riuscito a ottenere granché. Aggiunse che Shahirah era stata costretta a dormire sul pavimento su una coperta mentre lui e Bahrin dividevano il letto matrimoniale, e che suo padre si era rifiutato di procurarle un lettino. Questa evidente discriminazione fra i bambini, che incrinava il loro rapporto perfettamente sano ed equilibrato, mi parve un atto di estrema insensibilità da parte di Bahrin. Come spiegare a un bambino premuroso e affettuoso che suo padre considera la sorellina indegna di regali o attenzioni in quanto femmina? Questo, purtroppo, fu lo schema fisso delle visite di Bahrin per vari anni. Cercai in tutti i modi di convincerlo a trattare i suoi figli in modo equo, con appelli personali, conversazioni educate e persino lettere dei miei legali, ma inutilmente.

L'assoluta incapacità di Bahrin di occuparsi dei suoi figli si manifestò chiaramente un tardo pomeriggio, quando una donna mi telefonò per dirmi che aveva trovato Iddin e Shahirah chiusi in un ascensore al Victoria Hotel. Iddin aveva raccontato alla donna, una turista di Taiwan, che suo padre li aveva lasciati soli nella loro stanza dell'albergo ed era andato a fare spese. Per fortuna Iddin conosceva il nostro numero di telefono e aveva chiesto alla turista di chiamarmi. Quando finalmente parlai con lui, mi disse sconvolto che si erano spaventati trovandosi da soli e avevano deciso di tornare a casa. Stavo per saltare in macchina per andare a prenderli quando Bahrin rientrò in albergo. Per sua stessa ammissione, aveva passato il pomeriggio a fare shopping da Georges, il prestigioso grande magazzino che rappresenta per Melbourne ciò che Harvey Nichols è per Londra o Barneys è per New York. Me la presi con lui perché aveva lasciato due bimbi piccoli soli in una sordida stanza d'albergo, ma Bahrin si rifiutò di ammettere di aver fatto qualcosa di male. I nostri figli avevano rispettivamente sei e quattro anni; come aveva potuto comportarsi in modo così irresponsabile?

Purtroppo il suo atteggiamento noncurante mi fece perdere le staffe, atteggiamento che avevo accuratamente cercato di evitare negli anni precedenti. Sentii montare dentro di me l'indignazione e il rancore, e non riuscii a tenere a freno la lingua. «Non serve una grande intelligenza per essere padre – anche uno stupido toro da monta con una provetta può riuscirsi – ma ci vuole un vero uomo per essere un papà» dissi seccamente al telefono prima di sbattere giù la cornetta.

# 40

Cominciai a fare qualche timido passo per costruirmi un percorso lavorativo quando a tre anni Shahirah cominciò ad andare all'asilo. Volevo provvedere al futuro dei miei figli e avere la sicurezza che non mancassero di nulla. Presi in considerazione l'idea di studiare legge. A venticinque anni potevo accedere all'università senza il normale requisito di un diploma di scuola superiore, e arrivai persino a presentare domanda d'ammissione prima di dovermi scontrare con la realtà della mia situazione. Sommando le rette scolastiche dei bambini, i libri di testo e il mantenimento di due figli negli anni necessari al conseguimento della laurea, i costi erano proibitivi. Inoltre pensavo di non poter ottenere ciò che volevo senza imporre a Iddin e Shahirah un prezzo troppo alto per le ambizioni materne, e non mi andava di perdermi la loro crescita.

Dopo parecchi mesi di lavoro part-time in una stazione televisiva, cominciai a fare sostituzioni in varie agenzie di collocamento temporaneo come segretaria o, se necessario, alla reception. Le assegnazioni potevano durare da un giorno a un mese. La flessibilità del lavoro in agenzia mi consentiva di scegliere tra varie proposte e di adattare i miei impegni agli orari dei bambini. Fui fortunata. Riuscivo a svolgere i compiti che mi assegnavano a occhi chiusi e guadagnavo bene, pagata a cottimo. Mi specializzai nel coprire i buchi presso le agenzie di pubblicità e le ditte di pubbliche relazioni e a poco a poco acquistai sicurezza, poiché molti dei miei datori di lavoro temporanei mi proponevano un impiego a tempo pieno. Alla fine, dopo una lunga esperienza in uno studio di grafica pubblicitaria, accettai la loro offerta di un posto stabile. L'agenzia aveva un'ampia base di clienti e mi fu assicurato che non sarei stata vincolata indefinitamente a compiti amministrativi, ma che con la futura espansione della ditta avrei avuto di sicuro l'opportunità di tornare alle pubbliche relazioni e all'aspetto creativo del lavoro. L'azienda si mostrò sensibile alle mie esigenze di madre lavoratrice, concedendomi di portare a casa il lavoro non finito invece di fare gli straordinari.

Una volta iniziato, fui colpita dalle implicazioni di un impegno di quaranta ore settimanali. In cambio di un salario regolare dovevo sobbarcarmi il compito di giostrarmi fra baby-sitter e doposcuola come tutti gli altri genitori che lavoravano. Che incubo! Svegliarsi alle 6.30, litigare con i bambini per farli alzare e vestire entro le 6.45, dar loro la colazione pregandoli alternativamente di sbrigarsi o di mangiare, il tutto brandendo in una mano un coltello sporco di burro di arachidi per preparare la loro merenda e nell'altra un eyeliner per truccarmi il volto tirato sopra il lavandino della cucina. Uscire di casa non oltre le 7.30 per portare Shahirah e Iddin dalla baby-sitter prescuola e poi immergermi nel traffico dell'ora di punta per essere in ufficio entro le 8.30. Le sere erano altrettanto febbrili: fuggire dall'ufficio per arrivare dalla baby-sitter di Shahirah prima delle 5.45, e praticamente volare a scuola per recuperare Iddin entro le 6.00; mettere su la cena ascoltando le letture di Iddin e aggiornandomi sulle loro novità; fare il bagno a entrambi e lavare e asciugare i capelli di Shahirah; sedersi a tavola e infine metterli a letto per avere il privilegio di ricominciare da capo il giorno dopo. Tenni duro per nove mesi, giusto il tempo necessario per guadagnare i soldi necessari a comprare un'auto di seconda mano, poi mi licenziai. Mi mancavano troppo i bambini e sapevo che non avrei mai potuto compensare tutte le ore della loro vita che mi perdevo pagando altre persone perché le trascorressero con loro. Avevo cominciato a odiare il suono della mia voce quando dicevo loro di sbrigarsi.

Il ritorno al lavoro temporaneo non si rivelò fruttuoso com'era stato in precedenza, poiché l'economia era entrata in una fase di recessione generale. Integrai il nostro reddito con una consulenza da PR freelance, poi aprendo una piccola agenzia personale, e cominciando anche a insegnare part-time alla scuola di danza del National Theatre.

John Savage entrò nella mia vita nel marzo del 1989, restituendomi di colpo tutta l'autostima che avevo perduto. La nostra relazione durò sei mesi e modificò per sempre la mia considerazione per me stessa. Attore di cinema e di teatro molto stimato in America, John era venuto a Melbourne per interpretare un film australiano, *Hunting – La preda.* Cresciuto nel Vermont e nello stato di New York secondo la rigida dottrina della chiesa riformata olandese, John si era ribellato sposandosi presto, iniziando una carriera di attore e barcamenandosi a fatica fra i problemi di una precoce paternità. Le pressioni e le tentazioni di Hollywood contribuirono alla crisi del suo matrimonio e lo indussero a intraprendere una "ricerca di se stesso". Quando amici comuni ci presentarono, non sapevo nulla della sua reputazione professionale o della sua carriera cinematografica, che comprendeva film come *Hair*, *Il cacciatore* – per il quale aveva ottenuto una nomination all'Oscar – e più di recente uno dei film della trilogia de *Il Padrino*; sapevo solo che l'attrazione era reciproca. Mi affascinò con i suoi penetranti occhi azzurri, l'ampio sorriso e la bionda chioma ribelle, la sua capacità di entrare e uscire dal personaggio che interpretava in un batter d'occhio, e la sua abitudine di tenersi ai margini di una stanza, assorbendo come una spugna i modi di fare dei presenti da quell'impagabile camaleonte che era.

John mi insegnò a pretendere da una relazione molto più di quanto mi fossi mai aspettata, e mi convinse a guardarmi allo specchio e ad apprezzare davvero quel che vedevo. Sviluppò un'amicizia separata con Iddin e Shahirah senza perdere un colpo, coinvolgendoli nelle sue avventure a cavallo, nelle cene al ristorante e, con una grazia apparentemente naturale, nelle conversazioni. La cosa più importante, però, era che parlava con loro, non a loro, e ascoltava quel che avevano da dire con l'attenzione normalmente riservata alle discussioni profonde sul senso della vita. Con John, la vita era un susseguirsi di nuove ed eccitanti scoperte, e a volte rimanevo senza fiato quando per via della sua natura premurosa e spesso stravagante arrivava carico di regali per noi tre. Persino la nonna si lasciò catturare dal suo fascino quando John le fece omaggio di un pranzo spettacolare per la festa della mamma, con vista panoramica dalla sua suite d'albergo, champagne, menu di quattro portate, fiori e cioccolatini di pasticceria. A volte mi chiedevo chi stesse cercando di impressionare.

Parlammo di matrimonio – esaminammo persino la spinosa questione degli accordi prematrimoniali – ma pur amando John c'erano alcune tessere del puzzle che mancavano, e il tipo di amore che provavo per lui non era sufficiente. Qualcosa di quasi inesplicabile sembrava trattenermi dal dire sì. Sapevo dalle nostre lunghe chiacchierate che John considerava me e i bambini una chiave per la normalità e che rimpiangeva molto di non essere un genitore attivo per i suoi figli adolescenti Jennifer e Lachlan, ma ritenevo di non poter rappresentare per lui una scappatoia da Hollywood, Broadway e tutti i demoni che lo trattenevano laggiù.

Quando infine John lasciò l'Australia, inizialmente continuò a telefonarmi tutti i giorni chiedendomi di cambiare idea. Andò in Sudafrica e si impegnò sempre di più nelle attività benefiche di World Vision, poi fu coinvolto in altri progetti cinematografici in Europa, sempre privo di radici e sempre in lotta contro le tentazioni. Restammo amici, tenendoci in contatto tramite il telefono o qualche lettera occasionale, ma soprattutto attraverso i messaggi che lasciava sulla segreteria telefonica alle più strane ore del giorno o della notte e dai più bizzarri posti del mondo, con espressioni d'amore per me e messaggi speciali per i "wombat", come chiamava Iddin e Shahirah.

John era, ed è ancora, una specie di eroe per i bambini; di fronte al comportamento dispotico assunto dal mio ex marito durante uno dei suoi effimeri tuffi nella paternità, fece capire molto chiaramente a Bahrin che era assolutamente intollerabile che Shahirah dormisse sul pavimento. Pochi istanti prima che lasciassimo i bambini in albergo dove avrebbero trascorso la notte, John mi sussurrò in un orecchio che avrebbe sistemato lui la questione del letto di Shah con suo padre. Prima ancora che potessi aprire la bocca bussò con decisione alla porta, strizzandomi l'occhio e inarcando un sopracciglio con aria misteriosa. Bahrin fu colto alla sprovvista vedendo comparire me, i due bambini e uno strano americano per il quale Iddin e Shah avevano una palese adorazione. A sconcertarlo ulteriormente fu l'aspetto fisico di John: barba di quattro giorni per esigenze di copione, scarponi infangati e un lungo impermeabile segnato dalle intemperie. Con aria da ingenuo cowboy americano, John si introdusse nell'angusta stanzetta di Bahrin e chiese in tono innocente dove fossero i letti dei bambini. Imbarazzato e sulla difensiva, Bahrin si affrettò a rispondere che la culla di Shahirah non era ancora arrivata. John non si scompose e osservò che a quattro anni la bimba era decisamente troppo grande per una culla e che un letto sarebbe andato molto meglio. Bahrin aprì la bocca per protestare ma subito la richiuse, dopo aver visto lo sguardo d'acciaio di John e il suo sorriso tirato.

Io ero completamente sbalordita; non avevo mai visto Bahrin messo al muro così in fretta. Salutai rapidamente i miei figli che protestavano perché volevano venir via con noi e uscii dalla stanza, non prima di aver udito la voce di John che diceva con forza a Shahirah: «Domani voglio che mi racconti che bel sonno hai fatto nel magnifico letto che Abah sta preparando per te». Dovetti premermi una mano sulla bocca per soffocare il riso quando John mi spinse nell'ascensore e mi condusse fuori dall'edificio.

La nostra amicizia non morirà mai. Ci sentiamo ogni volta che accade qualcosa di importante nella vita di uno dei due, e ci teniamo aggiornati sulle novità nelle rispettive famiglie. Fu così anche nel marzo del 1990, quando impiegai tre giorni per rintracciare John su un set cinematografico in Italia dove stava girando l'ultimo film de *Il Padrino*, per dirgli che stavo per sposarmi.

La vita è piena di possibilità e coincidenze, opportunità mancate e incontri casuali. Fu uno di questi incontri, in un sereno e luminoso mattino d'estate, a mettere insieme Iain e me. Quando John lasciò l'Australia, io feci un tentativo poco convinto di vedere altra gente, con esiti disastrosi. Ero giunta alla conclusione che non potevo più adattarmi a una relazione di seconda o terza categoria, così decisi di fare a meno degli uomini tranne che come amici. Suppongo che sia come agitare una bandiera rossa sotto il naso di un toro, un modo per invitare la vita a smentirti, e fu ciò che accadde il 2 dicembre 1989, il giorno in cui andai a prendere la mia amica Viv all'indirizzo che mi era stato fornito. Ad aprirmi la porta fu un bell'uomo con capelli e baffi castani che sorrise e invitò me e i bambini a entrare. Si presentò come Iain Gillespie e ci accompagnò in soggiorno dove la mia amica ci stava aspettando.

Trascorremmo una mattinata allegra e rilassata a chiacchierare, ignorando le esortazioni di Viv ad andar via. Quelle tre ore volarono. Parlammo di musica e di film, e io dissi che la sera prima avevo visto un documentario molto commovente dal titolo *La storia di Suzi*. Proseguii descrivendo il film, che parlava di una famiglia di Sidney colpita dall'aids, finché a metà di una frase mi accorsi che Viv era sulle spine ed esitai.

«Grazie, sono lieto che il film ti sia piaciuto» esclamò Iain divertito, mentre i suoi occhi nocciola passavano dalla mia faccia sbalordita a quella di Viv. Notando la mia confusione, spiegò che era un documentarista e un giornalista televisivo, e aveva scritto, prodotto e diretto il documentario che stavo elogiando. Mi sentii terribilmente maldestra, ma la mia ignoranza fu educatamente e rapidamente dimenticata. Per coprire il mio imbarazzo, Iain si mise a suonare la chitarra, affascinando i bambini con i suoi versi strampalati e le sue allegre melodie. Furono catturati dal suo calore, così come la loro madre. Anzi, devo confessare che mi trovai a cantare sulla sua musica divertendomi tanto quanto Iddin e Shahirah, al punto che rimasi delusa quando risultò che il momento di andare era venuto da tempo. Trattenni il respiro e pregai mentalmente che lui mi chiedesse il numero di telefono. Sapevo di voler rivedere quell'uomo; speravo solo che per lui fosse lo stesso. Quando finalmente ci alzammo per congedarci, lui chiese effettivamente il mio numero, scribacchiandolo su una scatola vuota di fazzoletti di carta. In seguito scoprii che mentre stavamo andando via aveva preso da parte Viv chiedendole in tutta fretta se a suo giudizio avrei accettato di uscire con lui, e lei aveva risposto di sì.

Mi chiamò ventiquattr'ore dopo, strappandomi un sospiro di sollievo. In quel lasso di tempo avevo temuto che una domestica troppo efficiente avesse buttato nella spazzatura la vecchia scatola di fazzoletti, impedendomi per sempre di scoprire se l'attrazione che avevo provato per Iain fosse ricambiata. Quando lui, con un tono timido e disinvolto al tempo stesso, mi invitò a cena per quella sera, accettai immediatamente, sperando di trovare una baby-sitter per i bambini con un preavviso così breve e augurandomi che nella magica atmosfera di un primo appuntamento lui apparisse interessante come mi era sembrato quando chiacchierava nel suo soggiorno.

Quando suonò il campanello tutti ci precipitammo verso la porta, fra i latrati del nostro cane e gli strilli dei bambini. Ed eccolo lì, sulla soglia, che mi fissava come se si fosse aspettato che fosse qualcun altro ad aprire.

«Jacqueline?» disse, con un mezzo sorriso perplesso, mentre io zittivo i bambini e il cane Buffy.

«Ciao, Iain, benvenuto nel mio manicomio. Sono pronta, se vuoi.»

«Fantastico, ho prenotato il ristorante per le otto.»

Con un'ultima raccomandazione a Iddin e Shahirah di fare i bravi con Karen, la baby-sitter, e dopo il bacio della buonanotte, Iain e io ci avviammo lungo il viale del mio giardino fino alla sua macchina. Quando lui mi aprì la portiera della sua vecchia Mark II Jaguar, ebbi la netta impressione che mi guardasse in tralice, ma non riuscii a capire perché.

Durante la cena in un piccolo ristorante francese dal nome italiano, Tolarno, fu brillante e spiritoso, con un sorriso aperto che gli illuminava il viso e uno sguardo pieno di calore, allegria e disponibilità. La cena con Iain non mi deluse e lo trovai ancora più interessante di quanto ricordassi, anche se fui costretta ad arginarlo quando il suo istinto di giornalista trasformò la conversazione in un rischioso interrogatorio sul mio precedente matrimonio in Malesia, di cui Viv gli aveva accennato. Era un argomento rigorosamente proibito a tutti, salvo ai miei amici più cari. Non feci che ridere per tutto il pasto, godendomi i suoi buffi racconti e le bizzarre voci di personaggi che si divertiva a produrre: era come avere al tavolo un'intera compagnia di comici.

Mentre mi riaccompagnava a casa, la sua vecchia auto cominciò a sputacchiare e tossire finché, all'inizio della mia via, sbuffò, ansimò per un attimo e si rifiutò di proseguire. Alla faccia dell'auto di lusso. Se aveva concepito questo piano per passare la notte da me, avrebbe avuto un brutto risveglio. Gli feci notare che il trucco della macchina in panne non era particolarmente originale, ma lui rise e mi assicurò che aveva sempre avuto dei problemi con la sua vecchia Jaguar e che l'aveva presa quella sera solo per impressionarmi. Mentre percorrevamo a piedi i cento metri che ci separavano da casa mia, il mistero dei suoi strani sguardi iniziali si chiarì.

«Quando hai aperto la porta stasera...»

«Sì?»

«Be', non ti ho riconosciuto. Sembravi così diversa. Cioè, non sembravi tu.»

«Vuoi dire che ero vestita bene, truccata e appena presentabile?»

«Sì, cioè, no, insomma, sì. Non so, sembravi diversa da come ti ricordavo» fece lui, cercando disperatamente di cavarsi d'impiccio mentre io mi divertivo a non offrirgli vie di fuga. «Eri così bella» proseguì. «Non mi ero reso conto che fossi così bella finché non ti ho rivisto stasera.»

«E allora perché mi hai invitato a cena?» domandai, trattenendo il fiato e sperando nella risposta giusta.

«Perché mi piacevi molto ed era stato bello parlare con te e ti avevo trovato molto interessante. Ma non avevo idea che tu fossi attraente, ehm, cioè...»

«So cosa vuoi dire» lo interruppi, impietosita. «Quel mattino non ero truccata, avevo un occhio iniettato di sangue per via di un problema con le lenti a contatto ed ero vestita per dare una mano a Viv nel trasloco. Però tu mi hai telefonato lo stesso» aggiunsi con un sorriso.

«Sì. Ed è stata una mossa estremamente saggia da parte mia.»

«Già» risposi. «Non c'è dubbio.»

Quella settimana uscimmo tutte le sere e passammo ogni ora libera del giorno insieme. Avevamo il tempo contato perché quel venerdì Iain doveva partire per la Cina, e anche se la sua assenza sarebbe durata solo dieci giorni, la prospettiva di separarci a così breve distanza dal nostro primo incontro comunicava a entrambi una sensazione di urgenza. Incredibilmente mi telefonò due volte al giorno da Pechino, spendendo centinaia di sterline in conversazioni che duravano ore per rassicurarmi che la rapidità con cui ci stavamo imbarcando in una qualche forma di relazione non era né ridicola né folle, anche per un vecchio giornalista cinico e incallito come lui amava definirsi.

Poi finalmente tornò, varcando le porte del terminal con un sorriso un po' incerto. Quando mi vide, il suo viso si illuminò a tal punto da spazzar via tutte le mie riserve su ciò che stavamo per intraprendere insieme. Era a casa, e saremmo ripartiti da lì.

I nostri figli andarono subito d'accordo. Iain ne aveva tre da precedenti matrimoni: Skye, undici anni, Tyson, diciassette, e Drew, quindici. Incredibilmente, furono i tre bimbi più piccoli ad affrontare per primi il tema del matrimonio. Riunitisi insieme nella camera da letto di Skye, ne emersero annunciando: «Quando saremo tutti sposati, avremo bisogno di una casa più grande». Avevano anche ragionato su come avremmo messo insieme non solo le nostre famiglie, ma anche le nostre dotazioni di animali domestici. Iain dice sempre che sono stata io a chiedergli di sposarmi, ma io sostengo che ce lo siamo chiesti entrambi ed entrambi abbiamo risposto «sì».

Ci sposammo cinque mesi dopo con una bella cerimonia in chiesa, circondati dai nostri figli e dai nostri amici. Zio Eric mi accompagnò all'altare e Skye, Shahirah e la mia amica Wai Lin mi fecero da damigelle, mentre Susan Cole organizzò un tranquillo rinfresco di nozze. Susan si rifiutò di farmi da damigella affermando che lei era alta un metro e ottantacinque, mentre io ero molto più piccola, e le fotografie sarebbero venute ridicole. Indossavo un abito di seta e pizzo color avorio con maniche lunghe fino al gomito e una profonda scollatura a smerlo. Il mio velo era di semplice pizzo, retto da una fascia di perle. Avevo un bouquet di gardenie, tuberose e rose gialle; le ragazze erano vestite di pizzo avorio e Skye e Shahirah avevano il tartan del clan di Iain su una spalla. Invece dei bouquet avevano dei mazzolini di fiori legati al polso. Iain portava il kilt in omaggio alla sua origine scozzese e Iddin insisté per indossarne uno anche lui. I testimoni dello sposo erano i figli di Iain, Tyson e Drew.

Quando Iain e io finimmo di pronunciare i nostri voti nuziali, fu la volta dei nostri figli. Si erano organizzati fra loro per pronunciare i loro voti, prendendosi reciprocamente come fratelli e sorelle. Volevano a tutti i costi che noi diventassimo una famiglia unita e tale intento fu espresso con chiarezza in quella pubblica dichiarazione. La cerimonia in chiesa fu seguita da un ricevimento rilassato e informale nella nostra nuova casa insieme alle rispettive nonne, agli amici e a un suonatore di cornamusa scozzese completo di kilt. È stato, e resta ancora, uno dei giorni più felici di tutta la mia vita, pieno di risa, lacrime, danze, volti accesi ed eccitati. E portava con sé la promessa di essere solo l'inizio, come Iain continuava a ricordarmi.

Ci installammo per la nostra nuova vita insieme in una bella casa vittoriana a Hawthorn. La ricerca di un'abitazione abbastanza grande per noi sette aveva richiesto un sacco di tempo e di spostamenti. Io ero convinta che non fosse giusto stringerci insieme in un piccolo ambiente e pretendere che i bambini diventassero all'istante una famiglia. In quella casa lo spazio abbondava e ciascuno, dal più grande al più piccolo, ebbe il suo.

Scoprii che dovevo imparare rapidamente a organizzarmi bene, con tante persone a cui badare. Cucinare per un numero di persone variabile tra sette e sedici richiedeva un minimo di abitudine, ma ben presto presi la mano. Modellai la mia giornata di lavoro in base alla necessità di andare a prendere e portare i ragazzi a scuola, muovendomi tra l'asilo di Shahirah, la scuola di Iddin e il college di Skye a intervalli di cinque minuti. Nei primi mesi facevo sempre confusione su dove dovevo andare e per quale evento scolastico: ero nella scuola sbagliata nel giorno giusto, o nella scuola giusta nel giorno sbagliato.

Iddin insistette per usare il cognome Gillespie quando si trasferì nella scuola elementare di Canterbury, e Shahirah fece lo stesso. Iain e io eravamo un po' perplessi, ma Iddin fu così deciso nel sostenere che ora eravamo un'unica famiglia che lasciammo decidere a lui, ribadendo però che Bahrin era e sarebbe sempre stato il suo vero padre.

La nostra nuova vita procedeva, riempita dai bambini, dalla famiglia e da noi due. Passavamo i fine settimana e le vacanze nella tenuta di cinquanta acri di Iain, nel Gippsland del Sud. Sua madre e il suo patrigno vivevano laggiù stabilmente, e quando la nostra famiglia si fermava a dormire da loro utilizzava un fienile convertito in abitazione, non particolarmente comodo ma adorato dai bambini. Dicevano che era come essere in campeggio; per lo meno aveva l'acqua corrente e un gabinetto, anche se la disponibilità di acqua calda dipendeva dal fatto che io alimentassi la caldaia a legna. Trascorrevamo le giornate alla fattoria facendo il bagno nel laghetto artificiale, passeggiando nei boschi e rilassandoci. Per muoverci usavamo dei motorini. È un luogo idilliaco, in cima a una collina affacciata sulla baia di Westernport. Il territorio è popolato da una quantità di canguri e gli alberi offrono riparo a iguana giganti (lucertoloni lunghi quasi un metro). Nella parte più bassa serpeggia un ruscello con il greto di argilla bianca, e di tanto in tanto si trovano pietre preziose nell'acqua.

Iain lavorava per la rete Ten Television come giornalista d'inchiesta e produttore, oltre che come documentarista. Io continuavo a insegnare part-time alla scuola di danza del National Theatre e mi tenevo in allenamento con occasionali lavori di pubbliche relazioni e collaborazioni con Iain.

Mi sembrava di aver finalmente trovato la felicità con un uomo che cercava di farmi ridere quasi continuamente. Ogni mattina mi svegliavo con un sorriso e piena di aspettative per la giornata. Shah e Iddin crescevano in fretta, soddisfatti e ben sistemati. Entrambi svilupparono un rapporto personale speciale con Iain e scelsero di chiamarlo "papà" di propria iniziativa. Per fortuna Skye e io ci costruimmo una meravigliosa amicizia che portò alla sua decisione di chiamarmi "mamma". Non fu facile trovare il giusto equilibrio permettendo al nostro rapporto di consolidarsi, ma ne valse la pena. Tyson e Drew passavano con noi i fine settimana e le vacanze e diventarono gli idoli di Iddin. Fra Tyson e me nacque un'amicizia al di là del rapporto di parentela, dato che c'erano solo otto anni di differenza fra noi, e mi considero straordinariamente fortunata ad avere con lui un rapporto così positivo.

Spesso passavamo le serate ascoltando Iain che suonava la chitarra e cantava canzoni divertenti. Shah e Iain in particolare impararono a esibirsi insieme in modo perfetto. Iain suonava e cantava *Il ranocchio fa la corte* e Shah ballava e cantava con lui. Le due femmine cominciarono a prendere lezioni di danza al National Theatre e Iddin entrò a far parte degli scout. Era così ansioso di diventare un lupetto che dovetti accettare di diventare vice-Akela del branco per garantire il numero minimo di guide.

A Natale, per i compleanni e in altri momenti importanti gli amici venivano da noi, riversandosi da una stanza all'altra e riempiendo la casa di risate. Mi piaceva avere ospiti e coglievo ogni occasione per invitare gente. La vigilia di Natale tradizionalmente aprivamo la casa a tutti, adulti e bambini. Io preparavo un pessimo zabaione e i tavoli cigolavano per il peso di tutto il cibo che reggevano. In occasione del nostro primo Natale insieme come un'unica famiglia decisi di preparare il tradizionale tacchino. Dopo quell'esperienza imparai a non offrirmi volontaria con tanto entusiasmo. Mettere a tavola un clan di parenti scozzesi ansiosi di piantare il coltello in una coscia di tacchino si rivelò un'impresa improba, e avrei preferito avere a disposizione un millepiedi arrosto invece di un volatile con due sole zampe.

Nelle belle giornate cominciammo a fare delle biciclettate in comitiva; pedalavamo per più di trenta chilometri ogni settimana, accompagnati dalla nostra cagna Muckle. Iain riservò a Shahirah un seggiolino speciale sulla sua bici, dato che era troppo piccola per tenere il nostro passo e non troppo sicura sulla sua due ruote. Mi sembra ancora di vedere Iddin che pedala davanti a noi, si volta e lancia grida di gioia mentre il vento gli gonfia la giacchetta e il cane corre per raggiungerlo. Portavamo bibite e snack da sgranocchiare lungo la nostra pista ciclabile preferita a Melbourne, quella che corre lungo il fiume Yarra fino alla vecchia rimessa delle barche allo Studley Park, dove smontavamo e noleggiavamo un'imbarcazione a remi per una gita sul fiume e un po' di battaglie con l'acqua. Spesso eravamo in compagnia di John Udorovic e dei suoi figli, Nadine e Joshua. Remavamo fino a raggiungere un punto in cui attraccare, poi armati delle nostre pistole ad acqua ci davamo la caccia per i boschi, per vedere chi si bagnava di più.

L'unica cosa che turbò in qualche modo la nostra perfetta vita insieme furono i miei quattro aborti e i miei problemi di endometriosi. Non avevo difficoltà a restare incinta, ma non riuscivo a portare a termine una gravidanza. Cercai di conservare l'ottimismo, specie dopo i vari interventi chirurgici e gli esami, ma fu doloroso affrontare quelle perdite, soprattutto perché era una sofferenza difficile da condividere con gli altri. Iddin, Shah e Skye erano sempre delusi quando abortivo, perché avrebbero voluto un nuovo bambino in famiglia, ma fin quando non accadeva, eravamo tutti meravigliosamente felici.

# 41

Spesso mi domando quante altre persone al mondo saprebbero indicare il momento esatto in cui la loro vita è irrimediabilmente cambiata: distrutta, ridefinita, isolata e sottratta per sempre alla comune comprensione dei propri pari.

Prima ancora di farmi forza ed entrare in quell'albergo all'ora fissata, sapevo già che la sua soglia non era semplicemente l'ingresso di un anonimo edificio, era la porta dell'inferno. Colsi il mio riflesso negli specchi dell'atrio e notai con distaccata soddisfazione che la mia faccia appariva calma e non tradiva affatto il tumulto che tentavo di dominare mentre mi avvicinavo ai telefoni e componevo il numero della stanza di Bahrin. Nessuna risposta, come avevo previsto. Se n'erano andati.

Per ricostruire la cronologia degli eventi e i sentimenti di generale inquietudine che culminarono nel luglio del 1992, devo rievocare la telefonata che arrivò da Bahrin in febbraio. Non fu il suo imprevisto contatto con i bambini in prossimità del compleanno di Iddin a scatenare la fastidiosa sensazione che non tutto fosse come sembrava; piuttosto fu qualcosa nella tipologia di quella telefonata a farmi riflettere sulla sua origine nelle ore successive. Convinta che si trattasse di una costosa conversazione dall'estero, avevo subito chiamato i bambini al telefono. Solo in seguito mi resi conto che sollevando la cornetta non avevo udito i consueti segnali di una telefonata internazionale, bensì il caratteristico bip-bip-bip di una comunicazione a lunga distanza dall'Australia. Quando accennai a questa strana anomalia a Iain e un paio di amici, loro mi assicurarono che dovevo essermi sbagliata o forse avevo confuso il segnale dall'estero con quello australiano. Non ero del tutto convinta, ma scelsi di uniformarmi all'opinione generale perché era la cosa più semplice, e quella meno suscettibile di suscitare occhiatacce o insinuazioni sulla mia eccessiva protettività o battute sulla mia paranoia.

Scrivere questa parte della mia storia significa verbalizzare le scene, gli incubi e gli errori che hanno segnato la mia vita negli interminabili mesi successivi. «Se solo avessi...» è la frase con cui mi sono tormentata in ogni istante di veglia e di sonno. Se solo avessi cosa? Se solo avessi dato ascolto ai miei istinti viscerali, se solo non fossi stata a sentire gli altri, se solo non avessi voluto comportarmi da adulta, se solo avessi dato retta a Iddin e Shah e ai loro desideri. Ma non l'ho fatto, e ormai il senno di poi è chiedersi «come sarebbe andata se...» non serve a cambiare la nostra vita.

Dopo un ennesimo aborto, questa volta di una gravidanza gemellare, avevo ripreso a lavorare per la rete televisiva e per la radio, ma lo sforzo mi aveva lasciato esausta e depressa. Avevo giurato a me stessa che luglio sarebbe stato il mese in cui tutto sarebbe tornato normale, a cominciare dai tradizionali festeggiamenti per il settimo compleanno di Shahirah e per il mio. Dopo le vacanze di fine trimestre avrei fatto una sorpresa a Iddin regalandogli le lezioni di sassofono che tanto desiderava, mentre Shahirah e io avremmo iniziato a costruire la casa per le bambole prefabbricata che avevo ordinato. Tutti i bambini della famiglia sarebbero tornati a scuola e la vita sarebbe ripresa con la sua routine di riunioni scolastiche, corsi di danza e lunghe passeggiate in bici.

Bahrin telefonò dopo un silenzio di vari mesi per confermare i dettagli della sua visita la settimana successiva. Mi parve strano che chiamasse durante le ore di scuola sostenendo di voler parlare con Iddin, pur sapendo che entrambi i bambini dovevano essere in aula. Ma poiché il suo tono era più che conciliante e la sua voce priva della consueta bellicosità, feci del mio meglio per mostrarmi cordiale. Per la verità, era così amabile che mi domandai il perché. Quando gli ricordai che i bambini non erano mai a casa a quell'ora, lui si imbarcò in una lunga chiacchierata con me, dicendosi dispiaciuto della recente perdita dei gemelli, augurandosi che le cose mi andassero bene e informandosi educatamente della salute di mia nonna. Solo dopo mi resi conto che non gli avevo mai parlato delle mie ultime gravidanze o dei miei aborti. Poi si verificò uno straordinario mutamento nel suo modo di fare, quel mutamento che avevo sempre sperato ma non avevo mai creduto di potermi aspettare.

«Senti Yasmin – scusa, Jacqueline – questa volta quando verrò a trovare i bambini vorrei che ci fosse un'atmosfera più cordiale fra noi. Per amore dei nostri figli dovremmo lasciarci alle spalle il passato e concentrarci sulla loro felicità. Che ne dici?»

Rimasi di stucco. Non solo non riuscivo ad abbinare la voce cordiale che stavo ascoltando con Bahrin, ma all'inizio fui così stupita che riuscii appena a balbettare un assenso.

«È ciò che ho sempre voluto, Bahrin» risposi. «Voglio solo rendere le cose più facili a Iddin e Shah, e lo stesso vale per Iain.»

«Bene, allora, ci vediamo la settimana prossima. Salutami Iain e tua nonna. Ciao.» Fine della telefonata.

Sconvolta e sconcertata, rimasi seduta a fissare il ricevitore che avevo ancora in mano, chiedendomi se dopo tutti quegli anni di calunnie, minacce e violenze Bahrin fosse finalmente diventato adulto.

Per cercare di dare un senso a quella svolta, chiamai Iain in ufficio e Lillian nel suo studio ripetendo parola per parola la conversazione. Iain si mostrò molto contento e mi consigliò di prenderlo come un segnale che Bahrin aveva finalmente accettato ciò che era meglio per i figli e che per una volta si stava comportando in modo razionale e maturo. La reazione di Lillian fu identica a quella di Iain, e quando espressi il dubbio che Bahrin stesse tramando qualcosa, liquidò la mia domanda con un mugolio di impazienza. Per qualche imperscrutabile motivo seguitai ad avere i capelli ritti sulla nuca e lo stomaco sottosopra per un bel pezzo, dopo aver riattaccato. Ma ormai avevo ben altro di cui preoccuparmi: c'era una festa di compleanno da organizzare e quindici bambini da portare al negozio di giocattoli dove Shah aveva deciso di celebrare. Iain e io le regalammo una bambola di Minnie che desiderava da molti mesi senza farne mistero; mi bastò vedere la sua faccia mentre scartava il dono quel mattino per capire che non avremmo potuto scegliere di meglio. Molto tempo dopo avrei ripensato con sollievo al fatto che ero riuscita a organizzarle la festa che voleva, rallegrandomi di aver consigliato a Iddin di portare con sé anche due suoi buoni amici perché gli tenessero compagnia.

Domenica 5 luglio 1992 fu una bella giornata, una giornata allegra, una giornata in cui tutti i nostri più cari amici e familiari vennero da noi per il mio compleanno. Si trattennero fino a sera a ridere e scherzare, mentre orde di bambini indisciplinati ed eccitati giocavano a nascondersi e a darsi la caccia per tutta la casa e il giardino, mentre tramontava il sole. Arrivavo a quel nuovo traguardo finalmente felice, sicura e con la prospettiva di tanti altri compleanni come quello: bambini e amici ovunque, una carriera avviata, un marito premuroso e la speranza che prima o poi un altro figlio ci legasse ancor più strettamente. L'unica cosa che offuscava il pensiero del domani era l'imminente arrivo di Bahrin e il fatto che Iddin e Shah avrebbero trascorso la notte in albergo con lui.

Il lunedì spuntò cupo e piovoso, fra le proteste dei bambini che non volevano andare in un albergo e preferivano trascorrere le vacanze scolastiche alla fattoria con Skye e i suoi nonni. Iain fece un discorsetto a Iddin sugli aspetti positivi dell'imminente visita paterna e gli proibì di scriversi il nostro numero di telefono su una gamba con il pennarello, come faceva in segreto da un paio d'anni. Gli spiegò che non era necessario, che non aveva niente da temere da Bahrin, e che lui e Shah si sarebbero divertiti un mondo con il papà in albergo. La faccia di Iddin esprimeva molti dubbi su quel consiglio.

Il padre venne a prenderli a metà pomeriggio. Deliberatamente cordiale ed educato, rifiutò il caffè offertogli da Iain e chiese di usare il telefono per chiamare un taxi che li riportasse in albergo. Shahirah cominciò a strillare che non voleva andare con Abah, e Iddin le fece eco, mentre Bahrin se ne stava compito vicino alla panca della cucina con il telefono in mano. Le dita strette sul ricevitore e il collo rigido tradivano il suo disappunto e la tensione che serpeggiava dietro il suo volto impassibile. Attribuii la sua reazione al fatto che la nostra cagna, Muckle, gli stava annusando le caviglie, dopo averlo accolto in precedenza con mugolii e latrati furibondi. Bahrin odiava i cani ed era sempre stato impaurito dalla loro vicinanza. Segretamente mi rallegrai del suo disagio e sperai che notasse l'affetto dei nostri figli per la loro bestiola e la loro tranquillità in sua presenza. Per me era una dimostrazione di quanto fossero diversi da lui, di quanto fossero normali e naturali. Gli animali avevano sempre fatto parte della nostra vita familiare – mucche, conigli, cani, gatti, cavalli e canguri – e i nostri figli non avrebbero mai sopportato qualcuno che avesse paura delle creature che amavano. Ripensandoci, sono convinta che Muckle avesse capito perfettamente la situazione e rimpiango di averla trattenuta quando strofinava il muso in direzione dell'inguine di Bahrin. Sarebbe stato meglio se in quel momento gli avesse strappato un brandello di carne o gli fosse balzata direttamente alla gola. Invece le ordinai di stare buona e la feci accucciare ai miei piedi, dove continuò a lanciare occhiate minacciose al mio ex marito seguendo ogni suo minimo movimento con grande attenzione.

In nome del nuovo spirito di collaborazione che Bahrin e io sprizzavamo da tutti i pori, lo convinsi a farsi accompagnare da me in città prendendo a pretesto la scomodità di un taxi e della pioggia, senza avere il coraggio di spiegargli che il trasferimento dei bambini da un ambiente all'altro sarebbe stato facilitato da questa dimostrazione di unità e di armonia. Così mi ritrovai a caricare Bahrin, Skye, Drew, Iddin e Shah nella Arnold, la nostra robusta jeep rossa. Iain strinse la mano a Bahrin sulla porta di casa, e quando i bambini lo salutarono Shah come sempre gli gettò le braccia al collo dicendo con voce chiara: «Papà, ti voglio bene». Iddin e Shah erano tutt'altro che entusiasti di passare la notte con Bahrin e non ne fecero mistero con lui. Shah volle a tutti i costi portarsi dietro Whitey, la capretta bianca di peluche che era stata il primo regalo di Natale di Iain, perché le tenesse compagnia durante la notte.

Lungo il tragitto intavolai a fatica una conversazione educata con Bahrin, cercando disperatamente un argomento o un terreno comune. Avevo provato con i bambini, le loro esperienze scolastiche e i loro hobby, ma questo argomento non sembrava avere il minimo interesse per lui, così passai all'architettura, indicandogli un certo edificio che pensavo potesse incuriosirlo, una chiesa magnificamente restaurata e sconsacrata che ora ospitava un'agenzia pubblicitaria di successo. La sua risposta, carica di velenoso disprezzo, mi lasciò allibita.

«È disgustoso, solo i *mat salleh* userebbero un luogo sacro come ufficio.»

Stavo per dire che era meglio restaurare un bell'edificio anziché demolirlo, ma accorgendomi che sarebbe stato inutile lasciai l'osservazione a metà e piombammo entrambi nel silenzio, rinunciando a ogni tentativo di conversazione. Per fortuna arrivammo rapidamente all'albergo e sotto una pioggia battente, fra disperate proteste mugugnate a mezza voce, i miei figli scambiarono abbracci, baci e messaggi con Skye mentre Bahrin, con un evidente sospiro di sollievo, apriva cautamente la portiera e usciva. Dissi con fermezza ai bambini che dovevano rimanere con Abah e che ci saremmo rivisti mercoledì, ricordando loro che secondo gli accordi che avevo preso con Bahrin avrebbero potuto telefonarci quando volevano per darci la buonanotte. Con questa osservazione riuscii in qualche modo a tranquillizzarli e risalita frettolosamente in macchina li salutai con un bacio, lasciandoli sul marciapiede accanto a un padre che era poco più di un estraneo per loro.

Il cancello d'ingresso si chiuse con fragore, annunciando il ritorno a casa di Iddin e Shah tra i frenetici latrati di Muckle e il suono del campanello. Mentre spalancavo il pesante portone bianco, udii Shah dall'altro lato che piangeva.

«Mamma, non mi ha lasciato portare a casa Whitey. Io non posso dormire senza di lei» singhiozzò mentre la abbracciavo. Alzai lo sguardo per lanciare a Iddin un'occhiata interrogativa.

«Abah non ci ha lasciato portare via niente, ci ha persino fatto lasciare lì gli spazzolini da denti. Ha detto che non aveva importanza» spiegò lui.

Guardai subito verso il cancello e vidi Bahrin che alzava la mano per salutarmi mentre saliva sul taxi in attesa. «Aspetta» gridai appena in tempo per impedire all'auto di allontanarsi.

Lasciando i bambini sotto il portico, corsi al cancello. «Perché non le hai fatto portare a casa la capretta? Non riesce a dormire senza di lei.»

«Non ne ha bisogno.»

«Ma ti ho detto che...»

Non riuscii a proseguire perché lui mi interruppe, controllando a stento la sua ira. «Me ne frego, Yasmin, non ha importanza. La riavrà quando li riporterò in albergo domani.» Così dicendo sbatté la portiera del taxi, chiudendo bruscamente la conversazione, e l'auto si allontanò.

Avrei voluto cancellare di punto in bianco gli accordi sull'accesso di Bahrin ai suoi figli, ma non osavo rischiare un'altra battaglia in tribunale. Se non altro i bambini non avrebbero dovuto passare più di due notti con lui. E ringraziai mentalmente la mia previdenza quando avevo preteso che Iddin e Shahirah, non avendo grande familiarità con il padre, non passassero tutta la settimana di seguito con lui.

Quando entrammo in casa, Shah si gettò sul suo letto singhiozzando e io mi sedetti accanto a lei accarezzandola e cercando di convincerla che Whitey sarebbe stata bene una notte da sola in albergo. Le dissi che quella sera avremmo cenato da alcuni dei suoi amici preferiti: Rob, Jo e il loro figlio Nicholas, che aveva la sua stessa età. Non servì a nulla; stava ancora piangendo quando chiusi la porta della sua stanza e andai a parlare con Iddin. Ce l'avevo a morte con Bahrin: perché era così crudele e insensibile? Che ci voleva a mettere insieme due borse e una capretta di peluche?

A cena si alternarono relax e tensione. Jo e Rob fecero l'impossibile per renderle un intervallo gradevole in un periodo difficile, ma per tutta la sera Iddin e Shah trovarono ogni scusa per ribadire a chiunque che non volevano tornare in albergo da Abah. Verso le 8.30, proprio al momento del porto e del caffè, Shah annunciò che era stanca e voleva fare un pisolino fino al nostro ritorno a casa. Si infilò nel letto di Jo e Rob e qualche minuto dopo si mise a piangere per Whitey. Mi implorò di andare in albergo a prenderla; disse che non sarebbe mai più tornata laggiù e chiese a Iain e a me di non riportarla da suo padre l'indomani. Continuò a piangere con il naso che colava e le spalle scosse dai singhiozzi, mentre io la cullavo fra le mie braccia. Poi Iddin si affacciò nella stanza insieme a Nicholas, che aveva con sé un orsacchiotto bianco. «Tieni, Shah» disse il bimbo, mettendole in mano l'animale di peluche, «questo è il mio orsacchiotto preferito. Forse ti farà sentire meglio.»

«Grazie» rispose lei, con il labbro inferiore tremante, mentre cercava di riprendere fiato.

Durante il ritorno a casa quella sera, Shah sonnecchiò accanto al fratello sul sedile posteriore dell'auto mentre Iain e io parlavamo sottovoce dei bambini e di Bahrin.

«Non preoccuparti» mi disse Iain. «La prossima settimana se ne sarà andato e per un anno sarà finita.»

«Ma io non voglio andarci domani» esclamò Iddin dal fondo dell'auto. Eravamo convinti che stesse dormendo come sua sorella, prima di udire il suo commento. «È una noia, lui non capisce un accidente e non c'è niente da fare lì. Cerca solo di farsi bello con i regali e i giocattoli e tutto il resto. Io voglio passare le vacanze con Skye nella fattoria della nonna.»

«Senti» gli disse Iain, «è solo per qualche giorno. Cerca di divertirti e il prossimo fine settimana andremo a trovare la nonna. Non sarà l'unica occasione che avrete di passare le vacanze con i nonni.»

# 42

*Giovedì 9 luglio 1992*

Alle 5.10 di mattina, dopo la telefonata che mi annunciava la morte di Kelvin, mi stesi accanto a Iain e attesi che la notte si trasformasse in una giornata grigia. Non mi sembrava vero che Kelvin non ci fosse più; dopotutto, ero andata a trovarlo con i bambini solo il giorno prima. Shah gli aveva portato il disegno di un unicorno che aveva fatto per lui, l'aveva baciato dolcemente sulla fronte mentre giaceva sul letto ed era uscita in silenzio dalla stanza. Iddin e Shah sapevano che Kelvin stava morendo di aids e stava diventando più debole di ora in ora, ma avevano insistito per seguirmi al piano di sopra quand'ero andata da lui. Io stessa gli avevo dato il bacio della buonanotte mentre dormiva, lasciando in punta di piedi la stanza senza sapere che era l'ultima volta che lo vedevo. Ero contenta che fosse morto a casa sua, circondato e assistito da un gruppo di cari amici e confortato da un flusso costante di visitatori fra ex studenti, colleghi e partner nella danza. Aveva la sua dignità e aveva l'amore; erano queste le cose più importanti per lui.

Kelvin Coe era un ex primo ballerino dell'Australian Ballet, un artista di fama internazionale e maestro di danza. Avevamo solo una conoscenza superficiale negli anni in cui danzavo; Kelvin era un virtuoso, un ballerino molto più esperto di me, che avevo ammirato da lontano per molti anni durante l'adolescenza. Anche quando ci trovammo a insegnare nella stessa scuola e a dividere gli stessi amici, ero così in soggezione di fronte a lui che mi limitavo a seguire le sue indicazioni nel corso di *pas de deux* biascicando risposte affermative. Più di recente, però, ero diventata molto amica sia di Kelvin sia del suo compagno Stuart preparando uno special televisivo sulla loro relazione. Ero entrata a far parte del gruppo che assisteva Kel trasportando sformati e torte al cioccolato dalla mia cucina alla loro; così, quando il telefono tornò a squillare verso le 7.00 del mattino, sapevo già di cosa si trattava. Dovevo realizzare il suo necrologio per il notiziario della sera, proprio come gli avevo promesso molti mesi prima. Capitava di rado che avessi grossi impegni di lavoro quando i bambini erano in vacanza. Il mio programma radiofonico e gli speciali che preparavo per la televisione erano modellati sui loro orari scolastici e mi lasciavano una flessibilità sufficiente per poterli portare a scuola e andare a riprendere tutti i giorni, cosa importante per Iddin, Shah e Skye tanto quanto lo era per me. Quest'unica volta sarebbe stata un'eccezione, e io sapevo che loro l'avrebbero accettata come la cosa giusta da fare.

Ero già alzata e vestita quando i bambini si sedettero al tavolo della colazione. Accolsero la notizia della morte di Kelvin con tristezza e comprensione, e il commento di Iddin fu particolarmente acuto: «Almeno non sarà più così malato e pieno di dolori. Da molto tempo non sembrava più felice, mamma». Lo baciai sulla testa in segno di approvazione e lo abbracciai.

La troupe televisiva venne a prendermi alle 11.30, fra le proteste dei bambini per il secondo periodo da trascorrere con il padre. Ricordo che fui molto ferma con entrambi, spiegando senza mezzi termini che dovevano andare e che ci saremmo sentiti per telefono durante il giorno e per darci la buonanotte prima che andassero a dormire. Quand'ebbi baciato e abbracciato tutti, mi rivolsi a Iain, promettendo di chiamarlo durante il giorno per controllare se tutto andava bene. Iain sarebbe rimasto a casa con Iddin e Shah e avrebbe consegnato formalmente i bambini a Bahrin alle 5.00 di pomeriggio. Ci venivamo sempre incontro; di solito il nostro lavoro consentiva a uno di noi di stare a casa con i figli, e adattavamo i nostri rispettivi impegni agli imprevisti della vita familiare. «Andrà tutto bene, Jack» mi disse lui, rassicurandomi con un sorriso pensoso. «I bambini e io ci divertiremo un po' insieme e preparerò le loro borse con Elizabeth [la nostra governante] prima che lui arrivi.»

Quando mi voltai per un ultimo saluto prima di andar via con la troupe, vidi i miei familiari sotto il portico che mandavano baci e facevano strane facce per farmi divertire. Poi rivolsi tutta la mia attenzione alle domande che avrei posto nella mia prima intervista della giornata.

Contattai i miei figli verso le 4.00 di pomeriggio, dicendo loro che li amavo «un milione, un miliardo, un'infinità di volte», e che ci saremmo parlati più tardi quella sera in albergo. Non dimenticherò mai che Iddin mi chiese un'ultima volta di scampare all'imminente visita di suo padre, e che io, presa da problemi redazionali e dalla fretta di completare il mio servizio su Kelvin per il notiziario delle cinque, tagliai corto con un "no" definitivo.

«D'accordo, mamma» fece Iddin in tono rassegnato, con un gran sospiro. «Ti voglio bene. Ti passo Shah.»

«Ciao mamma, ti voglio bene, ti voglio bene, ti voglio bene. Bye bye, bye bye» trillò Shahirah al telefono.

Fu l'ultima volta che parlai con i miei figli.

Arrivai a casa tardi quella sera, estremamente depressa ed esausta. Iain aveva preparato la cena per noi due e ribadì che i bambini erano stati prelevati in orario dal padre. Sentii la loro mancanza quella sera; le loro voci allegre e le loro dita appiccicose mi avrebbero aiutato in qualche modo a riaffermare i lati positivi della vita, dopo che avevo avuto a che fare con la morte e il lutto per tutto il giorno. Più che altro, credo che volessi dir loro quanto li amavo. Fu con questo pensiero in mente che presi il telefono e composi il numero del Victoria Hotel, dov'erano alloggiati Bahrin e i bambini.

Per le settantadue ore successive tentai a intervalli regolari di contattare Iddin e Shah per telefono. Alla mia prima chiamata rispose Bahrin in albergo. Si rifiutò di farmi parlare con i bambini dichiarando in tono fermo che dormivano entrambi e che mi avrebbero chiamato in mattinata. Aspettai tutta la giornata di venerdì che si facessero vivi, ma non accadde. Cercai di concentrarmi sul programma radiofonico che avrei dovuto preparare per il fine settimana, ma mi sembrava di non riuscire a tenere il filo dei miei pensieri. La sera cominciai a chiamare la loro stanza ogni ora, cercando di razionalizzare la situazione per tranquillizzarmi, dicendomi che dovevano aver trascorso la giornata fuori per una visita allo zoo o in qualche altro posto e che presto sarebbero tornati nella loro stanza, ma con scarsa convinzione e sempre con una strana e allarmante sensazione di urgenza. Lasciai un messaggio dopo l'altro alla reception dell'albergo finché la centralinista non cominciò a riconoscere la mia voce.

Sabato fu peggio. Iain e io dovevamo completare tutto il lavoro di preproduzione per il programma settimanale della radio, ma scoprii che non riuscivo a concentrarmi su quel che dovevo fare. Facevo sempre più fatica a soffocare l'impulso di andare dritta all'albergo e piazzarmi lì fino al ritorno di Bahrin e dei bambini. Se avessi interferito con il periodo di custodia che avevo volontariamente concordato, rischiavo sanzioni da parte del Tribunale della Famiglia australiano e una ripresa delle ostilità fra me e Bahrin. Sapevo anche che sarebbe stato inutile chiedere aiuto alla polizia federale australiana (l'equivalente dell'FBI, ma con gravi carenze di personale e di risorse) finché non avessi avuto la prova tangibile che qualcosa non andava. Alle 5.00 di sera ero di nuovo attaccata al telefono e avevo ripreso a chiamare ogni ora, lasciando alla centralinista dell'albergo messaggi ormai tutti uguali. Ogni volta che lei sentiva la mia voce mi assicurava gentilmente che nessuno del personale aveva visto Iddin e Shahirah entrare o uscire dopo la mia ultima chiamata, ma che nel caso avrebbe senz'altro trasmesso il mio messaggio.

Avevo lo stomaco sottosopra, il petto serrato come da un corsetto d'acciaio, e non potevo fare altro che pregare che l'ipotesi peggiore, quella che continuava a ronzarmi in testa, fosse una mia esagerazione. Iain cercava in tutti i modi di placare le mie paure dicendomi che probabilmente Bahrin e i bambini si stavano divertendo un mondo da qualche parte, ma le sue rassicurazioni non avevano il potere di convincermi o di alleviare il mio disagio.

"Va tutto bene, va tutto bene" mi ripetevo continuamente per arginare il panico crescente che provavo. "Non può averlo fatto, non dopo tutto questo tempo, non è possibile" ragionavo. Un rapimento dopo sette anni era ridicolo, folle, inverosimile, ma nel profondo sentivo che era esattamente questo che Bahrin aveva fatto, anche se mi rifiutavo di dar voce a quella che sapevo essere la verità.

Alle 8.00 di sera cominciai a chiedermi se il mio comportamento non stesse diventando insensato. Mi imposi di limitare le telefonate in albergo a una ogni mezz'ora, sperando che quella frequenza non esasperasse il personale eliminando il mio unico punto di riferimento per la localizzazione dei bambini. Suonarono le nove senza alcun segno che i miei messaggi fossero stati ricevuti. Sentivo con tutte le fibre del mio corpo che era successo qualcosa di grave. Non potevo aspettare che scadesse il periodo di affidamento alle 12.30 del giorno successivo, dovevo fare qualcosa, così chiamai la squadra della polizia federale australiana per la tutela del diritto di famiglia. L'agente con cui parlai comprese la mia preoccupazione e concordò che la situazione così com'era suscitava dei sospetti, ma il suo discorso sulle procedure e sulla necessità di una prova tangibile fu più o meno quello che mi aspettavo. Non potevo far altro che attendere che spirasse il termine concordato per la riconsegna di Iddin e Shah. Prima di quel momento, l'agente poteva solo prendere nota in via ufficiosa della mia chiamata e dei miei timori e sperare in bene.

I minuti sembravano ore, e quando l'orologio segnò le 11.00 di sera capii che dovevo tentare di chiedere aiuto al personale dell'albergo. Il responsabile di turno capì immediatamente la gravità della situazione e mi disse di attendere accanto al telefono; mi avrebbe richiamato dopo aver fatto una verifica con il personale. In realtà fece molto di più: quando finalmente mi ritelefonò, tracciò un quadro allarmante che mi gettò nella più nera disperazione. Nelle camere adiacenti occupate da Bahrin e dai bambini non dormiva nessuno da due notti, e nessuno del personale li aveva visti andare o venire da giovedì sera. Solo i bagagli e i giocattoli disseminati per le stanze mi consentivano di aggrapparmi alla speranza che fosse tutto un enorme equivoco, e che Bahrin stesse semplicemente tentando di rigirare il coltello nella piaga. Ringraziai caldamente il responsabile dell'albergo per il suo aiuto e riattaccai, preparandomi all'attesa più lunga della mia vita: tredici ore e mezzo prima di conoscere la verità. Ormai avevo perso ogni capacità di controllo sulle mie emozioni; il massimo che potevo fare era non aggredire Iain quando mi ripeteva che avrei visto i bambini l'indomani e che mi stavo agitando troppo per tutta la faccenda. Ma io sapevo. Era come se Iddin e Shah avessero un battito pulsante dentro il mio corpo di cui non mi ero mai accorta prima, e ora quel battito stesse diventando più flebile, causandomi un dolore sordo e la sensazione che la mia anima fosse sull'orlo di un precipizio.

*Domenica 12 luglio 1992*

L'indomani riuscii in qualche modo a condurre il mio programma alla radio guardando continuamente l'orologio, nell'attesa che le sue lancette arrivassero alle 12 segnando la mia liberazione. Iain e io andammo direttamente al Victoria Hotel per recuperare i bambini. Dato che avevamo un quarto d'ora d'anticipo, Iain volle che attendessimo in macchina fino al momento stabilito. Stavamo facendo il gioco di Bahrin fino in fondo. Mentre eravamo fuori dall'hotel, la pioggia cominciò a picchiettare sui finestrini dell'auto, raccogliendosi in pozzanghere fangose sulla strada. La gente passava ridendo e apriva frettolosamente gli ombrelli, e nella macchina penetrava l'aroma di caffè del bar italiano dei dintorni. Finalmente scoccarono le 12.30, l'ora di affrontare la mia più grande paura. Incoraggiata da una stretta di mano di Iain, spalancai la porta dell'albergo e un passo dopo l'altro mi avvicinai ai telefoni della reception. Prima di alzare il ricevitore, borbottai qualche parola. Pregai che mi fossi sbagliata, o che voltandomi potessi vedere Iddin e Shah che mi correvano incontro nell'atrio: tutto fuorché il mio incubo peggiore.

Composi il numero. Nessuna risposta. Provai ancora, nel caso avessi sbagliato, pur sapendo che non era così, qualunque cosa pur di evitare l'inevitabile. Sforzandomi di mantenere un tono fermo e di soffocare la nota di isteria che affiorava nella mia voce, lasciai perdere i telefoni e chiesi di vedere il responsabile di turno. Era una donna, che entrò subito in azione guidandomi verso gli ascensori e parlando rapidamente di sicurezza, privacy e questioni legali. Le sue parole si confondevano nella mia mente. Annuii ottusamente come se avessi capito quel che stava dicendo. Ormai avrei fatto un patto con il diavolo pur di avere qualche informazione su Iddin e Shah. Finalmente, dopo aver percorso un corridoio poco illuminato, ci fermammo davanti alla porta che nascondeva il futuro dei miei bambini.

«Si ricordi che non deve toccare niente, signora Gillespie» mi ammonì la donna inserendo la chiave nella toppa e spalancando la porta. La stanza era deserta, ma per me aveva qualcosa di più inquietante e terrificante della scena di un film dell'orrore. Abbassai lo sguardo, notando vagamente che stavo calpestando oltre una decina di miei messaggi infilati sotto la porta nelle ultime ventiquattr'ore. La prima stanza era chiaramente quella di Bahrin. A destra c'era una valigia aperta sul pavimento, con il contenuto che traboccava. Il letto era intatto: brutto segno. Passando nella stanza adiacente attraverso la porta di comunicazione, vidi che Bahrin aveva finalmente concesso a Shah un letto, solo che anche quello era vuoto, come il letto di Iddin. In quella stanza sembrava di udire gli echi delle voci dei bambini che aleggiavano ancora nell'aria. Dal lampadario centrale pendevano palloncini e stelle filanti, sulla parete c'era un pezzo di carta da regalo luccicante accanto al quale era appeso di traverso un enorme biglietto d'auguri di compleanno.

Con una stretta al cuore mi resi conto che Bahrin aveva lasciato la stanza in quel modo per me, con messaggi che solo io potevo capire. Sul letto di Shah c'erano Whitey e la bambola di Minnie, testimoni muti di ciò che era successo. Accanto ai piedi del letto c'era il cappello rosso a cloche di Shah, quello che avevamo scelto insieme qualche settimana prima per il suo nuovo cappotto invernale, ma fu quel che Bahrin aveva fatto a quel cappello a darmi un senso di nausea e di vertigine: il piccolo oggetto colorato era stato lacerato e sgualcito con tale furia vendicativa da risultare irrimediabilmente distrutto. Le Reebok troppo grandi di Iddin, il suo orgoglio e la sua gioia, quelle che mi aveva pregato per mesi e mesi di comprargli, giacevano sformate e abbandonate accanto allo scrittoio, il suo berretto da baseball era posato sul letto come se vi fosse appena stato gettato sopra. Il tempo si era fermato in quella modesta stanza d'albergo. Era un vuoto creato da una mente distorta votata a una vendetta definitiva. La scena ricordava la nave fantasma *Maria Celeste*, abbandonata in mezzo all'oceano, con i pasti lasciati a metà e la radio a tutto volume. Solo che quello non era il Triangolo delle Bermude e non c'era un mistero irrisolto che intrigava la stampa popolare: si trattava dei miei figli, ed erano scomparsi.

Uscii barcollando dalla stanza e riuscii a raggiungere Iain nell'atrio. Raccontai quel che avevo visto al piano di sopra soffocando i singhiozzi che mi salivano in gola e cercando di non perdere il controllo per poter invocare l'unico aiuto disponibile, l'unica possibilità rimasta ai miei bambini.

Seguì un turbine di paura e di angoscia. Minuti, ore e giorni successivi trascorsero in un misto di disperazione, ira, rabbia, sconforto e lotta che accompagnarono ogni millisecondo della mia esistenza con intollerabile intensità. Una drammatica telefonata alla polizia federale dall'atrio dell'albergo, una conversazione poco coerente con Lillian Webb e confusi messaggi lasciati a John Udorovic per avvertirlo di quanto era successo, un interrogatorio formale organizzato in tutta fretta al quartier generale della polizia.

Domande, domande e ancora domande. Gli agenti del nucleo per la tutela del diritto di famiglia furono cortesi ed efficienti, e io cercai di non perdere la testa sebbene mi venisse un groppo in gola ogni volta che pronunciavo il nome di Iddin e Shah. Furono chieste e fornite informazioni: età, date di nascita, vestiti, possibili destinazioni. Sputai fuori le risposte alla velocità di una macchina. Qualunque cosa, pur di aumentare le probabilità di ritrovare i miei figli. Malgrado la mia disponibilità, nessuno si informò sul loro peso e la loro altezza. Poi arrivò la richiesta che mi mise di fronte alla realtà della situazione, quella che mi fece capire che quell'esperienza era vera e non un sogno incoerente dal quale presto mi sarei svegliata: uno degli agenti domandò se avessi una fotografia recente di Iddin e Shahirah da inserire nel computer della polizia e diffondere in tutti i punti di uscita dall'Australia. Presi la borsetta e frugai in cerca del mio portafoglio. Solo da qualche giorno avevo inserito le nuove foto scolastiche di Iddin, Shah e Skye nella finestrella di plastica riservata all'orgoglio materno. Solo un giorno prima avevo aperto la borsetta per mostrare con fierezza quanto fossero cresciuti i tre bambini, e ora annaspavo per estrarre le loro immagini e consegnarle a una poliziotta, una sconosciuta. Come poteva un'estranea, da quel singolo istante cristallizzato nel tempo, comprendere che quei bimbi erano esseri umani che vivevano e respiravano? "Questi sono i miei figli" avrei voluto urlare. "Vi prego, trovateli, aiutateli, portateli a casa."

Repressi l'impulso di afferrare la poliziotta per una manica chiedendole di ascoltarmi. Avrei voluto parlarle dei miei bambini, della loro personalità, di ciò che amavano e non amavano, della paura che dovevano provare in tutto quel pasticcio, ma intuii giustamente che gli agenti non erano interessati alle mie scene madri e che dovevo controllarmi. Quando spuntarono le lacrime, soffocai immediatamente il desiderio di sciogliermi in un pianto consolatorio. Sapevo che c'erano tante altre domande cui avrei dovuto dare risposte coerenti e che dovevo conservare la lucidità per il bene dei miei figli. Loro contavano su di me; sapevano che avrei mosso mari e monti per trovarli. Non li potevo abbandonare; dovevo tenere duro. Dovevo cercare di anticipare le mosse di Bahrin.

Quando finalmente ebbi esaurito tutte le informazioni che potevo dare alla polizia, Iain mi portò fuori dall'edificio nella fredda, grigia strada di Melbourne proprio mentre il mio stomaco iniziava a contrarsi. Mi appoggiai a un pilastro di marmo e vomitai, un conato dietro l'altro, finché mi parve di avere l'intero stomaco rivoltato, finché il mio corpo fu scosso da un tremito incontrollabile. Un po' trascinandomi e un po' sorreggendomi, Iain riuscì a portarmi alla macchina e a farmi raggomitolare sul sedile anteriore per il viaggio di ritorno in una casa vuota.

Ci volle un'infinità di tempo per rintracciare John Udorovic quella domenica. Mi sembrò di passare ore al telefono a comporre e ricomporre i suoi numeri prima che uno dei miei messaggi lo raggiungesse e lui richiamasse casa nostra. Appena ci ebbe contattato, fu rapidamente definita una linea di azione. Bisognava ottenere un mandato per arrestare Bahrin e riportare a casa Iddin e Shah, ma la cosa più urgente era ottenere dal Tribunale della Famiglia australiano l'autorizzazione a rendere pubblico il rapimento dei bambini, nella speranza che qualcuno da qualche parte avesse un indizio cruciale su dove si trovavano e si facesse avanti per fornirlo. Le norme del Tribunale della Famiglia australiano per la tutela della privacy vietavano di rivelare ai mezzi di comunicazione gli attori di una causa o i dettagli di un caso senza un ordine di pubblicazione in base alla sezione 121 del diritto di famiglia.

Rick Willis, un nostro ex socio d'affari, arrivò a metà serata. Aveva risposto all'appello di Iain ed era venuto a dare una mano. John, Rick e Iain concertarono un triplice piano d'attacco per impedire che Bahrin lasciasse il Paese. John contattò il segretario del Tribunale della Famiglia perché organizzasse un'udienza immediata di fronte a un giudice per motivi d'urgenza. Lo scopo fu raggiunto quella sera stessa a ora tarda con una sessione in camera di consiglio, tenuta nel palazzo del tribunale alla presenza del segretario mentre il giudice dava ordini in audioconferenza da casa sua, a parecchi chilometri di distanza.

La prima serie di mandati ottenuti aveva una formulazione molto precisa: si ordinava agli agenti della polizia federale australiana e a tutte le altre forze di polizia di cercare Iddin e Shah, perquisendo tutti i bastimenti, le navi e gli aerei per trovarli e usando la forza, se necessario, per prenderli in custodia e restituirli a me, genitore affidatario per legge.

Aspettai a casa insieme a Nadine e Joshua, i due figli adolescenti di John, che vegliarono su di me con grande attenzione e partecipazione. Fu un'attesa angosciosa. Continuavo a guardare il telefono desiderando che squillasse, sperando di udire da un momento all'altro le voci dei miei bambini. Facevo cose senza senso per riempire il silenzio opprimente della casa; pregavo che fosse tutto un equivoco. Non potevo star ferma, non riuscivo nemmeno a piangere. Cercai di occupare quelle ore preparando per Iddin e Shah uno dei loro piatti preferiti, con frutta e curry di vitello. Ne cucinai due pentolone. Cercavo di convincermi che la sera seguente la nostra famiglia sarebbe stata tutta riunita a mangiare, scherzando su tutto quel ridicolo clamore. Quel pasto fu poi consumato dalle decine di poliziotti, volontari e giornalisti che invasero la casa il giorno dopo. Pulii il bagno e portai a spasso il cane su e giù per il corridoio, ma non servì a molto; nulla poteva cancellare la realtà sempre più evidente di ciò che stava accadendo alle nostre vite.

Alle 10.30, armati finalmente dei documenti del tribunale necessari per consentire la pubblicazione e l'identificazione mia e dei bambini sui mezzi di comunicazione, Iain e Rick irruppero nella sede dei due più grossi giornali della città mettendo a nudo la nostra vita privata davanti ai responsabili della cronaca. La speranza era che tutta la pubblicità che ne sarebbe derivata potesse contribuire alla ricerca. Io, per parte mia, telefonai al sostituto direttore del notiziario della mia rete televisiva per chiedere il suo aiuto e informarlo di quel che avrebbe trovato sui quotidiani il mattino seguente. Lo chiamai a casa, tirandolo giù dal letto; quando gli dissi che Iddin e Shah erano stati rapiti dal padre biologico, lui mi rise in faccia. Chiaramente convinto che stessi scherzando, rispose: «Sì, come no, Jack» e riattaccò.

Avvertii anche l'Associated Press, che diffuse la notizia via telex in tutta la nazione per coprire l'area più vasta possibile. Sapevo che dovevamo spalmare le facce e i nomi dei bambini su tutti i giornali, schermi televisivi e onde radio concepibili: sarebbe stata la nostra unica possibilità di trovarli prima che Bahrin riuscisse a portarli fuori dall'Australia. Pregai con tutte le fibre del mio corpo che non fosse troppo tardi.

Quando finii le mie telefonate, trovai Joshua e Nadine assopiti sul divano. Per un breve attimo pensai che avrei dato qualunque cosa perché alle loro sagome addormentate si sostituissero quelle più piccole di Iddin e Shah, e pregai: "Dio mio, dove sono, cosa pensano, sono sani e salvi?". Ma non ebbi risposta. La mia cara amica Deb arrivò pochi minuti dopo la mia chiamata. Sarebbe rimasta a darmi una mano per molte ore quella notte, mentre io alternavo conati di vomito e tremori.

Sentii qualcuno singhiozzare nel salotto sul retro della casa. Provata, sfinita e sul punto di crollare, aprii lentamente la porta e vidi Iain che piangeva sulla spalla di Deb, sussurrandole con voce roca: «Non sarà mai più la stessa dopo questa cosa, cambierà, Deb. Cosa posso fare per lei? Diventerà dura e amara, e non sarà più la Jack che amo tanto, io...». Iain allontanò bruscamente Deb appena percepì la mia presenza alle sue spalle. Si alzò dal sofà, si precipitò in bagno e chiuse la porta, sfuggendo il mio sguardo. Chiesi spiegazioni a Deb, ma lei si limitò ad abbracciarmi dicendo: «Si sente responsabile, ed è oppresso dall'ansia per te e per i bambini».

Aprendo la porta scorrevole, raggiunsi Iain nella stanza dove solo qualche giorno prima avevo fatto il bagno a quattro bimbi irrequieti – Iddin, Shah e le cuginette Allison e Kira – lavando via i resti di torta del compleanno, vernice e colla, testimonianze di una bella giornata di festa in famiglia. Mi costrinsi a riportare il mio sguardo su Iain. Mormorai qualcosa del tipo: «Dimmi che andrà tutto bene», e feci un passo verso di lui. In quel momento Iain si voltò e mi afferrò per le spalle, parlando con tono deciso. Sembrava che avesse di fronte un'estranea, non c'era traccia di riconoscimento nei suoi occhi.

«Vedrai cosa gli faccio se riesco a mettergli le mani addosso. Lo scrollo finché non gli stacco la testa.»

«Smettila, tesoro, mi fai male. Iain!» ansimai mentre lui mi scuoteva avanti e indietro come fossi una bambola di stracci. Iain mi lasciò immediatamente imprecando, si voltò e sferrò un pugno sulla parete sinistra del bagno, poi sulla destra, lasciando due buchi nell'intonaco come bocche spalancate in un urlo silenzioso. Poi cominciò a chiedermi scusa, a cullarmi fra le sue braccia, ma mentre premevo la testa sul suo petto non riuscii a scacciare dalla mia mente l'immagine di un Bahrin trionfante e sorridente.

Quella notte ci stendemmo sul letto per un'ora, sfiorandoci appena, due persone sconvolte e troppo spaventate per dire qualcosa, nel timore di precipitare nell'abisso di disperazione su cui eravamo entrambi sospesi.

Io ero completamente stordita e avevo un freddo terribile, quel freddo che ti penetra nelle ossa e le fa dolere. A intervalli di pochi minuti correvo in bagno a vomitare la bile che mi era rimasta nello stomaco. Da un bel pezzo non avevo più cibo in corpo per via del vomito continuo e della diarrea che mi attanagliava le viscere con monotona regolarità. Il mondo era cambiato, nulla aveva più equilibrio, e da qualche parte Iddin e Shah guardavano con terrore a ciò che li attendeva l'indomani. Come avrebbe reagito Bahrin alla richiesta di Shah di riavere la sua capretta Whitey? Iddin sarebbe riuscito ad arrivare a un telefono? Avevano mangiato? Qualcuno li confortava quando mi invocavano, o li picchiava per farli smettere? Erano abbastanza coperti? Shah aveva un brutto eritema che necessitava di una pomata, Bahrin se n'era preoccupato o ricordato? Dov'erano, mio Dio, dov'erano? La mia mente era dominata da queste domande, e dalle mie paure per loro. Mi rannicchiai in posizione fetale e rievocai ogni tratto dei loro volti, ogni sorriso, ogni capello intorno al viso, e la meravigliosa sensazione delle loro braccia intorno al collo. Quando le avrei sentite di nuovo? Quando avrei potuto rassicurarli che era tutto finito e che nulla e nessuno avrebbe più fatto loro del male? Ma soprattutto, quando sarei stata in grado di cullarli fra le mie braccia e dir loro quanto li amavo? Quando?

*Lunedì 13 luglio 1992*

Provai uno strano senso di sollievo quando squillò il telefono alle 5.30. Non ero riuscita a dormire un attimo nell'ora che avevo trascorso a letto. Ero rimasta distesa, rigida, sforzandomi di immaginare la prossima mossa di Bahrin e tormentata dalle paure per i bambini. Il trillo del telefono mi diede una scusa per alzarmi. Qualunque cosa pur di non restare inerte attanagliata dall'ansia. Era un giornalista che chiedeva un'intervista, la prima delle migliaia che ci avrebbero sommerso nei giorni, settimane e mesi successivi. La notizia di quel che era successo alla nostra famiglia era in prima pagina sui giornali del mattino di lunedì. «Principe ricercato con i figli; rapiti bambini australiani; polizia cerca bambini scomparsi» erano i titoli, accompagnati dalle foto scolastiche di Iddin e Shah. Fino a quel momento non avevo mai permesso che i miei figli fossero pubblicamente identificati come membri della famiglia reale malese; li avevo sempre protetti dalla stampa e non avevo mai usato in pubblico i loro titoli. La privacy era un dato molto prezioso nella loro vita, che ritenevo fondamentale perché potessero crescere come bambini normali con sani valori, al riparo dall'intrusione dei media. Ma ora che tutto stava trapelando, non ci sarebbe più stato anonimato e il loro lignaggio li avrebbe resi oggetto di curiosità. Mi sembrava tutto così surreale. Erano i figli degli altri che sparivano, gente che compativo da lontano e che meritava la mia comprensione, non i miei. Se dodici ore prima ero quella che dava le notizie, adesso ero io la notizia, e non mi piaceva affatto essere dall'altro lato della telecamera.

Cercai di farmi forza in attesa della prima troupe televisiva che arrivò alle 7.00 del mattino, trascinando in casa nostra cavi, luci, monitor e microfoni e piazzando fuori sulla strada un grosso furgone attrezzato sormontato da un'antenna satellitare e da un logo televisivo. Avevo ancora una forte nausea, che mi costringeva a correre continuamente in bagno. Cercavo in tutti i modi di bloccare il tremito che si era impadronito delle mie mani da quando avevo dovuto affrontare la realtà; la destra era quella messa peggio, ballava così tanto che non riuscivo a portarmi un bicchiere alle labbra senza aiutarmi con la sinistra. Ero a pezzi, ma questo era un lusso che non potevo permettermi. L'autocommiserazione e un cedimento totale non mi avrebbero aiutato a riportare a casa i miei figli. Dovevo lottare, mi dissi. L'alternativa era sciogliersi in lacrime e arrendersi. Così feci l'unica cosa che il mio cervello annebbiato riuscì a suggerirmi: decisi di fingere per quanto possibile che lo sbarramento dei media che stavo per affrontare facesse parte del mio lavoro, che fosse una questione professionale e che il mio "incarico" fosse quello di diffondere un messaggio sui miei figli, di raggiungere persone che non conoscevo e chiedere aiuto a degli estranei. Penso che inizialmente il mio atteggiamento sconcertò i vari esponenti della stampa. C'era una "vittima", ma quella vittima già la conoscevano; lavorava nel settore, sapeva agganciare il microfono al colletto ed era a suo agio davanti a una telecamera. Ma io non avevo né tempo né voglia di preoccuparmi dell'idea che potevano farsi di me in un momento di crisi personale. Iddin e Shah erano la mia unica priorità ed era essenziale che facessi tutto il possibile per loro.

Concessi trentasei interviste quel primo giorno: otto televisive e il resto a radio di tutto il Paese e ai giornali. L'aspetto più strano dell'intera faccenda fu ciò che accadde quando le troupe della TV cominciarono a sciamare in casa. Molti dei cameramen e dei loro assistenti mi conoscevano superficialmente o avevano lavorato con me in passato. Alcuni mi incoraggiavano con un abbraccio o una pacca sulle spalle prima di iniziare l'intervista. Quel contatto personale e la vista di facce familiari mi rendevano meno vulnerabile quando iniziavano le domande. Fornii gli stessi particolari ai vari giornalisti un'infinità di volte, spiegando pazientemente gli antefatti e ripetendo in continuazione i nomi dei miei figli. Mi rifiutai di piangere davanti all'obiettivo e implorai ripetutamente gli spettatori, che avrebbero seguito la trasmissione durante il tranquillo pasto serale, di contattare la polizia federale se avessero avuto qualsiasi informazione su Iddin e Shah.

Il rapimento finì per mostrarmi anche il lato peggiore del giornalismo: il freddo calcolo per dare un taglio diverso alla notizia, la volontà di portare a casa l'immagine emozionante che connotasse la storia come "tragica", le sfacciate manovre di un giornalista per "sorprendermi" mentre piangevo disperatamente fra le braccia di Iain. L'uomo in questione usò tutti i consueti trucchi per ridurmi in lacrime, formulando le domande nel modo più drammatico e chiedendomi più volte la stessa cosa con leggere variazioni. «Come si sentirà se non dovesse più rivedere i suoi figli, Jacqueline? Prova rimorso per non essere stata abbastanza prudente? Quanto vuol bene ai suoi bambini?» Riuscì a sconvolgermi a tal punto che rischiai di perdere il controllo, sentii un groppo in gola e il mio corpo fu invaso da un dolore terribile, un misto di acuta sofferenza e completa disperazione. Capii che ci stavo sprofondando dentro, che non potevo andare avanti con l'intervista. Chiesi di spegnere la telecamera, dicendo che avevo bisogno di un po' di respiro e di intimità, e il giornalista mi assicurò con tono sincero che avevano smesso di filmare. Allora cedetti alle lacrime, singhiozzando disperatamente consolata da Iain, rimpiangendo di aver dato ascolto agli altri, ripetendo che avevo costretto i bambini a far visita al padre e ora loro non c'erano più. Inutile dire che, malgrado le garanzie che mi erano state date, quella sera alcuni estratti di quel momento di dolore privato furono trasmessi in tutta la nazione, lasciandomi nuda ed esposta al pubblico per guadagnare qualche punto di ascolto.

Gli amici. È merito degli amici se non impazzii del tutto durante quell'incubo; non potrò mai ripagarli del loro sostegno e della loro comprensione, del loro atteggiamento protettivo e della loro generosità. È incredibile, poi, quanto poco ci voglia per capire chi sono i veri amici. Dal momento in cui appresero la notizia, furono lì a sorreggerci in tutti i modi concepibili. Alle 8.30 di mattina, nel pieno della prima conferenza stampa, il campanello cominciò a suonare annunciando l'arrivo in rapida successione di Rob e Sue MacArthur, George Craig con sua figlia Amber, Jo Pearson, Heather Brown e Rob Gell. Questa squadra di persone straordinarie entrò in casa e si occupò dei telefoni e della porta, preparò infinite tazze di caffè, pulì, cucinò, mi consolò e rimase con noi per quelli che sarebbero diventati dei turni di resistenza di ventiquattr'ore nelle due settimane a venire. E ce n'era davvero bisogno. Alla fine nel nostro soggiorno si creò un centro di controllo con quattro linee telefoniche in entrata, due cellulari presi in prestito e un fax che ronzava e scricchiolava ogni cinque minuti. Nel periodo di maggiore frenesia dei media, ne squillava uno ogni novanta secondi. Arrivammo al punto di avere due persone che rispondevano al telefono senza interruzione alternando due ore di lavoro a due ore di riposo, vagliando tutte le chiamate in arrivo e annotando cronologicamente i messaggi provenienti da tutta l'Australia e dal mondo intero a mano a mano che la notizia si diffondeva. Il telefono cominciava a suonare alle 5.00 con la richiesta di aggiornamenti per l'ultima edizione dei giornali del mattino, i notiziari radiofonici e, a seconda di ciò che era accaduto la sera prima, trasmissioni in diretta da casa nostra durante il giorno per qualche rete televisiva. Era un caos completo, che durava fino all'ultima chiamata, verso mezzanotte. Il nostro eroico gruppo di aiutanti limitava al minimo il mio contatto telefonico con i media, lasciandomi libera per le interminabili sedute e conversazioni con i miei legali che punteggiavano le giornate nei momenti più impensati. George cancellò tutti i suoi impegni di lavoro per starci accanto ogni giorno per due settimane, e quando alla fine tornò a lavorare continuò a passare le serate a casa nostra. Sue e Rob rimandarono le loro vacanze per restare ad aiutarci; Jo passava le mattinate rispondendo al telefono, pulendo la casa, lavando i pavimenti, preparando zuppiere di minestra per rifocillare la nostra famiglia allargata e poi correndo allo studio in tempo per leggere il notiziario serale di Network Ten. Senza l'appoggio dei nostri veri amici non ce l'avrei mai fatta e sarei crollata.

Fu un'esperienza amara e sconcertante anche scoprire la folta schiera di quelli che ti erano vicini solo "nella buona sorte", e dei ficcanaso che si proclamavano amici ma venivano solo per curiosare in giro. Alcune erano persone con cui eravamo convinti di avere un legame intimo e profondo, e resterà sempre un dispiacere per me il fatto che in un momento di grande bisogno e di sconvolgimento emotivo siano sparite o si siano servite dell'amicizia per perseguire un fine, per ottenere qualcosa che avrebbe alimentato le loro cene al ristorante per mesi, usando i dettagli ascoltati da noi per animare la conversazione tra un aperitivo e un antipasto.

Quel primo giorno non mangiai niente, bevendo solo del succo d'arancia quando qualcuno me lo metteva in mano. Non riuscivo a tollerare l'idea di mangiare; riuscivo solo a pensare ai bambini. Avevo un disperato bisogno di notizie, qualcosa che rompesse il silenzio assoluto sul loro destino. Pregavo che Bahrin non fosse riuscito a portarli fuori dall'Australia e che fosse nascosto da qualche parte in attesa dell'opportunità di fuggire. In tutti quegli anni, ogni volta che veniva a Melbourne per esercitare il suo diritto di vedere i figli, avevo mantenuto un atteggiamento cauto e diffidente nei confronti delle sue intenzioni. Non avevo mai dimenticato il suo drammatico giuramento sulla *jihad* e quindi per precauzione avevo sempre preteso che consegnasse il suo passaporto, i biglietti aerei, le carte di credito e i travellers' cheques al mio avvocato prima di vedere i bambini. Questa volta, però, la routine era stata modificata su sua richiesta. Nell'ottobre del 1991 i legali di Bahrin avevano contattato i miei avvocati informandoli che il loro cliente era disposto a riconoscermi la custodia definitiva di Iddin e Shahirah. Ciò avrebbe eliminato, una volta per tutte, la possibilità di future liti in tribunale e ratificato lo status quo dei sette anni trascorsi. In cambio non chiedeva altro che due settimane all'anno insieme a loro, delle quali sapevo che non si sarebbe mai avvalso, e un allentamento delle condizioni che avevo posto sulle carte di credito e i documenti. All'epoca sembrava una proposta troppo bella per essere vera, ma ogni volta che esprimevo le mie riserve a Lillian o Iain, mi sentivo dire in tono di rimprovero: «È ora che voi due cresciate e risolviate i vostri problemi», oppure «Non agitarti, stai ottenendo comunque quasi tutto quello che vuoi». I legali di Bahrin mi accusavano di essere troppo dura, troppo estrema, di avere un atteggiamento paranoico e nevrotico. In nome dell'armonia e dell'equilibrio, cessai di oppormi e acconsentii alle sue richieste.

Il 1° novembre 1991, Bahrin mi riconobbe la piena custodia dei bambini sottoscrivendo un'ordinanza emessa dal Tribunale della Famiglia australiano. L'ordinanza stabiliva anche che i bambini avrebbero potuto telefonarmi almeno una volta al giorno quand'erano con il padre, e che il passaporto di Bahrin sarebbe stato trattenuto non dal mio avvocato, come in passato, ma dal suo. Non c'era stata alcuna richiesta da parte di Bahrin di inserire qualcos'altro nei termini e nelle condizioni di accesso ai bambini. Sembrava tutto troppo bello per essere vero, e così era.

Quando qualcuno bussò alla porta alle 11.55 di quella prima sera dopo il rapimento, tutti coloro che si trovavano in casa si bloccarono di colpo con il fiato sospeso, sperando che si trattasse dei bambini. Mi precipitai ad aprire, sebbene Iain mi pregasse di lasciar fare a lui, e trovai un uomo e una donna che esibivano i distintivi della polizia. Erano il sergente Graham Downs e l'agente Fiona Pedersen della polizia federale, nucleo per la tutela del diritto di famiglia. Mi dissero che erano stati assegnati al nostro caso e che dovevano controllare alcuni particolari. Entrando nel soggiorno, pieno di amici preoccupati arrivati lì dopo il lavoro, gli agenti spiegarono che volevano parlare con noi in privato e chiesero a tutti gli altri di lasciare la stanza. Poi, dopo un breve preambolo, mi sottoposero un elenco di numeri di telefono che Bahrin aveva chiamato dal suo albergo e i duplicati dei fax che aveva fatto trasmettere da lì. Mi fu chiesto di identificare i numeri che mi erano familiari e di fornire ulteriori informazioni su amici o contatti di lavoro di Bahrin in Australia. Feci del mio meglio in base agli scarni dati che avevo raccolto nel corso del tempo, avvertendoli però che non ero sua moglie da sette anni, e dunque le informazioni che ero in grado di fornire erano terribilmente datate. Dissi comunque quel che potevo, informandoli che il sultano di Terengganu possedeva una villa in un sobborgo esclusivo di Perth, nell'Australia Occidentale, e che alcuni membri della famiglia avevano accesso sia ad aerei leggeri sia a imbarcazioni. Alla fine domandai se la guardia costiera fosse stata allertata, e il sergente me lo assicurò.

Alcuni dei numeri telefonici composti da Bahrin appartenevano a linee di pullman interstatali e ad alberghi isolati nello stato di Victoria. La polizia li considerava un tentativo di depistaggio da parte di Bahrin, un modo per convincerli che avesse semplicemente deciso di prolungare la sua vacanza con i bambini in barba agli accordi stabiliti in tribunale. Mi fu anche mostrata la fotocopia di un altro fax: era il testo di una lettera manoscritta inviata da Bahrin ai suoi avvocati, in cui li avvertiva in termini concitati che aveva deciso di prendere in mano la situazione e di restare con i suoi figli finché ne avesse avuto voglia. Il fax era datato e risultava spedito giovedì sera, ma i suoi legali sostenevano di averlo ricevuto solo dopo il rapimento dei bambini. In seguito sarei venuta a sapere dal Ministero della Giustizia che ciò non corrispondeva alla verità.

Passammo poi alle informazioni provenienti dal pubblico. Gli agenti mi assicurarono che grazie alla copertura dei media i cittadini avevano fornito preziose indicazioni. Io chiesi fino a che punto fossero preziose e se avessero la minima idea di dove si trovassero i miei figli. Alle mie domande Downs e Pedersen reagirono con un'aria da cospiratori, spendendo vari minuti per ammonirci delle gravi conseguenze che avremmo provocato divulgando le informazioni che stavano per "condividere" con noi. Dissero che solitamente si limitavano a rivelare alle vittime solo ciò che avevano «bisogno di sapere», e che in circostanze normali questo genere di notizie non veniva fornito a una persona come me: la "vittima". Iain e io dovevamo giurare di mantenere un assoluto silenzio su ciò che stavano per dirci, o avremmo rischiato di non vedere mai più i bambini. Noi non avevamo la minima intenzione di ostacolare la polizia nella sua ricerca di Iddin e Shah, avremmo fatto qualunque cosa per garantire la loro salvezza. Quando riuscimmo a convincerli, ribadendo che non ne avremmo parlato con nessuno, né amici né familiari, ci diedero finalmente qualcosa cui aggrapparci.

Mi fu spiegato che c'erano stati due avvistamenti sicuri dei bambini e di Bahrin: il primo alle 8.30 di mattina sulla strada fra Shepparton e Benalla, un'importante arteria della zona, dove un automobilista si era fermato per dare una mano a cambiare una gomma bucata. Il testimone aveva raccontato alla polizia che i bambini erano sul sedile posteriore dell'auto ed erano in compagnia di un uomo alto più di un metro e ottanta con i capelli rossi. Costui aveva reagito in modo aggressivo dicendo al premuroso automobilista di andarsene, perché non aveva bisogno di aiuto. Il secondo avvistamento "certo" era avvenuto in un negozio di giocattoli nel distretto di Griffith, nello stato limitrofo del Nuovo Galles del Sud. Lì i bambini erano stati fatti uscire in fretta dal negozio e caricati su una macchina. Sentii rinascere la speranza, naturalmente, e mi aggrappai alla possibilità che i bambini non avessero lasciato l'Australia come a un salvagente in un oceano in tempesta. Nulla mi avrebbe indotto a perdere quella fiducia.

Quando mi informai sulla stanza abbandonata in albergo e sulle cose che appartenevano ai bambini, gli agenti mi dissero che i locali erano stati sigillati e perquisiti a fondo dalle forze di polizia. Con questo, e con la promessa che si sarebbero tenuti in stretto contatto, gli agenti della polizia federale se ne andarono, lasciandomi con un debole barlume di speranza.

Quella sera John Udorovic era venuto a casa nostra con i figli Joshua e Nadine per rivedere le iniziative legali da adottare nel momento in cui fossero stati localizzati i bambini. La presenza di Josh e Nadine, insieme a quella di Amber, fu un vero sollievo per Skye, rientrata quel pomeriggio dalla fattoria della nonna. Anche se non lo diceva, era angosciata dalla scomparsa del fratello e della sorella, e io ero angosciata perché non ero in grado di confortarla; era già abbastanza difficile non urlare e non spaccare i vetri delle finestre a mano a mano che passavano le ore. Non facevo altro che andare avanti e indietro e vomitare. Dormire era fuori discussione, e ogni rumore mi dava sui nervi come le unghie su una lavagna. Nelle prime ventiquattr'ore del rapimento mi era stato offerto del Valium e altri tranquillanti perché mi calmassi, ma li avevo rifiutati tutti con decisione. Non avevo intenzione di vivere quell'incubo intontita dai farmaci, solo per ritrovarmi ad affrontare quelle realtà e quegli orrori in un momento successivo. Dovevo conservare la mia lucidità e le mie facoltà mentali nei limiti in cui il trauma me lo consentiva. Lo dovevo a Shah e Iddin: loro contavano su di me perché li portassi a casa. Così trascorsi un'altra notte irrigidita sul letto, fingendo di provare sul serio a dormire un po'. Alla fine rinunciai e mi diressi verso la camera di Iddin, recuperando Muckle in corridoio. Non cercai l'interruttore quando entrai, poiché una lama di luce lunare filtrava fra le tende aperte, rimbalzando sul bianco camino di marmo per distendersi ai piedi del letto come una macchia di vernice fluorescente. Mi raggomitolai sulla coperta insieme alla cagna e affondai la testa nel cuscino di Iddin per ritrovare il suo odore, con una nostalgia tale da spezzarmi il cuore. Rievocai fuggevoli immagini di entrambi e frammenti di conversazioni lontane nel tempo. Fino al loro ritorno non avevo nient'altro, e avrei dovuto accontentarmi.

*Martedì 14 luglio 1992*

Il mattino dopo mi svegliai infreddolita e indolenzita nel letto di Iddin, ansiosa di riprendermi da un terribile incubo. Quando mi resi conto invece che quella era la mia nuova realtà, fui inevitabilmente assalita dai tremori e dal consueto alternarsi di vomito e diarrea. Mentre facevo la doccia e mi vestivo, evitai accuratamente di guardarmi allo specchio. Mi spazzolai i capelli e mi lavai i denti come un automa; il mio unico pensiero era quel che i miei figli stavano facendo in quel preciso momento. Mentre mi legavo i capelli con un elastico, Iain entrò in bagno dietro di me e spiando il mio riflesso allo specchio parve esaminarmi minuziosamente. «Mettiti un po' di trucco, Jack» disse. «Il pubblico è più disponibile con le belle donne, e più solidale.»

«Non ce la faccio. Che importanza ha?» replicai, mentre un'altra ondata di nausea mi prendeva lo stomaco.

«Ce l'ha, credimi, lavoro nei media da un tempo sufficiente per sapere cosa ci vuole, e oggi come oggi la bellezza è meglio della semplicità» sentenziò Iain con tale sicurezza che non osai fare obiezioni. Ma a ogni pennellata di ombretto e a ogni spolverata di cipria, provavo un senso di disgusto e di stordimento, mi sembrava un tradimento nascosto nei confronti dei bambini. E maledii la meschinità di un mondo che imponeva alle vittime di mettersi in ghingheri ed essere fotogeniche per ottenere il sostegno della gente e la copertura dei media.

Cominciò la consueta routine di telefonate, domande, troupe televisive, fotografi e giornalisti. Esposi i più minuti dettagli e risposi a tutte le domande della stampa con la massima pazienza; era il nostro unico filo di speranza per ritrovare i bambini.

Sobbalzai quando giunse una telefonata della polizia federale, ma era semplicemente una formalità, un gesto di cortesia per farci sapere che erano al lavoro. Arrivarono gli amici del primo turno mattutino, ma non avevamo nessuna novità per loro. Gli amici erano una vera benedizione; i loro abbracci, il loro silenzio, i loro gesti erano un'ancora di salvezza. Passai tutta la giornata a rilasciare interviste, rispondere a quesiti legali e piangere, piangere fino a non avere più lacrime. L'attesa era vuota e interminabile.

A un certo punto parlai con Tim Watson-Munro, un caro amico e psicologo forense, la cui figlia Jessica era la migliore amica di Shah. Lui fece del suo meglio per confortarmi, ma conosceva perfettamente, come le conoscevo io, le implicazioni psicologiche che un fatto del genere aveva per i bambini, e sapeva anche che le solite frasi fatte non sarebbero servite a placare le mie paure. I compagni di scuola più legati a Iddin, Mark Maddern e Jack Brown, telefonarono per chiedere se potevano collaborare. Non seppi cosa rispondere a quei bambini; avrei voluto dire qualcosa che li aiutasse a superare lo shock e il dolore che provavano per l'amico perduto, ma avevo ben poco da offrire.

Il telefono non taceva mai; sembrava che il mondo intero facesse a gara per dare una mano, ma era come se i miei due bambini fossero diventati di colpo dei minuscoli aghi in un gigantesco pagliaio. Riuscii a ingerire una barretta di cioccolata alle mandorle e un po' di succo d'arancia; non mi riuscì di mangiare altro. In qualche modo mi ricordai di telefonare alla casa di riposo della nonna, pregando di tenerle nascosta la notizia finché non avessimo saputo qualcosa di nuovo e di concreto. Perché non c'erano notizie? Non riuscivo a capire perché nessun altro avesse visto Iddin e Shahirah, o almeno Bahrin. La serata trascorse uguale alla precedente. Gli amici vennero a trovarci, ma sembravamo tutti in preda allo stesso nervosismo, tutti in attesa che suonasse il campanello o arrivasse una nuova telefonata. Alle 11.00 di sera le chiamate cessarono, ma io ero troppo tesa per dormire. Così rimasi davanti al televisore fino a poco prima dell'alba, fissando lo schermo con sguardo vuoto e ripensando continuamente alla mia ultima conversazione con Iddin e Shah.

*Mercoledì 15 luglio 1992*

Mancavano ancora notizie precise. Nessuno sembrava sapere con certezza dove fossero quei tre; io mi limitavo a sopravvivere, sperando e pregando che la mia continua presenza sui media riportasse alla memoria di qualcuno fra il pubblico un piccolo indizio che potesse portarci ai bambini. La polizia puntava sull'episodio di Griffith, ma perché la pista finiva lì? Arrivavano di continuo telefonate, avvistamenti, informazioni; tanta gente era assolutamente convinta di aver visto i bambini o Bahrin. Era questo che ci faceva andare avanti, ma come scegliere o anche solo cominciare a scremare in quella miriade di particolari? Con una decina di avvistamenti al giorno in tre diversi Stati, come speravano le autorità di riuscire a sbrogliare la matassa? Le reti televisive passarono a me alcune telefonate invece di girarle alla polizia, e non potei impedirmi di controllare di persona quelle più attendibili. Un uomo disse a un giornalista della televione di aver visto i bambini a una manifestazione aerea a centocinquanta chilometri da Melbourne, mentre salivano su un apparecchio. Una donna telefonò per dire alle autorità che aveva visto il "principe" viaggiare in un convoglio di BMW diretto all'aeroporto internazionale di Melbourne. I bambini, sosteneva, portavano la divisa di una scuola privata, con tanto di guanti, cravatta e cappello. Questa informazione se non altro mi fece ridere, pensando alle ipotesi che alcuni tendono a fare immediatamente quando si parla di "famiglia reale". Mio malgrado trovavo buffo che la gente avesse tanta fantasia da mettere una corona in testa a un mendicante, se qualcuno gli diceva che era di sangue blu. Un'amica mi contattò per propormi di parlare con un medium di sua conoscenza; in quella fase non ero ancora così disperata da accettare, ma non scartai del tutto l'idea.

Eravamo ancora in prima pagina in tutto il Paese; la ritenevo la nostra unica speranza che qualcuno da qualche parte denunciasse Bahrin. La polizia federale chiamò per dirmi che erano certi che lui e i bambini non avessero lasciato il Paese. Erano così sicuri che ci credetti senza fare domande.

Tanti pensieri mi passavano per la testa in quella casa che un tempo aveva ospitato una famiglia felice. "Potremo mai esserlo di nuovo?" mi chiedevo in continuazione. "Iddin e Shahirah torneranno a correre in salotto per andare a svaligiare il frigorifero, e riusciremo mai a riprenderci abbastanza da tornare alla normalità?"

Decisi di telefonare a Endah, la consorte del sultano, a Terengganu per chiederle aiuto.

Posai il ricevitore oppressa da un misto di disperazione e terrore. Se Endah, una donna alla quale Bahrin doveva fedeltà e rispetto, non sapeva niente, cosa potevo fare? Nella sua voce avevo percepito un incredibile stupore e sgomento per gli atti pubblici di Bahrin. «Come ha potuto dare alla famiglia una simile pubblicità senza riguardo per i problemi cardiaci di suo zio?» aveva ragionato ad alta voce. Mi aveva promesso di fare il possibile ma, come mi ricordò, era praticamente impotente senza l'appoggio del sultano.

*Giovedì 16 luglio 1992*

Ero come prigioniera di quella che era diventata la mia routine mattutina: sveglia, vomito, ritorno in bagno di corsa per un'altra scarica di diarrea, il suggerimento di mettere il rossetto, le interviste. La mia mente era così presa dai bambini che non riuscivo a concentrarmi su nient'altro. Tutti sprecavano energie nel tentativo di costringermi a mangiare, ma io semplicemente non avevo appetito. Gli amici continuavano a chiamare e io ero troppo nervosa e agitata per permettere a chiunque di attaccare la segreteria telefonica, persino di notte, nel caso che Iddin e Shahirah riuscissero a contattarci. Sapevo di irritare Iain avventandomi sul telefono quando squillava, ma non riuscivo a trattenermi. Ogni volta che lo sentivo suonare trattenevo il respiro e pregavo di ricevere notizie dei bambini prima di sollevare il ricevitore. Dipendevo in modo ossessivo dalle linee di comunicazione che avevo in casa e, per quanto irrazionale fosse, sentivo che se non fossi stata io a rispondere i bambini non avrebbero chiamato.

Iain condivideva le mie ansie e la mia rabbia profonda per le azioni di Bahrin, ma io non avevo le parole giuste per confortarlo. Forse, a essere proprio sincera, dovevo soffocare il desiderio di rivolgergli l'inutile frase «te l'avevo detto». Non sarebbe servito comunque a nessuno dei due. Iain si sentiva tradito da Bahrin. Due giorni prima del rapimento aveva tentato di offrigli un ramoscello d'olivo, mostrando comprensione per il suo stato di genitore non affidatario e offrendosi di aiutarlo a facilitare le cose per i bambini e per lui. Aveva persino suggerito a Bahrin di fermarsi da noi la prossima volta che fosse venuto in città, in modo da comprendere la vita dei figli e interagire con loro sul terreno casalingo. Bahrin si era lamentato con Iain delle restrizioni che gli erano state imposte e del poco tempo che gli era concesso con i bambini, e in generale aveva cercato di cooptarlo nel partito dei maschi contro quello delle femmine. Ricordo che in seguito avvertii Iain di non credere ai sentimenti che il mio ex marito gli aveva espresso, dicendogli che lui non aveva idea di quanto Bahrin fosse subdolo. Ora lo sapeva.

Avrei voluto poter fermare il tempo fino al ritorno dei bambini. Odiavo il tramonto che sfociava nella notte; segnava la fine di un'ennesima giornata senza notizie, e mi diceva che l'indomani avrei dovuto di nuovo affrontare tutto questo.

A mezzanotte, mentre osservavo il profilo della città dalla finestra del salotto, alzai lo sguardo verso le stelle. Ero così furiosa e depressa allo stesso tempo che non sapevo se spalancare la porta d'ingresso e correre fuori nella notte a spaccare vetri, o raggomitolarmi con la voglia di scomparire. Non riuscivo a credere che la polizia federale del Commonwealth australiano fosse composta da incompetenti così maldestri. Quel pomeriggio l'agente Pedersen aveva telefonato per informarmi che il personale del Victoria Hotel aveva impacchettato le cose dei bambini. Voleva che andassi in albergo a prenderle, ma l'idea mi ripugnava; sembrava un atto così definitivo, come se un capitolo fosse stato chiuso definitivamente per non essere più riaperto. Così avevo chiesto a Tim Watson-Munro di andare a ritirarle per me.

Tim arrivò a casa nostra alle 11.00 di sera con quattro sacchi da spazzatura di plastica verde in cui era stato ammassato tutto ciò che Shah e Iddin avevano lasciato in albergo. Non riuscivo a smettere di piangere mentre vuotavo sul pavimento il contenuto dei sacchi; eravamo Tim e io da soli in una stanza vuota, con i resti dei miei bambini sparsi per terra. Di colpo ebbi una rivelazione, come un lampo che mi mozzò il respiro e fece a pezzi tutto il mio ottimismo: Bahrin voleva togliere ai figli ogni ricordo di casa loro. Tutti i loro abiti, le calze e le mutande, persino le scarpe, erano stati abbandonati dal padre quando se n'erano andati. Ecco perché Whitey era rimasta lì, insieme alle cose cui i bambini tenevano di più. Per Bahrin, loro non avevano avuto altra vita prima che lui li rapisse. Intendeva rimodellare la loro personalità, il loro io più profondo, secondo i suoi desideri, come se fossero pupazzi di creta senza cervello o sentimenti. Considerava Iddin e Shah roba sua, sue proprietà, "cose" che un tempo gli appartenevano e poi aveva perduto, ma che ora aveva deciso di reinventare per compiacere il suo ego e il suo desiderio di vendetta nei miei confronti.

Frugando meglio nella borsa da viaggio di Iddin, che era stata infilata in un sacco per essere riportata a casa, ebbi la prova che il bimbo era preoccupato di ciò che stava accadendo intorno a lui prima del rapimento. Vuotandola del suo contenuto, scoprii che aveva nascosto sotto il cartone che foderava il fondo della borsa i cartellini e le ricevute dei nuovi abiti che Bahrin aveva comprato per loro: quei pezzetti di carta erano scontrini computerizzati dei grandi magazzini David Jones, che indicavano e descrivevano gli acquisti nel minimo dettaglio. Finalmente avevamo un'idea precisa di cosa indossavano ora i bambini. In quel momento mi sentii molto orgogliosa di Iddin. Era stato davvero intelligente, brillante e ingegnoso da parte sua lasciare degli indizi.

Proseguendo, trovai un paio di calzini sporchi di Iddin appallottolati. Quando li srotolai trovai un ciuffo di capelli rossicci che collimavano con uno degli avvistamenti di un complice menzionati dalla polizia. Dato che Iddin odiava tenere le scarpe in casa, quei peli potevano essere finiti sul calzino solo se l'uomo fosse stato nella stanza d'albergo. C'erano anche vari libri illustrati sui quali notai grosse impronte di un adulto. Misi da parte anche quelli. Il foglio di carta da regalo che avevo visto appeso alla parete nella stanza abbandonata era stato ripiegato e aggiunto alle cose dei bambini; anch'esso recava delle grosse impronte. La polizia federale australiana avrebbe dovuto trovare tutto questo; non c'erano scuse per una simile omissione. Persino il personale dell'albergo aveva messo le mani sulle cose dei bambini: quante prove giudiziarie erano state gettate via come spazzatura da persone non addestrate?

La polizia parve molto imbarazzata quando chiamai per comunicare le mie scoperte. A tutta evidenza avevano dato solo un'occhiata superficiale alla stanza. La voce al telefono mi disse che il mattino dopo avrebbero mandato un agente della polizia giudiziaria a recuperare il materiale; nel frattempo mi chiedevano di fare molta attenzione a non danneggiare le prove. Li assicurai che avevo già messo tutti gli oggetti in buste di plastica separate evitando scrupolosamente di toccarli più del necessario. Dissi all'agente che l'avevo letto in un romanzo poliziesco e chiesi se usassero lo stesso libro per il loro addestramento. Non so se lui colse il mio sarcasmo.

Verso le 3.00 del mattino ricordo che avrei voluto dormire, ma avevo dimenticato come si faceva.

*Venerdì 17 luglio 1992*

Quella notte finii per dormire davvero un paio d'ore, ma me ne pentii, perché gli incubi mi paralizzarono dal terrore. Nel sogno sentivo Shah e Iddin che mi chiamavano ma io ero cieca, non potevo aiutarli, non potevo nemmeno vederli; udivo solo le loro voci che mi chiedevano continuamente di andare a prenderli. Mi svegliai gridando i loro nomi.

La mia routine mattutina non subì grandi variazioni: il telefono cominciò a squillare alle 5.00, poi vennero le interviste e le telecamere accompagnate dai sintomi ormai cronici di nausea e diarrea. Scorrendo i titoli del mattino, lessi del rapimento di Iddin e Shahirah con tutto il distacco possibile: «I compagni di classe condividono l'ansia dei Gillespie; il principe si nasconde in Australia; tornano a casa i giocattoli, ma non i bambini».

Per esprimerci il loro sostegno in qualche modo, i genitori della scuola elementare di Canterbury, frequentata da Iddin e Shah, cominciarono a portarci del cibo già pronto. Ero molto grata di quella gentilezza, perché pur avendo una casa piena di gente da sfamare, mi era impossibile cucinare. I bambini della scuola presero anche a consegnarci lettere e a deporre mazzolini di fiori davanti alla nostra porta con bigliettini e disegni attaccati; la loro grafia infantile e gli errori di ortografia mi ricordavano quanto fossero piccoli i miei figli, e quanto fiduciosi, gentili e vulnerabili fossero tutti quei bambini. Come avrebbero potuto fare senza l'appoggio di tutti quelli che si prendevano cura di loro?

Prima del rapimento non mi ero mai resa conto di quanto Iddin e Shahirah fossero amati dai loro amici e fossero diventati parte integrante della comunità locale. Trapelava da tutte le lettere che ricevevamo, che io ripiegavo e archiviavo ordinatamente per recuperarle in futuro. Intendevo mostrare ai miei figli quelle espressioni d'amore e di appoggio quando fossero tornati a casa, pensavo che sarebbe stato bello per loro sapere quanta gente si fosse preoccupata per la loro scomparsa. Cercavo di concentrarmi sugli aspetti positivi e di ignorare quelli negativi il più possibile, ma era una dura battaglia interiore.

Un editoriale cinico e pieno di retorica sul quotidiano «The

Age» non contribuì certo a migliorare il mio stato d'animo. Posso riassumere la colonna di trenta centimetri in poche parole: i dollari delle esportazioni meritano il sacrificio di due bambini australiani sull'altare del commercio internazionale. L'autore chiedeva un compromesso. Forse pensava a una soluzione semplicistica come fare a fette i bambini o, meglio ancora, privarli della cittadinanza australiana? In fondo, i proventi del commercio andavano tutelati a qualunque costo.

Un funzionario del Ministero degli Esteri mi fece una telefonata di cortesia. Fu educato, anche se un po' vago, ma risultò evidente che si attendevano il peggio. Dato che la polizia federale australiana continuava ad assicurarmi che i bambini non avevano lasciato il Paese, facevo molta fatica a farmi un'idea di cosa fosse reale e cosa inutile, ma decisi di continuare a lottare.

La mia riluttanza a mangiare, e la mia incapacità a trattenere il cibo anche quando ci provavo, indussero un gruppo di amici a portarmi della cioccolata alle mandorle. Era corsa voce che fosse l'unica cosa che ero riuscita a non rigettare. Dentro di me, però, io avrei preferito che tutti smettessero di cercare di alimentarmi. Non potevo mangiare, specialmente finché non sapevo cosa stessero passando i bambini.

Muckle si ostinava a seguirmi da tutte le parti; non mi perdeva mai di vista. I cani riescono a dare conforto con la loro sola presenza, e inoltre mi sembrava di alleviare la sua pena permettendole di starmi alle calcagna.

Ero profondamente convinta che fosse tutta colpa mia se i bambini stavano vivendo quell'odissea. Sentivo che non avrei mai dovuto fidarmi dell'opinione di qualcun altro quando il mio istinto mi gridava di non farlo. Avevo promesso a Shahirah e Iddin che sarebbe andato tutto bene, che Bahrin non avrebbe mai tentato di portarli via. Ora sapevano che avevo mentito.

A questo punto sentivo la necessità quasi ossessiva di assicurarmi che le cose che dicevo ai media fossero quelle giuste. Se i bambini erano ancora in Australia, mi auguravo che quella continua pressione e attenzione potesse stanare Bahrin. Tutti i giornalisti continuavano a chiedere un "taglio" nuovo: dopo tutti quei giorni la vicenda cominciava a diventare un po' stantia. Volevano fotografare le stanze di Iddin e Shah, ma io mi opposi; ai bambini sarebbe rimasta ben poca intimità quando tutto questo fosse finito, e io non avevo intenzione di permettere alla gente di spiare fra le loro cose a meno che non fosse assolutamente necessario. Sull'onda dell'enorme interesse dei mezzi di comunicazione, varie riviste femminili cominciarono a lasciare messaggi ogni ora. Volevano scrivere del rapimento, ma a me non interessava. Mi ero ripromessa di riportare a casa i bambini prima che una qualsiasi di quelle riviste fosse pubblicata, e un servizio sulle loro pagine non sarebbe servito a farli ritrovare. D'accordo con Iain, decisi che ci serviva quel tipo di immediatezza che solo la stampa quotidiana, la televisione e la radio potevano dare.

Quel triste pomeriggio accettai mio malgrado di intervenire a un programma serale di attualità: avrei fatto qualunque cosa pur di riportare a casa i bambini. La squadra di ripresa in esterni venne a montare la sua antenna satellitare mentre io tornavo dalla mia ottava seduta giornaliera in bagno. Cominciavo a pensare che fosse molto più semplice non mangiare nulla, per tentare di controllare almeno una delle mie funzioni corporali. Mi sentivo così male che non sapevo come avrei fatto a sostenere l'intervista con un minimo di intelligenza o dignità. Ero ormai così fisicamente ed emotivamente provata che non riuscivo a controllare il tremito della mia mano destra ed ero continuamente sull'orlo di uno svenimento.

Nei colloqui preliminari era stato concordato che prima di parlare con il conduttore del programma avrei visto un'intervista allo zio di Bahrin, Tengku Ibrahim, registrata in precedenza via satellite. I produttori avevano anche promesso di non creare un contradditorio fra me e lui, ma di lasciarmi libera di commentare le sue affermazioni. Ciò che accadde in realtà fu che senza preavviso fu stabilito un collegamento a tre fra il conduttore, lo zio e me. Al termine dell'intervista registrata io ero fuori di me: avevo dovuto sorbirmi le ciniche osservazioni di Tengku Ibrahim sulla circoncisione femminile, in cui lui ammetteva che se Shah fosse arrivata in Malesia con suo padre sarebbe certamente stata circoncisa. «Qual è il problema?» disse. «Qui lo fanno tutti. Milioni di ragazze vengono circoncise e non è niente di speciale. È solo un piccolo intervento.»

Questa particolare operazione, che consiste nell'asportare il clitoride dai genitali delle figlie femmine, è generalmente considerata in tutto il mondo una mutilazione sessuale e nelle società civilizzate è giudicata una violazione assoluta dei diritti civili. L'idea che a mia figlia fosse inflitta quella forma di mutilazione spazzò via le poche riserve che mi erano rimaste e mi fece perdere il controllo. Cominciai a singhiozzare apertamente cercando conforto sulla spalla di Iain. Passarono vari secondi prima che mi rendessi conto che proprio in quel momento Tengku Ibrahim mi sentiva perfettamente, essendo ancora in linea e non, come avevano promesso i produttori del programma, disconnesso. I pezzi grossi della TV avevano ottenuto ciò che volevano: un maggiore pathos che senza dubbio avrebbe incrementato i loro indici d'ascolto. Lungi da me osservare che la loro piccola prodezza potrebbe aver pregiudicato la salvezza dei miei figli e qualunque futuro contatto fra me e la famiglia reale.

Parlare con Tim mi era di immenso aiuto. Cominciò a farci visita una o due volte al giorno per chiedere se potesse darci una mano. Avrei voluto che anche Iain parlasse con lui. Iain e io ci tenevamo a distanza, nel timore che un contatto facesse esplodere il nostro dolore individuale; ormai parlavamo quasi esclusivamente di Iddin e Shah, e la notte giacevamo nel letto insieme cercando di darci conforto in silenzio; le parole facevano troppo male. Ancora una volta furono i nostri amici a farci tirare avanti. Mi vergognavo di avere appena l'energia sufficiente a far loro un sorriso o a piangere quando dicevano qualcosa per consolarmi.

*Sabato 18 luglio 1992*

Erano passati nove giorni dall'ultima volta che avevo stretto fra le mie braccia Shah e Iddin e non avevo ancora un'indicazione precisa su dove fossero. I giornali continuavano a seguire la vicenda strillando sulle loro pagine: «La madre del rapimento malese racconta; il rapimento Gillespie». Un giornalista riuscì persino a riesumare una storia vecchia di tre anni e a inserire dichiarazioni di John Savage sul nostro passato rapporto. A essere sinceri, non c'era nulla che non andasse in quell'articolo, ma non vedevo cos'avesse a che fare con i miei figli la mia relazione con un attore americano e il fatto che avessimo lavorato insieme a un film.

A ogni modo, avevo telefonato a John solo qualche giorno prima che quell'articolo andasse in stampa. Ero riuscita a rintracciarlo a Praga per fargli sapere dei "wombat". Lui disse immediatamente che avrebbe messo in moto i suoi contatti in America per organizzare un'assistenza diplomatica se fosse stato necessario. Gli risposi che mi rifiutavo di credere che i bambini fossero usciti dall'Australia finché non avessi visto una prova inconfutabile con i miei occhi.

In casa tutto sembrava cristallizzato nel tempo, persino i suoi abitanti, e ogni cosa sembrava ricordarmi che la nostra vita normale era forse perduta per sempre. Le biciclette erano al solito posto, allineate lungo il corridoio. Cercavo di distogliere lo sguardo ogni volta che ci passavo accanto, mi faceva troppo male. Mi riportavano alla mente vivide immagini di domeniche lontane, giorni in cui pedalavamo per quindici chilometri ridendo e cantando mentre il cane cercava di starci dietro. Avremmo mai potuto farlo ancora?

Ora anche le piccole cose avevano il potere di farmi infuriare. Più di tutto mi tormentava l'idea che i bambini fossero maltrattati e privati della loro umanità, così quando mi accorsi che le loro fotografie posate sulla mensola del camino erano sgualcite e macchiate dalle impronte digitali dei giornalisti, non riuscii a sopportarlo. Per la prima volta da sette giorni mi avventurai fuori di casa per comprare delle cornici d'argento decenti per le foto dei miei piccoli. Razionalmente o no, sentivo la necessità insopprimibile di proteggere tutto ciò che era collegato a loro, almeno simbolicamente. Quell'uscita estemporanea fu un vero disastro. Mi rifiutai di farmi accompagnare; era un compito che spettava a una madre. Fu orribile essere riconosciuta per la strada, vedere la gente che indicava, bisbigliava e guardava. Era una cosa cui non ero abituata, ed era tutt'altro che lusinghiero diventare famosa per un evento così terribile come la perdita dei miei figli. Quando la commessa mi prese la mano e la strinse, dicendomi che pregava per noi, non ce la feci più e mi affrettai a uscire dal negozio.

Quello stesso pomeriggio Jeff Goldstein, proprietario del videonoleggio della zona, si presentò a casa nostra con delle borse piene di cassette. Disse che aveva pensato che ci servisse qualcosa per distrarci. Jeff aveva ragione, ma da dove cominci, quando hai la sensazione che ti abbiano aperto in due strappandoti il cuore e l'anima?

*Domenica 19 luglio 1992*

Era passata esattamente una settimana da quando eravamo precipitati in quell'abisso, ma sembrava un'eternità. Quando cercavo di dormire ero assalita da incubi spaventosi, mi agitavo svegliando Iain e l'ansia che mi era rimasta addosso mi tirava fuori dal letto per ricominciare a vomitare.

Ogni mattina scorrevo i titoli dei giornali cercando qualcosa che mi avvicinasse ai bambini e controllando di aver fatto il miglior lavoro possibile. Iain teneva insieme il mio corpo e la mia anima, specie in quei primi tumultuosi giorni quando la sua presenza era l'unica costante della mia vita. Era come una zattera cui mi aggrappavo per non sprofondare nella pazzia.

Sui giornali avevano iniziato a comparire indicazioni che la famiglia reale malese si stava stringendo intorno a Bahrin per presentare un fronte unito all'opinione pubblica. Di fronte a un titolo come «Rapimento o salvataggio? Una questione religiosa», mi resi conto che molte potenziali fonti di informazione erano in procinto di chiudersi per me. Quel particolare articolo mi mandò su tutte le furie. Riportava una dichiarazione della famiglia reale secondo la quale Bahrin non sapeva che i bambini erano stati battezzati in una chiesa anglicana; questo era assolutamente falso. Bahrin sapeva che i suoi figli frequentavano asili e scuole normali in Australia, e sapeva anche che prendevano parte alle recite di Natale e a tutte le altre cose che sono parte integrante della vita australiana. Inoltre gli era stato formalmente comunicato che i bambini erano stati battezzati nove mesi prima che lui proponesse di affidarmeli in via definitiva. Non gli era mai stato negato il diritto di dire la sua sull'educazione dei suoi figli, semplicemente non si era mai dato la pena di farlo. Se non era contento del modo in cui Iain e io stavamo allevando i bambini, avrebbe dovuto dirlo in tribunale, invece di rapirli.

La cosa che mi fece più arrabbiare di quell'articolo fu che la giornalista, Di Webster, aveva usato ogni mezzo a sua disposizione per blandirmi, assicurandomi che, se ne avesse avuto l'opportunità, avrebbe cercato di scoprire tutto ciò che poteva sui bambini. Questo non era un caso come tanti; era una vicenda che coinvolgeva due bambini innocenti, i miei bambini. Rimpiangevo di aver fornito alla signora Webster le informazioni che stava cercando, soprattutto quelle in materia di protocollo e di etichetta per trattare con la famiglia reale di Terengganu. Mi sentivo vittima del peggiore inganno possibile, e provavo un vero malessere nel vedere i miei figli coinvolti in quello che ritenevo l'interesse privato di una giornalista, per incrementare il suo reddito e garantirle un servizio esclusivo.

Quel giorno scrissi nel mio diario: «Voglio tanto bene a Iddin e Shah. Non sono mai stati tanto tempo lontani da me da quando sono nati. Mi sembra di essere senza una gamba, o senza tutt'e due le gambe. Dove sono?».

Era una domanda cui nessuno poteva rispondere al posto mio.

*Venerdì 24 luglio 1992*

Malgrado la nostra situazione, o forse proprio per questo, il governo australiano dell'epoca non mostrò una grande disponibilità ad aiutare la nostra famiglia. Arrivavano segnali che a Canberra sarebbero stati ben contenti di sapere che i bambini fossero in Malesia, specialmente se io mi fossi trovata nella situazione di dover lottare per Shah e Iddin nei tribunali di quel Paese. Il governo non sembrava molto turbato dal fatto che le leggi federali australiane fossero state aggirate da un membro della famiglia reale malese. Questo atteggiamento era una sorta di morbo che aggrediva il governo Keating ogni volta che sorgeva un problema spinoso fra le due nazioni, in particolare nella sfera dei diritti umani. Consisteva nel mettere tutto a tacere e sacrificare gli innocenti. Preferivano fare marcia indietro sulle questioni morali piuttosto che rischiare di suscitare risentimenti. L'allora Ministro degli Esteri, il senatore Gareth Evans, continuava a sostenere sulla stampa che il rapimento dei miei figli era un problema familiare privato e non aveva nulla a che fare con i governi. La mia unica domanda era: se la violazione di una importante legge federale non era un problema del governo, cos'altro poteva esserlo?

Vista la posizione di scarsa solidarietà assunta dal mio stesso governo, un amico, Micky, lanciò una raccolta di firme per chiedere al Ministro degli Esteri di adoperarsi per il ritorno dei bambini e per l'arresto di Bahrin e dei suoi complici. Migliaia di persone sottoscrissero la petizione, e amici giornalisti di altri Stati mi dissero che documenti analoghi cominciavano a circolare anche nelle loro città. Sembrava un effetto a valanga. Io speravo che la richiesta di un intervento deciso da parte di altre persone convincesse il governo a lottare per Iddin e Shah. Senza la loro presa di posizione e la loro insistenza sul fatto che i bambini erano australiani, eravamo perduti.

La seconda settimana del rapimento fu molto peggiore della prima. Con il passare delle ore, le mie speranze di ritrovare i bambini in Australia si affievolivano. Malgrado le rassicurazioni degli agenti federali, la mia fiducia in loro cominciò a sfumare, specie quando ammisero di non aver controllato la casa del sultano a Perth e di avere omesso di perquisire il *Bunga Delima*, un cargo salpato da Perth solo qualche giorno prima. Non c'era una task force centralizzata impegnata nella ricerca dei bambini; la polizia federale considerava il loro rapimento una questione puramente interna. Mi rimanevano poche strade da percorrere, e quando compresi, per loro stessa ammissione, che i federali non avevano gli uomini o le risorse necessari per seguire le piste più semplici, cominciai a imperversare sui media.

Un sesto senso mi spinse inoltre quel giorno a contattare personalmente il proprietario del negozio di giocattoli di Griffith. Dato che la polizia federale continuava a lavorare su questo avvistamento come unica pista, volevo a tutti i costi altre informazioni. Era come aggrapparsi a una pagliuzza, ma dovevo sapere. Le mie speranze crollarono di colpo quando il proprietario si profuse in scuse dicendomi che si era sbagliato, che quelli che aveva visto nel suo negozio non erano Iddin e Shah, bensì bambini che si erano appena trasferiti nella zona. Aggiunse che quando si era accorto dell'errore aveva lasciato alla polizia federale un messaggio rimasto senza risposta; come se non bastasse, non era mai stato interrogato dagli agenti, né gli era stato chiesto di riconoscere i bambini su delle fotografie.

Le mie critiche alla polizia federale sui mezzi di informazione indussero il vicecommissario Walter Williams a ritelefonarmi. Mi assicurò che tutte le risorse disponibili erano impegnate nelle ricerche. Gli chiesi se fosse davvero stata allertata la guardia costiera, e lui lo riconfermò. Era evidente che il vicecommissario Williams non aveva simpatia per me; immagino che si fosse offeso perché avevo detto la verità ai giornali sull'incompetenza degli agenti federali. Ma io me ne fregavo, ormai avevo capito che rimanendo lì ferma a sorridere ottusamente per ventiquattr'ore al giorno forse avrei fatto piacere ai media e al governo, ma non sarei stata di alcun aiuto ai bambini. Se quel che avevo da dire non andava bene, non avevano che da gestire la situazione nel modo giusto. Ero decisa a fare tutto il necessario per proteggere Iddin e Shah; tutti gli altri potevano andare a quel paese. Era in gioco la vita dei miei figli e nessuno aveva il diritto di dirmi di starmene con le mani in mano.

Verso la fine della seconda settimana, vari giornalisti australiani andarono a Terengganu per seguire la vicenda. Nessuno di loro dubitava che i bambini fossero in viaggio per la Malesia o nascosti laggiù. Una troupe della mia rete televisiva che si era avvicinata troppo alla famiglia reale fu arrestata dalla polizia malese; fortunatamente furono rilasciati senza conseguenze qualche ora dopo. L'unica consolazione che mi rimaneva a quel punto era che con giornalisti che conoscevo personalmente e di cui mi fidavo, la verità mi sarebbe stata detta con brutale franchezza.

Ciononostante, fu un terribile shock quando tornò a

emergere il lato peggiore della nostra professione. Alle 11.00 di sera telefonò un uomo dalla voce stridula che si presentò come giornalista di un importante giornale popolare. Senza nemmeno tirare il fiato, l'uomo mi disse brutalmente che senza dubbio i bambini si trovavano in Malesia e mi chiese un commento. Scoppiai in lacrime. Iain mi strappò di mano il telefono per capire con chi stessi parlando, ma prima che potesse dire una parola il giornalista richiese un riepilogo dell'intera vicenda e un'analisi del rapimento. Quando Iain si rifiutò osservando che non solo l'affermazione sui bambini era infondata, ma che non era professionale chiamare la vittima di un reato a mezzanotte e pretendere che raccontasse i retroscena di una vicenda in prima pagina su tutti i giornali senza aver prima approfondito la situazione, l'uomo si mise a inveire e insultare prima di sbatterci il telefono in faccia. Il mattino seguente Iain denunciò il comportamento del giornalista al direttore del giornale e ricevemmo delle scuse, ma quell'incidente mi fece capire che per quanto facessi ancora ufficialmente parte dei media, alcuni organi di stampa avevano cominciato a pensare che vittima o giornalista che fossi, avevo dimostrato di saper lottare ferocemente per i miei figli, e dunque non soffrivo. Come si sbagliavano! Soffrivo come una dannata, era come se mi fosse stata strappata l'anima, ma ero ancora in grado di lottare. Semplicemente non avevo altra scelta.

Tiravo avanti solo grazie a una visione selettiva delle cose. Funzionavo in automatico, escludendo tutti gli elementi periferici o che potessero distrarmi. Iain, George e Deb cercavano di stimolare il mio appetito e facevano del loro meglio per convincermi a riposare un paio d'ore, ma la mia mente mi aveva convinto che ogni istante trascorso a sorreggere il mio corpo era un secondo sottratto a Iddin e Shah. E poi, dopo due settimane di autentica battaglia, non ricordavo più il significato di quelle parole.

# 43

*11.15 di sera, sabato 25 luglio 1992*

Questo fu il momento in cui la mia anima fu amputata dalla mia esistenza, precipitandomi nel terrore e nella convinzione che non l'avrei più ritrovata. L'unico modo che ho per raccontarvi questa parte della storia è riportare le pagine del mio diario relative a quei giorni:

> Da più di quarantadue ore non provo a dormire. Ho lo stomaco sottosopra, il cervello allo stremo, le mani scosse da un tremito incontrollabile, e mi sono appena accorta che comincio a perdere ciocche di capelli quando mi pettino. Dio, venderei l'anima al diavolo pur di vedere i miei figli al sicuro fra le mie braccia. Iain sembra un morto mentre sonnecchia esausto in poltrona. Intorno a me vedo i nostri amici seduti o appoggiati sconsolatamente a mobili e porte. Nessuno di loro ha dormito nelle ultime trentasei ore, tutti hanno lottato per i bambini. John è appena andato via, trascinandosi dietro Nadine e Joshua semiaddormentati. Lillian se n'è andata un'ora fa; tornerà domattina. Fino ad allora non posso far altro che tentare di rendermi conto di quanto è successo nelle ultime ventiquattr'ore.
>
> Alle 11.15 di ieri sera, David Rutter del Ministero degli Esteri ha telefonato a casa di Lillian per comunicarle che i bambini sono «in Indonesia diretti in Malesia». Si è rifiutato di aggiungere altro. Lillian ha immediatamente contattato John e gli ha dato appuntamento a casa nostra. Quando li ho visti arrivare senza preavviso verso mez-

zanotte, ho capito che c'erano brutte notizie. Con loro c'era anche David Abraham, socio del mio studio legale. Mi è bastato guardare le loro facce per precipitare in un turbine di ansia, paura e rabbia cieca.

Verso mezzanotte ho parlato con David Rutter. Non ha voluto approfondire quel che aveva già detto a Lillian e ha continuato a ripetere che i bambini sono «in Indonesia diretti in Malesia». Ho chiesto chi li avesse visti, su quale isola e in quali condizioni fossero, ma lui è rimasto sulle sue, rifiutandosi di rispondere alle mie domande. Il fatto che il governo non volesse fornire informazioni rilevanti a me, la madre di Iddin e Shah, mi ha mandato su tutte le furie. Ero così fuori di me che ho detto al signor Rutter tutto quel che pensavo di lui e del suo dipartimento. Come potevo lottare per Iddin e Shah se il mio stesso governo mi negava le informazioni utili per farlo? David Abraham ha proseguito la conversazione con il signor Rutter ed è venuto a sapere che il senatore Gareth Evans, Ministro degli Esteri australiano, era stato informato della situazione qualche ora prima mentre partecipava a una conferenza dell'ASEAN a Manila, e aveva discusso dei miei figli con il suo omologo indonesiano, il signor Ali Alatas. Il senatore Evans, ci è stato detto, stava inoltre cercando di incontrare il Ministro degli Esteri malese, anch'egli presente alla conferenza.

A questa notizia sono balzata in piedi, ho strappato il telefono di mano a David Abraham e ho detto senza mezzi termini a Rutter che il senatore Evans non doveva assolutamente venire a patti con il governo malese, per esempio barattando un figlio per l'altro. Conoscendo Bahrin, ho temuto seriamente che attribuisse a suo figlio un valore di gran lunga superiore a quello che attribuiva a sua figlia, e che potesse offrire Shahirah in cambio di un sicuro ritorno in patria. «Non vi azzardate a stringere accordi senza il mio consenso, non vi azzardate!» ho gridato al telefono. «Vi prego, ditemi dove sono i miei figli.»

Conclusa la telefonata, siamo rimasti tutti stravolti per qualche minuto, prima di potere anche solo valutare ciò che ci aspettava. Le cose stavano così. I bambini erano effettivamente usciti dal Paese, malgrado le rassicurazioni della polizia federale.

Abbiamo bisogno di sapere esattamente in quale punto dell'Indonesia si trovano per tentare di ottenere da un tribunale indonesiano un ordine che vieti a Bahrin di lasciare il Paese. L'Indonesia è composta da centinaia di isole. Senza la collaborazione del mio governo, sarà come cercare un ago in un pagliaio. Ovviamente il Ministero degli Esteri sa molto più di quel che ci dice e non riesco proprio a capire perché non fa un tentativo più serio di aiutarci. Il primo dovere di un governo non è forse verso i suoi cittadini? Sono molto fiera di essere australiana, ma questo non può ridursi al semplice fatto di avere un passaporto con l'emblema dell'Australia; deve significare che il mio governo farà tutto ciò che è in suo potere per proteggere i suoi cittadini, specialmente quando i cittadini in questione sono bambini inermi. Ho la netta sensazione che stiano sacrificando me e i miei bambini in cambio di un accordo commerciale.

Il resto della nottata è trascorso in un susseguirsi di telefonate. Rob Gell è arrivato verso l'una con un altro telefono cellulare e abbiamo cominciato a chiamare in tutta l'Australia cercando un modo per costringere il governo a rivelarci quel che sa di Iddin e Shahirah. Mentre Iain e io tiravamo giù dal letto politici, sindacalisti, diplomatici e giornalisti in tutto il Paese, Lillian e John hanno steso dei documenti legali al computer aiutati da George e Debbie.

Ho chiamato Malcolm Fraser, ex primo ministro australiano e presidente dell'agenzia umanitaria CARE Australia, nella sua casa in campagna. Sebbene disturbato nel cuore della notte, ha ascoltato con partecipazione lo sviluppo degli eventi e ha promesso di attivarsi e fare tutto il possibile per ottenere le informazioni che ci servono. Abbiamo rintracciato l'ex capo del dipartimento degli Esteri. Ha detto che non capisce la posizione del governo sulla vicenda e che cercherà di manovrare dietro le quinte per farci sapere qualcosa. Ho chiamato John Halfpenny, capo del sindacato, che ha espresso la sua solidarietà e si è impegnato ad aiutarci se possibile. Ho svegliato Robert Hill, capo dell'opposizione al Senato e Ministro degli Esteri del governo ombra, a casa sua ad Adelaide nel sud dell'Australia, per informarlo della situazione. Ha detto che farà qualche telefonata. Nessuno dei politici laburisti che ho contattato ha voluto farsi coinvolgere; a quanto pare sono stata troppo esplicita sull'inerzia del governo e quindi tendono a evitarci. Ho parlato con il commissario delle Nazioni Unite per i diritti umani, Brian Burdekin. Ha detto che non sa cosa fare, ma che ci penserà. Abbiamo contattato i direttori dei telegiornali di Ten e Seven Network, Neil Miller e David Broadbent, a casa loro. Forse la pressione dei media servirà a qualcosa.

Telefonate, telefonate e ancora telefonate. Mi rifiuto di rinunciare ai miei figli. Continuerò a telefonare, assillare, pretendere, supplicare e chiedere favori finché non otterrò ciò che mi serve per Shah e Iddin. Cos'altro dovrei fare, secondo il governo laburista? Rintanarmi in un angolo sconfitta? Iddin e Shah sono i miei figli, sono tutta la mia vita. Li amo con tutto il cuore e tutta l'anima. Meritano di più, e non mi arrenderò finché questo governo non riconoscerà il fatto che due piccoli australiani sono stati rapiti da un membro della famiglia reale di una nazione vicina, in flagrante violazione della sentenza di un tribunale australiano. Penso che uno dei giuramenti più importanti fatti da un governo al momento del suo insediamento sia quello di far rispettare le leggi australiane. Il senatore Gareth Evans non ha ancora visto niente; non gli conviene ostacolare una madre che vede i suoi figli in pericolo.

I giornali di oggi riportano le dichiarazioni di un analista del Sud-Est asiatico: «Non c'è modo di risolvere la questione se non attraverso negoziati diplomatici fra i due governi. Anche se il governo della Malesia giungesse a un accordo con l'Australia, non può imporre la sua volontà alla famiglia reale perché, per la Costituzione malese, i governanti sono al di sopra della legge». Un altro giornale riporta che Elmi, la cantante, si augura che «Jacqueline resti presto incinta di suo marito e abbia dei bambini». Direi che riassume perfettamente il suo modo di concepire il legame fra una madre e un figlio. A parte il fatto che non so nemmeno se potrò avere altri figli per via dell'endometriosi e dei fibromi, non stiamo parlando di una torta che si mette in forno per sostituirne un'altra. Ogni figlio è un individuo unico, un essere vivente, non un oggetto inanimato che si può rimpiazzare a proprio capriccio.

La giornata è proseguita con un'affollata conferenza stampa per tutti i media, domande, flash e microfoni. Gli amici, ringrazio Dio che ci siano gli amici, sono loro la mia forza. Rick Willis sta facendo tutto il possibile per ridurre la pressione su di noi. Ha rilevato la produzione del programma radiofonico settimanale e ci sta sostituendo alla radio in modo che possiamo occuparci del rapimento. Non so proprio come potremo ripagarlo.

Ho spedito un fax per chiedere aiuto al Comitato delle Nazioni Unite per i diritti dei bambini a Ginevra. Spero che rispondano presto.

È essenziale bloccare la fuga di Bahrin dall'Indonesia; è la nostra ultima speranza di salvare i bambini. Dato che la Malesia e l'Indonesia sono così vicine geograficamente, il tempo è cruciale. Se lui riesce a portarli in Malesia, le nostre probabilità di liberare Iddin e Shah crollano all'1%. Ho steso tutte le cartine e l'atlante scolastico di Skye sul pavimento. Non so bene a cosa serva. Continuo a fissare le cartine dell'Indonesia e della Malesia, cercando di stabilire una sorta di contatto telepatico con i bambini. Sulla mappa la distanza fra Indonesia e Malesia è meno di due centimetri, poco più di trecento chilometri, un nulla in aereo.

Ho passato ore a telefonare in Indonesia cercando di trovare un avvocato che ci rappresenti laggiù; alla fine, grazie a un amico del cugino di un amico, sono riuscita a rintracciare il più importante avvocato della famiglia in quel Paese. Non ha esitato ad accettare il caso, ma ha osservato che non può presentare documenti o anche solo provare ad avviare una causa finché non sa in che punto dell'Indonesia si trovino Bahrin e i bambini. Basterebbe il nome dell'isola – Bali, Giava, Sumatra, Sulawesi o una delle altre centinaia – per cominciare. Non capisce come il governo australiano possa mostrarsi così ostinatamente ottuso in una vicenda che riguarda due bambini. L'ho lasciato in attesa di ulteriori istruzioni mentre io cerco di smuovere mari e monti per ottenere informazioni.

I migliori amici di Iddin, Mark e Jack, oggi hanno battuto le strade prendendo di mira centri commerciali e supermercati. Avevano con sé centinaia di firme. Sono decisi a fare qualcosa per Iddin e Shah; nemmeno loro riescono a capire l'atteggiamento del governo e sono molto arrabbiati. Anche Gaye, ex moglie di Iain e madre di Tyson e Drew, sta raccogliendo firme per i bambini insieme a tutta la sua famiglia. Le sono molto grata per il suo sostegno. Oggi ho saputo che gli uffici del senatore Evans a Canberra e a Melbourne sono stati inondati da migliaia di fax che chiedono il ritorno di Iddin e Shah. Ottimo.

Nick e Ben MacArthur, insieme a Mark e Jack, vorrebbero fare una dichiarazione alla stampa su Iddin e Shahirah. Ho detto che ci penserò, ma spetta ai loro genitori decidere.

È come se fossimo sotto assedio. I media si rendono conto che siamo a un punto cruciale e continuano a telefonare ogni cinque minuti. Alcuni giornalisti stanno diventando dei buoni amici e seguono la vicenda anche quando non ci lavorano, o chiamano solamente per chiedere come stiamo.

Dio mio, perché nessuno vuol dirci dove sono i bambini?

Iain dice che devo cercare di dormire un po'. Non so come ci riuscirò, non so nemmeno se ne sono più capace.
*Buonanotte, tesori miei, sogni d'oro, Dio vi benedica. La mamma vi vuole tanto bene. Siate coraggiosi, vi riporteremo a casa.*

*Domenica 26 luglio 1992*

Ho riflettuto su quel che sta pensando Iddin. Conosco la sua personalità: è molto cauto e attento, evita di correre rischi e non ama imbarcarsi in grosse avventure se prima non è sicuro di farcela. Ho speso molto tempo a cercare di renderlo più sicuro, a rafforzare la sua fiducia in se stesso. So che Iddin deve aver cercato una via di fuga, ma che non la prenderebbe in considerazione se non fosse certo di potersi portare dietro anche Shah. Iddin non metterebbe mai in pericolo sua sorella, di questo sono sicura. Starebbe attento, in ascolto, e proverebbe a fuggire al momento giusto. Mi sembra quasi di sentire la sua voce che mi chiede cosa fare, se solo fossi in grado di dirglielo.
Mi sono alzata il prima possibile stamani, accompagnata dai soliti conati di vomito. Il mio cuore batte così veloce che mi sembra sul punto di scoppiare. Sono così in pena per i bambini. Nessuno dei due ama molto il caldo e probabilmente l'eritema di Shah peggiorerà con le alte temperature e l'umidità dell'Indonesia. Quand'è che qualcuno ci dirà esattamente dove sono? Gli amici cominciano ad arrivare di buon'ora questa mattina; sembrano aver percepito la mia tensione. Sanno tutti che questo sarà un giorno cruciale per Iddin e Shah. Ho solo bisogno di sapere dove sono, e poi l'avvocato indonesiano potrà entrare in azione.
La casa sembra un quartier generale dell'esercito: mappe, rapporti, telefoni e un'attività costante. Probabilmente è proprio questo che è diventata: da qui conduciamo le nostre battaglie.
Il «Sunday Age» titola: «Canberra deve considerare i diritti dei minori come cittadini australiani – dichiara un giudice sui rapimenti», e prosegue: «Il giudice capo del Tribunale della Famiglia, Alastair Nicholson, ha chiesto al governo federale di assumere una posizione più attiva nei casi di rapimenti internazionali di minori. Il giudice Nicholson ha affermato che i tentativi dell'Australia di ritrovare bambini rapiti non dovrebbero fermarsi ai confini della giurisdizione australiana, sottolineando che quei bambini meritano

la tutela completa dei diritti accordata a tutti gli australiani, in patria o all'estero. "È responsabilità del governo considerare i diritti dei minori come cittadini australiani" ha dichiarato [il giudice Nicholson]. Ciò significa che il personale d'ambasciata deve assumere un ruolo attivo, se necessario, per localizzare e ritrovare i bambini rapiti. "Sono lì per questo, in fondo. Credo che dovrebbero come minimo assolvere ai loro doveri consolari"».
Dopo tutto questo, i politici ci ascolteranno? Per il bene di Shah e Iddin, spero di sì.

*Giovedì 30 luglio 1992*

La mia paura più grande si è concretata. Shah e Iddin sono in Malesia. Questa notizia mi ha completamente sconvolto in questi ultimi giorni; è come se mi avessero fatto a pezzi con un coltello affilato. C'è un vuoto immenso al centro del mio essere, così desolato e inconsolabile che so che non mi riprenderò mai più. Desidero abbracciarli con tutta me stessa. Oh Dio, che ne sarà di noi tutti? Niente sarà più come prima.
Il primo avviso che abbiamo ricevuto è stata una telefonata dal Ministero degli Esteri, poco dopo l'una di pomeriggio: ci informavano di avere appreso dall'ambasciata di Kuala Lumpur che Bahrin era giunto in Malesia e aveva convocato una conferenza stampa in un grande albergo per le 4.00 di pomeriggio ora di Melbourne.
Sono state le tre ore più lunghe della mia vita, in cui ho cercato di recuperare quel minimo di compostezza che mi era rimasta e di frenare l'isteria che sentivo stringermi alla gola. Al minimo pretesto mi voltavo di scatto reagendo con frasi taglienti e sguardi di fuoco. Continuavo ad andare avanti e indietro, vomitando e tremando, finché Iain non mi ha costretto a sedermi. Mi facevo tante domande. I bambini capivano quel che era successo? Cosa aveva detto loro Bahrin? Erano spaventati? Come dormivano? Mangiavano? Shah soffriva per il suo eritema? Iddin e Shah erano separati o insieme? E soprattutto, come avremmo fatto a riportarli indietro senza l'aiuto del governo?
Alle 4.30 i giornalisti ci hanno confermato che i bambini erano a Kuala Lumpur e si trovavano presumibilmente nel palazzo Terengganu della capitale. Alla conferenza stampa, Bahrin ha dichiarato di aver rapito i bambini nel nome di Allah. Da quel momento in poi, la vita non ha più avuto un grande valore per me.

Il mio ricordo delle ore successive alla conferma ufficiale si perde in una nebbia di isteria, angoscia e semincoscienza. Sono crollata quando ho appreso la notizia, la corazza mantenuta con tanta cura alla fine si è sbriciolata. Mi è sembrato di annegare, di precipitare, di morire pur essendo viva. Dato che non smettevo di piangere, qualcuno ha chiamato il mio medico, Michael Jones. Non ci vedevo più dall'occhio sinistro, che sporgeva fuori dall'orbita, e avevo la testa sul punto di esplodere. Poiché continuavo a piangere, mi hanno messo a letto. Ricordo che udivo un gemito lontano, come di un animale torturato; lunghi singhiozzi spezzati e mugolii, primitivi e perduti; mi dicono che fossi io. Michael mi ha fatto un'iniezione di petidina; non ha avuto alcun effetto. Era una sofferenza che nessuna medicina poteva sperare di alleviare. Qualche tempo dopo mi hanno portato, o meglio trascinato, in bagno. Non conservo immagini di quel momento, ma ricordo che le voci intorno a me si sono zittite immediatamente quando sono entrata in salotto. Ho chiesto cosa stesse accadendo, e mi hanno spiegato che la casa traboccava di giornalisti e avvocati. Nessuno si aspettava che facessi dichiarazioni, mi ha bisbigliato qualcuno all'orecchio; capivano quant'ero sconvolta. Probabilmente alla fine sono svenuta. Non so e non mi importa. Non conta più niente e nessuno, tranne Iddin e Shah.

*Venerdì 31 luglio 1992*

Iain pretese che rimanessi a letto e tutti si adoperarono perché seguissi le indicazioni del medico. Non ero in grado di discutere perché avevo mal di testa e avevo perso la vista. Ma venerdì 31 luglio mi alzai e ricominciai a combattere. Ero terrorizzata al pensiero di quel che mi aspettava; terrorizzata all'idea di quel che mi avrebbero chiesto i mezzi di informazione. Avendo cessato di combattere per i miei figli negli ultimi giorni, la ripresa mi rendeva nervosa. Iain, Lillian, John e David Abraham mi avevano sostituito per tutta la settimana, ma ormai era inevitabile: dovevo parlare. La stampa accettò un'intervista collettiva negli uffici dello studio legale in città, concentrata sugli aspetti giuridici e sulla risposta del governo alla situazione.

Concessi con qualche riluttanza un'intervista in esclusiva alla rivista di maggiore diffusione in Australia. Ero estremamente nervosa e agitata, perché avevo accettato di parlare in dettaglio della mia vita con la famiglia reale a Terengganu. Fino a quel momento non avevo sentito l'esigenza di parlare con i periodici, ora due motivi lo rendevano necessario: dovevo creare la massima pressione sul governo, e avevamo un disperato bisogno di denaro per coprire le crescenti spese legali. Non ci sarebbe stato un compenso per l'articolo, ma una donazione al «Fondo di lotta per i bambini Gillespie», creato da alcuni amici fra cui l'ex premier dello stato di Victoria sir Rupert Hamer, Brian Goldsmith, Bruce McMenamin e Roger Evans della Evans Partners Chartered Accountants. Queste persone avrebbero amministrato il fondo, usando il denaro per coprire le spese legali e per esplorare la possibilità di una sfida in un tribunale malese per liberare Shahirah e Iddin. I contributi non utilizzati per i bambini sarebbero stati resi al donatore o, in caso di donazione anonima, versati al fondo «Save the Children» dell'UNICEF.

Tutto questo non sarebbe stato necessario se il governo federale ci avesse aiutato e avesse avuto una partecipazione più attiva. Il senatore Gareth Evans rifiutò di incontrarmi o anche solo di parlarmi, sostenendo che il rapimento di Iddin e Shah era un problema esclusivamente personale della famiglia e non richiedeva l'intervento del suo governo. Definì la situazione dei bambini «molto incresciosa». Mi chiedo come l'avrebbe definita se ci fossero stati i suoi figli al posto di Iddin e Shah.

Il lunedì precedente la mia squadra di legali, composta da Lillian, John e David Abraham, era stata convocata a Canberra per discutere un'offerta di aiuto finanziario cui il senatore Gareth Evans aveva accennato con i media. Quando giunsero alla riunione si trovarono davanti dieci funzionari del Ministero degli Esteri e della Giustizia disposti intorno a un tavolo: non un solo ministro aveva ritenuto la questione così importante da parteciparvi. Fu fatta un'offerta iniziale di quattrocento sterline, ma dopo tre ore e mezzo di mercanteggiamenti da parte dei burocrati e di insistenze da parte dei miei avvocati, fu infine aumentata a mille sterline. Non coprivano nemmeno le spese sostenute da Lillian, John e David per i biglietti aerei e la sistemazione in albergo in quel viaggio farsa a Canberra, figuriamoci il costo di una battaglia in tribunale contro la famiglia reale di Terengganu. Così, con spese legali ormai nell'ordine di decine di migliaia di sterline, la "generosa" offerta fu respinta con il disprezzo che meritava e riconosciuta per una semplice mossa pubblicitaria.

I titoli dei giornali negli ultimi giorni erano stati i seguenti: «Il dolore dei Gillespie mentre sfumano le speranze; il padre ringrazia Allah per il ritorno dei suoi figli; accuse di rapimento; i bambini in Malesia; il principe: la mia lotta per i ragazzi "perduti"; sia lodato Allah; a casa lontano da casa; il rapimento prova del fuoco per l'Australia; la foto che ha spezzato il cuore di una madre; ho portato a casa i bambini, non li ho rapiti, dichiara il principe; la madre non perda la speranza, dice un giudice; per i musulmani, stampa poco obiettiva nel caso del rapimento; ciò che conta sono i diritti dei bambini, afferma l'avvocato; fuga in Malesia via mare». I titoli si susseguivano. E così il dibattito pubblico e i commenti sulla nostra situazione: lettere ai giornali, interventi alla radio e lettere che inondavano la nostra cassetta della posta. Le lettere indirizzate a me personalmente erano piene di incoraggiamento, affetto e sostegno, cose di cui ero molto grata. Speravo che alla fine sarei riuscita a rispondere a queste persone gentili, ma non sapevo quando.

Per contrasto, la constatazione che eravamo ormai una proprietà pubblica, che i nostri traumi personali erano discussi e dibattuti in uffici e fabbriche o accompagnavano morbosamente le chiacchiere a cena, era intollerabile per me. Sembrava sminuire l'esistenza stessa di Iddin e Shah come individui e privarli della loro umanità. Era una vera arma a doppio taglio: avevo bisogno della pressione dell'opinione pubblica per i bambini, ma scoprivo che dei completi estranei si comportavano come se fossimo cosa loro. Poi tornò a farsi vivo lo spettro del pregiudizio razziale: un noto personaggio di una radio di Sydney mi definì una «piagnona con gli occhi a mandorla» e affermò che bisognava rispedirmi da dove ero venuta. Questa posizione fu adottata anche da alcuni miei compatrioti australiani. Avrei dovuto aspettarmelo, temo. Forse ero stata troppo ingenua, dimenticando di guardarmi allo specchio e di vedere su quale base mi giudicavano gli ignoranti. Invece Margaret Fletcher di Radio 3AW e Murray Nicoll della radio di Adelaide sono dei buoni amici. Difesero entrambi la mia nazionalità e il mio onore; furono instancabili nel sostenermi, e nel criticare il senatore Evans.

Un giornalista telefonò perché voleva scrivere un articolo sulle mie origini razziali. Gli dissi che la mia famiglia era in Australia dal 1801, e che i miei antenati erano venuti come amministratori ed esploratori. A essere sincera, devo ammettere che fa molto male l'idea di essere percepita come una straniera. Iddin e Shah valgono forse meno per il fatto di essere il prodotto di un matrimonio interculturale? Se qualcuno osa sostenerlo gli cavo gli occhi. Come si può valutare il valore dei miei figli in base alle loro componenti razziali?

Più tardi, quel giorno, mentre andavo alla conferenza stampa, accadde qualcosa di veramente orribile. Stavamo percorrendo in macchina una delle vie principali di Melbourne quando di colpo Iain fu aggredito da un uomo urlante che portava un casco da motociclista. A un semaforo, un tizio era improvvisamente balzato giù dalla sua moto ferma accanto alla nostra macchina, si era affacciato al finestrino aperto di Iain e aveva cominciato a colpirlo strillando insulti incomprensibili. In preda al panico, cercai di staccare le sue mani dal collo di Iain. Susan Duncan, giornalista dell'«Australian Women's Weekly», e il fotografo Tony, che erano insieme a noi nell'auto, osservavano la scena inorriditi.

A un certo punto l'uomo incrociò il mio sguardo e gridò: «Puttana, ti meriti di aver perso i figli!». Per tutta risposta Iain gli sferrò un pugno, colpendo purtroppo solo il casco dell'uomo prima che ripartissimo. Arrivammo allo studio legale molto scossi, e con la mano di Iain che sanguinava per l'impatto delle nocche sul casco.

La conferenza stampa fu un'esperienza terribile. Ero stordita e sopraffatta da quella stanza piena di gente e continuavo a ricacciare indietro le lacrime. Da ogni parte mi piovevano addosso domande sui bambini, sul futuro, sul governo, su come mi sentissi ora. Risposi come meglio potevo. Dissi che volevo che i bambini tornassero a casa, ma che se non fossi riuscita a riaverli immediatamente, dovevano almeno lasciarmi parlare con loro al telefono. Avevo il desiderio, e la necessità, di rassicurare Iddin e Shah e dir loro che li amavo. Durante la conferenza stampa ebbi anche l'opportunità di smentire tutte le falsità messe in giro dai media sul fatto che fossi stata io la prima a rapire i bambini. Bahrin aveva ingaggiato un'agenzia di professionisti delle pubbliche relazioni – pare si chiamasse Damage Control – per gestire i suoi rapporti con i media e spargere calunnie su di me.

Lillian e David cercarono inutilmente per giorni di convincere un avvocato malese ad assumere la nostra difesa. Nessuno in quel Paese voleva essere invischiato in una battaglia contro la ricca e potente famiglia reale. Non posso biasimarli. Presentammo molte richieste agli avvocati di Bahrin a Melbourne per ottenere una singola conversazione telefonica con i bambini, ma le nostre preghiere rimasero inascoltate.

Come mai il governo non agì quando la stampa rivelò che Iddin e Shah avevano lasciato l'Australia via mare dal Queensland, all'estremo nord del Paese? La polizia federale australiana non aveva allertato la guardia costiera, che in seguito dichiarò di avere rilevato un SOS lanciato da un sedicente peschereccio indonesiano, il *Pencheroboh*. L'imbarcazione andava alla deriva senza controllo da quattro giorni nello stretto di Torres, il braccio di mare che divide l'Australia dall'Indonesia. La guardia costiera aveva avuto notizie del peschereccio quand'era ancora in acque australiane e aveva organizzato una spedizione di ricerca e salvataggio da Canberra, capitale federale dell'Australia. L'iniziativa era saltata all'ultimo momento. Dopo avere intercettato degli SOS che parlavano di due bambini a bordo, un aereo della guardia costiera aveva sorvolato il peschereccio e una nave della marina, la *Dubbo*, era stata persino inviata a localizzare l'imbarcazione alla deriva. Erano ormai a portata di voce quando ricevettero l'ordine improvviso di interrompere la missione e rientrare alla base, perché il *Pencheroboh* rifiutava l'assistenza delle autorità australiane e aveva richiesto invece l'intervento delle forze militari indonesiane. Il messaggio via radio, che fu intercettato ed era formulato in inglese, chiedeva di contattare un certo colonnello dell'esercito indonesiano, il comandante in capo delle forze militari indonesiane ad Irian Jaya (la metà indonesiana di Papua Nuova Guinea). L'imbarcazione in avaria, con i bambini e Bahrin a bordo, fu poi rimorchiata a Merauke, a Irian Jaya, dall'esercito indonesiano.

Alla fine la polizia federale ammise pubblicamente di non avere informato la guardia costiera o altri organismi simili: era stata una svista, dissero. Inoltre non aveva rispettato i termini del mandato ricevuto dal Tribunale della Famiglia: si era "dimenticata" di avvertire formalmente del caso la polizia del Queensland.

Con un'interferenza così sfacciata da parte degli indonesiani, come poteva il governo australiano continuare a sostenere che il rapimento di Iddin e Shah era una "questione privata"?

Quando seppi del metodo utilizzato per fare uscire i bambini dal Paese, avrei potuto tranquillamente e senza il minimo scrupolo evirare Bahrin a mani nude. Dio solo sa quali condizioni i miei figli avevano dovuto sopportare alla deriva in un piccolo natante in mezzo all'oceano. Bahrin non sa nemmeno nuotare: ha paura dell'acqua. In caso di emergenza sarebbe stato assolutamente incapace di salvare i bambini. Iddin è un discreto nuotatore – lo avevo accompagnato per mesi a un corso regolare di nuoto per far sì che lo diventasse – ma Shah era terrorizzata all'idea di mettere la faccia nell'acqua e per quel motivo odiava farsi lavare i capelli. Bahrin era disposto a mettere in pericolo la sua vita e la loro pur di punirmi.

Era emerso anche un altro evento sconcertante che il governo stava cercando di ignorare. Il 20 o 21 luglio, lo stesso giorno in cui l'esercito indonesiano rimorchiava l'imbarcazione in avaria nel porto di Merauke, lo stesso braccio militare indonesiano aveva inspiegabilmente trattenuto numerosi funzionari del governo australiano mettendoli agli arresti domiciliari a Merauke, con il divieto di accedere al loro aereo e la sorveglianza di guardie armate. Coincidenza? Il governo australiano non ha voluto approfondire la questione.

Cominciavano a venire alla luce altri fatti. Colin Ferguson, un pilota d'elicottero di Melbourne distaccato per lavoro nei territori indonesiani confinanti con la nazione di Papua Nuova Guinea, al suo ritorno in Australia scoprì con sgomento che sul piccolo aereo che lo aveva trasportato dal territorio indonesiano di Irian Jaya all'isola di Sulawesi erano imbarcati anche Bahrin e i bambini. All'epoca gli era parso strano che due bimbi di aspetto malese infastidissero il padre facendo giochi di parole con un forte accento australiano. I piccoli non avevano avuto il permesso di scendere dall'aereo durante i numerosi scali del viaggio; li avevano confinati uno lontano dall'altro, senza il permesso di stare vicini. Bahrin era accompagnato da una guardia del corpo che teneva d'occhio Iddin e gli era stata seduta accanto per l'intero viaggio. Shah era accanto a suo padre sul sedile davanti.

Colin fu molto gentile e si prese la briga di telefonarmi dopo che la notizia della sua esperienza finì sui giornali. Le sue parole mi furono di qualche conforto, perché fu molto preciso sul tipo di gioco che stavano facendo i bambini: avevano recitato scioglilingua in continuazione finché il padre non si era arrabbiato con loro. Quegli scioglilingua contenevano un messaggio significativo per noi. Iddin e Shah stavano copiando un gioco che facevamo spesso Iain e io durante i lunghi viaggi in macchina con la famiglia. Ci sfidavamo a ripetere quei versi sempre più velocemente, mentre i bambini ci incitavano e decretavano il vincitore. Per me era un messaggio segreto il fatto che Shah e Iddin ricordassero quel gioco e l'avessero scelto per irritare Bahrin, sapendo che non ne avrebbe mai compreso il significato.

Il commissario capo della polizia malese annunciò pubblicamente che si sarebbe messo a disposizione di Bahrin e gli avrebbe garantito protezione ventiquattr'ore su ventiquattro. Il tutto in barba alle leggi australiane. Vari ministri del governo malese tennero conferenze stampa per esprimere il loro appoggio alle azioni di Bahrin. Il mio ex marito stava usando i bambini come una sorta di trampolino per diventare un eroe nazionale; trasformava abilmente il suo comportamento vile ed egoista in una presa di posizione sulla religione islamica e il cristianesimo. La religione non era mai stata in discussione, e certamente non aveva nulla a che fare con il suo rapimento di Iddin e Shah, ma lui riuscì a ingannare la popolazione del suo Paese. Sospettavo anche che a breve avrebbe annunciato la sua candidatura a un incarico politico. Aveva sempre nutrito delle ambizioni in tal senso.

Le date dei giornali segnavano il passaggio del tempo dall'ultima volta che avevo abbracciato i miei figli e mi riempivano di ricordi ed emozioni struggenti. Nel mio diario scrissi:

> Ho passato quest'ultima ora a piangere sul letto di Iddin, stringendomi Whitey sul petto. La presenza dei bambini si sente ovunque, le mie narici bevono il loro odore e mi sembra di udire frammenti delle loro voci in corridoio. Mi ricordo quando davo loro il bacio della buonanotte, scostandogli i capelli dalla fronte e rimboccando le coperte. Ricordo Shah che mi pregava di leggerle un'ultima fiaba, e il suo modo di divorare i libri proprio come me. Ricordo la

sera che la sentii cantare in italiano alle 10.30, e il rumore dei suoi passi in corridoio verso la porta del soggiorno. Sgusciò dentro e annunciò: «Mamma, non riesco a dormire».

«Perché no?» chiesi.

«Perché il mio cervello continua a parlarmi.»

«Be', digli di stare zitto» risposi io, cercando di rimanere seria.

«Ci ho provato, ma non mi ascolta.»

Ricordo l'espressione concentrata di Iddin mentre lavoravamo insieme alla sua ultima ricerca scolastica sul sistema solare, e il suo commento esasperato su ciò che aveva imparato. «Tutto quel che so di Venere è che la sua atmosfera è fatta di monaca.» Non so quando potrò dirgli che per quella ricerca ha preso per la prima volta il massimo dei voti. Ricordo, ricordo, ricordo tutto. Bahrin non può certo pensare di cancellare ogni traccia di me dalla loro memoria. Oh Dio, aiutami a farli tornare.

Non ci sono più certezze. L'unica costante su cui posso contare è il dolore che consuma il mio intero corpo nel desiderio di rivederli e gli incubi che arrivano la notte.

*Domenica 2 agosto 1992*

Il telegiornale annunciò che Bahrin e i bambini erano tornati a Kuala Terengganu in auto. Durante il viaggio Bahrin si era fermato in varie moschee unendosi a preghiere di ringraziamento per il successo del rapimento. Iddin e Shah erano circondati da poliziotti armati e chiusi nella mia vecchia casa dietro una recinzione di tre metri costruita appositamente. Erano trattati come animali in gabbia, che Bahrin faceva uscire solo per esibizioni in pubblico e sessioni fotografiche. Una foto diffusa dalla stampa locale mostrava Shahirah che brandiva una bandiera malese mentre Iddin le sedeva accanto, con un'espressione distaccata e pensosa in volto. Bahrin aveva assicurato ai giornalisti che i bambini si stavano abituando alla vita malese senza il minimo problema e senza alcuna nostalgia dell'Australia. Io volevo sapere cosa succedeva quando mi invocavano di notte o quando chiedevano di tornare a casa. Volevo sapere cosa si sentivano dire quando piangevano per me. Bahrin aveva sostenuto che ero morta? Aveva detto che li avevo mandati via? Sapevano che stavo lottando con le unghie e con i denti per loro?

Tre diversi psichiatri infantili e due psicologi forensi hanno illustrato l'impatto emotivo di questo tipo di situazione: i bambini sviluppano una sindrome da stress post-traumatico, che comporta insonnia, ansia e sofferenza emotiva, accompagnata dalla sindrome di Stoccolma, un fenomeno caratteristico degli ostaggi di un rapimento. Con la sindrome di Stoccolma, l'ostaggio comincia a vedere nel suo o nei suoi rapitori un mezzo di sopravvivenza. Può persino iniziare ad assorbire i comportamenti e gli ideali dei rapitori e, come nel caso dell'ereditiera americana Patricia Hearst, partecipare alle attività dei sequestratori per pura necessità. Gli esperti giudicano totalmente impossibile che due bambini siano rapiti dall'unica casa e famiglia che conoscono e trapiantati in un Paese straniero senza rimanere gravemente traumatizzati. Come aveva potuto il governo sacrificare due piccoli in nome di buone relazioni diplomatiche? Bahrin aveva detto alla stampa che non mi avrebbe permesso di parlare ai bambini per nessun motivo. Che fine avevano fatto i diritti umani fondamentali di Iddin e Shah?

I giornali seguitavano a titolare: «Battaglia di affetti: il principe vieta i contatti con la madre; valori femministi e multiculturali in contrasto». Il primo titolo era davvero ridicolo: l'"affetto" non aveva nulla a che fare con i motivi per cui Bahrin aveva rapito i bambini. In tutte le sue interviste non aveva mai detto che amava i suoi figli. Parlava di religione, mai di benessere o di salute psicologica.

C'erano tuttavia molte lettere di sostegno alla nostra famiglia sui giornali. Una in particolare, scritta da Heather Brown, riuscì a farmi ridere pensando al senatore Gareth Evans che la leggeva facendo colazione. Intitolata «Il principe ringrazia», diceva così: «Raja Bahrin Shah dispone di fondi illimitati, del pieno appoggio del governo malese, delle corti islamiche, della polizia malese, più, sembrerebbe, quello di molti potenti indonesiani, compreso un membro dell'esercito di quel Paese. Non aveva certo bisogno dell'appoggio del senatore Evans e della guardia costiera. Ma sono certa che gli è grato, così come Mahathir [il primo ministro malese]».

Alla fine l'Australia chiese al governo malese di consentire a funzionari dell'ambasciata australiana di incontrare Iddin e Shah, e noi aspettammo ansiosamente l'esito dell'iniziativa. La risposta fu ambigua e non impegnativa.

Discussi la possibilità di andare in Malesia per vedere i bambini, ma scoprii che mi era stato negato il visto di ingresso nel Paese. Ero *persona non grata* in Malesia; non solo, ma Bahrin era riuscito a farmi accusare di vari reati per cui esisteva, ed esiste ancora, un mandato d'arresto spiccato contro di me in quella nazione. Se avessi tentato di metterci piede per vedere i miei figli, sarei stata arrestata all'istante. Bahrin riuscì a ottenere dal tribunale degli ordini retrodatati al marzo 1984, prima del mio ritorno in Australia e più di diciotto mesi prima della fine del nostro matrimonio. Quegli ordini gli conferivano la custodia esclusiva di «entrambi i figli del matrimonio». Un'impresa notevole, considerando che a quel tempo Shahirah non era nemmeno stata concepita; forse aveva ottenuto la custodia della mia ovaia sinistra.

In quel periodo cominciai a ricevere sgradevoli lettere da un uomo che si offriva di rapire i bambini per me. I suoi messaggi erano pieni di accenni e affermazioni sulla sua abilità nell'usare le armi. Scoprimmo che era noto alla polizia e che era stato accusato di porto d'armi abusivo. Non avrei lasciato avvicinare una persona del genere ai miei bambini per nessun motivo. Li volevo a casa vivi, non morti. Le sue non furono le uniche lettere di questo genere che ricevemmo da aspiranti "Rambo", che di colpo sembravano sbucare fuori dal nulla per offrirci i loro servigi in cambio di un compenso.

Un'altra cosa terribile fu l'iniziativa di un investigatore privato del Queensland che sosteneva di essere specializzato nel contro-rapimento di bambini. Quest'uomo fu intervistato sulla rete televisiva nazionale e fece capire al giornalista che non solo ero sua cliente, ma che lui aveva elaborato un piano infallibile per riportarci i bambini usando la forza e che noi l'avevamo respinto. Rilasciò dichiarazioni analoghe a un'importante rivista femminile. Io non avevo mai parlato con quell'uomo in tutta la mia vita, né l'avrei fatto, visto come si procacciava il lavoro e come aveva mentito su di me.

Il mio sonno continuava a essere tormentato da incubi; malgrado i miei tentativi di passare una notte tranquilla, erano inevitabili. Registrai nel mio diario uno dei peggiori:

> Picchio in continuazione sulle pareti di vetro che mi sorgono davanti e intrappolano Iddin e Shah nei loro confini. I bambini sono separati, prigionieri di stanze perfette prive di porte e finestre, circondati da giocattoli. Entrambi si dondolano avanti e indietro, invocandomi senza sosta, con le voci stranamente fuori sincrono rispetto alle labbra. Io grido che sto arrivando, che li amo. Seguito a urlare che sto facendo il possibile ma loro non riescono a sentirmi, e io non smetto di battere i pugni contro il vetro. Poi cominciano le risate, maligne e crudeli. Mi volto e vedo Bahrin che mi guarda, con le labbra increspate sui denti, e ride, ride fino ad assordarmi. Le sue risa mi riempiono le orecchie soffocando i pianti dei bambini. Vedo un lampo d'acciaio e provo un dolore acuto quando la lama del suo machete mi amputa prima il braccio sinistro e poi il destro all'altezza del gomito. Crollo a terra contro la parete e picchio sul vetro i monconi sanguinanti che mi sono rimasti, cercando disperatamente di raggiungere i bambini. Lascio tracce di sangue nei miei tentativi di farmi sentire, di rassicurarli che non mi sono arresa, mentre Bahrin continua a ridermi in faccia, sempre più forte, sempre più forte, sempre più forte, finché il suo riso si mescola ai lamenti dei bambini e io mi sveglio, gridando i loro nomi.

Avrei voluto trovare qualcuno con cui parlare del rapimento, qualcuno che ci fosse passato. Temevo di perdere la ragione. I nostri amici Tim Watson-Munro e sua moglie Carla Lechner mi assicurarono, con il tono più professionale possibile, che non era così. La mancanza di sonno e la perdita di peso non erano certo d'aiuto; ero precipitata da cinquantaquattro chili a meno di quarantuno. Smisi di preoccuparmene. Non potevo più sopportare il cibo; non riuscivo a trattenerlo. Provai a cucinare, ma scoppiai in lacrime quando entrai in cucina e ricordai la pentola di curry che avevo preparato la sera in cui seppi che i bambini erano spariti. Iain e Skye vivevano di rosticcerie e piatti preparati dai vicini. Continuavo a perdere i capelli a manciate sotto la doccia, e davanti il diradamento cominciava a vedersi. Mi chiesi come sarei stata calva.

Lillian e John trascorsero infinite ore a cercare un cavillo legale che potessimo usare in qualunque modo e qualunque forma. Esisteva un modo di intentare un'azione penale contro Bahrin, ma il governo doveva essere disposto a collaborare e a darci assistenza.

La sera di mercoledì 5 agosto 1992, vidi Iddin e Shahirah alla televisione per la prima volta da quando erano stati rapiti. Era un'accurata messinscena per i fotografi. Iddin aveva un'aria solenne e appariva irritato dalla ripresa, mentre Shah era semplicemente Shah, ben conscia della presenza di fotografi e giornalisti. I bambini sembravano litigare fra loro, ma la voce del commentatore copriva gran parte dei rumori di fondo, rendendo difficile decifrare le loro parole. In seguito, regolando l'audio di sottofondo, fummo in grado di sentire Iddin che diceva a Shah di comportarsi bene o sarebbero stati guai. A completare l'atmosfera, i bambini erano circondati da gabbie con conigli, topi e porcellini d'India; entrambi erano concentrati sugli animali e cercavano di ignorare le telecamere, tranne quando qualcuno non inquadrato chiedeva loro di sorridere. Le gambe di Shah erano coperte di punture d'insetti.

Feci scorrere quel nastro decine di volte solo per poterli rivedere. Iain si irritò quando mi trovò con la testa appoggiata allo schermo a piangere contro i loro volti paralizzati in un fermo immagine. Non riuscivo a trattenermi. Era quanto di più vicino a un abbraccio potessi avere.

*Buonanotte, tesori miei, sogni d'oro, Dio vi benedica. La mamma vi vuole tanto bene, e ve ne vorrà sempre.*

*Venerdì 21 agosto 1992*

Con il passare del tempo mi fu sempre più difficile accettare la realtà di una vita senza Iddin e Shah. Persi la mia identità proprio come avevo perduto loro. Le cose che un tempo erano importanti per me, in cui mi riconoscevo, erano state amputate dalla mia esistenza con precisione chirurgica. La nostra famiglia tirava avanti, ma era difficile mantenere la finzione; due membri non c'erano più, due piccoli esseri intorno ai quali imbastivamo il nostro equilibrio e il nostro ottimismo. Mi sarebbe bastato sentire le loro voci per provare una gioia e un sollievo immensi, ma le speranze restavano minime. Ogni giorno mi sedevo accanto al telefono e cercavo di illudermi che potesse darmi qualche forma di contatto con loro. Chiamavo in continuazione i vari telefoni della famiglia di Bahrin, ma senza successo; avevano tutti cambiato numero. Chiamai più volte il centralino di Istana Badariah e chiesi di parlare con Endah nella speranza che potesse darmi notizie dei bambini. Ogni volta ricevevo un netto rifiuto o, se a prendere la linea era il centralinista Kasim, che un tempo era un amico, qualche debole scusa. Usavo un accento malese, infilandoci qualche voce dialettale per buona misura, ma nulla penetrava quella barriera. Di tanto in tanto riuscivo a circuire Kasim e a strappargli la promessa di riferire il mio messaggio parola per parola a Endah. «Se lei non vuole o non può parlarmi» imploravo, «dille che non ho intenzione di causarle fastidi», e poi recitavo la mia supplica in malese antico, rispettando l'etichetta e le convenzioni sociali: «Con grande rispetto e amore ricordo Sua Altezza Reale e spero che la sua salute sia buona. Con rispetto la prego di prendere a cuore l'interesse dei miei figli e per il loro bene di vegliare su di loro e proteggerli. Con rispetto e senza alcun desiderio di turbare l'armonia della sua vita, la supplico anche umilmente di considerare la possibilità di dire alle Loro Altezze Tengku Iddin e Tengku Shahirah che la loro mamma li ama molto. Ringrazio rispettosamente e umilmente Sua Altezza Reale per la sua attenzione».

Poi riattaccavo ansimante, con le spalle scosse dai singhiozzi, e piangevo per i miei figli. Sapevo che se le fosse stato possibile Endah avrebbe vegliato su di loro da lontano; era il massimo cui potevo aspirare, anche se non avrei mai avuto indicazioni che avesse ricevuto il mio messaggio. Ormai quella porta era chiusa per me.

In altri casi, quando chiamavo il palazzo, rispondevano dei servi sconosciuti. Si prendevano gioco di me, mi tormentavano, affermando senza mezzi termini che l'intera famiglia reale di Terengganu era a Singapore per un tempo indefinito, o che nessuno della famiglia possedeva un telefono. A volte posavano semplicemente il ricevitore, senza chiudere la linea, e li sentivo ridere e discutere dello scherzo che mi avrebbero fatto, o a chi toccasse dirmi frasi offensive sulla mia razza prima di riattaccarmi in faccia. Mi chiamavano *kaffir* e Satana, ma a me non importava più; contava solo tentare ogni mezzo per trasmettere un messaggio a Iddin e Shahirah. Lottare per loro era l'unica cosa che mi tenesse in vita; dovevano sapere che non mi sarei mai arresa.

Continuavamo, con monotona regolarità, a comparire in articoli di giornale. La nostra storia stava rapidamente diventando un'interminabile saga: eravamo assillati da dibattiti, domande e opinioni. Diventai mio malgrado oggetto di scherno da parte di padri non affidatari delusi, e il bersaglio di arroganti studenti malesi in Australia. Ci tagliarono le gomme della macchina; una sera un vecchio si mise a picchiare sui vetri della mia auto mentre ero ferma a un incrocio.

David Hirschfelder, un buon amico che in seguito avrebbe ricevuto una nomination all'Oscar per la colonna sonora del film *Shine*, organizzò con altri musicisti e artisti una raccolta pubblica di firme per chiedere al governo un intervento e il ritorno di Iddin e Shah. Fui enormemente grata a lui e agli altri firmatari.

Mi giunse notizia via fax che il partito di opposizione intendeva chiedere un'inchiesta ufficiale del Senato sul rapimento dei bambini. Non avrebbe aiutato Iddin e Shahirah, ma forse avrebbe posto fine alle inefficienze ancora presenti nel sistema e impedito che ciò accadesse ad altre famiglie. La richiesta proveniva dal senatore Robert Hill, capo dell'opposizione al Senato, e aveva numerosi sostenitori in entrambi gli schieramenti.

Bahrin cominciò a giustificare il rapimento dei bambini con un ordine emesso dal tribunale nel marzo del 1991 per una specifica occasione. Sostenne che il Tribunale della Famiglia gli aveva proibito di portare Iddin e Shahirah in una moschea e fece capire ai giornalisti che si trattava di un divieto permanente. Andai su tutte le furie sentendolo manipolare i fatti e farli sembrare plausibili. Le cose erano andate in modo molto diverso; l'ordine del tribunale si riferiva a un unico venerdì particolare, non ad altri. Bahrin era venuto a Melbourne senza preavviso e aveva preteso un trattamento di favore dal Tribunale della Famiglia, chiedendo un'udienza urgente il giovedì che precedeva il lungo ponte di Pasqua. Dato che non aveva avvertito del suo arrivo e stava chiedendo di vedere i bambini senza considerare i nostri eventuali progetti per le vacanze, io affermai che avrebbe dovuto saltare l'incontro del Venerdì Santo, dato che i bambini erano già impegnati in altre attività. Nei suoi quattro giorni di visita gli permisi di tenere i bambini la notte; gli feci persino da autista a Melbourne.

Il giudice osservò che effettivamente il venerdì era un giorno di preghiera per la comunità islamica; ma, in quell'occasione, quel particolare venerdì era anche una giornata con un significato religioso per i cristiani. E dato che era arrivato senza avvisare, quando erano già stati fatti dei piani per quel particolare weekend di festa, i bambini non sarebbero andati con lui. Il giudice si premurò anche di affermare che la Corte rispettava il credo e la religione di Bahrin e che nel caso in cui lui avesse voluto vedere i bambini in un giorno significativo per la fede islamica, gli sarebbe stato usato lo stesso favore che era stato concesso a me. Ma non fu questo il modo in cui la questione fu presentata dai media.

Tanta gente che non ci conosceva sposò la causa, inondando i giornali di opinioni e analisi sui meriti dei matrimoni "interculturali". Diventammo argomento di discussioni retoriche sull'Islam opposto al cristianesimo, e io fui trasformata all'istante da quel che ero in una sorta di "cristiana rinata" attaccata alla Bibbia. Questi opinionisti sezionarono le nostre vite come se ci conoscessero a fondo, proiettando i loro preconcetti e pregiudizi su di me e sui bambini. Io mi infuriavo e mi indignavo, e toccava agli amici ricordarmi che quelle opinioni non avevano alcun effetto sul nostro caso. Era difficile accettarlo. Mi sentivo violata e usata. Mi preoccupavo di ciò che pensava la gente. Ritenevo che quelli che appoggiavano il ritorno di Iddin e Shah fossero importanti e fondamentali per costringere il governo a darsi da fare per i miei figli; senza quel tipo di sostegno non avrei potuto aiutarli.

Il mio obiettivo principale era forzare il governo a intentare un'azione penale contro Bahrin e chiederne l'estradizione ai malesi. Sentivo che l'Australia doveva almeno questo a Iddin e Shah: un riconoscimento dei loro diritti di cittadini australiani.

Nel frattempo, tiravo avanti come meglio potevo, un giorno per volta, un passo dopo l'altro.

# 44

*Settembre 1992*

Cominciai a non sopportare di uscire di casa, perché per farlo dovevo inevitabilmente sacrificare la mia privacy. Persone con le migliori intenzioni, per lo più totalmente sconosciute, mi avvicinavano per strada cercando di toccarmi oppure abbracciandomi per esprimere la loro solidarietà alla mia lotta. Alcuni si limitavano a identificarmi a voce alta o con mormorii appena velati come la «mamma del rapimento». Se avessi dovuto scegliere, avrei preferito che venissero da me invece di discuterne a portata d'orecchio come se io fossi sorda. Tuttavia la gentilezza della gente mi faceva andare avanti nei momenti più neri, quando mi sembrava di sbattere la testa contro un muro e avevo voglia solo di chiudermi in un angolo e non svegliarmi più. Fare la spesa alimentare era la prova più dura. Dovevo farmi accompagnare da un'amica perché le reazioni variavano enormemente. È seccante sentire la gente che parla di te sottovoce, ma so anche apprezzare il lato divertente. Ero con Heather quando due vecchiette mi seguirono da lontano nel negozio. Si fermavano quando mi fermavo io, guardavano quel che guardavo io, e poi in tono tutt'altro che discreto cominciarono a discutere del mio aspetto.

«Non sta molto bene senza trucco, non trovi?»

«Già, non è mica carina come appare sulle copertine delle riviste.»

«Guarda, sorride! Non dev'essere così triste per i suoi figli, tutto sommato.»

Cosa potevo dire? Niente. Non mi rendevo conto che al pubblico bastavano le espressioni del mio viso mentre sbrigavo una banale faccenda domestica per farsi un'idea della mia battaglia per i figli, ma ora lo so. Per conservare un minimo di privacy cominciai a portare occhiali da sole e berretti da baseball quando uscivo di casa.

Entrare in un supermercato per la prima volta dopo il rapimento mi parve fin troppo normale. Fui presa dal panico quando mi resi conto che, volente o nolente, quello era un passo indietro verso il mondo reale che esisteva al di fuori del cerchio di disperazione e di dolore che ci circondava. Non volevo essere lì, non volevo continuare a vivere, nulla di ciò che la vita quotidiana aveva da offrire mi attirava, non aveva alcun valore senza Iddin e Shah. Il supermercato era il posto dove andavamo una volta alla settimana dopo la scuola, su e giù per i reparti a fare provviste con i bambini che mi assillavano per comprare un certo tipo di cereali o di biscotti. Ricacciai indietro le lacrime ed evitai gran parte delle zone che frequentavo con loro. Lo faccio ancora. Mi terrorizzava l'idea di non poter semplicemente fermare l'orologio del mondo fino al loro ritorno.

Scoprii che era difficile fare la spesa senza che qualcuno mi fermasse ogni pochi metri per chiedermi dei bambini. La gente che mi sbarrava la strada non immaginava che quell'attività, che a loro sembrava banale, fosse una delle prove più difficili per me senza la mia famiglia. Andava dritta al cuore del mio ruolo di madre. Alcuni mi offrivano la loro solidarietà: stavano pregando per noi o avevano scritto una lettera al loro deputato, al Ministero degli Esteri o al giornale. Ma spesso era qualcos'altro a indurli a fermarmi, un risvolto voyeuristico che avvelenava ogni loro contatto con me. Erano le domande inquisitorie a innervosirmi, le donne che si dichiaravano dispiaciute per me e i bambini e poi si informavano sulla mia vita con Bahrin, dando suggerimenti sul tipo di accordo che avrei potuto trovare con lui. Alcune mi suggerivano di accettare il ritorno di un figlio solo; altre offrivano perle di saggezza del tipo: «Almeno sai che sono vivi» o «Torneranno da te quando saranno cresciuti». Io so che dovrei ringraziare Dio ogni momento della mia giornata per il fatto che sono vivi, ma so anche per esperienza quanto sia precaria la vita con Bahrin secondo le sue regole, e temo per ciò che rende Iddin e Shah unici. Li ho educati a essere individui indipendenti, razionali e curiosi, a prendere decisioni e fare valutazioni sulle persone guardando a ciò che di buono hanno dentro, non in base al colore della pelle o alla religione. Li ho educati a trattare gli altri come vorrebbero essere trattati e rispettati loro.

Quando mi sento dire che torneranno quando saranno adulti, non provo un grande conforto. È una realtà troppo dolorosa da affrontare. La Corte islamica ha proibito loro di lasciare la Malesia prima dei diciott'anni, ma per legge non possono ottenere un passaporto senza il consenso di Bahrin fino ai ventuno. Se Shahirah verrà data in moglie in giovane età, non potrà andare all'estero senza il permesso del marito. E comunque, se hai dei figli non ti aspetti di perdere tutta la fase della loro crescita, di rinunciare a tirarli su e a partecipare a tutti i momenti fondamentali della loro esistenza. Bahrin ha distrutto le aspettative di vita che Iddin e Shahirah si erano creati da quando avevano avuto l'età per camminare. Nessun topolino porterà via i dentini di Shah, non ci saranno alberi di Natale, uova di Pasqua o feste di Halloween per nessuno dei due. Il padre li ha derubati di queste cose senza discussioni, senza chiedere loro cosa volevano, arbitrariamente e semplicemente come si schiaccia una mosca.

I giornali continuavano a titolare: «Pressioni per l'arresto del principe; la madre attacca Evans, troppo "occupato"; accuse di negligenza nell'inchiesta sul rapimento; il caso Gillespie: un grave monito; lo vogliamo indietro!; avviso di estradizione per Raja Bahrin – amici potenti; perché ho dovuto fuggire: la mia vita con un principe – parla la madre dei bambini rapiti».

Feci l'ennesima richiesta, questa volta per iscritto, di un colloquio privato con il senatore Evans. Lui rifiutò spiegando che era troppo occupato e che sapeva già quali argomenti avrei sollevato con lui. Doveva essere un veggente. Personalmente credo che non volesse incontrarmi di persona perché non voleva affrontare il lato umano della situazione. La sua risposta, anch'essa per iscritto, fu come un muro che mi crollava addosso: «Le auguro di cuore di avere successo nel suo tentativo di vedere i suoi figli, e di trovarli felici e in buona salute quando questo avverrà». Da quest'ultima frase compresi chiaramente che ero sola. Il governo stava cercando di tenersi fuori dall'intera faccenda.

Feci un tentativo di riprendere il lavoro, preparando servizi sull'ambiente per la nostra trasmissione settimanale. Dovevo tornare in onda a presentare il programma; era una questione puramente economica. Il rapimento aveva prosciugato le nostre finanze. Ero molto preoccupata, perché malgrado i controlli sulle telefonate degli ascoltatori non potevo sapere con certezza ciò che mi avrebbero detto in trasmissione. Temevo di crollare e di non riuscire a proseguire se qualcuno avesse menzionato i bambini offrendomi la sua solidarietà. Molti fedeli ascoltatori mi avevano scritto, e spesso le loro lettere di incoraggiamento erano arrivate proprio nel momento in cui mi sentivo mancare le forze.

Cominciai a notare che il mio cuore diventava insensibile ogni volta che dovevo affrontare una situazione troppo frenetica o troppo dolorosa. Scoprii che potevo usare quell'insensibilità come una maschera per superare i momenti difficili, ma mi accorsi anche che, per quanto potessi indossare quella maschera a piacimento, stava diventando sempre più difficile toglierla. Tenevo le distanze per tirare avanti. Tutti si congratulavano con me per come gestivo la situazione; era molto importante riuscire a cavarsela e darlo a vedere agli altri, ma non c'era nessuno ad appuntarmi una medaglia. Le persone sono molto più a loro agio se hanno l'impressione che tu riesca a cavartela, ed è più facile anche per te avere a che fare con loro. La gente felice, con un'esistenza normale turbata solo da piccoli incidenti quotidiani, prova un senso di colpa verso chi ha subìto una tragedia. Lo prova meno quando si aggrappa alla convinzione che se riesci a cavartela vuol dire che non provi dolore.

Io fingo di cavarmela, ma non è vero. Soffro per i miei figli con tutta me stessa, le mie notti sono piene delle loro voci e i loro volti sono i miei sogni a occhi aperti. Sono una madre eppure non lo sono. Vivo eppure non sono viva. Come mi chiamo? mi sono chiesta guardando la mia immagine allo specchio. Ho ancora il diritto di definirmi "Jacqueline e mamma"? O dovrei eliminare quest'ultimo termine?

*Ottobre 1992*

Il vomito finalmente cessò.

Non cessarono invece i titoli dei giornali: «Una grave mancanza di cuore; senza i figli; la polizia prepara un arresto per il rapimento; un audace piano di fuga; il rapporto sul rapimento Gillespie rivela un sofisticato piano di fuga; la polizia non riuscì a fermare il principe; una sconfitta; un ardito sequestro».

In quel mese emersero numerosi dettagli significativi sulle modalità del rapimento di Iddin e Shah e sui complici dell'impresa. Il rapporto del Senato sul sequestro fu presentato in Parlamento, tra molte polemiche e grossi imbarazzi da parte della polizia federale australiana. Il rapporto, stilato da un vecchio burocrate di Canberra, Graham Glenn, comprendeva le prove da me fornite e alcune rivelazioni sul piano di rapimento. Il Ministro della Giustizia, il senatore Tate, criticò la polizia federale, che ricadeva nelle responsabilità del suo dicastero, e affermò di condividere i "dubbi" sul mancato allerta alla guardia costiera dopo la scomparsa dei bambini. Il rapporto Glenn dimostrò che Bahrin aveva preso sofisticate e complesse misure per seminare una falsa pista. Aveva lasciato le sue proprietà personali e vari documenti al Victoria Hotel per dare l'impressione che lui e i bambini si fossero allontanati solo temporaneamente, aveva fissato una stanza in un albergo dello Stato di Victoria e aveva contattato varie linee di pullman.

In realtà per fuggire dall'Australia aveva percorso quattromila chilometri in macchina praticamente senza soste, partendo da Melbourne il 10 luglio per arrivare a Weipa, sulla punta della penisola di Capo York nel Queensland. Il 12 luglio i bambini furono trasferiti a Cairns in due veicoli separati e lì caricati in un camioncino di proprietà di uno dei complici, nascosti sotto una cerata malgrado i trenta gradi di temperatura. Fra Melbourne e Cairns, Bahrin fu aiutato da tre persone che viaggiavano con lui: un uomo e una donna di Singapore (che non sono mai stati identificati) e un ex residente in Australia Occidentale, Bryan Walter Wickham, un immigrato dalla Scozia ben noto alla polizia per via dei suoi legami con la prostituzione e il riciclaggio di denaro sporco. Arrivati a Weipa, furono costretti a nascondersi in attesa che venissero effettuate alcune riparazioni al cabinato acquistato in Australia Occidentale e trasferito in quel porto remoto. L'imbarcazione era provvista di carburante per un lungo viaggio, ma aveva ancora dei problemi meccanici. Salparono da Weipa il 14 o il 15 luglio diretti in Indonesia, ma ebbero un'avaria al motore e andarono alla deriva nello Stretto di Torres per vari giorni prima di contattare l'esercito indonesiano per l'assistenza già concordata.

Il rapporto Glenn non fu che la celebrazione di una sconfitta, fatto apposta per permettere al governo di mettere a tacere l'intera vicenda del rapimento dei bambini. L'inerzia del senatore Gareth Evans fu una dimostrazione di debolezza, e dato il chiaro coinvolgimento degli indonesiani, la sua scelta di chiudersi a ostrica fu deplorevole.

Feci arrivare un'altra serie di richieste agli avvocati di Bahrin a Melbourne per ottenere qualche forma di contatto con Iddin e Shah. Seguendo alla lettera le sue regole, indirizzai le mie suppliche esclusivamente ai suoi legali, ma non ottenni risposta.

Ebbi un'altra strana esperienza mentre ero al supermercato con un'amica che mi proteggeva. Per guardarmi meglio, una donna abbandonò addirittura il carrello con tutto il suo contenuto per venirmi dietro. Non disse nulla, ma i suoi occhi scrutavano ogni mia mossa.

Non si trattava più di farsi accompagnare solo per avere un sostegno morale. La settimana prima ero stata aggredita nel parcheggio del centro commerciale. Di colpo mi ero trovata circondata da un gruppo di cinque studenti malesi, due ragazze con il velo e tre ragazzi. Mi avevano stretto contro la mia auto e avevano iniziato a spintonarmi. Quando avevo cercato di scappare mi avevano insultato, gridandomi frasi oscene in malese. Ero terrorizzata e piena di rabbia. Alla fine mi ero messa a strillare chiedendo aiuto e mi avevano lasciato in pace. Dopo questa vicenda, gli amici mi avevano fatto promettere di non uscire da sola.

La nostra abitazione in Victoria Road, la nostra prima casa insieme, fu messa all'asta. I problemi finanziari causati dal rapimento non ci permettevano di tenerla. Mi straziava sapere che i bambini non avrebbero potuto tornare nella loro casa, e quando vidi smantellare le loro stanze e imballare tutte le loro cose negli scatoloni provai un panico improvviso. Era come se stessi perdendo un'altra parte di loro. Trovai un'altra casa non lontano da quella, ma fu una scarsa consolazione. Assurdamente, ero molto angosciata e preoccupata dalla possibilità che il trasloco ci impedisse di conservare i nostri numeri telefonici; nutrivo la segreta speranza che un giorno Iddin riuscisse ad arrivare a un telefono per chiamarci.

Prendemmo in affitto una nuova abitazione con un grande giardino e una casetta per i giochi dei bambini; la scegliemmo in base a queste caratteristiche pensando a loro, ma ciò non mi impedì di sentirmi sconsolata al pensiero di abbandonare la nostra casa.

*Dicembre 1992*

Quell'anno l'approssimarsi del Natale non ci portò né gioia né speranza. Senza Iddin e Shahirah non c'era nulla da festeggiare, ma decisi ugualmente di fare l'albero e metterci sotto i regali. Un tempo Bahrin mi aveva rubato cinque Natali e non intendevo lasciarglielo fare di nuovo. I bambini credevano ancora a Babbo Natale, quindi tenni viva la tradizione per loro. Era sempre stato un bel periodo per la nostra famiglia, ma ora mi chiedevo come avremmo fatto a superarlo. Come avrebbero reagito i bambini di fronte alle idee del padre su questa festa cristiana, una tradizione peccaminosa, da infedeli, trasmessa da una donna peccatrice e immorale come me? Comprai i regali per Shah e Iddin, li impacchettai e li misi sotto l'albero, poi li riposi in un baule in attesa del loro ritorno. Volevo che sapessero che malgrado la distanza erano sempre nel cuore della gente che li amava.

Non avevo mai creduto che si potesse provare un dolore fisico per la perdita dei figli. Mi mancavano tanto. Mi mancavano le loro gambe magre aggrappate a me e le loro braccia intorno al collo. Mi mancavano persino le loro manine sporche. Ma soprattutto mi mancava il loro odore. Era sparito del tutto dai loro cuscini e dai loro vestiti dopo il trasloco. Era come se il tempo stesse cancellando dalle nostre vite i ricordi della loro esistenza.

Riuscii a sopravvivere al Natale grazie a una messinscena. Decorai l'albero con gli addobbi fatti dai miei figli nel corso degli anni, e fotografai i loro ritratti sotto i rami insieme a un cartello con l'anno stampato sopra.

Skye tentò di riempire il vuoto lasciato dai bambini, ma nessuno di noi poteva fingere che fosse una famiglia al completo quella seduta al tavolo da pranzo. Rob Gell e Nicholas vennero a passare il Natale con noi, così com'era. Tutti gli altri amici affollarono la casa il giorno della vigilia, circondandoci di amore e portando regali da mettere via per i bambini. Ebbi un crollo la mattina di Natale, in chiesa. St. John era stata teatro di tanti momenti felici e buffi per la nostra famiglia, e fu questo, insieme ai canti tradizionali, a far traboccare il vaso. Quando la congregazione si alzò per intonare *Adeste Fideles*, udii la voce di Shah com'era risuonata l'anno prima, con la gente che ridacchiava e guardava dalla nostra parte. La sua interpretazione era stata *A Destra Fideles* cantata a tutto volume.

Andammo a prendere la nonna alla casa di riposo in tempo per il pranzo di Natale. Era fragile, quindi dovemmo portarla a braccia dentro casa e farla sedere accanto all'albero. Lì tenne banco, scambiando regali e sorseggiando il suo sherry. Mi spezzò il cuore sentirla chiedere più volte di Iddin e Shah. Dovetti mentirle, poiché le avevamo tenuta nascosta la verità sulla loro assenza: temevo che non avrebbe retto allo shock.

La sera crollai nel letto esausta, ma troppo spaventata dagli incubi per abbandonarmi al sonno. Rimasi immobile, pensando alla possibilità di decine di Natali futuri senza i bambini. Il mio matrimonio era sottoposto a un'enorme tensione. Iain era stato stoico, ma la sua forza cominciava ad assottigliarsi. Qualcuno diceva che era solo un patrigno, ma anche la sua vita era stata distrutta. Era lui quello che loro chiamavano papà. Mi venne in mente un episodio accaduto molti mesi prima. Senza dubbio era scaturito da una conversazione che Iddin aveva udito per caso. Ero andata a prendere i bambini a scuola e stavamo tornando a casa in macchina quando di colpo lui disse: «Mamma, io conosco la differenza tra un papà e un padre. Abah è mio padre e ti ha messo incinta di me e Shah, ma un papà è quello che si alza di notte quando ho paura o sto male e resta sveglio fino a mezzanotte e mi aiuta a fare i compiti. E mi insegna ad andare in bicicletta e mi porta a spasso e anche a pescare». Fu così chiaro nel suo ragionamento – capiva le definizioni e la distinzione fra le due cose – e così deciso che lasciai cadere la conversazione.

*Gennaio 1993*

La nonna morì. Non ebbi modo di farlo sapere a Iddin e Shah. Supplicai gli avvocati di Bahrin, e chiamai persino il suo ufficio, ma furono sordi a tutte le mie preghiere. Organizzai il funerale per lei a St. John. L'altare era coperto dei fiori più vivaci e rigogliosi che riuscii a trovare, in tutti i colori che amava, e al termine gettai la composizione in mare dal suo molo preferito alla spiaggia di St. Kilda.

Non mi ero mai sentita così sola. Con la morte della nonna ero diventata irrimediabilmente adulta. Non potevo più affondare la testa nel suo grembo e fare la bambina quando avevo bisogno di conforto, né aspettarmi di sentire la sua mano sui miei capelli. Se potesse vedere quel che sto scrivendo, mi esorterebbe a continuare a vivere, a raddrizzare le spalle e andare avanti. Il suo motto era «Viviamo nella speranza». Ora è il mio.

*Febbraio 1993*

Trascorsi due settimane a Sydney dai nostri cari amici Marie e Michael. Mi fece bene stare in un ambiente diverso per un po', e usai quel tempo anche per cercare un altro modo di convincere il senatore Evans a incontrarmi. Decisi di chiedere consiglio a Gough Whitlam, ex primo ministro australiano. Contattai il suo ufficio e spiegai che cercavo solo un orientamento, non un coinvolgimento politico. La sua segretaria fu estremamente scortese e mi disse che a suo parere stavo perdendo il mio tempo, perché non aveva bisogno di consultarlo per sapere che lui non aveva intenzione di comunicare con me. Dato che insistevo perché gli riferisse gentilmente la mia richiesta, mi richiamò dieci minuti dopo annunciando in tono gelido che il signor Whitlam trovava molto inopportuno parlare con me, tanti saluti. E dire che mia nonna considerava Whitlam il campione della povera gente.

Provai con Bob Hawke, un altro ex primo ministro. Telefonai a casa sua e parlai a lungo con sua moglie Hazel. Lei si mostrò molto gentile e comprensiva in quel primo colloquio, anche se un po' reticente sulla possibilità che suo marito potesse darmi dei consigli, ma mi assicurò che ne avrebbe parlato con lui e mi avrebbe richiamato. Più o meno un giorno dopo mi telefonò a casa di Marie, e il suo atteggiamento era decisamente cambiato. Si profuse in elogi su Gareth Evans. Mi disse che aveva parlato con suo marito, e lui le aveva chiesto di riferirmi che il senatore Evans era un loro caro amico da moltissimi anni e che dovevo fidarmi del suo giudizio. «Se Gareth non vuole vederla, evidentemente ritiene che sia la cosa migliore.» Aggiunse che si fidavano ciecamente di lui e che Gareth doveva avere avuto un buon motivo per non incontrarmi, un motivo che per me era troppo difficile da comprendere.

Per quanto mi costi riconoscerlo, cominciai a comportarmi in modo strano sulla base di impulsi incontrollabili e ipnotici. Dovevo mordermi la lingua ogni volta che vedevo un genitore arrabbiarsi troppo con un figlio; avrei voluto afferrarlo per un braccio e dirgli che non c'è nulla di certo nella vita e che la presenza di un bambino è una cosa fragile e non illimitata. Queste spinte irrazionali mi preoccupavano. Ne comprendevo le cause psicologiche, ma non riuscivo a soffocarle. Restavo paralizzata davanti a un negozio di calzature per bambini osservando intensamente genitori e figli che acquistavano le scarpe nuove per la scuola, con il desiderio di poter fare lo stesso con i miei piccoli. Non mi limitavo a desiderarlo. Fantasticavo sulle frasi scherzose e le conversazioni che avremmo potuto avere mentre sceglievamo.

Erano i semplici, banali momenti di vita quotidiana a ferirmi come la lama di un coltello. Tentavo di reprimere un sentimento che non era proprio invidia, ma il desiderio viscerale di essere nei panni di qualcun altro per qualche secondo e fare da madre ai suoi figli. Andai al cinema con Marie a vedere *Insonnia d'amore* e piansi nelle scene tristi del film quando i protagonisti parlavano della perdita di una donna molto amata. Alla fine dello spettacolo, mentre tornavamo alla macchina, notai un padre e un figlio che camminavano davanti a noi. Con il cuore in gola, il fiato mozzo e il battito che accelerava, mi ritrovai ad affrettare il passo distanziando Marie per poter guardare di nascosto il bambino da distanza ravvicinata. La somiglianza con Iddin era molto vaga, nella forma della testa e nella carnagione, ma fu sufficiente a farmi alzare una mano per carezzargli la testa. Tornai subito alla realtà grazie alla voce allarmata di Marie che mi aveva raggiunto. Non dissi a nessuno di quell'incidente e per fortuna lei non si accorse di quel che avevo fatto. Ero mortificata e sconsolata allo stesso tempo. A quale atto irrazionale mi avrebbe spinto il mio inconscio la prossima volta? Stavo forse perdendo la ragione?

*Marzo 1993*

Nel febbraio del 1993 Iddin compì dieci anni senza alcun segno di cedimento da parte di Bahrin. Nel frattempo, il mio ex marito diceva a tutti quanti che non avevo fatto alcun tentativo di contattare i bambini da quando erano stati rapiti. Non contava tutte le sere che avevo passato telefonando in Malesia e chiedendo a chiunque mi ascoltasse di poter parlare con loro. La sua generosa offerta di lasciarmi mandare una lettera ai miei figli tramite i suoi legali era legata a condizioni molto vincolanti: dovevo scrivere un testo privo di sentimentalismi in cui mi astenevo dal chiedere ai bambini di tornare a casa o dal dire loro quanto mi mancassero e quanto li amassi. Allora, e solo allora, la mia lettera sarebbe stata presa in considerazione e, se accettata, consegnata ai bambini.

Ogni anno per Natale e per il loro compleanno compravo a Iddin e Shah un capo di abbigliamento speciale. Ero decisa a mantenere quella tradizione e il 15 febbraio, due giorni prima del compleanno di Iddin, uscii intenzionata a scegliere il meglio. Pensavo di tenere da parte i vestiti per il suo ritorno. Entrai nel negozio di una grossa catena e cominciai a esaminare i capi più colorati, cercando di immaginare quale avrebbe scelto Iddin se fosse stato al mio fianco. Poi di colpo un pensiero mi colpì, così intenso da farmi piegare in due, causandomi un misto di dolore e smarrimento che non avevo mai provato prima: non sapevo che taglia acquistare. Non avevo la minima idea di quanto fosse cresciuto, se Shahirah fosse ingrassata o diventata molto più alta di quel che era sette mesi prima. Ero la loro mamma, ma non sapevo nulla dei miei figli. Io che avevo osservato ogni loro cambiamento, ogni progresso e ogni momento importante della loro vita da quand'erano nati, non potevo fare un semplice acquisto di vestiario per loro con la certezza che andasse bene. Una cosa che avevo sempre fatto senza rimuginarci troppo, un'attività quotidiana data per scontata, di colpo mi era impossibile. L'enormità di questa rivelazione mi fece perdere lo scarso controllo che avevo sulle mie lacrime, e caddi in ginocchio rannicchiandomi fra le pieghe delle tute sportive. Qualche minuto dopo una giovane madre inciampò sulla mia figura inginocchiata, guardandomi con preoccupazione, subito sostituita da curiosità quando mi ebbe riconosciuta.

«Signora Gillespie, sta bene? Posso aiutarla?»

«Non so che taglia hanno i miei figli. Volevo comprare dei vestiti al mio bambino per il suo compleanno, ma non so la sua taglia» balbettai fra i singhiozzi.

Lei mi aiutò a rialzarmi e mi sorresse cingendomi con le braccia mentre io riprendevo il controllo. Imbarazzata oltre ogni dire, mi ricomposi il più in fretta possibile, ringraziai e me ne andai, tenendo la testa bassa per evitare gli sguardi indiscreti che mi seguivano.

Razionalmente capivo quel che mi stava accadendo, il motivo

di quegli strani comportamenti, ma emotivamente ero sconvolta dalle mie reazioni alla normalità delle vite che si svolgevano intorno a me. Forse l'unico modo di uscire da quella situazione sarebbe stato rinunciare a ogni emozione; non lo sapevo, non c'era nessuno cui chiederlo. Tiravo avanti come potevo. Non avevo idea se sarei riuscita a superare quel periodo sana di mente. Sapevo solo che dovevo essere lì quando i bambini fossero tornati a casa, e che loro avrebbero avuto bisogno di una madre che fosse *compos menti*, e non chiusa in una cella con pareti imbottite.

I giornali continuavano a titolare: «L'angoscia di una madre; i bambini Gillespie appaiono in tv; lavaggio del cervello per i due bambini; la moglie del principe critica l'ipotesi di un'estradizione; il principe rapitore senza appoggi ufficiali; il principe rapitore rischia un processo; possibili contrasti sul principe che ha sequestrato i bambini; richiesta di arresto per il principe rapitore; intervento dei ministri sull'istanza della madre richiesta di estradizione per il principe rapitore».

All'inizio del 1993, più di duecentoventimila persone avevano apposto la loro firma sulle varie petizioni che circolavano in Australia. Questo massiccio sostegno dell'opinione pubblica costrinse il governo a invertire la marcia: fu finalmente annunciata una richiesta di estradizione di Bahrin dalla Malesia per rispondere di accuse penali in base alla sezione 70A del diritto di famiglia australiano. Da quando era stata fissata la data delle elezioni federali al marzo del 1993, avevo incrementato le mie pressioni sul governo laburista. Probabilmente alcuni membri dell'opposizione avevano unito le loro voci alle mie critiche sull'immobilismo del governo a proposito del rapimento. Sfidai pubblicamente i leader dei due principali partiti politici a dimostrare di avere un cuore. Un vecchio adagio dice che il futuro di una nazione è nei suoi bambini, e io concordo. La più preziosa risorsa naturale di ogni Paese consiste nei suoi figli e nessuna nazione può presentarsi a testa alta sulla scena internazionale discettando di diritti umani, atrocità e carestie all'estero se non è abbastanza maturo e forte da proteggere il suo stesso futuro, i suoi bambini.

Venerdì 6 marzo 1993, seduta in uno studio televisivo con le telecamere pronte a cogliere ogni minima espressione del mio viso, vidi i miei bambini esibiti davanti ai media come se fossero fenomeni da baraccone. Vestiti con abiti tradizionali malesi, facevano dichiarazioni in malese, una lingua che non avevano mai parlato prima del loro rapimento. Iddin, con le braccia incrociate sul petto e la faccia ingrugnata, affermò con una pronuncia stentata: «Io non voglio essere cristiano». Poi, imbeccata dal padre, fu Shahirah a dichiarare, anche lei in un malese tutt'altro che fluente: «Io voglio essere musulmana». Questa esibizione era chiaramente una reazione impulsiva di Bahrin alla notizia dell'imminente richiesta di estradizione. Come poteva manipolare in quel modo i suoi figli? Ogni volta che parlavano, i bambini cercavano con lo sguardo la sua approvazione, concessa con un leggero cenno del capo. Provai un vero malessere fisico e scoppiai in un pianto disperato, mentre il conduttore del programma cercava di consolarmi. Non desideravo altro che stringere fra le braccia i miei figli e dir loro che non dovevano recitare davanti alle telecamere. Era troppo. I bambini dovevano essere liberi di vivere la loro vita come meglio potevano. Bahrin e io potevamo cavarcela: eravamo adulti, e i bambini non erano armi.

Il dottor John Hewson, allora capo dell'opposizione, mi telefonò l'8 marzo per offrirmi il suo appoggio nella battaglia per i miei figli. Il governo continuava a tacere, e il senatore Evans continuava a non voler parlare con me.

Su un'importante rivista femminile apparve un articolo che mi disgustò per via della sua fonte. La figlia di una mia ex amica aveva venduto al giornale fotografie personali che ritraevano me e Iddin, insieme a un suo testo. Tenuto conto che quando ci conoscemmo aveva solo nove anni mentre io ne avevo venti ed ero una donna sposata, posso solo considerarlo un disperato tentativo di conquistarsi il suo quarto d'ora di celebrità.

*Aprile 1993*

Concessi un'intervista alla televisione malese, nella vaga speranza che se fossi riuscita a dimostrare al governo di quel Paese che non andavo regolarmente a letto con il diavolo, ciò potesse favorire qualche forma di contatto con i bambini. L'intera intervista si svolse in malese, cosa che mi mise in difficoltà perché ero fuori esercizio. Brani dell'intervista furono poi trasmessi spezzettati, con le mie parole estrapolate dal contesto e altre domande inserite a posteriori. Ero stata avvisata di non fidarmi di loro e chi mi aveva avvisata aveva ragione.

Altri titoli di giornale: «La foto che ha indignato la madre dei rapiti; il principe malese rischia l'estradizione; fermato un uomo per il rapimento; un arresto nel caso di rapimento; accusa malese contro i Gillespie; il governo evita contrasti con il principe; il principe rapitore sotto pressione».

Con uno sviluppo imprevisto, il 16 aprile uno dei rapitori di Iddin e Shah, Bryan Walter Wickham, complice pagato da Bahrin, fu catturato dalla polizia della Florida, negli Stati Uniti. Il mio primo pensiero fu «la vecchia cara efficienza americana». Fu Tim Pallesen, un redattore del quotidiano «Palm Beach Report», a darmi per primo l'informazione, telefonandomi a tarda notte.

L'Interpol – e, per ironia della sorte, i media – avevano cercato Wickham in tutto il mondo, dalle Filippine (dov'era sospettato di legami con la prostituzione infantile) alla Scozia, dov'era vissuto prima di emigrare a Perth. Aveva lasciato in Australia i figli e la moglie Sheila, che si dimostrò più che capace di badare a se stessa. Dando prova della sua lingua affilata, nelle interviste Sheila mi attaccò e difese la partecipazione di suo marito al rapimento dei miei figli. Né lei né suo marito avevano mai incontrato me, Iddin o Shah prima del sequestro, ma lei scusava pienamente la loro illecita separazione dall'unica casa e dall'unica famiglia sicura che avessero mai conosciuto. Probabilmente il luccichio di tutti i soldi e lingotti d'oro versati a suo marito per la parte avuta nel crimine mise a tacere qualunque istanza morale, sempre ammesso che Bryan Wickham abbia mai avuto una morale.

Wickham aveva lavorato in vari cantieri di West Palm Beach, Florida, a partire dal dicembre 1992. Da quanto venni a sapere, l'FBI e la polizia statunitense erano riusciti a rintracciarlo grazie alle impronte digitali e a un controllo casuale sul suo veicolo che un attento poliziotto aveva messo in collegamento con Wickham. Pare che fosse arrivato a West Palm Beach nel dicembre del 1992 e si fosse comodamente installato in un appartamento fornito dal signor Orville Rodberg, un uomo d'affari locale, e da suo figlio, il cui legame con Wickham non fu mai accertato. Provvisto di una piscina e di ameni dintorni, l'uomo si era adattato facilmente al solare stile di vita della Florida, senza apparenti complicazioni.

Il viceprocuratore degli Stati Uniti Thomas O'Malley riuscì a snellire le procedure americane e a breve distanza dal suo arresto Wickham fu estradato per l'accusa di rapimento tornando in Australia per affrontare il processo. Si dichiarò colpevole della sottrazione di Iddin e Shahirah e il 5 maggio 1995 fu condannato a diciotto mesi di prigione. Ne avrebbe scontati solo nove, con un periodo di prova di altri nove. Di solito la pena massima in questi casi è di tre anni per ogni reato.

In tribunale Wickham raccontò una fantasiosa storia di inganno, doppio gioco e abbandono finale da parte di Bahrin. Denunciò il coinvolgimento del governo e dell'esercito indonesiani nel rapimento e sostenne di avere aiutato Bahrin perché amava i bambini anche lui. Si tratta di un pregiudicato associato a sfruttamento di minori, prostituzione, evasione fiscale, riciclaggio di denaro e associazione a delinquere: mi viene la pelle d'oca al pensiero che sia stato vicino ai miei figli. Ha distrutto la vita di Iddin e Shahirah e quella della mia famiglia. Ritengo che la sua condanna non sia stata abbastanza severa, ma non ho intenzione di dilungarmi su questo tema. Spero soltanto che torni nella tana da dove è venuto.

*Maggio 1993*

Tutto il mese di maggio fu segnato da una confusione terribile e da una battaglia incessante.

Il 7 maggio tornammo di colpo a sperare quando il primo ministro malese, Mahathir Mohamed, annunciò in un'affollata conferenza stampa che se l'Australia avesse agito tramite i canali giusti e seguendo le corrette procedure, il suo governo non si sarebbe opposto a una richiesta di estradizione per Bahrin.

Domenica 9 maggio era la festa della mamma e Bahrin preparò un regalo speciale per me. In una disgustosa intervista allestita in una moschea, Iddin recitò una litania di accuse sulla sua vita in Australia. Parlando in malese, raccontò a un giornalista televisivo che lo avevo ripetutamente picchiato con un *rotan* e una cinghia e lo avevo tenuto chiuso con Shahirah in una stanza segreta sotterranea per giorni e giorni senza mangiare. Il mio povero bimbo fu costretto ad aggiungere che anche Iain lo aveva picchiato e lasciato senza cibo. Piansi vedendo la sua faccia e il linguaggio del suo corpo durante quel discorso imparato a memoria. Il busto era totalmente rigido, l'unico movimento era quello delle dita che giocherellavano nervosamente con la manica. Aveva il volto molto teso e non alzava gli occhi da terra. Era come guardare il filmato di un ostaggio, una vittima di una campagna terroristica, costretta a esporre le opinioni del suo rapitore al mondo. Cosa pensava di ottenere Bahrin? Distruggendo gli ultimi brandelli di innocenza rimasti ai bambini, li stava privando della loro salute emotiva e della loro infanzia.

Buona festa della mamma.

Martedì 13 maggio ci fu un nuovo attacco da un'altra direzione. A tarda sera squillò il telefono e un uomo con accento americano chiese di parlare con me. Si presentò come il direttore di un certo settimanale, filiazione di una popolarissima rivista statunitense.

«Signora Gillespie, so che lei non ama i suoi figli, lei cerca solo l'attenzione dei media.»

«Come dice, scusi?»

«La mia inviata, Di Webster, ha appena intervistato i suoi bambini per il mio giornale. Sua figlia dice che la odia. Lei sapeva che canticchia "Io odio Jacqueline, io odio Jacqueline?" Cos'ha da dire in proposito?»

«Come osate avvicinarvi ai miei figli? Non hanno nemmeno avuto il beneficio di un'assistenza psicologica. Non mi hanno nemmeno permesso di parlare con loro dopo il rapimento. Come osate sottoporre i miei figli a un'intervista?»

L'uomo tentò di estorcermi una risposta pubblicabile, ma io non avevo intenzione di dirgli altro. Ero talmente furiosa che quando gli sbattei il telefono in faccia tremavo tutta e sentii riaffiorare la consueta nausea. Era vergognoso che i bambini fossero stati esaminati e interrogati da un'estranea priva di preparazione, che si interessava a loro solo per cavarne un articolo succoso. Fu allora che decisi di rivolgermi al Tribunale della Famiglia per proteggere in qualche modo Iddin e Shah dallo sfruttamento dei media.

L'indomani incontrai Lillian e John per discutere le varie opzioni. John mi avvertì che se avessi chiesto un ordine che vietava la pubblicazione di qualunque intervista a Iddin e Shah, avrei rischiato l'ostracismo della stampa australiana. Risposi che non mi importava, che avevo parlato con uno psicologo e che lui mi aveva confermato quanto fosse dannoso per la psiche dei bambini essere interrogati e tampinati dai giornalisti e sentirsi chiedere di scegliere fra i genitori. Spiegai agli avvocati che ormai potevo fare ben poco per i miei figli come madre, ma l'unica cosa che potevo tentare di ottenere era proteggerli dall'ostinato tentativo dei media di dare un nuovo taglio a una storia vecchia. Se i bambini fossero stati ancora in Australia, nessun giornalista per bene si sarebbe mai azzardato a intervistarli, dato che è automaticamente proibito dalla legge. Inoltre avevamo accertato che Bahrin chiedeva un minimo di ottomila sterline per ogni intervista. Non volevo che i miei figli fossero venduti al migliore offerente e poi costretti a esibirsi.

Venerdì 14 maggio la mia richiesta di vietare la pubblicazione di qualunque intervista o commento attribuito ai bambini fu accolta dal giudice Frederico. Per ora erano al sicuro; i giornalisti non avevano più l'incentivo a spiare nella testa dei miei figli. Era inutile intervistare Iddin e Shah se i risultati non potevano essere pubblicati. Il divieto alla pubblicazione fu notificato via fax a tutti i mezzi di informazione australiani.

Quella sera Iain e io prendemmo un volo per Sydney per partecipare a riunioni di lavoro e organizzare i nostri impegni professionali. Sulla strada per l'aeroporto, tuttavia, ricevetti sul telefono dell'auto la chiamata del produttore di un programma di attualità condotto da una persona che consideravo amica. Il produttore mi chiese di spiegare i motivi della nuova ordinanza e fece di tutto per convincermi a concedere un'intervista esclusiva sul divieto di pubblicazione. Spiegai che era impossibile perché dovevamo prendere un aereo per Sydney. Lui allora ci offrì una sistemazione in un albergo a cinque stelle, un viaggio in elicottero fino all'aeroporto e dei biglietti aerei di prima classe per Sydney se fossimo apparsi nel suo programma quella sera, rimandando il volo alla mattina dopo. Rifiutai. Eravamo stati in tribunale tutto il giorno ed eravamo esausti. Prima di chiudere la conversazione, il produttore disse in tono casuale: «Lei sa che sarà accusata di manipolazione dei media da una parte della stampa, vero? Potrebbe essere molto sgradevole».

«Sono preparata a questo, ma i bambini vengono prima» risposi.

Al nostro arrivo a Sydney fummo accolti dalla notizia,

passata di bocca in bocca fra i giornalisti, che quella sera stessa una troupe televisiva era tornata da Terengganu dopo aver registrato un'intervista con Iddin e Shahirah. L'intervista era in programma per quel fine settimana. Fummo informati che anche questa volta Bahrin aveva estorto ottomila sterline alla rete televisiva.

L'intervista fu trasmessa senza i commenti dei bambini e la rivista andò in edicola con alcune parti cancellate. Entro il lunedì successivo, come previsto, fui accusata di voler manipolare i media, di avere qualcosa da nascondere, di aver paura che i bambini vuotassero il sacco sulle violenze subite e, peggio ancora, di non amare affatto i miei figli, di essere stata felice del rapimento e di averne beneficiato nella mia carriera. Probabilmente era per questo che eravamo sull'orlo del fallimento e il nostro programma radiofonico era stato cancellato.

Ma quel lunedì sera aveva in serbo un altro colpo per me. Fui pubblicamente criticata e fatta a pezzi sulla rete nazionale da un uomo che ammiravo e consideravo un amico. Fui accusata di aver spremuto il pubblico australiano fino all'osso, di essere un'artista della manipolazione dei media e di vari altri peccati. E tutto questo perché mi ero rifiutata di concedere un'intervista in esclusiva a quel programma. Mentre ascoltavo quell'invettiva seduta di fronte al televisore, avevo la nausea e il corpo scosso dai brividi. Non riuscivo a credere a un simile tradimento. Avrebbe almeno potuto telefonarmi e chiedermi di giustificare il mio comportamento prima di attaccarmi in trasmissione.

Ero così depressa che quell'attacco mi colpì più di ogni altra mazzata subita quel giorno. Ero una mamma, cosa pretendevano che facessi? Che li lasciassi liberi di masticare i miei figli e sputarli insieme alle notizie del giorno prima? Restai a dondolarmi e a gemere sul divano di Marie finché non diventai isterica. L'attacco di quell'uomo mi spinse molto vicino al suicidio. Sembrava che non fosse rimasto più nulla di positivo nella mia vita. Capivo che era inutile cercare di spiegare i miei comportamenti e che la mia reputazione di giornalista era stata fatta a pezzi. Solo l'incredibile comprensione e pazienza di chi mi era accanto quella sera mi trattennero dal precipitare nell'abisso.

Poco dopo quest'episodio, seguii per strada una bambina che saltellava allegramente accanto alla madre. Volevo solo recuperare qualcosa dell'esuberanza di Shahirah e serbare quel ricordo come una pietra preziosa. La bambina chiacchierava e saltellava esattamente come aveva fatto Shah accanto a me centinaia di volte, e piegava la testa come faceva lei quando mi poneva una domanda diretta. Dopo duecento metri mi imposi di rinunciare al mio inseguimento, mortificata di non aver saputo reprimere la mia reazione istintiva.

*Giugno 1993*

E poi, finalmente, accadde. La bozza per l'estradizione di Bahrin entrò in preparazione. Fui chiamata a testimoniare davanti al magistrato incaricato del caso e feci una lunga dichiarazione giurata. In tutto furono interrogati ottantasei testimoni, e le loro affermazioni furono ammesse nella causa del Commonwealth australiano contro Bahrin. Finalmente ammettevano che i diritti di Iddin e Shah erano stati violati. Per qualche strano motivo, quell'azione era quasi altrettanto significativa, da un punto di vista morale, di qualunque risultato ne fosse scaturito.

# 45

*Novembre 1993*

Nonostante le mie resistenze, qualche filo di vita cominciò a intrecciarsi formando una corda sottile, molto più lunga di quanto credessi, agganciandomi a un'esistenza che aveva scarso significato senza i bambini. Tornai anche a lavorare sui documentari, non per vera convinzione ma più per la necessità di mettere qualcosa in tavola e di avere un tetto sulla testa. L'interazione con gli estranei necessaria per la preparazione di un documentario era una vera agonia per me, e fuggivo come la peste buona parte delle riprese sul posto e delle interviste a tu per tu, mantenendo al minimo il contatto con gli sconosciuti.

Per dodici mesi dopo il rapimento di Iddin e Shahirah eravamo vissuti praticamente senza reddito, dato che ogni istante era stato impiegato per lottare e fare pressione in loro favore, scrivendo lettere, facendo telefonate e consultando testi giuridici e i verbali di processi precedenti. Il fondo pensioni era stato liquidato e consumato e la vecchia Jaguar era stata venduta per tirare avanti. Tutto questo era stato duro soprattutto per Iain, che si trovava a farmi da scudo protettivo contro il mondo e, nello stesso tempo, vedeva erodersi le sue aspettative e andare a rotoli la sua vita professionale. Anch'io ero cambiata, concentrata sul recupero dei miei figli e molto più indipendente e determinata nel mio isolamento. Per entrambi, ma specialmente per Iain, rifarsi una carriera dopo un'assenza di un anno e una presenza impensata davanti alla telecamera anziché dietro, era una cosa non prevista nell'equazione del nostro matrimonio e nel futuro che avevamo pianificato solo pochi anni prima.

Tornai a condurre il notiziario per la mia vecchia rete televisiva con un processo graduale, che richiese ore di prove in studio sotto lo sguardo attento e incoraggiante del direttore del telegiornale, Neil Miller, e di un gruppo di cameramen comprensivi. Farsi truccare e pettinare "solo per quello" mi sembrava assurdo, sapendo che c'era un mondo reale oltre le pareti dello studio e che la mia carne e il mio sangue erano altrove. Era difficile solidarizzare con colleghi che badavano solo a come cadeva il vestito, agli ultimi dati d'ascolto o al nuovo taglio di capelli che volevano adottare.

Mentre alternavo la produzione di documentari alla lettura delle notizie in TV, il governo malese respinse la domanda di estradizione di Bahrin dalla Malesia per rispondere di fronte a un tribunale australiano di reati commessi in violazione della sezione 70A del diritto di famiglia australiano. Né il primo ministro Mahathir né altri esponenti del suo governo fornirono una spiegazione, ma era purtroppo evidente a chiunque conoscesse bene la politica del Sud-Est asiatico che l'Australia aveva lasciato passare troppo tempo prima di chiedere l'estradizione di Bahrin. Semplicemente, il tempo era contro di noi.

In quei mesi Bahrin aveva coltivato assiduamente il suo personaggio pubblico di devoto musulmano, facendosi crescere la barba e adottando un abbigliamento conforme alla religione. Erano finiti i tempi degli abiti dal taglio elegante confezionati in Italia e in Inghilterra, delle camicie di Paul Smith, delle scarpe fatte a mano in Italia e delle auto vistose; al loro posto c'era una pistola ostentata in pubblico e una rituale presa in giro di tutti gli "infedeli" e gli occidentali. Finanziava l'edificazione di moschee che gli facevano anche da vetrina per la sua attività di architetto, e usava i nostri figli come fondamenta su cui costruire il suo nascente profilo politico e pubblico. Era questa la strategia adottata da Bahrin, e per Mahathir era troppo politicamente rischioso rispedire il mio ex marito in Australia per subire un processo. Con l'abilità di un esperto pescatore, Bahrin aveva gettato la sua rete in un elettorato che nuotava nelle acque stagnanti del fondamentalismo; prendere all'amo e destabilizzare il governo islamico malese, poco secolarizzato, sarebbe stato facile se avesse deciso di farlo.

Sempre nel mese di novembre appresi da un ritaglio di giornale speditomi dal Ministero degli Esteri che Shahirah era stata ricoverata in ospedale con ustioni alla parte sinistra del corpo, estese in un'area compresa tra il collo e la coscia. Le lesioni erano state causate da una marmitta d'acqua bollente rovesciata sul suo corpo nudo da una domestica mentre la bambina era nella vasca da bagno. Evidentemente i bambini erano stati trasferiti a Kuala Lumpur, nella casa che Bahrin possedeva nel sobborgo di Petaling Jaya. Non fu mai accertato se vi fossero stati accompagnati dal padre o da Elmi. Forse erano seguiti solo da domestici ma non saprò mai com'è andata veramente. Quel che so è che nel bagno in cui era stata lavata Shahirah non c'era il boiler, da qui le ustioni. Fui colta da un panico così forte da mozzarmi il fiato. La mia bambina era ferita, sofferente e prigioniera in un Paese in cui l'inglese era una seconda lingua. Pochi mesi fa, prima del rapimento, mia figlia parlava solo inglese: come aveva potuto esprimersi efficacemente quando si era ustionata? La immaginavo mentre invocava la mamma, terrorizzata dagli esami medici e sola in una stanza d'ospedale senza che io potessi cullarla e confortarla. Ma soprattutto, avrei voluto essere io quella ustionata e sofferente, non la mia figlioletta di otto anni.

Con sotterfugi e insistenze, riuscii a scoprire in quale ospedale e reparto fosse stata ricoverata Shahirah. Ore passate al telefono a supplicare vari medici e infermiere si rivelarono inutili.

Qualunque turno del personale medico incrociassi, nessuno era disposto a violare le consegne della famiglia reale di non mettermi in contatto con Shah né fornirmi informazioni sul suo stato di salute. Per due giorni e mezzo chiamai l'ospedale ogni due ore, sperando ostinatamente che almeno uno dei membri del personale con cui parlavo avesse umanità e coraggio a sufficienza per far sapere a una bambina che sua madre aveva telefonato, che era preoccupata per lei e che le voleva tanto bene. Non solo mi fu rifiutato qualsiasi contatto con Shah, ma anche l'accesso ai suoi dati medici. Non trovai nessuno con un minimo di forza di carattere. Persino ai funzionari dell'ambasciata australiana furono negate notizie sulle sue lesioni.

A causa delle insistenze dei media internazionali, Bahrin si prese la responsabilità di far dimettere Shahirah dall'ospedale nel giro di pochi giorni e di riportarla a Terengganu con un viaggio di nove ore in macchina. A un giornalista che aveva dato voce alle mie ansie per nostra figlia e sollevato l'ipotesi di possibili cicatrici, Bahrin rispose disinvoltamente: «Be', almeno è musulmana e sarà sempre coperta». In quel momento fui così accecata dall'ira che avrei spellato vivo Bahrin per la sua palese indifferenza nei confronti di Shahirah.

La pubblicità e l'interesse mediatico suscitati dall'incidente, che a tutta evidenza erano suscettibili di ripetersi, mi convinsero che non potevo leggere le notizie ed essere la notizia allo stesso tempo, così dissi addio per sempre al Ten Network e a qualunque sogno di carriera giornalistica.

Qualche settimana dopo l'avvenimento, mi arrivò la proposta di scrivere questo libro. Ragionare per ore su tale ipotesi mi costrinse a ripercorrere strade in cui non mi ero più avventurata dall'infanzia. Avevo smesso di scrivere molti anni prima, quando il mio patrigno aveva cominciato ad abusare sessualmente di me; temevo che tutte le parole più rivelatrici del mio vocabolario potessero essere la mia rovina se avessi continuato a incorniciarle nelle poesie che fino a quel momento avevo composto con gioia e regolarità. Pur avendo solo dieci anni, mi rendevo conto che se avessi ulteriormente enfatizzato l'abuso perpetrato sul mio corpo lasciando che prendesse forma nella parola scritta, avrei perso la ragione. Avrei dovuto rivivere dettagli che era molto meglio lasciare silenti; avrei segnato in modo indelebile il mio tradimento sulla pagina.

Diciott'anni dopo, la prospettiva di scrivere della mia vita in Malesia, e del rapimento di Iddin e Shah, mi fece capire che fino a quel punto mi ero sempre imposta dei compiti: respirare, mangiare, dormire, fare il bagno, lottare per i bambini, cucinare, discutere con i politici, concedere interviste ai media e tentare di lavorare. In quel momento ebbi due intuizioni contemporaneamente: che di solito suddividevo la mia vita in un "prima" e un "dopo", facendo inconsciamente del rapimento il punto di riferimento temporale della mia esistenza; e che avevo ricreato le stanze di Iddin e Shahirah nella mia nuova casa come se da un momento all'altro potessero varcare la soglia per venirci ad abitare. Ad anni di distanza, ninnoli e giocattoli, libri e berretti da baseball stavano cominciando a riempirsi di polvere e a creare l'atmosfera di un santuario anziché di un posto in cui vivere.

Il mio dolore mi avvolgeva come una nuvola nera. Aveva tanti di quegli strati, e dopo tutto quel tempo il mio senso di colpa era così profondo, che facevo di tutto per lasciar trapelare la mia depressione di fronte agli amici solo in dosi accuratamente razionate. Le loro vite erano andate avanti, come le stagioni; avevano avuto dei bambini, avevano intrapreso viaggi e relazioni. Ero sinceramente convinta che non fosse giusto mostrare loro la mia sofferenza quasi costante e coinvolgerli nella mia angoscia.

Era tempo. Tempo di accettare un mutamento nella mia percezione della taglia e dei gusti di Iddin e Shah. Tempo di passare in rassegna le loro cose, dandone via alcune e riponendo in bauli quelle che amavano di più, gli oggetti che raccontavano una storia e conservavano i ricordi più profondi. Lo feci, piangendo senza ritegno nel prendere in mano la prova tangibile dell'essenza più profonda dei miei figli. Ed era tempo di parlare con un professionista indipendente, qualcuno che potesse farmi capire gli effetti psicologici del rapimento sui miei bambini e aiutare la mia mente a farli invecchiare. La libertà di esprimere le mie emozioni senza riserve fu un immenso sollievo, che ora tenevo in serbo per i miei appuntamenti con uno psicoterapeuta straordinariamente capace e sensibile, uno psichiatra infantile specializzato anche nell'elaborazione del lutto. Finalmente libera dalle convenzioni sociali e dalle cautele che avevano permeato tutte le mie conversazioni dopo il rapimento dei bambini, ebbi finalmente l'opportunità di analizzare i tormenti che provavo nel sonno e di infuriarmi per le banalità che la gente si sentiva obbligata a rivolgermi, senza paura di offenderla. Fu una conquista di enorme importanza, poiché stavo per entrare in una fase della mia vita che richiedeva comprensione di sé, equilibrio e una valvola di sicurezza.

Una ricerca intensiva sul reato di sottrazione internazionale di minori da parte di un genitore mi mise in contatto con decine di padri e madri di tutto il mondo che avevano perso i loro figli con un rapimento. A poco a poco in un angolo della mia mente cominciò a nascere l'idea di un documentario televisivo. Il titolo mi venne facilmente: *Braccia vuote – Cuori spezzati.*

Avevo avviato la mia indagine anche perché mi sentivo isolata. Ero decisa a usare le mie capacità di ricercatrice per ottenere il massimo possibile di informazioni e di conoscenza sommaria sulle reazioni dei governi a livello internazionale, per poterli usare come munizioni nella mia lotta per Iddin e Shahirah. Più contatti stabilivo e più precedenti legali studiavo, più diventava chiaro che non ero assolutamente l'unico genitore cui erano stati rapiti i figli. I casi di sequestro di un minore da parte di un genitore non erano affatto incidenti isolati in un numero ridotto di relazioni matrimoniali e affettive instabili; le statistiche internazionali erano drammaticamente consistenti e in rapida crescita. Stime prudenti mostravano che ben oltre trentamila bambini di nazioni occidentali erano disseminati e nascosti in varie parti del mondo. Quei bambini erano attualmente dispersi in un limbo diplomatico e prigionieri di un vuoto legale, vittime di un atto di vendetta. Erano stati tutti portati in un Paese straniero da un genitore non affidatario e quasi sempre tagliati fuori da tutto ciò che avevano conosciuto e amato.

Non molti Paesi, scoprii, disponevano di banche dati centralizzate sui bambini portati all'estero, ma secondo Reunite – un'organizzazione britannica dedita all'assistenza delle vittime di sottrazioni di minori – e il dipartimento del Lord Cancelliere, il Regno Unito perdeva circa millequattrocento bambini all'anno. È l'equivalente di quaranta asili cancellati di colpo dalla faccia della Gran Bretagna. In Francia le stime parlano di un migliaio di "pratiche", un termine che fa riferimento ai cognomi e dunque cela la probabilità che in quell'anno siano stati rapiti più fratelli o sorelle. L'Australia non aveva dati complessivi, ma le stime ufficiali andavano dagli ottanta ai cento casi all'anno, e questo numero si mantiene abbastanza costante anche in questo secolo. Gli Stati Uniti d'America erano di gran lunga in testa alla classifica in termini di cifre, con ben 367.000 "rapimenti familiari" ogni dodici mesi. Questo termine si riferisce al trasferimento di uno o più minori da parte di un membro della famiglia oltre il confine di una contea, di uno Stato o dell'intera nazione, senza il permesso del genitore con cui il bambino risiede normalmente e senza un rientro volontario. In uno spazio di tempo di poco superiore all'anno, più di ottocento bambini americani venivano portati all'estero e ricadevano nell'ambito delle sottrazioni previste dalla Convenzione dell'Aja.

La Convenzione dell'Aja sugli Aspetti Civili della Sottrazione di Minori è un trattato internazionale che fu posto in essere a metà degli anni Ottanta per contrastare l'aumento di casi di sottrazione di minori da parte di un genitore. In parole semplici, un bambino spostato da un Paese firmatario della Convenzione dell'Aja a un altro Paese firmatario dev'essere automaticamente ricondotto al suo normale luogo di residenza. Funziona quasi come un trattato di estradizione e non ha l'obiettivo di regolare i diritti di custodia o altre questioni. Gradualmente, nel corso degli anni, la Convenzione dell'Aja è stata adottata e ratificata da un numero crescente di nazioni (nel 1995 solo quarantuno Paesi avevano aderito; nel 2006 il numero è salito a cinquantasei). Purtroppo, gran parte delle nazioni mediorientali, africane e asiatiche si è rifiutata di firmare il trattato, il che significa che i bambini portati in questi Paesi non hanno una rete di sicurezza legale che li protegga e agevoli il loro rimpatrio. Numerose ex colonie e protettorati europei rifiutano automaticamente di restituire un minore se il genitore che l'ha rapito è un loro cittadino: è una strana forma di quello che oggi definisco "contraccolpo post-coloniale". E una parte significativa di Stati membri dell'Unione Europea, pur avendo firmato la Convenzione dell'Aja, non riconsegna i bambini. In quei casi sembra sia la confusione interna fra i diritti di sovranità e la priorità dei trattati internazionali e il principio di autodeterminazione a impedire l'effettiva applicazione della Convenzione. A volte è una strana forma di nazionalismo con connotati razzisti o sessisti a mettere i bastoni fra le ruote al futuro di un bambino.

Così mi ritrovai più informata di quanto sarebbe stato opportuno dalle angoscianti statistiche e odissee burocratiche dei casi di sottrazione internazionale di minori da parte di un genitore, ricavate dalle Nazioni Unite, dal dipartimento di Stato USA, da quello del Lord Cancelliere britannico e da altri innumerevoli enti a essi collegati; tragiche storie di bambini cui era stato negato quello che consideravo uno dei diritti umani fondamentali della vita: conoscere entrambi i genitori. Decine di padri e madri da tutto il mondo mi raccontavano, talvolta piangendo, le loro storie in lunghe telefonate. Scoprii anche un altro termine per definirmi: ora ero ufficialmente un "genitore lasciato alle spalle".

Dopo il rapimento dei miei bambini, ero stata accusata di usare la stampa per sostenere la loro causa, e di questo non chiedo scusa. Un medico rimarrebbe con le mani in mano dopo un incidente in cui il figlio fosse rimasto ferito, senza prestare un primo soccorso, aspettando senza far nulla l'arrivo di un'ambulanza? Avevo usato le uniche capacità che avevo per aiutare i miei figli, e ora era tempo di dare una voce anche ad altri figli e genitori, usando quelle stesse capacità. Volevo creare un documentario coerente su cos'è la sottrazione dei minori e come viene affrontata nel mondo. Volevo mostrare quali sono le ramificazioni sociali, psicologiche e politiche di una simile azione e cercare di educare i genitori a non usare i loro figli come clave per colpirsi a vicenda. Da qui l'idea del film.

Per fare di *Braccia vuote – Cuori spezzati* un documentario esaustivo e (possibilmente) non provinciale, ci imbarcammo in un programma di riprese sul posto che in realtà avrebbe richiesto un paio di piedi supplementari, tre settimane in più, riserve di energia e un grimaldello. Forse anche una dose extra di buonsenso. Al termine delle riprese la troupe e io eravamo stati in ventisei luoghi, da Melbourne al Marocco, da Parigi a New York, dall'Inghilterra alla Svizzera, nel corso di quattro settimane. Diventai un'esperta mondiale nello schivare le soprattasse aeree per le attrezzature cinematografiche e imparai a tirarmi fuori dalle prigioni straniere, visto che fui arrestata nel Principato di Monaco e in Marocco mentre inseguivo rapitori e complici. Imparai anche a mordermi la lingua ascoltando la vana retorica del Comitato delle Nazioni Unite per i Diritti del Bambino.

Il giudice capo del Tribunale della Famiglia australiano, Alastair Nicholson, riuscì ad aprirmi varie porte in tutto il mondo, specialmente quelle della magistratura britannica. Gli sarò eternamente grata per avermi sostenuto nel tentativo di cambiare la situazione delle vere vittime di questi atti internazionali di vendetta: i bambini innocenti. Probabilmente sperava anche di vedermi incanalare una parte della mia frenetica energia in un ambito in grado di darmi la forza che non trovavo nella vita ordinaria.

Scegliere di realizzare *Braccia vuote – Cuori spezzati* non fu un sistema molto efficace per combattere la mia nostalgia di Iddin e Shahirah. Ovunque mi trovassi, i miei pensieri andavano ai miei figli e alla consapevolezza che, per il momento, il mio massimo contatto con loro consisteva nel mettermi le loro fotografie in tasca ogni giorno quando mi preparavo alle riprese, come una sorta di talismano. Ricordo la sera in cui vidi per la prima volta la Tour Eiffel dalla finestra del mio albergo, uno strano edificio in rovina in Rue de Rivoli con minuscoli balconi e pavimenti cigolanti. Il cielo era di quell'azzurro intenso che solo un crepuscolo europeo sa assumere e tutta Parigi sembrava sfavillante d'oro. Per qualche istante rimasi senza fiato di fronte alla bellezza e al fascino di quella magica città, poi provai una stretta al cuore e percepii l'assenza dei miei figli come un vuoto palpabile nel mio corpo. Ma in qualche modo la loro presenza spirituale, se non fisica, rafforzava la mia determinazione ogni volta che ero scoraggiata e prostrata dai contraccolpi emotivi degli scontri con le autorità, e dalle lacrime versate insieme a madri e padri che come me erano stati privati della gioia di vedere i loro figli crescere e maturare.

Quanta tensione, quanta pressione può sopportare un rapporto prima che comincino ad apparire delle crepe nelle sue fondamenta? Mentre mi davo da fare contemporaneamente per terminare il libro e il documentario, Iain e io eravamo alle prese con una miriade di problemi. Ero diventata acida e dogmatica; non somigliavo molto alla donna che aveva sposato. Ero molto stanca e non desideravo altro che dormire con i miei piccoli rannicchiati accanto a me in una tranquilla domenica mattina. Sarebbe mai accaduto di nuovo?

Nell'ottobre successivo alla realizzazione di *Braccia vuote – Cuori spezzati*, ebbi la sensazione di essermi finalmente guadagnata le mie decorazioni al valore – o almeno questo era il sottinteso dell'invito a un convegno internazionale sul diritto di famiglia per tenere una relazione sulla sottrazione dei minori da parte di un genitore – anche questa volta grazie al giudice Nicholson che aveva fatto il mio nome al comitato direttivo. Paradossalmente ora ero passata al ruolo di esperta e non ero più percepita solo come vittima. Trepidante, affrontai la mia prima esperienza di discorso in pubblico con una tale nausea per il nervosismo che non riuscii a mangiare per ventiquattr'ore prima di salire sul palco. Tremando nel mio abito rosso con scarpe di camoscio nere scelto per l'occasione, lessi la mia relazione sugli effetti sociologici della sottrazione di un minore senza rendermi conto che era solo il primo di tanti seminari e convegni simili cui mi sarei trovata a partecipare.

Si stava avvicinando un altro Natale, con il tormento dell'assenza dei bambini. Misi sotto l'albero le loro fotografie e feci un'altra foto per segnare il passaggio del tempo. Anni, non mesi, erano passati dall'ultima volta che avevo visto Iddin e Shah o parlato con loro. Mi ero persa i loro compleanni, la caduta dei dentini di Shah, e soprattutto le loro meravigliose personalità e le loro risate. Il dolore non si era alleviato, ma avevo imparato a conviverci. È come se mi avessero cavato una parte dell'anima con un gigantesco cavatorsoli. C'è un enorme buco nel mio essere, con una sottile membrana di vita quotidiana a nascondere il vuoto. Ho sentito dire che spesso le persone amputate conservano la memoria dell'arto perduto, come se fosse ancora presente e sensibile; forse è questo ciò che provo.

Questi anni passati senza i miei figli sono stati ben più di un campo minato dal punto di vista emotivo. La sofferenza continua in un circolo vizioso di flussi e riflussi che mi si rovesciano addosso. Sotto certi aspetti, me la cavo peggio di come facessi il primo anno.

# Epilogo

C'è una strana ironia nel fatto che dopo tanti anni senza poter abbracciare Iddin e Shah mi aspetto ancora di girarmi e di vederli seduti sul divano mentre scrivo queste parole. Forse è questo il vero riflesso dell'essere genitori: l'essenza e la realtà dell'esistenza di un figlio rimangono fresche e dolci come il primo giorno che lo si prese in braccio, indipendentemente dalla distanza geografica o dal fatto che il figlio non ci sia più.

Spesso mi sveglio credendo di aver udito le voci dei miei figli che mi chiamano e sono costretta ad alzarmi dal letto e girare per la casa. So che questo è solo un inganno giocatomi dai miei incubi, ma la nostalgia che affiora in me, il dolore tangibile che provo nei miei lombi, mi dicono che il legame tra loro e me non è spezzato.

Non penserò né dirò mai che Iddin e Shahirah appartengono a me. Non appartengono che a se stessi. A volte penso a loro come a doni preziosi che mi sono stati affidati perché li allevassi, li amassi e li proteggessi finché il destino non li ha portati via. Sono unici come ogni fiocco di neve e infinitamente più preziosi e puri di qualunque egoistico desiderio possa nutrire per me stessa. Non posso soffocare il mio bisogno di loro, o la sofferenza che mi invade quando sento le loro voci immaginarie. Ma posso dire questo: nessuno può reinventare quei due figli che ho messo al mondo; solo provarci sarebbe una crudeltà nei confronti del loro spirito. Per quanto abbiano dovuto seppellire profondamente i loro veri sentimenti e identità, restano se stessi, e prego che un giorno si ricordino come tornare a casa da me.

Quando ripenso a ognuno dei miei figli da piccoli, ricordo che i miei pensieri correvano al futuro, calcolando a quale età avrebbero fatto i primi passi, detto le prime parole e sperimentato la miriade di fasi transitorie che portano alla maturità e all'indipendenza. Davo per scontato che li avrei visti diventare più alti di me; presumevo che sarei stata presente a tanti momenti importanti della loro vita. Come mi sbagliavo!

Riflettendo, la lezione più importante che ho tratto da tutta la follia degli anni passati è di non dare mai per scontato niente e nessuno, specialmente i propri figli. La seconda lezione è non arrendersi mai.

Ora due "forzieri" in un angolo del mio studio incarnano l'attesa e le speranze che continuo a nutrire per mio figlio e mia figlia. In quei massicci bauli ripongo doni, cartoline, fotografie e lettere per Iddin e Shah. Questi oggetti segnano i giorni e gli anni di feste e compleanni mancati che avrebbero vissuto circondati dall'amore della nostra famiglia se fossero rimasti con me. Ricevo ricordi per i miei figli anche da amici e gentili sconosciuti, e prego un giorno di poter aprire i bauli e consegnare a Iddin e Shahirah una tangibile e preziosa testimonianza dei loro anni "australiani" perduti.

Nella mia vita sono accadute le cose più strane, che mi hanno permesso di dare un minimo di significato a una situazione assurda. Ho acquisito maggiore fiducia nella mia capacità di scrivere e vorrei tentare di crearmi una nicchia come autrice. Forse ce la farò e forse no, ma almeno ho un luogo in cui riversare tutte le parole che mi riempiono la testa quando resto sveglia di notte cercando di trovare riposo.

In questi lunghi, brevi anni ho visto il meglio e il peggio

delle altre persone, l'ottusità e la compassione. Ma soprattutto ho trovato un'umanità condivisa in tutto il mondo che mi fa sperare in una drastica riduzione della sottrazione internazionale di minori, ossia una crescente consapevolezza della gente che ogni razza, credo e nazionalità nutre per i propri figli un amore che può, se educato, trascendere l'egoismo e la vendetta.

Oggi Iddin e Shahirah sono molto più grandi di quando furono sottratti a me e alla loro casa. Continuo a chiedere di poterli vedere, ma senza successo. Non ricevo nemmeno risposta alle mie lettere o un riscontro ai doni che mando. Dal giorno in cui furono rapiti, non mi è stato concesso di parlare con loro. Il mio dolore non è diminuito, ma ho imparato a conviverci come si fa con una malattia cronica, e ad accettare il fatto che questa è la mia esistenza.

Fino al momento in cui rivedrò i miei figli, vivo nella speranza.

# Glossario

***Abah***, padre.

***Abang***, titolo che indica il fratello maggiore.

***Allah***, divinità musulmana.

***Angkat sumpah***, mani giunte e alzate verso la fronte in segno di ossequio.

***Baju kebaya***, abito tradizionale femminile in due pezzi: giacca al ginocchio con collo rovesciato e lunga gonna a portafoglio.

***Baju kurung***, abito tradizionale femminile in due pezzi, tradotto come "abito gabbia".

***Baju melayu***, abito tradizionale maschile composto da una camicia ampia e accollata, con maniche lunghe e senza colletto, e pantaloni.

***Balai***, quartier generale della polizia.

***Bekeng***, fiero.

***Bersanding***, vedi *Istiadat Bersanding.*

***Bomoh***, stregone con tendenze islamiche.

***Bunga goyang***, fiori artificiali oscillanti fatti di metallo dorato su molle sottili, usati di solito per ornare i capelli.

***Bunga telur***, doni tradizionali offerti come ricordo agli ospiti di un matrimonio.

***Cadì***, autorità giuridica musulmana o contenuto di un ordine della Corte islamica.

***Corano***, libro sacro musulmano.

***Dapur***, cucinino.

***Datuk***, cavaliere del regno.

***Daulat tuanku***, lunga vita al re.

***Dosar***, peccato.

***Gin***, genio.

***Hantar Belanjar***, scambio di doni nuziali.

***Hari Raya***, fine del mese di digiuno del Ramadan.

***Ikan tendiri***, tonno.

***Istana Badariah***, Palazzo Badariah.

***Istana Maziah***, Palazzo Maziah.

***Istiadat Berinai***, cerimonia reale dell'henné.

***Istiadat Bersanding***, solenne cerimonia ufficiale del matrimonio reale tradizionale, in cui la coppia reale siede sul trono.

***Istiadat Bersiram***, rito cerimoniale reale del bagno.

***Jihad***, guerra santa musulmana.

***Kaffir***, termine offensivo usato con intento dispregiativo per definire i non musulmani.

***Kalong***, collana.

***Kayu chengai***, prezioso legno rossiccio.

***Kampung Istana***, villaggio o distretto del palazzo.

***Kedukut***, taccagno.

***Keling***, termine dispregiativo che si riferisce alla storia dei malesi di origine indiana importati come schiavi.

***Kenang***, stregato.

***Kriss***, pugnale cerimoniale.

***Mak***, mamma.

***Mat salleh***, uomo bianco.

***Nasib Tuhan***, volontà di Dio.

***Nobat***, orchestra reale tradizionale di Terengganu.

***Orang darat***, gente di campagna.

***Orang kampung***, gente di paese.

***Pahang***, stato malese.

***Parlar***, sistema musulmano di punti di merito guadagnati grazie a buone azioni.

***Pantan***, regole di alimentazione e di comportamento da seguire dopo una gravidanza.

***Perak***, stato malese.

***Raja***, principe o principessa.

***Raja Muda***, principe ereditario.

***Ramadan***, mese del calendario islamico in cui i musulmani devono digiunare dall'alba al tramonto.

***Rotan***, lunga canna malese usata per le punizioni.

***Sampin***, sarong maschile avvolto intorno alla vita sopra il tradizionale *baju melayu.*

***Saya terima***, «Accetto», frase usata nei matrimoni tradizionali.

***Songket***, stoffa tessuta a mano fatta di pura seta con filo d'oro.

***Songkok***, cappello ovale senza tesa simile a un fez, portato dagli uomini.

***Sunnat***, azioni non obbligatorie compiute in ossequio alla legge islamica come nel caso della circoncisione femminile, o termine colloquiale per indicare la circoncisione maschile.

***Talil***, solenne veglia islamica in cui si recitano preghiere per i morti.

***Tanjok***, turbante senza corona realizzato con tessuto *songket.*

***Tengku***, titolo per principe o principessa.

***Tudum saji***, reti di protezione dagli insetti fatte di giunchi intrecciati.

***Tukang urut***, massaggiatrice.

***Uri***, angeli del sesso discinti.

# Risorse internazionali sulla sottrazione di minori

**Australia**
*The Empty Arms Network*
email: emptyarmsaustralia@yahoo. com

*Nicholes Family Lawyers*
Specialisti di casi riguardanti la sottrazione di minori da parte di un genitore e della Convenzione dell'Aja
Level 3, 224 Queen Street
Melbourne - Victoria 3000 - Australia
Tel: +61 (0) 3 9670 4122
www.nicholeslaw.com.au
email: sally@nicholeslaw.com.au

*Attorney General's Department*
Canberra - Australia
Tel: +61 (0) 2 6250 6666
www.ag.gov.au

*Department of Foreign Affairs and Trade*
Canberra - Australia
1300 555 135 (attivo 24 ore su 24)
www.dfat.gov.au

**Belgio**
*Missing Children International Network*
Tel: +32 (84) 21 14 61 - Fax: +32 (84) 22 13 94

*Child Focus*
Avenue Houba de Strooper 292
1020 Bruxelles - Belgio
Tel: +32 (0) 2 475 44 11

**Canada**
*Missing Children's Society of Canada*
Suite 219, 3501 – 23 Street NE
Calgary - Alberta T2E 6V8 - Canada
Tel: +1 (403) 291 0705 - Fax: +1 (403) 291 9728
www.mcsc.ca
email: rmorgan@mcsc.ca

**Francia**
*Collectif de Solidarité aux Mères D'Enfants Enlevés*
9 Rue des Chaillot
92190 Meudon - Francia
Tel: +33 (1) 45 34 49 10 - Fax: +33 (1) 46 23 11 64
email: csmee@wanadoo.fr

**Regno Unito**
*Reunite International*
PO Box 7124
Leicester LEI 7 XX - Regno Unito
Tel: +44 (0) 116 2556 234 - Fax: +44 (0) 116 2556 370
www.reunite.org
email: reunite@dircon.co.uk

**Stati Uniti d'America**
*The National Center for Missing and Exploited Children (Autorità Centrale per i casi di minori portati negli USA)*
Charles B Wang International Children's Building
699 Prince Street, Alexandria - Virginia 22314-3175 USA
Tel: +1 703 274 3900 - Fax: +1 703 274 2200
Hotline 1-800-THE-LOST (1 800 843 5678)
www.missingkids.com

# Ringraziamenti

Credo di essere una delle persone più fortunate al mondo, poiché sono circondata da un folto gruppo di individui generosi che mi hanno sostenuto con il loro amore e la loro generosità in tutti gli alti e bassi della mia vita e mi hanno fornito un rifugio sicuro nei loro cuori.

Grazie, nonna, per aver raddrizzato i miei passi; mi manchi e ti voglio bene.

Ai miei amati padrino e madrina, zia Connie e zio Kevin Coverdale: siete stati sempre instancabili nel vostro affetto e nella vostra guida. Senza voi due, sarei stata una smorfiosa superficiale.

Deborah Gribble, Sue e Rob MacArthur, Marie Mohr, Mike Featherstone, Julie Jones e June Cann meritano un ringraziamento e un riconoscimento per avermi concesso il respiro di cui spesso ho bisogno.

Gratitudine e affetto vanno ai miei brillanti, tenaci rappresentanti legali e amici Lillian Webb e John Udorovic, che mi sono stati accanto fin dall'inizio. Un ringraziamento speciale a Joshua "Mi dia del lei" Udorovic e Nadine Udorovic.

Grazie a Valerie "Troveremo il modo" Hardy.

Sincera ammirazione per Mark Maddern, Jack Brown, Nick e Ben MacArthur e Jessica Watson-Munro: non posso immaginare amici migliori per Iddin e Shahirah.

Grazie anche a Heather e Graham Brown per la nostra "elettricità" e a Elizabeth Lew che ha alleggerito il mio carico di lavoro e mi ha permesso di sedermi a scrivere questo libro.

Vorrei ringraziare di cuore l'altro mio avvocato e amico Nicholas

Pullen della Holding Reidlich Solicitors and Consultants, sir Rupert e lady April Hamer, il giudice Bill Gillard (ex avvocato della Regina), l'avvocato John Cantwell, l'avvocato della regina Noel Ackman, Murray e Frankie Nicoll, il dottor Michael Jones, Neil Miller, zio Eric (padrino di Iddin e Shahirah e mio caro amico), Michael Cremean, Andy e Kim Tavares, Michael Willesee, Rob e Nicholas Gell, David e Debbie Hirschfelder, Jeff Goldstein, il senatore Rod Kemp, Bronwyn Bishop, Malcolm Fraser, Robert Hamilton, Torrance Mendez, Wayne Miller, Howard Sattler, Suzanne Monks, Mike Munro, Bert e Pattie Newton, Susan Duncan, John O'Loan, David Broadbent, Graeme Orr, Gavin McDougall, Richard e Joanne Waller, Geoff Barnes, Lindy Chamberlain-Creighton, Ramona Koval, Julie Clark e Richard Neville, Rea Francis e Simon Binks. Un ringraziamento speciale a Nene King.

A James Fraser, grazie per avermi incoraggiato e aver creduto che potessi scrivere.

Deborah Callaghan ha dimostrato tanta pazienza e collaborazione nel fare uscire questa edizione del libro; sono felice di averti incontrato alla prima edizione. Sono stata più fortunata di molti scrittori: ho incontrato due amici/agenti letterari straordinariamente bravi in una sola vita. Mi mancherai sempre, Anthony (con una "t" e non "th") Williams.

Vorrei anche ringraziare Bill Campbell e il suo magnifico gruppo della Mainstream Publishing per aver creduto che le esperienze di una donna australiana abbiano ancora importanza in un mondo afflitto dall'incertezza e dalla paura, e che la speranza e la tenacia guidino tutti noi, specie come genitori. Grazie a Peter MacKenzie per il suo silenzioso sostegno, e un'espressione di gratitudine particolarmente sentita a Fiona Brownlee per la sua fiducia incrollabile in questo libro e per la sua amicizia.

Perenne gratitudine va espressa anche alle centinaia di persone gentili che hanno scritto o telefonato per unirsi con il loro incoraggiamento e le loro preghiere alla lotta per i diritti umani dei miei figli, e le decine di migliaia di australiani che hanno apposto le loro firme alle petizioni che circolavano per la nazione. A questa lista andrebbero aggiunte le centinaia di persone che mi hanno fermato per la strada per augurare ogni bene alla nostra famiglia. Grazie a tutti per aver restituito a Iddin e Shahirah le loro identità e per aver rafforzato la mia determinazione.

La storia di Jacqueline
continua in

*Solo per i miei figli*

## PIEMME **BESTSELLER**

1. Michael Connelly, *Lame di luce*
2. Jennifer Weiner, *Buonanotte baby*
3. Ian Caldwell - Dustin Thomason, *Il codice del quattro*
4. Suad, *Bruciata viva*
5. Geronimo Stilton, *Barzellette al top*
6. Kate Mosse, *I codici del labirinto*
7. Jack Whyte, *Io Lancillotto. Il cavaliere di Artù*
8. Candace Bushnell, *Lipstick Jungle*
9. Greg Iles, *Il progetto Trinity*
10. Guido Cervo, *La legione invincibile*
11. Anna Guglielmi, *Il linguaggio segreto del corpo*
12. Carol O'Connell, *La giuria deve morire*
13. Lauren Weisberger, *Al diavolo piace Dolce*
14. Michael Connelly, *Il poeta*
15. Lou Marinoff, *Platone è meglio del Prozac*
16. Lolly Winston, *Cioccolata per due*
17. Anthony De Mello, *Messaggio per un'aquila che si crede un pollo*
18. Fernando S. Llobera, *Il circolo di Cambridge*
19. Yann Martel, *Vita di Pi*
20. Sherry Argov, *Falli soffrire*
21. Michael Connelly, *La bionda di cemento*
22. Isabelle Filliozat, *Le emozioni dei bambini*
23. Robert Crais, *Il mercante di corpi*
24. Gordon Russell, *Il grande gladiatore*
25. Joanna Briscoe, *Vieni a letto con me*
26. Hernán Huarache Mamani, *Negli occhi dello sciamano*
27. Michael Connelly, *La memoria del topo*
28. Lauren Weisberger, *Il diavolo veste Prada*
29. Conn Iggulden, *Le porte di Roma*
30. Candace Robb, *La taverna delle ombre*
31. Graham Hancock, *Il mistero del sacro Graal*
32. Guido Cervo, *L'onore di Roma*
33. Alberto Ongaro, *La taverna del Doge Loredan*
34. Robert Eisenman - Michael Wise, *Manoscritti segreti di Qumran*
35. Dennis Lehane, *La casa buia. Gone Baby Gone*
36. Anthony Flacco, *La danzatrice bambina*
37. Valeria Montaldi, *Il mercante di lana*
38. Michael Connelly, *Musica dura*
39. Amanda Eyre Ward, *Non voltarti*
40. Jack Whyte, *Io Lancillotto. Il marchio di Merlino*
41. Emily Giffin, *Piccole confusioni di letto*
42. Trudi Birger, *Ho sognato la cioccolata per anni*
43. Corine Sombrun, *Il canto della sciamana*

44. Marcia Grad, *La principessa che credeva nelle favole*
45. Andreas Beck, *La fine dei Templari*
46. Michael Crane, *La setta di Lazzaro*
47. Zecharia Sitchin, *L'altra Genesi*
48. Michael Connelly, *Ghiaccio nero*
49. Patrick Fogli, *L'ultima estate di innocenza*
50. Jennifer Weiner, *Brava a letto*
51. David Anthony Durham, *Annibale*
52. Gilles Paris, *Autobiografia di una zucchina*
53. Leila, *Murata viva*
54. Mohsin Hamid, *Nero Pakistan*
55. Michael Connelly, *Il buio oltre la notte*
56. Dalila Di Lazzaro, *Il mio cielo. La mia lotta contro il dolore*
57. Joseph Thornborn, *Il quarto segreto*
58. Lou Marinoff, *Le pillole di Aristotele*
59. Leah Stewart, *Caffè con panna*
60. Guido Cervo, *Il legato romano*
61. Antonio Socci, *Mistero Medjugorje*
62. Polly Williams, *Vita bassa e tacchi a spillo*
63. Marco Bettini, *Pentito. Una storia di mafia*
64. Claudio Paglieri, *Domenica nera*
65. David Camus, *Il cavaliere della Vera Croce*
66. Tiziana Merani, *Devo comprare un mastino*
67. Steve Nakamoto, *Gli uomini sono pesci*
68. Donya al-Nahi, *Nessuno avrà i miei figli*
69. Michael Connelly, *Debito di sangue*
70. Susan Jane Gilman, *Ragazze non troppo perbene*
71. Lionel Shriver, *Dobbiamo parlare di Kevin*
72. Eric Giacometti - Jacques Ravenne, *Il rituale dell'ombra*
73. Candace Bushnell, *New York Sexy*
74. Greg Iles, *La regola del buio*
75. Jack Whyte, *Io Lancillotto. Il destino di Camelot*
76. Diaryatou, *La schiava bambina*
77. Robert Eisenman, *Giacomo il fratello di Gesù*
78. Michael Connelly, *Utente sconosciuto*
79. Conn Iggulden, *Il soldato di Roma*
80. Siba Shakib, *Afghanistan dove Dio viene solo per piangere*
81. Robert Crais, *La prova*
82. Debra Dean, *Le madonne dell'Ermitage*
83. Hyok Kang, *La rondine fuggita dal paradiso*
84. Massimo Polidoro, *Etica criminale. Fatti della banda Vallanzasca*
85. Isabelle Filliozat, *Fidati di te. Migliora l'autostima per essere a tuo agio sempre*
86. Valeria Montaldi, *Il signore del falco*
87. Hernán Huarache Mamani, *La profezia della curandera*
88. Michael Connelly, *Il ragno*
89. Anosh Irani, *Il bambino con i petali in tasca*
90. Marco Salvador, *Il longobardo*
91. Elizabeth Buchan, *La rivincita della donna matura*
92. Candace Robb, *Il saio nero*

93. Guido Cervo, *Il segno di Attila*
94. Carol O'Connell, *La bambina di casa Winter*
95. Alberto Ongaro, *Il ponte della solita ora*
96. J.R. Moehringer, *Il bar delle grandi speranze*
97. Michael Connelly, *L'ombra del coyote*
98. Ugo Barbàra, *Il corruttore*
99. Harol G. Moore - Joseph L. Galloway, *Eravamo giovani in Vietnam*
100. Carla Maria Russo, *La sposa normanna*
101. Vauro Senesi, *Kualid che non riusciva a sognare*
102. Jennifer Weiner, *A letto con Maggie*
103. Jack Whyte, *Io Lancillotto. Il sogno di Ginevra*
104. Thomas Healy, *Ti presento Martin*
105. Jacqueline Pascarl, *La principessa schiava*
106. Toby Young, *Un alieno a Vanity Fair*
107. Guido Cervo, *Le mura di Adrianopoli*
108. James D. Tabor, *La dinastia di Gesù*
109. Emily Giffin, *A prova di baby*
110. Kathleen McGowan, *Il vangelo di Maria Maddalena*
111. Aline Baldinger-Achour, *Le grandi religioni spiegate ai miei figli*
112. Robert Crais, *L.A. killer*
113. Gianni Palagonia, *Il silenzio*
114. Jonathan Kwitny, *L'uomo del secolo*
115. Clare Sambrook, *Harry non ha paura*
116. Patrick Fogli, *Lentamente prima di morire*
117. Michael Connelly, *La città delle ossa*
118. Franco Scaglia, *L'oro di Mosè*
119. Joseph Thornborn, *L'ultima rivelazione*
120. Zecharia Sitchin, *Spedizioni nell'altro passato*
121. Lolly Winston, *Felicità senza zucchero*
122. Jack Whyte, *Saint-Clair. I custodi del codice*

Visita il sito: www.piemmebestseller.it